Psicolinguística

Diversidades, interfaces e aplicações

Consulte nosso catálogo completo e últimos lançamentos em **www.editoracontexto.com.br.**

Marcus Maia

(org.)

Psicolinguística

Diversidades, interfaces e aplicações

editora**contexto**

Copyright © 2022 do Organizador

Todos os direitos desta edição reservados à
Editora Contexto (Editora Pinsky Ltda.)

Foto de capa
Mario Purisic em Unsplash

Montagem de capa
Gustavo S. Vilas Boas

Preparação e diagramação
Patricia Mabel Kelly Ramos

Revisão
Marcus Maia e Patricia Mabel Kelly Ramos

Dados Internacionais de Catalogação na Publicação (CIP)

Psicolinguística : diversidades, interfaces e aplicações /
organizado por Marcus Maia ; Eloisa Pilati ... [et al.]. –
São Paulo : Contexto, 2022.
288 p. : il.

Bibliografia
ISBN 978-65-5541-200-0

1. Psicolinguística 2. Linguagem e línguas I. Maia, Marcus

22-4983   CDD 410.9

Angélica Ilacqua – Bibliotecária – CRB-8/7057

Índice para catálogo sistemático:
1. Psicolinguística

2022

EDITORA CONTEXTO
Diretor editorial: *Jaime Pinsky*

Rua Dr. José Elias, 520 – Alto da Lapa
05083-030 – São Paulo – SP
PABX: (11) 3832 5838
contato@editoracontexto.com.br
www.editoracontexto.com.br

Sumário

Apresentação

Psicolinguística: diversidades, interfaces e aplicações

Marcus Maia

A Psicolinguística moderna – esta fascinante disciplina constituída no âmbito da revolução cognitivista da metade do século XX – vem se afirmando cada vez mais no panorama científico mundial e brasileiro, com suas teorias e métodos que têm, reconhecidamente, permitido avanços importantes na compreensão das relações entre a linguagem e a mente. Entretanto, na última década, tem-se questionado que o foco dos estudos não apenas nesta disciplina, mas em Psicologia Cognitiva, de modo geral, tem sido demasiadamente restrito a participantes de sociedades ditas **W.E.I.R.D.**(*Western, educated, industrialized, rich, democratic*). De fato, pessoas brancas, educadas, pertencentes a países industrializados, ricos e democráticos chegam a representar **até 80%dos estudos publicados, embora constituam apenas 12% da população mundial**. (cf. Heinrich et al., 2010; Rad et al., 2018). Em Psicolinguística, como sabemos, grande parte dos estudos são realizados com alunos universitários, avaliando-se que os resultados obtidos possam não ser efetivamente representativos das propriedades cognitivas da espécie humana, podendo-se estar cometendo, portanto, Erros do Tipo I e do Tipo II (cf. Maia, 2021).

Além disso, os fatores tomados como variáveis independentes nos estudos nem sempre incluem apropriadamente, de fato, etnicidade, graus de escolaridade, letramento, bilinguismo ou multilinguismo, sexo biológico, identidade de gênero, além de diferenças etárias, diatópicas, diastráticas, diafásicas e diamésicas adequadamente caracterizadas e controladas. As metodologias, técnicas de testagem e de análise de resultados ampliaram-se nas últimas décadas, mas nem sempre têm sido apropriadamente comparadas e discutidas ou mesmo implementadas tendo em vista populações e variáveis independentes menos restritas. Da mesma forma, as interfaces entre os subconhecimentos linguísticos já vêm também sendo estudadas, mas sem necessariamente levar em conta populações e variáveis independentes como as caracterizadas acima. Há hoje ainda um relativo consenso de que as aplicações e translações da Psicolinguística para impactar positivamente diferentes áreas dos empreendimentos humanos (educação, tradução, disseminação da informação etc.) precisam ser ampliadas em um mundo pseudodemocrático, em crise infodêmica, em que urge desenvolver a vigilância epistêmica e a autodefesa intelectual (cf. Morais; Kolinsky, 2020).

Neste sentido, o presente livro pretende avançar no mapeamento dessas questões, através de capítulos teóricos e/ou experimentais que focam na diversidade de populações, variáveis, técnicas e métodos de análise, bem como em interfaces e aplicações da Psicolinguística que possam contribuir para fazer massa crítica para o desenvolvimento não só da disciplina, mas principalmente de sociedades mais equalitárias.

O primeiro capítulo do livro, "Educação em língua materna, Teoria Gerativa e Psicolinguística" de autoria das professoras Eloísa Pilati, Maria do Carmo Lourenço-Gomes e Ana Carolina de Castro, explora as interfaces entre a Linguística Gerativa, a Psicolinguística e a Educação, tomando como ponto de partida as bases biológicas da linguagem. O estudo apresentado pelas autoras compara criteriosamente diferentes metodologias no ensino da crase, através de experimento psicolinguístico off-line, para concluir que metodologias ativas, lançando mão de materiais concretos que explicitem o conhecimento internalizado, favorecem a aprendizagem.

O segundo capítulo, "Por uma abordagem processual no ensino da escrita" de Erica Rodrigues e Jessica Barcellos, focaliza o processo da escrita, circunstanciando e advogando por uma abordagem processual no ensino da produção textual na escola. As autoras detalham com exemplos as funcionalidades de programas que permitem observar a escrita em seus subprocessos de planejamento, tradução e revisão, sob a coordenação de processos de monitoramento, demonstrando com clareza que o conhecimento psicolinguístico microscópico da escrita tem potencial de disparar processos metacognitivos e de autorregulação que impactam positivamente a escrita.

O terceiro capítulo, "A literacia no desenvolvimento da memória de curto prazo" escrito pelos professores Rosângela Gabriel, Régine Kolinsky e José Morais, empreende uma reflexão de ponta sobre as interfaces desafiadoras entre literacia, memória, cognição e cultura. Interessantemente, os autores partem de conto de Jorge Luís Borges para revisar a literatura sobre a memória de curto prazo e sobre a neurociência da leitura. São relatados, entre outros, estudos com crianças brasileiras e belgas que permitem concluir que o desenvolvimento da literacia favorece a memória de curto prazo serial, observando-se que os efeitos de escolarização seriam mais decisivos do que os efeitos da idade cronológica em tarefas de reconstrução da ordem serial.

O quarto capítulo do livro, "Psicolinguística e Neurociência: alfabetização para incluir o Nordeste" é escrito pela professora Leonor Scliar-Cabral, na forma de carta aos professores das séries iniciais da educação básica. A autora reporta e comenta suas muito bem sucedidas experiências na formação de educadores no Nordeste do Brasil, demonstrando na prática como empreendimentos fundamentados em evidências científicas podem ser transformadores e mesmo revolucionários, para superar a situação de desigualdade educacional em nosso país.

No quinto capítulo do livro, "(Re)pensando as habilidades leitoras dos universitários brasileiros", Joana Angelica de Souza e Eduardo Kenedy relatam e discutem pesquisa psicolinguística em que comparam a leitura de alunos de períodos iniciais, intermediários e finais de curso de graduação em Letras, tomando ainda como variável independente o ingresso no ensino superior por ação afirmativa. Os resultados encontrados nos testes de *Cloze* aplicados demonstram empiricamente que não é apropriado tomar grupos de ensino superior como uma categoria homogênea como tem sido feito em muitos estudos.

O sexto capítulo, "A leiturabilidade no ensino fundamental e no superior", escrito por Katia Abreu e Victor Lima, discute o conceito de leiturabilidade revisando o seu percurso histórico em que se caracterizavam fatores como complexidade estrutural, qualidade lexical, extensão de palavras e textos como variáveis que se tentou mensurar através de testes *Cloze* e até de fórmulas matemáticas. Estuda-se no capítulo a leiturabilidade de períodos, comparando-se efeitos de extensão e de intercalação de orações em alunos do nono ano do ensino fundamental e em alunos de ensino superior, testados em tarefa de leitura automonitorada, através da plataforma Expling, engenhosamente criada por um dos coautores para dar continuidade à pesquisa experimental durante a pandemia do Covid 2019, quando testes presenciais não eram possíveis de serem aplicados.

O capítulo sete do livro, "NORM, WEIRD e a generalização para o Português Brasileiro", de autoria de Raquel Meister Ko. Freitag, analisa o processo de codificação da norma nas gramáticas como WEIRD, já que baseado em amostras homogeneizadas e limitadas. Freitag revisa o processo de codificação de normas no âmbito da Sociolinguística Variacionista, apontando decisões metodológicas tomadas que teriam contribuído para a formação do perfil WEIRD. A concordância de gênero e processos de palatalização são revistos para concluir-se que a lacuna descritiva entre os perfis NORM e WEIRD deve motivar uma agenda de pesquisa com novos métodos de coleta e de análise de dados.

O oitavo capítulo "Processamento da variação e a variação no processamento", é de autoria de Mercedes Marcilese que inicia apontando a grande diversidade das línguas humanas, questionando se tal variabilidade dificultaria a identificação de propriedades "verdadeiramente universais". A autora revisa questões fundamentais para os estudos cognitivos, tanto de natureza definidora da espécie, quanto sobre a variabilidade e sobre os métodos empregados para investigar as línguas humanas, nos âmbitos da Linguística Teórica, da Psicolinguística Experimental e da Sociolinguística Variacionista, procurando, portanto, articular as dimensões cognitiva e social da linguagem no estudo da diversidade.

O nono capítulo, "Diferenças entre homens e mulheres no processamento linguístico" escrito por Michele Alves, Barbara Furtado Farias, Débora Galvão, Thais Gomes dos Santos e Rodrigo Lopes, coordenando equipe de alunos de seu grupo de pesquisa na Universidade Federal do Acre (UFAC), explora diferenças de processamento entre homens e mulheres, variável nem sempre adequadamente controlada nos estudos psicolinguísticos. Os autores realizam uma série de experimentos entretendo a hipótese de que o sexo dos falantes influencia significativamente no processamento de gênero, encontrando resultados que os levam a alertar que não considerar o sexo dos falantes nos estudos pode enviesar resultados.

O capítulo dez, "A avaliação de estereótipos de gênero em Português Brasileiro e Português Europeu" de autoria de Marcio Martins Leitão, Juliana Novo Gomes, Lorrane Medeiros Ventura, Marcus Maia e Cristina Flores, avalia estereótipos de gênero em teste de Escala Likert aplicado remotamente através da plataforma PCIBex, no Brasil e em Portugal. Os autores propõem o estudo como normativo, preliminar à realização de programa de estudos de processamento on-line em que os estereótipos serão avaliados nos seus efeitos implícitos na computação de estruturas linguísticas ambíguas e outras. No estudo reportado no capítulo, encontram-se diferenças interessantes na avaliação explícita dos estereótipos por parte de homens e mulheres no Brasil e em Portugal, avaliando-se também os diferentes estereótipos entre si a fim de subsidiar o programa de pesquisa a ser desenvolvido.

O capítulo onze "A linguagem no envelhecimento e o conceito de reserva cognitiva" discute a linguagem no envelhecimento, tema de alta relevância quando se sabe, como lembram as autoras Lilian Cristine Hübner, Erica Rodrigues e Maria Teresa Carthery-Goulart, que nos próximos anos a população de idosos se aproxima de 16%, sendo que 55 milhões de pessoas já apresentam quadro de demência senil, especialmente no mundo não WEIRD. As autoras revisam as mudanças na linguagem no envelhecimento típico, caracterizando os processos de produção e compreensão da linguagem, que podem ser afetados nos níveis semântico, lexical, fonológico, ortográfico e discursivo. Em seguida, são abordados fatores de natureza individual, avaliando-se a reserva cognitiva – a adaptabilidade dos processos cognitivos diante de dano cerebral – que seria em si um fator importante para a preservação das funções cognitivas em geral. Finalmente, são avaliados os impactos dos hábitos de ler e escrever e do bilinguismo como fatores de mitigação no surgimento e no desenvolvimento dos sintomas clínicos de demência.

O capítulo 12 "A diversidade da experiência bilíngue: análise de grafos" é escrito por Janaina Weissheimer, Ingrid Finger e Natália Bezerra Mota. O capítulo trata dos bilíngues, que constituem a maioria da população mundial, embora nem sempre tenham sido adequadamente estudados em Psicolinguística, que até recentemente assumia o monolinguismo como norma. As autoras, então, focam na diversidade bilíngue pela ótica da análise de grafos, técnica que permite medir a conectividade na fala e na escrita, representando o texto como um grafo, cada palavra sendo um nó e as sequências como setas ou arestas direcionadas. Como as autoras demonstram, essas análises explicitam diferenças e semelhanças no desenvolvimento cognitivo e psicolinguístico da população de bilíngues, podendo contribuir não só para o desenvolvimento da Psicolinguística, mas principalmente para fundamentar políticas públicas e educacionais mais justas.

O capítulo 13 "Eletrofisiologia da decomposição morfológica em Karajá" reporta o estudo eletrofisiológico realizado pioneiramente pelos autores em viagem de campo experimental à aldeia Karajá de Hawalò, na Ilha do Bananal (TO). Juliana Novo Gomes, Daniela Cid de Garcia, Marcus Maia e Aniela Improta França examinam os efeitos morfológicos nos estágios iniciais e tardios do reconhecimento visual de palavras em Karajá, língua aglutinativa em que a Morfologia é mais regular e transparente do que nas línguas fusionais geralmente estudadas na literatura sobre a computação morfológica. Os resultados oferecem evidências off-line e on-line relevantes sobre o curso temporal do processamento de informações ortográficas e de acesso lexical, além de mostrar padrões distintos de ativação topográfica no N170 para verbos e nomes.

No capítulo 14 do livro, "Os estudos da interface sintaxe-prosódia na Psicolinguística", Aline Alves Fonseca e Andressa Oliveira da Silva historiam resumidamente, de modo bastante didático, estudos na interface prosódia-sintaxe, destacando as principais técnicas experimentais utilizadas na investigação dessa interface. Em seguida, as autoras reportam estudo desenvolvido por elas utilizando a técnica de rastreamento ocular no paradigma do mundo visual, para estudar construções com ambiguidade de aposição sintática, em Português Brasileiro. Os resultados demonstram muito claramente a sensibilidade a pistas prosódicas no processamento psicolinguístico.

No intuito de contribuir para a unidade do volume, os autores e coautores do livro construíram um glossário preliminar da diversidade, interface e aplicações em Psicolinguística, em que se destacam e apresentam, de modo preciso e conciso, conceitos importantes nos estudos reportados nos capítulos.

Em resumo, entre os temas psicolinguísticos explorados no livro, encontram-se aplicações de teorias e métodos no ensino básico de língua materna e de língua estrangeira, tanto na leitura, quanto na escrita; o impacto da leitura no desenvolvimento da memória de curto prazo, em diferentes anos escolares e classes socioeconômicas; as interfaces entre a Psicolinguística e a Neurociência para fomentar a inclusão; diferenças de leitura entre alunos de educação superior iniciantes e concluintes; a leiturabilidade de períodos investigada comparativamente, de modo on-line e off-line, em alunos de educação básica e superior; interfaces entre a Psicolinguística e a Sociolinguística; a caracterização dos perfis NORM e WEIRD no Português Brasileiro; as diferenças no processamento entre homens e mulheres; a avaliação de estereótipos de gênero; a linguagem no envelhecimento; a diversidade no bilinguismo no Brasil; a computação morfológica aferida através de EEG, em falantes da língua indígena brasileira Karajá; a interface entre a sintaxe e a prosódia, estudada através de questionários e de rastreamento ocular. Compõe-se, dessa forma, o mais amplo painel de diversidades, interfaces e aplicações psicolinguísticas jamais reunido em um único livro em nosso país.

Finalmente, quero expressar a minha grande satisfação em organizar o presente livro, podendo contar com grupo tão representativo de linguistas, pensando sobre temas cruciais no momento de crises que atravessamos (social, política, cultural, econômica, epidemiológica, infodemiológica, ambiental, climática, até existencial, mas radicalmente epistemológica). Daí a importância de busca não só de interdisciplinaridade, mas de transdisciplinaridade, explorando-se diversidades, interfaces e aplicações da Psicolinguística, para tentar superar impasses e abrir caminhos inovadores que possam nos levar a uma ciência melhor em um mundo melhor.

BIBLIOGRAFIA

HENRICH, J.; HEINE, S. J.; NORENZAYAN, A. The WEIRDest people in the world? *Behavioral and Brain Sciences*, v. 33, n. 2-3, 2010, pp. 61-83.

MAIA, Marcus. "Non-WEIRD experimental field work as bricolage: a discourse on methods in the investigation of deixis and coreference in the Karajá language of Central Brazil." *Journal of Cultural Cognitive Science*, 2021.

MORAIS, José; KOLINSKY, Régine. "Seeing thought: a cultural cognitive tool." *Journal of Cultural Cognitive Science*, 2020, pp. 1-48.

RAD, M.S.; MARTINGANO, A.J.; GINGES, J. Toward a psychology of Homo sapiens: Making psychological science more representative of the human population. *Proceedings of the National Academy of Sciences of the United States of America. (PNAS)*, v. 115, n. 45, 2018, pp.11401-5.

1. Educação em língua materna, Teoria Gerativa e Psicolinguística

Eloisa Pilati, Maria do Carmo Lourenço-Gomes e Ana Carolina de Castro

Desde que Noam Chomsky, no final da década de 1960, propôs a Teoria Gerativa e a hipótese da Faculdade da Linguagem houve uma mudança de paradigmas na compreensão sobre as propriedades das línguas naturais, que passaram a ser vistas como o resultado de interações entre fatores biológicos e sociais. De acordo com essa hipótese, as línguas naturais fazem parte de uma dotação genética dos seres humanos, típica da espécie, que nos habilita a adquirir línguas na modalidade oral ou sinalizada, de forma natural, já na mais tenra infância. Considerando a postulação desse paradigma, diversas áreas do saber têm incluído, em seus pressupostos e métodos de pesquisa, as propriedades das línguas naturais como parte da mente/cérebro dos seres humanos.

A Teoria Gerativa tem investigado essa hipótese por meio de modelos abstratos sobre a estrutura gramatical das línguas naturais, a Psicolinguística tem investigado as diversas áreas relacionadas ao processamento da linguagem e estudos neurocientíficos têm atestado locais no cérebro destinados ao funcionamento das línguas naturais e aos impactos dos processos de leitura e escrita na configuração cerebral. Apesar de todos esses avanços no campo científico, a maior parte dessas descobertas não tem chegado à educação básica e os métodos de ensino permanecem desconsiderando a faceta biológica das línguas naturais.

No Brasil, desde a década de 1970, diversos autores têm refletido sobre as contribuições da Teoria Gerativa para a educação básica. Perini (1986) analisava criticamente a forma como as gramáticas tradicionais abordavam os conteúdos e afirmava que não seria possível se chegar a uma prática gramatical educacionalmente relevante sem uma fundamentação teórica consistente. Para o autor, "uma formação gramatical intelectualmente sadia só pode ser atingida através de um exame racional e rigoroso do fenômeno da linguagem e da estrutura da língua, nunca através de princípios desconexos" (Perini, 1986: 19).

Lobato (2003), por exemplo, defendia a importância de se levar o conceito de Faculdade da Linguagem para a sala de aula e de se considerar o conhecimento gramatical tácito dos estudantes como ponto de partida para a realização de atividades de reflexão linguística e para o estabelecimento de relações entre a língua falada e a língua escrita. Franchi (2006), partindo também dos referenciais teóricos da linguística gerativista, argumentou a favor da existência de três níveis de análise linguística na escola: nível linguístico, epilinguístico e metalinguístico.

Numa interface entre a Teoria Gerativa e a Psicolinguística, Maia (2019), em *Psicolinguística e Metacognição na Escola,* relata a experiência pioneira no país de um grupo de pesquisadores que, por meio do uso de *eyetracking*, avaliaram padrões de leitura de estudantes de uma escola de educação básica antes e após oficinas linguísticas, voltadas para o desenvolvimento da consciência linguística e da leitura crítica de textos.

Em 2020, Chomsky em parceria com Gallego publica um artigo argumentando a favor das contribuições que os conceitos linguísticos vinculados à Faculdade da Linguagem poderiam dar à educação básica. Esses contributos seriam pertinentes "não apenas pelo valor potencialmente intrínseco do conhecimento linguístico, mas também pelo impacto dessa abordagem em habilidades mais gerais, como observar, descrever e comparar dados, formular generalizações ou oferecer argumentos empíricos." (Chomsky; Gallego, 2020: 1)

Em síntese, a cada dia avoluma-se a literatura que aponta benefícios da adoção de premissas da linguística moderna às práticas educacionais. No entanto, além das reflexões e proposições teóricas é fundamental que haja pesquisas experimentais capazes de avaliar as implicações práticas das diferentes propostas e métodos. Tendo em vista essa necessidade e, com o objetivo de criar instrumentos para auxiliar pesquisadores, professores e estudantes a compreender o processo de ensino-aprendizagem de maneira mais aprofundada, em meados de 2020, as autoras deste artigo deram início ao desenvolvimento de um protocolo de monitorização e avaliação da aprendizagem linguística, cujos primeiros resultados serão apresentados nas seções a seguir.

Um dos princípios da proposta consistiu em articular metodologias de pesquisa em Psicolinguística e em Educação, como forma a tornar os resultados do processo de aprendizagem mais visíveis tanto para o professor como para o aluno e permitir a monitorização e a avaliação da aprendizagem em diversos domínios.

O termo "visível" é usado, portanto, no sentido alargado da abordagem de Hattie (2017: 1) que considera que a aprendizagem dos alunos deve ser "visível" aos professores para que estes identifiquem claramente os atributos que fazem diferença na aprendizagem dos alunos de modo que, ao final, todos os envolvidos no processo, incluindo os próprios alunos, reconheçam o impacto desses atributos na aprendizagem.

O nosso sentido de visibilidade, em alguma medida, também pode remeter ao conhecimento individual geral sobre o quanto sabemos, por exemplo, sobre um tema ou assunto, ou *self-knowledge*, um dos tipos de conhecimento metacognitivo na classificação de Flavell (1979) e que poderia incluir o conhecimento e o julgamento precisos sobre os nossos pontos fracos e fortes com respeito a tal tema ou assunto (Pintrich, 2002: 221).

Neste capítulo apresentamos o *design* experimental formulado pelas autoras, *Protocolo Experimental para a Visibilidade da Aprendizagem* (Previa) em articulação com uma discussão sobre métodos de ensino de gramática. Relataremos, portanto, um estudo em que esse protocolo foi usado e discutiremos também a influência do método de instrução gramatical na aprendizagem de um fenómeno específico da gramática do português – o uso do sinal grave (cf. Pilati; Lourenço-Gomes; Castro, 2020).

O capítulo está dividido em quatro seções. A seção 1.1 traz uma caracterização das abordagens de ensino que serão comparadas nos estudos exploratórios em questão: a tradicional e a da aprendizagem linguística ativa. A seção 1.2 apresenta os princípios do *Protocolo Experimental para a Visibilidade da Aprendizagem* (Previa). A seção 1.3 apresenta o estudo exploratório desenvolvido. Por fim, a seção 1.4 traz as considerações finais.

1.1 REFLEXÕES SOBRE O ENSINO DE GRAMÁTICA: ABORDAGEM TRADICIONAL E APRENDIZAGEM LINGUÍSTICA ATIVA

Como apresentado brevemente na introdução deste capítulo, a hipótese da Faculdade da Linguagem de Noam Chomsky (1965) tem fomentado mudanças de paradigmas relacionados à compreensão da natureza e do funcionamento das línguas naturais. Essa mudança tem gradualmente repercutido na concepção de ensino de línguas. Um exemplo dessa concepção de língua como um construto precipuamente social, pode ser vista na definição de Cunha & Cintra (1985: 1):

> Língua é um sistema gramatical pertencente a um grupo de indivíduos. Expressão da consciência de uma coletividade, a LÍNGUA é o meio por que ela concebe o mundo que a cerca e sobre ele age. Utilização social da faculdade da linguagem, criação da sociedade, não pode ser imutável; ao contrário, tem de viver em perpétua evolução, paralela à do organismo social que a criou.

Na citação acima, percebe-se claramente a ênfase dada pelos autores à relação existente entre língua e sociedade. Língua é conceituada por meio de expressões do tipo "sistema gramatical pertencente a um grupo de indivíduos", "expressão da consciência de uma coletividade", "utilização social da faculdade da linguagem" e "criação da sociedade". Ou seja, apesar da menção à faculdade da linguagem, expressão típica da concepção gerativista de línguas naturais, o grande destaque no conceito apresentado pelos autores está na faceta social, e, portanto, externa, das línguas naturais.

Pilati (2017) argumenta que, pelo fato de os conceitos de língua e gramática estarem tão vinculados aos saberes sociais e às normas socialmente prestigiadas e não aos saberes inatos dos indivíduos, adquiridos de forma natural na infância, no Brasil pelo menos, "saber gramática e saber português" significa saber usar a variante linguística descrita nos compêndios gramaticais. Uma consequência desse tipo de correlação é que boa parte dos falantes de português no Brasil, por não dominar as normas linguísticas descritas nas gramáticas tradicionais, considera que não sabe "português", sua língua materna, usada no dia a dia.

Além dessa concepção de gramática como um construto externo ao indivíduo, o ensino de gramática, no Brasil, tem se guiado por métodos mais tradicionais. Libâneo (1992) explica que, de forma geral, os métodos considerados tradicionais se caracterizam por apresentar: (i) conteúdos dissociados das experiências dos alunos; (ii) professor detentor do conhecimento e o aluno receptor; (iii) ênfase em métodos de memorização de conceitos, fórmulas e exercícios; (iv) aprendizagem receptiva e mecânica. Todas essas características estão presentes nas aulas mais tradicionais de gramática que apresentam fundamentalmente caráter dogmático e prescritivo.

Em síntese, apesar dos avanços no campo teórico dos estudos linguísticos, ainda é muito frequente que o ensino de gramática no Brasil esteja pautado pelos métodos mais tradicionais de ensino. Como exemplo, trazemos um fragmento sobre o ensino de crase retirado do livro didático *Português Contemporâneo* (2016), utilizado pela rede pública de ensino do Distrito Federal:

> O acento indicador de crase é usado na contração da preposição **a** e os pronomes demonstrativos a, aquele, aquela e aquilo, após verbos que exijam a preposição **a** em seu complemento: Não me refiro a essa moça, mas à (a + a pronome, com sentido de aquela) que saiu.
>
> Pode haver acento indicador de crase a fim de se eliminar uma possível ambiguidade em expressões que têm o sentido das locuções com a, por meio da, ao lado da: Escrever à/a máquina ou bordar à/a mão.

> Há acento indicador de crase em expressões nas quais se subentende a locução à moda de: poemas à Camões, cabelo à Pica-Pau, drible à Neymar. Há acento indicador de crase antes da palavra Terra quando esta se refere ao planeta; não há crase quando "terra" se opõe a "bordo".
> Há acento indicador de crase nas expressões à medida que, à proporção que, à beira de, à toa. (Cereja, W. R., *Português Contemporâneo*, v. 3, 2016: 144)

Uma análise mais detida do trecho acima evidencia a clássica sequência do método tradicional: 1) apresentação de conceitos gerais desvinculados da noção de sistema linguístico; 2) apresentação de regras e exceções por meio de listas e sem a inclusão de reflexões sobre as motivações sintáticas ou semânticas vinculadas a cada caso; 3) desvinculação do conteúdo gramatical da realidade dos alunos. Pelo fato de o material didático estar vinculado à abordagem tradicional do ensino de gramática, os conceitos gramaticais são apresentados desvinculados da noção de sistema linguístico e do conhecimento gramatical como fruto também da Faculdade da Linguagem. Com isso se reforça o caráter de externalidade do fenômeno gramatical.

A fim de contribuir com a superação dessas lacunas, Pilati (2017, 2018, 2020) tem defendido que dois aspectos do ensino de gramática devem ser reformulados: o primeiro é que o ensino de gramática deve partir das concepções atuais de língua e gramática, para que seja possível o reconhecimento das propriedades específicas das línguas naturais em "sistemas linguísticos", organizados de forma composicional, dentro de domínios com estrutura hierárquica e recursiva e sujeitas a variação. O segundo aspecto é a necessidade de se dispensar atenção ao processo instrucional, que deve ser abordado com base em metodologia adequada e cientificamente embasada que não ignore a complexidade dos processos de análise gramatical e de leitura e produção textual.

Buscando apresentar uma proposta metodológica que conciliasse esses dois aspectos foi proposta a *Abordagem da Aprendizagem Linguística Ativa* (Pilati, 2017). Em tal proposta, conceitos advindos da Linguística se unem a princípios da aprendizagem em geral, para proporcionar práticas pedagógicas mais eficazes para o ensino de gramática. A fim de expor formas concretas de se colocar a teoria em prática, foi proposta uma sequência didática adaptável a diversos contextos, com momentos dedicados a: i) valorização do conhecimento prévio do estudante, incluindo os saberes linguísticos inatos derivados da Faculdade da Linguagem; ii) busca pelo desenvolvimento do conhecimento profundo sobre a organização dos sistemas linguísticos e sobre o uso das línguas naturais a partir de experiências linguísticas em que os fenômenos gramaticais fossem compreendidos de forma sistematizada e manipulados com recurso a elementos visuais, coloridos, lúdicos; e iii) incentivo à aprendizagem ativa e estímulo à consciência metacognitiva, por meio de atividades que vinculam conceitos gramaticais a processos de expressão do pensamento nas práticas orais, de leitura e de escrita, buscando o desenvolvimento do pensamento flexível, crítico e criativo.

Com base nesses pressupostos, a metodologia da aprendizagem linguística ativa busca levar em consideração o conhecimento linguístico vasto e inconsciente que os alunos possuem e a intenção de promover o conhecimento linguístico explícito (consciência linguística), além de contribuir para restabelecer a sua autoestima linguística, considerando que, em geral, os alunos raramente se sentem seguros sobre o uso da própria língua.

Ao desenvolver o conhecimento profundo dos fenômenos estudados, a metodologia objetiva ampliar nos alunos a sensibilidade para compreender padrões de informações significativas – não acessíveis a principiantes. A compreensão profunda, segundo Bransford et al. (2007), é aquela que transforma informação factual em conhecimento utilizável. Com este princípio, Pilati (2017) sugere que os alunos pensem como especialistas, tentando identificar padrões em sua língua, bem como a "arquitetura invisível por trás do sistema". Para isso, propõe a criação de ambientes propícios ao contexto de aprendizagem, em que os estudantes possam organizar seus conhecimentos de forma coerente.

Por fim, ao promover a aprendizagem ativa por meio do desenvolvimento de habilidades metacognitivas, Pilati (2017) aponta como indispensável o envolvimento do aluno no processo de compreensão do assunto estudado. Para isso, na sala de aula, devem-se proporcionar momentos para a criação de sentido, para a autoavaliação e para a reflexão quanto ao que funciona ou não no processo de aprendizagem. A autora frisa ainda que é fundamental que, aqui, os alunos entrem em contato com as modalidades da língua escrita como protagonistas e não como espectadores.

Com essa metodologia, a aula de gramática deixa de ser elaborada nos moldes de regras desconhecidas pelos alunos, com ênfase em métodos de memorização de conceitos, e passa a ser elaborada em uma sequência didática sistematizada. Essa sequência didática é apresentada em seis etapas: (i) avaliação do conhecimento prévio dos alunos; (ii) experiência linguística; (iii) reflexões linguísticas; (iv) organização das ideias; (v) apresentação das ideias; e (vi) aplicação dos conhecimentos em textos.

Além disso, durante a sequência didática, a metodologia propõe o uso de materiais concretos e manipuláveis para promover a compreensão de fenômenos gramaticais, despertando-se mais consciência acerca da estrutura sintática da língua e dos fenômenos gramaticais. Esses materiais seriam uma excelente ferramenta para a identificação dos aspectos em que há dificuldade de compreensão.

Apresentam-se, a seguir, a título de comparação, um material gramatical para o ensino do sinal grave, desenvolvido de acordo com os princípios da Aprendizagem Linguística Ativa (cf. Gomes, 2019) e uma listagem de regras típica do ensino tradicional.

Quadro 1: Ensino tradicional do sinal grave e artefato criado com base na Aprendizagem Linguística Ativa

Regras do ensino tradicional para ensino do sinal grave	O acento indicador de crase é usado na contração da preposição **a** e os pronomes demonstrativos a, aquele, aquela e aquilo, após verbos que exijam a preposição **a** em seu complemento: Não me refiro a essa moça, mas à (a + a pronome, com sentido de aquela) que saiu. Pode haver acento indicador de crase a fim de se eliminar uma possível ambiguidade em expressões que têm o sentido das locuções com a, por meio da, ao lado da: Escrever à/a máquina ou bordar à/a mão. Há acento indicador de crase em expressões nas quais se subentende a locução à moda. [...] (Cereja, Willinam Roberto, Português Contemporâneo, v. 3, 2016: 144).
Jogo da Crase – Artefato do acervo da Gramaticoteca para ensino do sinal grave	

Fonte: elaborado pelas autoras, imagem adaptada de Gomes (2019)

No quadro 1, reproduzimos a forma tradicional de se ensinar o uso do sinal grave, por meio da apresentação de conceitos, regras e exceções e trazemos um exemplo de material desenvolvido de acordo com os princípios da Aprendizagem Linguística Ativa.

O material acima, denominado "Jogo da Crase", busca representar de forma concreta, colorida e manipulável, as relações estabelecidas entre os termos da oração envolvidos na ocorrência do sinal grave. O material evidencia as relações de complementação e regência envolvidas na ocorrência de contextos de uso do sinal grave. Como se sabe, de acordo com a regra geral, o uso do sinal grave será necessário quando um dos termos da oração seleciona seus complementos por meio da preposição "a" e se liga a um outro termo que apresenta um artigo definido feminino "a" ou um pronome iniciado pela letra "a" tal como "aquela" ou "aquilo", o uso do sinal grave irá marcar a fusão desses sons homófonos, tal como em "Fomos à padaria" (Ir "a" algum lugar + "a padaria").

De forma concreta e contextualizada dentro do sistema linguístico, o "Jogo da Crase" representa a relação entre os termos regentes e os termos regidos na oração por meio da apresentação de fichas variadas inseridas nas duas extremidades. No centro do Jogo, há um círculo com a representação das diferentes relações que podem ser estabelecidas pelos termos da oração, entre elas o uso do sinal grave. Abaixo dos termos da oração, há um outro espaço para que os estudantes insiram a preposição do termo regente e o artigo ou pronome do termo regido. Essas fichas servem para destacar ainda mais a necessidade de se identificarem a presença de preposições e artigos/pronomes avaliação dos contextos de uso do sinal grave. A tarefa dos estudantes consiste em selecionar os termos da oração, escolher as diferentes fichas do jogo, ler a oração formada, identificar as formas de regência e avaliar trata-se de um contexto de uso do sinal grave ou não.

Como mencionado anteriormente, uma diferença fundamental entre a abordagem tradicional e a abordagem da Aprendizagem Linguística Ativa é que a abordagem tradicional traz a definição e os conceitos relativos ao uso do sinal grave desvinculadas do funcionamento do sistema linguístico. Já na proposta da Aprendizagem Linguística Ativa, o uso do sinal grave é contextualizado dentro do sistema linguístico, propiciando uma aprendizagem significativa, por meio da compreensão profunda acerca do funcionamento da língua e das relações de complementação entre nomes e verbos.

Além dessa contextualização, pelo fato de o conceito ser apresentado em forma de um material manipulável, valoriza-se o pensamento metacognitivo, pois é possível que se testem saberes em meio a múltiplas configurações linguísticas.

Materiais manipuláveis desenvolvidos com base na aprendizagem Linguística ativa, tal como o "Jogo da Crase", têm sido utilizados em diversas escolas e universidades brasileiras com aprovação da comunidade acadêmica. Analisando a situação pelo ponto de vista empírico, diversos estudos recentes concluem que a contribuição da metodologia Linguística ativa para o ensino de língua materna é bastante expressiva e alcança melhores resultados de ensino-aprendizagem quando comparada com métodos tradicionais. Não obstante essa avaliação empírica positiva, atestada por diversos trabalhos acadêmicos, é importante que se investigue experimentalmente quais são os impactos do uso desse material, para que se possa avaliar mais detidamente os impactos, o alcance e os limites do uso de uma metodologia ou outra. Foi com esse objetivo que se formulou o protocolo Previa para monitoração e avaliação de processos instrucionais, o qual será apresentado a seguir.

1.2 PROTOCOLO PARA A MONITORIZAÇÃO E AVALIAÇÃO DA APRENDIZAGEM

Nesta seção descrevemos o protocolo para a monitorização e avaliação do processo de ensino-aprendizagem – Previa, ressaltando também alguns aspectos levados em conta na sua elaboração.

1.2.1 Motivações (e inspirações) da Psicolinguística para o desenvolvimento do protocolo

O protocolo Previa, cuja aplicação se encontra em fase exploratória, foi primeiramente usado em um estudo experimental sobre a influência do método de instrução gramatical na aprendizagem de um tópico da gramática do português (Pilati; Lourenço-Gomes; Castro, 2020) e reaplicado no estudo descrito na seção 1.3 deste capítulo, com algumas alterações que visaram o seu refinamento metodológico.

O termo *experimental* será usado para realçar o fato de o protocolo incluir procedimentos metodológicos e de análise usados na pesquisa quantitativa da Psicolinguística e da Educação, o que implica a manipulação de variáveis por parte do pesquisador (variáveis independentes), a análise de variáveis que representam um valor que depende desta manipulação (variáveis dependentes) e a identificação e controle de variáveis que podem afetar os resultados do estudo (variáveis externas). Um dos objetivos desta abordagem de pesquisa é verificar a existência de um relacionamento de causa e efeito entre as variáveis estudadas.

Para a recolha dos dados quantitativos do protocolo, usamos uma ferramenta baseada na web que registra ações dos participantes, como marcar, alterar e submeter uma resposta, e os tempos relacionados a essas ações, durante o preenchimento de questionários (Lourenço-Gomes, 2018). A ferramenta tem sido designada como AT-Survey (A de ação + T de tempo) e será brevemente descrita mais adiante.

A análise do conjunto das medidas registradas na AT-Survey tem como objetivo central estudar o processo de tomada de decisão dos participantes enquanto respondem a questionários. Neste processo, procuramos por indicadores sobre o grau de confiança das respostas dadas e também sobre o grau engajamento e desengajamento em uma tarefa que está sendo executada. Por exemplo, tempos muito longos, que se distanciam do tempo médio para responder a uma pergunta, podem indicar hesitação ou desengajamento da tarefa e tempos muito curtos podem indicar pouco ou nenhum engajamento na tarefa. A análise dessas medidas é inferencial, ou seja, as medidas não refletem direta e precisamente o grau de confiança, engajamento ou desengajamento dos participantes, mas apresentam grande potencial para elucidar aspectos desta natureza.

Essas medidas refletem os comportamentos dos participantes após o estímulo ter sido processado e estão, portanto, associadas a processos conscientes e reflexivos, sendo extraídas a partir de técnicas off-line, como designado na literatura psicolinguística. Medidas tomadas momento a momento durante a leitura ou audição do estímulo linguístico refletem, por outro lado, processos mais automáticos que ocorrem enquanto o processamento do estímulo decorre, e são extraídas a partir de técnicas on-line. Assim, as medidas de tempo correspondem à variável resposta (variável dependente) nas duas técnicas, a diferença é a interpretação que damos a essas medidas quando usamos uma ou outra técnica. A técnica de recolha de dados empregada no protocolo é, portanto, off-line e os tempos medidos são interpretados como o resultado de processos conscientes e reflexivos e relacionados ao processo de tomada de decisão dos participantes.

Embora sejam mais notórias as análises de medidas on-line do que as medidas off-line na Psicolinguística e na Neurociência da Linguagem (cf. Ferreira; Yang, 2019, para uma discussão), nesta fase de desenvolvimento do protocolo, em que o foco recai sobre o processo de tomada decisão, foram incluídas apenas medidas off-line. Em um interessante estudo sobre processos subjacentes à tomada de decisão, Dotan, Meyniel & Dehaene (2018) sinalizam que medições comportamentais simples, menos custosas e menos invasivas do que as obtidas em estudos eletrofisiológicos e de imagem cerebral também podem contribuir para uma melhor compreensão desses processos. Os autores rastrearam movimentos dos dedos dos participantes durante uma tarefa de tomada de decisão a partir de um programa de experimentação e demonstraram que a velocidade dos dedos proporcionava uma medida implícita da confiança imediata dos participantes para responder a uma tarefa de percepção e que esta era preditiva da confiança explícita.

Muitos esforços têm sido feitos no sentido de levar para a sala de aula o que temos aprendido com a investigação experimental da Psicologia, da Psicolinguística e das Neurociências (cf. Blakemore; Frith, 2005; Maia, 2019; Roeper; Maia; Pilati, 2020; Dehaene, 2021, entre outros), mas reconhecemos os desafios para alcançar o cenário ideal de uma ligação estreita entre o conjunto dessas investigações e sua aplicação no contexto escolar, verdadeiramente apoiada por iniciativas de políticas públicas de ensino.

Recorrendo a procedimentos metodológicos e a instrumentos relativamente simples e acessíveis, o protocolo para a monitorização e avaliação da aprendizagem, tal como proposto neste trabalho, tem como objetivos: (i) examinar a influência do tipo de instrução – "tradicional" e "aprendizagem linguística ativa" – no processo de aprendizagem e na tomada de consciência de fenômenos gramaticais; (ii) explorar o processo de tomada de decisão relativamente ao grau de certeza e hesitação dos participantes enquanto respondem aos questionários do estudo; (iii) e avaliar a relação entre domínio de conhecimento sobre fenômenos gramaticais e tomada de decisão sobre uma resposta em atividades de análise de sentenças.

1.2.2 Fases do protocolo

1.2.2.1 DETERMINAÇÃO DAS QUESTÕES DE INVESTIGAÇÃO

Na elaboração e execução deste projeto, foram levadas em consideração as seguintes questões norteadoras: (i) a estratégia de instrução tem influência sobre o grau de domínio do conhecimento de fenômenos gramaticais pelo aluno? (ii) É possível extrair informações quantitativas relevantes durante o processo de tomada de decisão, mais especificamente sobre o grau de confiança dos estudantes quanto a suas respostas, em atividades de análise de sentenças? (iii) Que relações podem ser observadas entre o domínio de conhecimento do aluno e o grau de de confiança de suas respostas, analisando-se parâmetros quantitativos (tempos de resposta), além das respostas finais? (iv) Em que medida esses parâmetros quantitativos podem nos auxiliar a compreender a relação entre conhecimento adquirido e o próprio processo de tomada de decisão?

1.2.2.2 TESTES DO INSTRUMENTO DE PESQUISA

Cada estudo é precedido por uma fase de testes que consiste na aplicação do instrumento, primeiro a um grupo de especialistas (pares) e depois a um grupo de leigos e com o perfil semelhante ao da amostra alvo. Os procedimentos de aplicação são idênticos aos usados com a amostra alvo, salvo pelo fato de esses grupos realizarem a tarefa, obrigatoriamente, na presença de pelo menos um investigador responsável pelo estudo. Após finalizarem o teste os participantes desta fase preenchem um formulário de apreciação sobre diferentes aspectos, tais como, erros eventualmente encontrados; adequação do tempo necessário para cumprir a tarefa; adequação das perguntas na ficha de informações pessoais (p. ex., que poderiam causar desconforto ou que são confusas); adequação das instruções; problemas técnicos, entre outros comentários.

Além dessas questões, os participantes da fase de testes são incentivados a fazer comentários oralmente, de qualquer ordem, sobre o instrumento, sendo esses comentários anotados pelo investigador. Caso se verifique a necessidade, são feitas alterações ao instrumento de pesquisa. Os dados recolhidos durante a fase de testes estão sujeitos aos mesmos critérios éticos definidos para a amostra alvo. Esta é uma fase crucial do protocolo e, como observam Krantz & Reips (2017: 1625), a propósito dos estudos baseados na web, a sua ausência antes dos estudos reais é um dos maiores preditores de falhas na investigação.

1.2.2.3 APLICAÇÃO DO INSTRUMENTO À AMOSTRA ALVO

O instrumento (o conjunto de questionários e videoaulas) é aplicado em quatro fases realizadas pelos participantes em uma única sessão, adotando-se um desenho do tipo pré-teste-pós-teste (cf. Abbuhl; Gass; Mackey, 2013; Christensen; Johnson; Turner, 2015). Pré-teste; Videoaulas, que correspondem à fase de "tratamento" do desenho experimental empregado; e Pós-teste. Uma fase inicial de Ensaio foi conduzida com o objetivo de criar um *baseline* sobre o desempenho dos participantes, quanto a taxas de acertos/erros e aos tempos de resposta. Os detalhes dessas fases são descritos nos procedimentos do estudo exploratório, na seção 1.3.

1.2.3 Breve descrição da ferramenta AT-Survey

Compreender comportamentos associados à execução de tarefas linguísticas é relevante e necessário, especialmente nos dias atuais, em que boa parte dessas tarefas é ou tende a ser aplicada através da web e boa parte dos estudos cognitivos são implementados em ferramentas baseadas na web, nem sempre sob controle do investigador (cf. Krantz; Reips, 2017; Wolfe, 2017; Lourenço-Gomes, 2021).

O desenvovimento da ferramenta AT-Survey[1] considera estas necessidades e foi idealizada no âmbito do projeto intitulado *Assessing participants' actions and time in performing acceptability judgement tasks through a dedicated web-based application* (Lourenço-Gomes, 2018). Tem como objetivo explorar o processo de tomada de decisão relativamente ao grau de certeza e hesitação dos participantes enquanto respondem a questionários através da internet, particularmente para fins de investigação linguística e psicolinguística. Com esse intuito, foi desenvolvido um aplicativo para a implementação de questionários na web, que visa avaliar o desempenho dos participantes em tarefas de juízos de aceitabilidade linguística e interpretação de frases e textos (escritos e orais), recorrendo a testes experimentais usuais na área (escala Likert, escolha forçada, respostas sim/não, estimativa de magnitude, escolha múltipla etc.). Além das respostas finais às questões, o aplicativo permite extrair medidas das ações do participante (escolher, alterar e submeter uma resposta), bem como dos tempos despendidos em cada uma dessas ações. Mais especificamente essas medidas incluem:

1.2.3.1 AÇÕES:

- Quantas respostas: indica se o participante alterou a sua resposta durante a execução da tarefa e quantas vezes o fez.
- Primeira resposta e Última Resposta: indicam a primeira e a última respostas do participante, respectivamente (esta última quando se verifica alterações de respostas)

1.2.3.2 TEMPOS:

- Tempo de leitura/audição/visualização de imagens dos estímulos: corresponde ao tempo entre a apresentação do estímulo na tela e o momento em que o participante clica no botão "responder".
- Tempo primeira resposta: corresponde ao tempo entre a apresentação das opções de resposta na tela e a primeira ação do participante (marcar a primeira resposta).
- Tempo última resposta: corresponde ao tempo entre a marcação da primeira resposta e a marcação da última resposta (quando ocorrer alteração).
- Tempo para submeter a resposta final: corresponde ao tempo entre a marcação da última resposta e a marcação do botão de submissão da resposta para passar à questão seguinte.

Espera-se que a análise conjunta dessas medidas permita uma avaliação mais apurada das respostas finais dos participantes em inquéritos de perguntas fechadas porque adiciona informações que servirão de pistas sobre o seu grau de certeza e hesitação durante a realização da tarefa. Em termos de visualização para os usuários, o aplicativo é semelhante a outros inquéritos implementados na web, como o Google Forms, Survey Gizmo, entre outros. O aplicativo, escrito predominantemente em JavaScript, é conectado a um ambiente *backend* onde o pesquisador controla as variáveis das experiências e o tipo de input (palavras, frases e textos – escritos e em áudio). Os dados de cada resposta são automaticamente enviados e armazenados na base de dados do aplicativo e incluem os registos das ações dos participantes e dos tempos despendidos em cada uma delas.[2]

1.2.3.3 PROCEDIMENTOS PADRÃO

Em procedimentos de aplicação padrão dos questionários, os participantes recebem um link de acesso ao questionário, geralmente através do investigador ou de um professor. Para prosseguir com a tarefa é obrigatório concordar com os termos do consentimento informado. Em seguida, é solicitado ao participante que preencha um formulário com dados demográficos e linguísticos (informação fornecida nos termos do Consentimento Informado). Feito isto, eles têm acesso a uma folha com as instruções detalhadas sobre a tarefa e em seguida começam a preencher o questionário. Os estímulos podem ser apresentados em ordem aleatória, sequencial ou pseudoaleatória (com base em uma determinada regra) e aparecem no centro da tela. Se uma resposta é requerida, o participante apenas consegue avançar depois de ter dado a sua resposta. Ao terminar o questionário, o participante recebe um aviso na tela e uma mensagem final em que lhe são disponibilizados o código pessoal identificador (gerado aleatoriamente pelo aplicativo) e, novamente, o e-mail do investigador, com o qual poderá entrar em contato para qualquer informação.

1.2.3.4 CRITÉRIOS DE CONFIDENCIALIDADE

O aplicativo gera um código aleatório para cada participante, tão logo este responda ao primeiro estímulo. Ao final do preenchimento, este código é disponibilizado ao participante no próprio formulário. O participante é aconselhado (por mensagem na tela) a anotar este código que o identifica, no caso de desejar entrar em contato com o investigador para qualquer informação ou requerer o seu direito de retirar o consentimento. Regra geral, não são solicitados quaisquer dados que identifique o participante. O sistema do aplicativo impede o participante de acessar mais de uma vez ao questionário com o mesmo *link*. Apenas no caso de estudos longitudinais ou que requeiram o preenchimento de mais de um questionário pelo mesmo participante, este recebe links diferentes para cada questionário e ser-lhe-á pedida a criação de um código pessoal de modo a se poder parear os dados. Nestes casos, o termo de consentimento informado explicita ao participante sobre procedimento faseado.

O acesso aos registros é limitado ao investigador responsável e ao(s) investigador(es) colaborador(es). Estes últimos assinam uma declaração em que se comprometem a guardar confidencialidade sobre os dados e informações recolhidas no âmbito de cada estudo implementado no aplicativo. O investigador responsável, por seu turno, compromete-se a disponibilizar os dados ao colaborador durante e ao final da recolha, e mantém o direito de eliminar esses dados decorridos seis meses do fim da recolha. Os dados são guardados no *backend* do aplicativo até que sejam permanentemente excluídos. Os registros podem ser mantidos a partir do *download* da folha de resultados e são, nestes casos, armazenados em computador pessoal.

Os participantes são informados no termo de consentimento sobre: (i) o(s) nome(s) do(s) autor(es) do estudo, e-mail de contato e instituição à qual estão filiados; (ii) a ausência de risco de sua participação para a saúde ou bem-estar; (iii) a necessidade de se manter em sigilo até ao final do estudo os objetivos específicos para não comprometer os resultados, sendo-lhe apresentado apenas o objetivo geral do estudo; (iv) o armazenamento das informações em bases de dados anonimizadas; (v) a anonimização dos dados durante o seu tratamento e análise; (vi) a utilização dos dados apenas e unicamente para fins de investigação científica e acadêmica; (vii) a divulgação dos dados (em grupo), de forma completamente anônima e confidencial, em apresentações públicas, congressos científicos e publicações.

1.3 ESTUDO EXPLORATÓRIO

1.3.1 Método

1.3.1.1 PARTICIPANTES

Previamente à aplicação do estudo aos estudantes da amostra, oito voluntários da área do Ensino participaram da fase de avaliação do instrumento. Após a validação do instrumento, procedeu-se à realização efetiva do estudo. Foram convidados noventa alunos regularmente matriculados no segundo e terceiro ano do ensino médio de uma escola pública na região da Asa Sul (Distrito Federal, Brasil). As turmas participantes foram escolhidas aleatoriamente, de acordo com os horários vagos na grade escolar. A amostra final foi composta por 48 alunos, obedecendo aos seguintes critérios: ter o termo de consentimento assinado pelos pais; ser falante nativo do Português Brasileiro; ter completado todas as etapas do estudo em uma única sessão; ter todos os seus dados registrados corretamente, conforme indicado nas instruções dos questionários.

1.3.2 Material

Os materiais foram organizados em quatro blocos, como se segue:

1.3.2.1 BLOCO DE ENSAIO

Para este bloco foram criadas 12 sentenças afirmativas, sendo quatro indubitavelmente verdadeiras (p. ex., *O sol nasce todas as manhãs*), quatro indubitavelmente falsas (p. ex., *O sangue humano é verde.*) e quatro sentenças de opinião (p. ex., *O dinheiro é o único caminho para a felicidade.*). As sentenças eram seguidas por quatro opções de resposta, idênticas às usadas nos questionários do pré e do pós-teste ("sim", "acho que sim", "não" e "acho que não"). Esse bloco, teve o objetivo de habituar os estudantes à tarefa e criar uma linha de base sobre o comportamento, individual e do grupo, relativamente ao tempo de resposta para a tomada de decisão nas tarefas experimentais.

1.3.2.2 BLOCO DE PRÉ-TESTE

Para o segundo bloco, foram criadas vinte sentenças sobre o uso do sinal grave (crase). O objetivo deste bloco era recolher informações acerca do conhecimento prévio dos estudantes sobre o tema, antes da instrução em uma das abordagens – tradicional/aprendizagem linguística ativa, como será descrito em (3) a seguir. Em metade das sentenças, o contexto exigia obrigatoriamente o uso do sinal grave e na outra metade não. Os participantes eram solicitados a responder se o sinal grave (indicativo de crase) deveria ou não aparecer nos contextos em que o "a" (em negrito) aparecia. As opções de respostas eram as mesmas usadas para o Bloco de Ensaio ("sim", "acho que sim", "não" e "acho que não"). Optamos por não usar uma tarefa de escolha binária do tipo "sim"/"não" e incluir também duas opções em que os participantes pudessem manifestar alguma incerteza ("acho que sim" e "acho que não"). Todas as sentenças eram formadas por seis palavras. O quadro 2, mostra a distribuição do material experimental deste bloco.

Quadro 2: Distribuição do material experimental no Bloco de Pré-teste

Contexto	Exemplo de sentença	Número de itens	Resposta esperada
Crase desencadeada por regência verbal + artigo	Hoje entreguei a prova à professora.	5	"Sim"/"Acho que sim"
Crase desencadeada por regência nominal + artigo	Apenas pedimos mais respeito à vida.	5	"Sim"/"Acho que sim"
Sem crase (a + palavra feminina)	Peço por ajuda a famílias carentes.	5	"Não"/"Acho que não"
Sem crase (a + palavra masculina)	Prestem atenção a todos os detalhes.	5	"Não"/"Acho que não"

Fonte: elaborado pelos autores

1.3.2.3 BLOCO DE INSTRUÇÃO

Para este bloco foram criadas três videoaulas de 10 minutos, gravadas por uma das pesquisadoras: (i) aula sobre o uso do sinal grave na metodologia de ensino gramatical tradicional; (ii) aula sobre o uso do sinal grave na metodologia da aprendizagem linguística ativa, apresentada ao grupo de aprendizagem linguística; (iii) aula genérica sobre leitura e interpretação de texto. Vale ressaltar que o uso do sinal grave foi exposto nas aulas (i) e (ii), considerando-se a mesma quantidade de informação e os mesmos exemplos, variando-se, unicamente, a exposição no que diz respeito à abordagem da instrução. O quadro 3, apresenta a estrutura geral das videoaulas dos três grupos (GAT, GAA e GC).

**Quadro 3: Estrutura geral das apresentadas ao Grupo de Aprendizagem Ativa,
Grupo de Aprendizagem Tradicional e Grupo Controle**

Grupo Aprendizagem Ativa (GAA)	Grupo Aprendizagem Tradicional (GAT)	Grupo Controle (GC)
Apresentação do fenômeno da crase	Apresentação do conceito de crase.	Apresentação de um texto sobre tema não relacionado ao fenômeno sob exame.
Exemplos com uso de material concreto	Exemplos na sentença.	Leitura.
Apresentação dos contextos de uso do sinal grave utilizando o material concreto	Apresentação dos contextos de uso do sinal grave por meio das regras do ensino tradicional	Discussões sobre o texto.
Exercícios durante o processo	Exercícios ao final	Exercícios de interpretação.

Fonte: elaborado pelos autores

1.3.2.4 BLOCO DE PÓS-TESTE

Para o quarto e último bloco foram criadas vinte sentenças construídas com os mesmos critérios presentes no material do primeiro bloco (Bloco de Pré-teste). O texto das instruções, as opções de escolha e a distribuição do material experimental também eram os mesmos.

1.3.2.5 PROCEDIMENTOS

Todas as etapas do estudo foram aplicadas através da internet pela terceira autora deste estudo, mas na modalidade presencial na escola. Os materiais do Bloco de Ensaio, Bloco de Pré-teste e Bloco de Pós-teste eram idênticos para todos os participantes. Para o Bloco de Instrução, os participantes foram divididos, aleatoriamente, em três grupos: um grupo que recebeu instrução a partir da videoaula baseada em uma abordagem de aprendizagem tradicional (GAT), um grupo que recebeu instrução a partir da videoaula baseada na abordagem da aprendizagem linguística ativa (GAA) e um grupo de controle que recebeu uma tarefa não relacionada ao tema examinado (GC). As tarefas eram realizadas em *notebooks* individuais e com acesso à internet da escola. Em cada uma das etapas, os participantes recebiam links de acesso para os questionários e para a videoaula via e-mail, liberados um a um antes de cada sessão, de modo que todos dessem início às tarefas ao mesmo tempo. Os questionários foram implementados no aplicativo idealizado pela segunda autora (AT-Survey. cf. seção 1.2). A duração de cada sessão era, em média, a seguinte: Bloco de Ensaio (5 min.), Bloco de Pré-teste (20 min.), Bloco de Instrução (10 min.) e Bloco de Pós-teste (20 min.).

O Termo de Consentimento Informado era apresentado na íntegra no Bloco de Ensaio. Nos demais blocos, os participantes eram recordados, por escrito, de que o Termo de Consentimento apresentado no primeiro bloco aplicava-se igualmente à respectiva etapa do estudo e o e-mail para contato com a pesquisadora lhes era novamente fornecido.

A organização da sequência de procedimentos é apresentada de forma esquemática na figura 1.

Figura 1: Organização da sequência de procedimentos do estudo

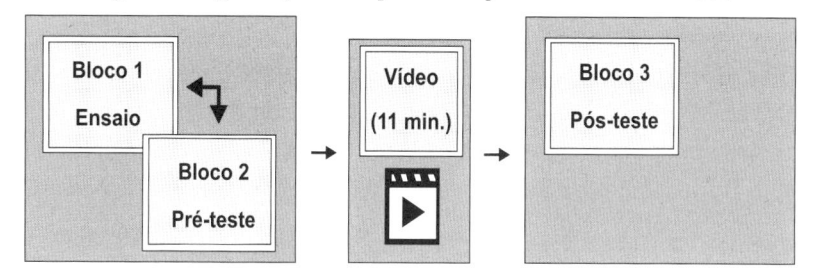

Fonte: elaborado pelos autores

Uma síntese da organização dos materiais e dos procedimentos em cada bloco do estudo nos três grupos da amostra (GAA, GAT e GC) é apresentada no quadro 4.

Quadro 4: Organização dos materiais e dos procedimentos em cada bloco do estudo nos três grupos da amostra

BLOCOS	GRUPOS		
	Aprendizagem Ativa (GAA)	Aprendizagem Tradicional (GAT)	Controle (GC)
1. Bloco de Ensaio	12 sentenças de ensaio	12 sentenças de ensaio	12 sentenças de ensaio
2. Bloco de Pré-teste	Questionário de informações demográficas e linguísticas + 20 sentenças-teste	Questionário de informações demográficas e linguísticas + 20 sentenças-teste	Questionário de informações demográficas e linguísticas + 20 sentenças-teste
3. Bloco de Instrução	Videoaula Metodologia: Aprendizagem Linguística Ativa (Pilati, 2017)	Videoaula Metodologia: Aprendizagem Tradicional	Videoaula Interpretação de texto
4. Bloco de Pós-teste	20 sentenças-teste	20 sentenças-teste	20 sentenças-teste
Nota: Os materiais apresentados aos participantes de todos os grupos nos blocos 1, 2 e 4 eram os mesmos, diferindo unicamente no bloco 3 (Bloco de Instrução).			

Fonte: elaborado pelos autores

1.3.3 Resultados

Para as análises que comparam as taxas de acertos foram efetuados testes de igualdade de proporção com correção de continuidade e o Teste Qui-quadrado de Pearson com correção de continuidade de Yates. Para a análises dos tempos de resposta foi usado o Teste dos Postos Sinalizados de Wilcoxon para amostras pareadas.

1.3.3.1 ENSAIO

a) Nas perguntas fato-verdadeiro e fato-falso, o número de acertos (354, 94,15% do total de observações) é bastante superior ao número de erros (22, 5,85%). Entre os 18 alunos (5,62% do total de observações) que cometeram erros nessas questões, apenas 4 (1,25%) erraram dois itens, sendo que a maioria (14, 4,37%) apenas cometeu um erro.

b) Na análise de "time last" do ensaio, foi observada diferença significativa entre as médias de tempo na comparação das questões certas sobre sentenças de fatos verdadeiros e falsos e as sentenças de opinião (W = 25365, p-valor

= 0.0006751). O mesmo aconteceu nas questões erradas (W = 2093, p-valor = 0.03246).[3] Os resultados descritivos são mostrados no quadro 5.

Quadro 5: Resultados descritivos do "Tempo última resposta"
(*Time Last*) em ms no Bloco de Ensaio

Resposta correta	Min.	1st Qu.	Median	Mean	3rd Qu.	Max.
	576.2	1284.8	1627.0	2069.5	2207.2	8812.0
Resposta errada	Min.	1st Qu.	Median	Mean	3rd Qu.	Max.
	1070.0	1642.0	2860.0	3423.0	4735.0	7592.0
Resposta opinião	Min.	1st Qu.	Median	Mean	3rd Qu.	Max.
	664.1	1445.8	1854.1	2428.9	2794.5	8744.5

Fonte: elaborado pelos autores

c) Na análise de "*time to submit*" do ensaio, não foi observada diferença significativa entre as médias de tempo para submeter as respostas dadas nas questões certas sobre sentenças de fatos verdadeiros e falsos e as sentenças de opinião (W = 29606, p-valor = 0.2592). O mesmo aconteceu nas questões erradas (W = 2016, p-valor = 0.9588).[4] O quadro 6 apresenta os resultados descritivos de "*time to submit*".

Quadro 6: Resultados descritivos do "Tempo para submeter a resposta"
(*time to submit*) em ms no Bloco de Ensaio

Resposta correta	Min.	1st Qu.	Median	Mean	3rd Qu.	Max.
	319.6	805.0	956.0	1157.0	1242.8	5291.0
Resposta errada	Min.	1st Qu.	Median	Mean	3rd Qu.	Max.
	432.1	812.2	1036.4	1239.1	1278.0	4895.0
Resposta opinião	Min.	1st Qu.	Median	Mean	3rd Qu.	Max.
	303.8	823.9	979.5	1256.5	1298.2	4513.0

Fonte: elaborado pelos autores

1.3.3.2 ACERTO E ERRO NO PRÉ E PÓS-TESTE

No Ensaio, a taxa de acertos foi significativamente superior em comparação ao pré- e pós-teste (quase 100%). Isso substancia a hipótese de que, quando não há dúvidas, os sujeitos acertam. Portanto, o que encontramos no ensaio (*baseline*) fortalece a previsão das investigadoras de que as diferenças de resultados, nas respostas às perguntas e nos tempos de decisão, encontradas no pré e pós-teste são resultados da instrução.

a) GAA vs. GAT vs. GC

a.1) No grupo GAA a taxa de acertos no pós-teste (63,1%) foi superior à taxa de acerto no pré-teste (47,5%), sendo esta diferença significativa ($\chi 2 = 15.178$, df = 1, p-value = 9.786e-05).

a.2) O mesmo não foi observado no grupo GAT. Neste grupo a taxa de acertos no pós-teste (58,1%) e no pré-teste (60,3%) não diferiu significativamente ($\chi 2 = 0.23292$, df = 1, p-value = 0.6294).

a.3) No grupo controle (GC), a taxa de acerto no pós-teste (60,93%) e no pré-teste (60,62%) não diferiu de forma significativa ($\chi 2 = 0.46068$, df = 1, p-value = 0.2487).

Gráfico 1: Taxa de acertos no Pré-teste e no Pós-teste dos grupos de aprendizagem linguística ativa (GAA), de aprendizagem tradicional (GAT) e no grupo de controle (GC)

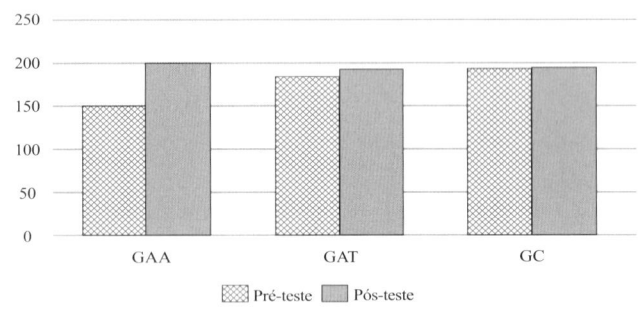

Fonte: elaborado pelos autores

1.3.3.3 *TIME LAST* NO PRÉ E PÓS-TESTE

A análise dos tempos que os participantes demoraram para marcar a última resposta ("time last"), parece reforçar os resultados observados nas taxas de acerto dos grupos GAA, GAT e GC. A diferença dos tempos de resposta entre o pré e pós-teste no grupo GAA (-1012.6 ms) foi nitidamente superior à diferença observada para o grupo GAT (-500.1 ms) e para o grupo GC (-561.5 ms). Esta diferença foi significativa tanto na comparação entre GAA e GAT (W = 46521, p-valor = 0.02273), quanto na comparação entre GAA e GC (W = 48494, p-valor = 0.1236).

Tempos de resposta são comumente analisados nos estudos da Psicolinguística. No entanto, para compreender o processo de tomada de decisão é importante acompanhar as fases deste processo (cf. Dotan; Meyniel; Dehaene, 2018).

1.3.3.4 *TIME TO SUBMIT* NO PRÉ-TESTE E NO PÓS-TESTE

Após a decisão sobre a última resposta, os participantes precisavam submeter esta resposta para passarem ao estímulo seguinte. Poderia ser que ainda houvesse alguma hesitação com respeito à resposta dada. De fato, observações de respostas individuais mostram esse comportamento nesta e em outras bases de dados de estudos implementados na AT-Survey, mas está fora do escopo deste trabalho uma discussão mais alargada.

Com respeito à amostra estudada, a análise dos tempos que os participantes demoravam para submeter suas respostas e passar ao item seguinte não revelou diferenças significativas no pré-teste e no pós-teste dos grupos GAA e GAT. A diferença dos tempos de resposta entre o pré e o pós-teste no grupo GAA foi de -263.7 ms e a do grupo GAT de -215.23 ms (W = 52464, p-value = 0.7056). O grupo controle (GC) foi o único em que o tempo para submeter a resposta do pré-teste foi superior ao do pós-teste. (343.29 ms). Na comparação entre GAA e GAT, parece interessante, no entanto, o fato de o tempo para submeter (*time to submit*) ser muito menor do que o tempo para responder (*time last*). Se por um lado, este dado poderia sugerir que, quando ocorre hesitação, ou maior reflexão, isto ocorre na etapa em que os participantes marcam suas respostas, por outro, podemos pensar que como as opções de resposta incluíam "acho que sim" e "acho que não", isto pode ter diluído a manifestação da hesitação.

1.4 CONSIDERAÇÕES FINAIS

Este capítulo apresentou os resultados preliminares de um experimento desenvolvido pelas autoras para a monitorização e avaliação do processo de ensino-aprendizagem, assim como os princípios teóricos e metodológicos do protocolo experimental utilizado – Previa – *Protocolo Experimental para a Visibilidade da Aprendizagem*. Trata-se de um protocolo precursor por articular metodologias de pesquisa em Psicolinguística e em Educação, para tornar os resultados do processo de aprendizagem mais visíveis, por meio do levantamento de informações relativas à taxa de acertos e erros, análise do processo de tomada de decisão relativamente ao grau de certeza e hesitação dos participantes e avaliação da relação entre domínio de conhecimento e tomada de decisão sobre uma resposta.

No estudo apresentado, o protocolo Previa foi utilizado para analisar a influência do método de instrução gramatical na aprendizagem do uso do sinal grave, examinado a influência do tipo de instrução – "tradicional" e "aprendizagem linguística ativa" – no processo de aprendizagem e na tomada de consciência de fenômenos gramaticais. Os resultados obtidos neste estudo revelaram que o tipo de instrução influenciou a taxa de acerto dos participantes, indicando que uma metodologia de ensino que explicite as propriedades do sistema linguístico envolvidas na ocorrência de fenômenos sintáticos parece favorecer a aprendizagem. A primeira aplicação do protocolo (Pilati; Lourenço-Gomes & Castro) foi realizada durante a pandemia e, por esse motivo, as atividades instrucionais foram apresentadas por meio de videoaulas. Nesta segunda aplicação, a instrução por videoaulas foi mantida para fins de comparação entre os resultados da primeira e da segunda aplicação. Em pesquisas futuras, espera-se ampliar o número de atividades instrucionais, permitir que os estudantes manipulem os materiais concretos e que se realizem pós-testes imediatamente após a instrução, mas também alguns meses depois, para que se avaliem aspectos relacionados à consolidação do conhecimento.

Atestou-se também que os tempos que os participantes demoram para marcar suas respostas (*time last*, neste trabalho) parece reforçar os resultados observados nas taxas de acerto dos grupos GAA, GAT e GC, uma vez que a diferença dos tempos de resposta entre o pré e pós-teste no grupo GAA foi nitidamente superior aos demais grupos. Após a decisão sobre a última resposta, os participantes precisavam submeter esta resposta para passarem ao estímulo seguinte. Vimos que a diferença entre o pré e pós-teste dos tempos de submissão da resposta (*time to submit*) não diferiu entre os grupos GAA, GAT. No entanto, tanto para *time last* como para *time to submit* serão necessárias análises dentro dos grupos. Também não foram consideradas neste trabalho análises sobre os tempos de leitura dos estímulos, as quais podem ser reveladoras do comportamento dos participantes, não apenas frente aos estímulos, mas também ao longo da tarefa. Correlações entre tempo de leitura, tempo para responder, para submeter e entre estes e os acertos e erros também deverão ser consideradas para esta amostra (cf. Castro, a aparecer) e em trabalhos futuros.

Para compreender o processo de tomada de decisão, tal como fazemos para outros processos cognitivos, é necessário acompanhar as fases deste processo (cf. Grimaldi; Lau & Basso, 2015; Dotan; Meyniel; Dehaene, 2018, e referências ali). No estágio atual, observamos e identificamos comportamentos que poderão servir como parâmetros para alcançarmos este propósito, o que constitui um desafio, mas estamos dispostas a enfrentá-lo.

BIBLIOGRAFIA

ABBUHL, R.; GASS, S.; MACKEY, A. Experimental research design. In: PODESVA, R. J.; SHARMA, D. (eds.). *Research methods in linguistics*. Cambridge University Press, 2014.

BRANSFORD, John; BROWN, Ann L.; COCKING, Rodney R. (orgs.). *Como as pessoas aprendem:* cérebro, mente, experiência e escola. São Paulo: Senac, 2007.

CASTRO, A. C. *Sobre a influência do tipo de instrução gramatical na compreensão, grau de certeza e hesitação de estudantes na educação básica:* um estudo sobre o sinal grave. [Dissertação de Mestrado em andamento]. Programa de Pós-Graduação em Linguística. Universidade de Brasília.

CEREJA, W. R; VIANNA, Carolina Assis Dias; CODENHOTO, Christiane Damien. *Português contemporâneo:* diálogo, reflexão e uso. 1. ed. São Paulo: Saraiva, 2016, v. 3.

CHOMSKY, N. *Aspects of the theory of syntax.* Cambridge, MA: MIT Press, 1965.

CHRISTENSEN, L. B. et al. *Research methods, design, and analysis.* 12th Edition. Pearson Education, 2015.

CUNHA; CINTRA. *Nova gramática do português contemporâneo.* Rio de Janeiro: Nova Fronteira, 1985.

DOTAN, Dror; MEYNIEL, Florent; DEHAENE, Stanislas. On-line confidence monitoring during decision making. *Cognition,* 171, 2018, pp. 112-21.

FRANCHI, C. et al. *Mas o que é mesmo 'gramática'?* São Paulo: Parábola, 2006.

GALLEGO, Á.; CHOMSKY, N. A Faculdade da Linguagem: um objeto biológico, uma janela para a mente e uma ponte entre disciplinas. *Revista Linguíftica,* v. 16, n. Esp., 2020, pp. 52-84.

GOMES, B. *Metodologia linguística ativa e o Jogo da Crase.* Trabalho de conclusão de curso. Universidade de Brasília, 2019.

GRIMALDI, Piercesare; LAU, Hakwan; BASSO, Michele A. There are things that we know that we know, and there are things that we do not know we do not know: Confidence in decision-making. *Neuroscience & Biobehavioral Reviews,* 55, 2015, pp. 88-97. DOI: 10.1016/j.neubiorev.2015.04.006

HATTIE, J. *Aprendizagem visível para professores:* como maximizar o impacto da aprendizagem. Porto Alegre: Penso, 2017.

KRANTZ, J. H.; REIPS, U.-D. The state of web-based research: A survey and call for inclusion in curricula. *Behavior Research Methods,* v. 49, n. 5, 2017, pp. 1621-9. DOI: 10.3758/s13428-017-0882-x

LOBATO, L. *Linguística e Ensino de Línguas.* Brasília: Ed. UnB, 2015 [1. ed. 2003].

LOURENÇO-GOMES, M. C. *Assessing participants' actions and time in performing acceptability judgment tasks through a dedicated web-based application.* Project funded by Fundação para Ciência e a Tecnologia (FCT-CEECIND/04331/2017). Institute of Arts and Humanities/Center for Humanistic Studies. University of Minho, Portugal. Starting in 2019-05-02. 2018.

_____. "Do laboratório para a web: Saberemos observar as transformações, adaptações e inovações na pesquisa psicolinguística?" *On Linguistics.* Organização: Programa de Pós-Graduação em Linguística da Universidade Federal do Rio de Janeiro, 2021. [Videoconferência transmitida em direto, 12/02/2021]. https://www.youtube.com/watch?v=JN8GlRn9hUQ&t=1s

MAIA, M. Computação estrutural e de conjunto na leitura de períodos: um estudo de rastreamento ocular. In: MAIA, Marcus. (org.). *Psicolinguística e Educação.* 1. ed. Campinas, SP: Mercado de Letras, 2018, v. 1, pp. 103-32.

_____ (org.). *Psicolinguística e Metacognição na Escola.* 1. ed. Campinas, SP: Mercado de Letras, 2019, v. 1.

PERINI, M. A. *Para uma nova gramática do Português.* São Paulo: Ática, 2007.

PILATI, E. *Linguística, gramática e aprendizagem ativa.* Campinas: Pontes, 2017.

_____. "Teorias linguísticas e educação básica: proposta congregadora". In: BOECHAT, Alessandro; NEVINS, Andrew. (orgs.) *O apelo das árvores.* Campinas: Pontes Editores, 2018.

_____. "Sobre o uso de materiais manipuláveis nas aulas de gramática, aprendizagem ativa e metacognição". In: GUESSER, S.; REICH, N. *Gramática, aquisição e processamento linguístico.* Campinas: Pontes Editores, 2020.

_____; LOURENÇO-GOMES, M.C.; Castro, A. C. *Sobre a influência do tipo de instrução gramatical na compreensão, grau de certeza e hesitação de estudantes na educação básica.* Trabalho apresentado no XXXVI ENAPL. Lisboa, 2020.

PINTRICH, Paul R. The role of metacognitive knowledge in learning, teaching, and assessing. *Theory into Practice,* v. 41, n. 4, pp. 219-25, 2002. DOI: 10.1207/s15430421tip4104_3

SAVIANI, D. *Escola e democracia.* 24. ed. São Paulo: Cortez, 1991.

WOLFE, C.R. Twenty years of Internet-based research at SCiP: A discussion of surviving concepts and new methodologies. *Behavior Research Methods,* v. 49, n. 5, 2017, pp. 1615-20. DOI: 10.3758/s13428-017-0858-x

2. Por uma abordagem processual no ensino da escrita

Erica Rodrigues e Jessica Barcellos

O aprendizado da escrita e o desenvolvimento de habilidades redacionais envolvem processos altamente complexos e desafiadores, sendo a escola o espaço em que tais habilidades são tipicamente trabalhadas. Para que se possa alcançar *expertise* em escrita, são necessários muitos anos de prática deliberada, de exercício contínuo e orientado. Resultados positivos no ensino de escrita dependem de vários fatores, que englobam políticas educacionais baseadas em evidências científicas, estrutura curricular congruente com pesquisas sobre desenvolvimento de habilidades de escrita, formação docente, instruções orientadas, tempo de prática por parte do aluno, fatores individuais etc.

Neste capítulo, defendemos a incorporação de uma abordagem processual da escrita no trabalho com produção de textos na escola, abordagem essa ancorada em modelos cognitivos que permitam explicitar os tipos de conhecimentos e operações mentais envolvidos no processamento linguístico-textual durante a escritura, bem como recursos cognitivos mobilizados (Hayes e Flower, 1980 e propostas subsequentes de Hayes e de Hayes e colaboradores). Alinhados à proposta de Graham (2018a, 2018b), consideramos que essa visão não pode desconsiderar a escrita como uma prática social, exercida em uma comunidade de escrita. Entendemos que o desenvolvimento das habilidades redacionais envolve a participação em comunidades de escrita e mudanças em capacidades individuais, na interação com um conjunto de fatores – biológicos, neurológicos, físicos e ambientais.

Nosso texto está organizado da seguinte maneira: na primeira seção, fazemos uma breve apresentação da concepção de linguagem assumida na Base Nacional Comum Curricular (Brasil. MEC. CNE, [2017]) e o que, segundo esta, deve nortear as práticas pedagógicas no ensino de produção textual na escola; em seguida, tecemos algumas considerações sobre como o trabalho com escrita é desenvolvido e as limitações existentes. Na segunda seção, caracterizamos o que entendemos por uma visão cognitiva processual sobre a escrita, incluindo uma subseção sobre desenvolvimento da escrita. Também abordamos, de forma breve, a relevância de incorporar, no desenho de modelos sobre a escrita, o conceito de comunidade de escrita e a consideração a fatores de ordem social e individual. Na terceira seção, abordamos como investigar a escrita em processo. Apresentamos algumas funcionalidades do *keylogger* Inputlog e damos exemplos de análises da escrita de uma criança do sexto ano do ensino fundamental. Na quarta seção, analisamos o processo de revisão textual realizado por alunos dos anos iniciais do ensino fundamental, em uma atividade experimental. Nosso recorte nessa análise se detém às ações de revisão associadas ao estabelecimento da correferência. A partir da investigação realizada, apresentamos também exemplos de atividades que podem ser adotadas para desenvolver estratégias de escrita relacionadas à correferencialidade. Nas considerações finais, enfatizamos a importância do trabalho com o texto em processo para que o aluno alcance autorregulação em escrita[5].

2.1 A BNCC E O ENSINO DE ESCRITA NAS ESCOLAS

A Base Nacional Comum Curricular (Brasil. MEC. CNE, [2017]) propõe que as práticas pedagógicas na área de Linguagens na Educação Básica no Brasil sejam orientadas por um trabalho com gêneros textuais, seguindo uma concepção de linguagem como forma de ação e interação no mundo. Entende-se que o caminho adequado para que o aluno possa desenvolver habilidades necessárias à produção e à compreensão de textos passa necessariamente por práticas de linguagem presentes em diferentes campos de atividade humana (na vida cotidiana, na esfera política, no campo artístico-cultural, na vida acadêmica, no campo do trabalho etc.).

Especificamente em relação às práticas de produção de texto, a BNCC coloca que estas devem levar o aluno a refletir sobre os diferentes contextos e situações sociais em que os textos são produzidos, sobre a imagem que deseja projetar como escritor, sobre o(s) leitor(es) a que o texto se dirige, sobre as formas e mídias de circulação, o contexto imediato, o contexto sócio-histórico, entre outros aspectos, e sobre como todos esses elementos impactam a seleção, organização de informações e todas as camadas envolvidas na estruturação linguística-discursiva do texto. Em relação a estratégias de produção, enfatiza-se o desenvolvimento de estratégias de planejamento, revisão, edição, reescrita/re*design* e avaliação da adequação do texto em relação ao contexto de produção, aos enunciadores envolvidos, ao suporte, à variedade linguística etc.

Toda essa orientação, em princípio, parece perfeitamente adequada ao desenvolvimento das habilidades redacionais. No entanto, como aponta Geraldi (2015), devido ao excesso de carga exigido ano a ano para dar conta do currículo previsto pela base comum, os professores ficam impedidos de elaborar projetos de continuidade e de profundidade num mesmo gênero, e os gêneros são trabalhados de modo superficial. Pode-se dizer que fica um trabalho do gênero pelo gênero, quando o foco deveria estar exatamente na possibilidade de desenvolver habilidades que permitam ao aluno vir a conhecer e produzir novos gêneros; afinal, como afirma Marcuschi (2003), os gêneros são "eventos textuais altamente maleáveis, dinâmicos e plásticos", que surgem "emparelhados a necessidades e atividades socioculturais, bem como na relação com inovações tecnológicas". Logo, o aprendizado de gêneros será, necessariamente, um espaço aberto, sendo necessária a adequação da escrita às exigências particulares de cada novo produto.

Quanto às estratégias de produção que devem ser enfatizadas, o texto da BNCC destaca os processos de revisão e as atividades de reescrita. Ocorre que, para que possa haver o ensino dessas estratégias, o objeto de trabalho não pode ser apenas o produto final, e o retorno dado ao aluno não pode se limitar ao momento da avaliação para nota, avaliação esta que, em geral, não cumpre um papel diagnóstico. Somado a isso, sabe-se que as observações do professor muitas vezes se voltam para os aspectos formais, sem observar todos os elementos necessários à produção de textos que atinjam seus objetivos comunicativos. Isso sem falar que, na maioria das vezes, não há circulação dos textos produzidos ou mesmo oportunidade de reescrituras.

Todo esse cenário ainda é agravado pelo pouco tempo dedicado a atividades de produção de textos, pelo tipo de formação que os professores recebem para o trabalho com escrita. Veiga Simão et al. (2016), em pesquisa sobre práticas e percepções sobre ensino de escrita realizada junto a uma amostra de professores de Portugal (n = 96) e do Brasil (n = 99), atuando no ensino fundamental (quinto ao nono ano), de diferentes áreas (Linguagem; Estudos Sociais; Artes e Tecnologia), verificaram que estes dedicam pouco tempo ao ensino de escrita em suas aulas, que a maioria raramente lança mão de práticas voltadas para promover a autorregulação em escrita pelos alunos (com atividades com foco no planejamento, organização e automonitoramento) ou faz uso de métodos de ensino explícitos de instrução em escrita.

Foge, evidentemente, ao escopo deste capítulo uma discussão sobre todos estes pontos, mas essa breve contextualização nos parece importante para discutir o ensino de escrita na escola e a relevância de uma mudança em relação ao que deve ser considerado no desenvolvimento de habilidades redacionais. Sinalizamos aqui para necessidade do ensino de estratégias de autorregulação para a composição escrita (Graham et al., 2015). Acreditamos que o foco no processo de escrita e no texto em processo estão na base desse ensino. Na próxima seção, buscaremos caracterizar o processo de escrita a partir do que vem sendo proposto no âmbito de modelos de base cognitiva e ferramentas que permitem capturar a escrita em tempo real, com indicação de potenciais usos pedagógicos desse tipo de recurso.

2.2 ABORDAGEM COGNITIVA E VISÃO PROCESSUAL DA ESCRITA

2.2.1 Modelos cognitivos

Pode-se dizer que o modelo proposto por Hayes e Flower (1980) introduz uma abordagem cognitiva processual da atividade de escrita. A proposta de 80 vai ser marcada pela flexibilidade quanto à ordem de implementação dos processos de escrita. Como afirmam Hayes e Flower (1983: 210, tradução do autor): "o escritor lança mão desses processos como se fossem ferramentas de um kit e as utiliza na ordem que o trabalho exigir."[6] A arquitetura do modelo compreende 3 componentes principais: o contexto da tarefa, a memória de longo prazo e o processo de escrita. No primeiro componente, estão as instruções da escrita (tópico, receptor, elementos motivadores) e uma representação do texto construído até o momento. No componente da memória de longo prazo, estariam armazenados conhecimentos sobre o tópico, sobre o receptor e também informação relativa a planos de escrita. O processo de escrita, por sua vez, envolve os subprocessos de planejamento, tradução e revisão, os três coordenados por um mecanismo de monitoramento. Um dado subprocesso pode ser retomado durante o funcionamento de outro. Por exemplo: durante o processo de tradução (que corresponderia à redação do texto propriamente) novas ideias podem ser geradas e a tradução reiniciada. Durante a revisão, um problema pode ser identificado e uma ideia nova pode ser introduzida, o que ativa operações de geração etc.

Um dos processos centrais do modelo é a Revisão. Em 1987, um detalhamento das operações e representações desse processo vai ser apresentado por Hayes e colaboradores. A revisão é caracterizada como um subprocesso do processo de redação; trata-se de uma tarefa específica que envolve definição de objetivos da revisão e das propriedades do texto que devem ser examinadas (aspectos globais e/ ou locais), além do modo de implementação (se de uma vez ou em várias etapas). A leitura ganha um papel importante em um componente de avaliação. Nesse texto, os pesquisadores abordam questões de expertise. Segundo eles, quanto maior o nível de expertise, mais tempo o escritor dedica à revisão e mais atenção dedica a aspectos globais do texto.

Em 1996, componentes importantes foram incluídos no modelo de 80. Tomando como base a proposta de Baddeley (1992), os autores incorporam à arquitetura do modelo um sistema de memória de trabalho, que compreende um executivo central e duas memórias especializadas (os chamados sistemas escravos) – o loop articulatório e o esboço viso-espacial. Também incluem como parte da memória de trabalho o que chamam de memória semântica, uma espécie de armazenador dos conteúdos gerados no processo de escrita. Outro componente novo é o motivacional-afetivo, que envolve as metas de escrita, predisposições, crenças e atitudes, e estimativas relativas ao custo-benefício associado à tarefa de escrita. Embora o texto aponte para a influência desses elementos nos processos cognitivos da escrita, é pouco claro como isso se dá exatamente. Cumpre também notar que, em 1996, processos de gerenciamento e de controle passam a ser implementados pelos chamados Esquemas de tarefa (*Task Schemas*), na memória de longo prazo – esquema de tarefa para a revisão, para edição, para a escrita de um tipo de texto específico.

Em um artigo de 2012, tem-se mais uma versão do modelo de escrita. A arquitetura desse modelo envolve três níveis: um nível de controle, encabeçado por aspectos motivacionais que alimentariam o estabelecimento de objetivos, dando origem a um plano de escrita e a esquemas de escrita; um nível dos processos de escrita, articulados ao ambiente da tarefa, e um terceiro nível, em que são representados os recursos mobilizados na tarefa de escrita – como atenção, memória de longo prazo, memória de trabalho, leitura. Nessa nova proposta, atenção especial é dada à transcrição (e à tecnologia envolvida na transcrição), um aspecto que representa custo especialmente – mas não exclusivamente – para as crianças em fase de aprendizagem da escrita.

Em relação aos processos de escrita, é importante destacar que o planejamento do texto não é visto como um processo em separado, mas sim uma aplicação especial do modelo de escrita. Em certa medida, é possível dizer que o planejamento já está embutido na criação de um plano de escrita (no nível do ambiente da tarefa). Segundo Hayes, a criação de um plano de escrita envolve um processo completo de escrita – desde o estabelecimento de objetivos e geração de ideias à sua avaliação e também os processos de tradução e transcrição. Logo, para Hayes, considerar um processo de planejamento representaria uma duplicação no modelo de escrita.

Um aspecto enfatizado no texto de 2012 é a motivação. Segundo o autor, a motivação está diretamente associada não só à decisão de escrever ou não, mas a quanto as pessoas escrevem e à qualidade do que escrevem e do processo de edição do que é produzido. O modelo de 2012 relaciona a motivação ao estabelecimento de metas/objetivos, mas, como o próprio autor admite, a representação da motivação nessa proposta não cobre plenamente as várias formas pelas quais a motivação pode influenciar a escrita – por exemplo, como influenciaria o processo de transcrição e de avaliação.

É importante deixar claro que, com exceção do modelo de 2012, o processo de escrita é caracterizado em termos do que um escritor adulto, já com maturidade em escrita, realizaria, tomando como base os resultados dos protocolos verbais, uma metodologia que, como veremos mais à frente, apresenta certas restrições. Pensar a escrita em termos de seu desenvolvimento guarda alguns desafios e especificidades.

2.2.2 Desenvolvimento da escrita

A visão cognitiva do processo de escrita proposta inicialmente por Hayes e Flower (1980) está na base de estudos que buscam identificar o que caracteriza a produção de escritores iniciantes, pouco experientes e a de escritores com maior familiaridade com os processos de composição.

Um dos trabalhos mais referenciados nesse sentido é o de Bereiter e Scardamalia (1987). Os autores propõem modelos distintos para caracterizar como escritores iniciantes e experientes tratam informação no processo de escritura. Para os escritores iniciantes, os autores concebem o modelo revelador do conhecimento (*Knowledge telling model*), em que, a partir da tarefa de produção, o escritor assimila o tema e o tipo textual, e realiza a seleção e organização de informações que estão representadas em sua memória. As informações recuperadas são escritas sem sofrer alteração. No caso dos escritores mais experientes, o modelo proposto é o de transformação do conhecimento (*Knowledge transforming model*): as informações recuperadas são alteradas e estruturadas para se ajustarem ao tema e aos objetivos da tarefa de produção.

Em artigo de 2008, Ronald Kellogg irá refinar a proposta de Scardamalia e Bereiter (1987), incluindo o que poderia ser considerado como característico de um indivíduo com expertise em escrita: o foco no leitor do texto. Segundo o autor, a expertise estaria associada à capacidade de o escritor lidar, simultaneamente, com representações associadas à seleção e organização de conteúdo (foco no produtor), com representações do texto em desenvolvimento (foco no texto) e com uma projeção de como o texto vai ser interpretado pelo seu destinatário (foco no leitor). A esse terceiro nível/estágio de desenvolvimento, Kellogg dá o nome de *Knowledge crafting*. Como pontua o autor, são necessárias pelo menos duas décadas de maturação, instrução e treinamento para avançar de um estágio inicial em que a escrita é usada para dizer o que se sabe *(knowledge telling)*, passando por um estágio intermediário de transformação do que se sabe (*knowledge transforming*) até uma fase final de conhecimento especializado, em que o que se sabe é estruturado em benefício do leitor (*knowledge crafting*).

Em termos dos processos de escrita, de acordo com Kellogg (2008: 5), as representações associadas ao autor, ao texto e ao leitor deveriam ser armazenadas na memória de trabalho e mantidas ativas a partir de alocação atencional a estas. Para o autor, o componente executivo central da memória de trabalho tem um papel crucial para a progressão entre os estágios de desenvolvimento. A automatização dos processos básicos de escrita e aquisição de conhecimento de domínio específico levariam a uma redução nas demandas do executivo central. Isso permitiria que o escritor pudesse manter ativas na memória as representações do conteúdo que deseja expressar, representações decorrentes do que está expresso no texto e também as possíveis interpretações que um leitor projetado teria do que está dito.

Um aspecto bastante relevante sinalizado por Kellogg (2008) é que o aprimoramento da escrita ocorre de forma contínua em função da prática, como acontece para habilidades perceptivo-motoras e cognitivas em geral. Assim, é possível, como exemplifica o autor, uma criança estar em um estágio mais avançado na produção de textos narrativos do que de textos persuasivos, em função da prática com esses tipos de texto.

Mesmo escritores experientes podem variar em relação ao grau como representam os possíveis leitores na memória de trabalho. Nesse sentido, entende-se a afirmação de Kellogg de que o desenvolvimento da escrita não termina ao final da universidade ou mesmo ao final da pós-graduação. Somando-se essa ponderação à de que cada novo gênero representa novos desafios e novas demandas para o escritor, é possível pensar que esse desenvolvimento não tem um limite final definido.

2.2.3 O escritor como parte de uma comunidade de escrita e fatores individuais

Na proposição de um modelo de escrita, entendemos ser necessário integrar uma perspectiva cognitiva com propostas que considerem a comunidade de escrita em que o escritor se insere, os propósitos e motivação compartilhados por seus membros em relação à atividade de escrita, valores atribuídos a tal atividade, normas compartilhadas, ferramentas disponíveis etc. Embora os modelos cognitivos façam referência ao contexto e a aspectos motivacionais-afetivos, como na proposta de Hayes et al. (1996), esses elementos não são explorados em detalhes e não são centrais aos modelos.

Considerando que uma visão mais ampla da escrita é particularmente relevante para pensar a escrita na escola, acreditamos que a o "Modelo do escritor inserido na comunidade de escrita" (*Writer(s)-Within-Community Model of Writing*) (Graham, 2018a, 2018b) incorpora alguns elementos importantes para o ensino de escrita, diagnóstico de dificuldades e trabalhos de intervenção.

Graham considera que a escrita é simultaneamente moldada e restringida pelas características, capacidade e variabilidade das comunidades em que ocorre e pelas características cognitivas, capacidade, e diferenças individuais daqueles que a produzem. No modelo proposto, o acesso do escritor aos recursos da memória de longo prazo, a atuação dos mecanismos de controle (atenção, memória de trabalho, controle executivo) bem como os processos de produção são todos influenciados por emoções, traços de personalidade e até mesmo estados fisiológicos dos produtores. Logo, ao se trabalhar a escrita em processo dos alunos, não se pode deixar de considerar esses fatores, em especial em um país tão marcado por indivíduos sujeitos a condições tão diversas, inseridos em comunidades escolares também com características singulares.

2.3 COMO EXAMINAR A ESCRITA EM PROCESSO?

A investigação da escrita numa abordagem processual traz desafios metodológicos. Uma das primeiras metodologias adotadas nas pesquisas sobre escrita foram os protocolos verbais (*thinking-aloud protocols*), técnica que consiste em reportar verbalmente as decisões e pensamentos que ocorrem durante a atividade da escrita. Uma crítica feita aos protocolos é que estes não capturam determinados processos aos quais o escritor não tem acesso consciente. Além disso, não é possível observar de forma granular o processo de escrita em si. Para isso, é necessária uma "janela" com maior campo de visão, que não seja aberta pelo próprio dono, uma "janela" mais indiscreta, no bom sentido, em que se possa examinar a escrita de modo similar ao que o cientista faz ao examinar o material de uma lâmina em um microscópio.

Nesse sentido, tem conquistado espaço nos últimos anos o emprego de programas que permitem registrar os eventos do teclado, os programas de *keystroke logging*. Esses programas permitem a observação do processo de escrita em um computador, sem que o usuário perceba que suas ações estão sendo monitoradas. O Inputlog[7] é um exemplo de *keylogger* que vem sendo usado em pesquisas sobre escrita. Trata-se de um programa que propicia um ambiente familiar de escrita por usar o editor de texto Word e não provocar nenhuma interferência durante o tempo de gravação da atividade, visto que a captura das ações do teclado ocorre em segundo plano (Leijten; Van Waes, 2013). Dispõe de 5 módulos principais: (i) *Record*, que realiza o registro de eventos do teclado[8], associados à informação temporal (ms); (ii) *Preprocess,* que funciona como um filtro do tipo de informação que se deseja processar (teclado, mouse, fonte MS Word, internet etc.); (iii) *Analyze*, que apresenta três tipos de representação do processo (*general analysis, linear analysis, S-Notation*)[9] e realiza cinco níveis agregados de análise (entre os quais, análise de dados de pausa e de ações de revisão); (iv) *Postprocess*, que faz a integração de diferentes tipos de arquivos de log, com recursos de exportação para Excel, R ou SPSS para análise posterior; (v) *Play*, que realiza a reprodução da sessão de escrita.[10]

A título de ilustração, apresentamos a seguir um dos gráficos que é gerado pelo Inputlog. Esse gráfico representa informação sobre a atividade de escrita de uma menina (H.M.), de 11 anos, cursando o sexto ano do ensino fundamental, ao produzir um texto dissertativo sobre "Como será o mundo quando eu tiver 50 anos".

Figura 1: Gráfico do processo de escrita correspondente a um trecho do texto produzido por H.M.

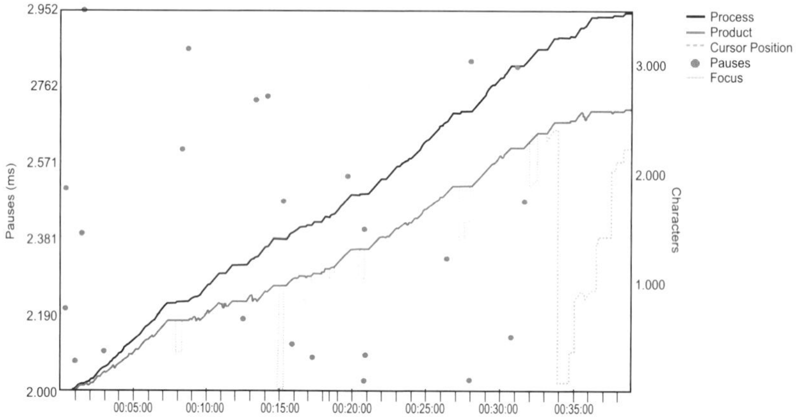

Fonte: adaptado do gráfico gerado automáticamente pela ferramenta Inputlog

O gráfico representa a dinâmica do processo de escrita. A linha no topo do gráfico indica o número de caracteres que foram produzidos ao longo do tempo (no eixo x) – um pouco menos de 3.500 caracteres. A linha inferior, paralela à do topo do gráfico, codifica o número de caracteres no produto, isto é, no texto final – aproximadamente 2.600. Ou seja, um percentual aproximado de 26% de diferença entre o processo e o produto. As linhas pontilhadas, que aparecem na vertical, mostram em que parte do texto a escritora estava quando realizou alguma operação de revisão ou uma inserção de novo texto. Este é um indicador interessante, pois permite caracterizar o grau de incrementalidade/ de linearidade no processo de revisão textual. Quando uma alteração é feita de forma imediata, as linhas pontilhadas na vertical sobrepõem-se à linha contínua do produto. Quando a linha pontilhada se distancia da contínua, aproximando-se do eixo x, isso é um indicativo de que foram feitas alterações em pontos anteriores do texto. No exemplo, vemos alguns movimentos de retomada de trechos anteriores do texto, indicando um monitoramento da escrita que envolve um processo de releitura e revisão do texto escrito que não se restringe aos trechos imediatamente produzidos. Um desses movimentos de revisão ocorre por volta de

34 minutos de escrita, ou seja, já ao final do processo, há um retorno ao início do texto e a revisão de um dado trecho. Os pontos espalhados no gráfico sinalizam pausas a partir de 2.000 ms – valor definido pelo pesquisador por ser tomado como indicativo de esforço cognitivo (e não apenas uma ação mais mecânica). As durações das pausas podem ser verificadas no eixo y, à esquerda, e seu momento de ocorrência pode ser verificado no eixo x.

A análise fornecida pela *Revision Matrix* é também muito informativa sobre a dinâmica da escrita. Ela registra o número de apagamentos e inserções que ocorreram no processo redacional, bem como o número de rajadas de escrita sem interrupção (*Normal production/Revision Bursts*). No texto em questão, foram realizados 245 apagamentos e 45 inserções; dividindo-se o número total de revisões (290) pelo tempo de duração da tarefa (39 min aproximadamente), tem-se uma média de 7,45 revisões por minuto. Quanto às rajadas de escrita, o tamanho médio foi de aproximadamente 8 caracteres (com um desvio padrão de 14.95).

O trecho a seguir foi reproduzido da *Revision Matrix* (figura 2). Ilustra uma sequência de produção normal, com rajada de escrita (*Normal Production*) e apagamentos (*Deletion*). Na revisão número 10, há um apagamento de um espaço, logo após o A maiúsculo; em seguida, há a produção do trecho "credito que mui"; antes mesmo de a escritora concluir a última palavra deste trecho, ocorre um apagamento do mesmo – revisão 11 (apagamento com *backspace*, da última para a primeira letra), seguida de uma sequência "Daqui a muito tempo, quando tiver 50 anos, acho que o mundo será muito diferente e bas", a qual internamente também teve duas revisões – 12 e 13, ambas envolvendo a palavra "Daqui".

Figura 2: Colunas da matriz de revisão (*Revision Matrix*) correspondente a um trecho do texto produzido por H.M.

0	Normal Production	A·
10	Deletion	·
0	Normal Production	credito·que·mui
11	Deletion	ium·euq·otidercA
0	Normal Production	Daqu
12	Deletion	uqa
0	Normal Production	a·quia·
13	Deletion	·a
0	Normal Production	·a·muito·tempo,·quando·tiver·50·anos, ·acho·que ·o·mundo·sera·muito·diferente ·e·bas

Fonte: recorte de tabela gerada pela ferramenta Inputlog

Outra análise que merece ser examinada é a *Pause Analysis*. Nesta ficam registradas informações sobre número e duração média das pausas, localização (por exemplo, dentre e entre palavras), o número de rajadas de escrita entre pausas, distribuição do tempo total de escrita em função de pausas e tempos de escrita ativa etc.

A figura 3 é um trecho da *Pause Analysis* do fragmento textual apresentado na figura 2. Verifica-se nesse trecho que, logo após a sequência "Daqui a muito tempo", há o registro de uma pausa de 7.144 ms (indicada entre colchetes). Essa pausa ocorre no ponto em que vai ser inserida uma oração adverbial ("quando tiver 50 anos"), e possivelmente sinaliza um momento reflexivo acerca da necessidade de se especificar uma informação temporal importante, relacionada à proposta de produção ("Como será o mundo quando eu tiver 50 anos").

Figura 3: Reprodução de um trecho da análise de pausas (Pause Analysis) correspondente a um trecho do texto produzido por H.M.

```
[BACK][BACK]meu·futuro·quandon·[BACK][BACK]·eu·tiver·50·aj[BACK]nos[Movement][LEFT Click][Movement][Movement][BACK]
[Movement][CAPS LOCK][TAB][Movement][LEFT Click][Movement][Movement][RETURN]{2392}[RETURN][TAB]{2952}[CAPS
LOCK]a[CAPS LOCK][BACK]A[CAPS LOCK]·[BACK]credito·que·mui[BACK][BACK][BACK][BACK][BACK][BACK][BACK][BACK][BACK]
[BACK][BACK][BACK][BACK][BACK][BACK][BACK][CAPS LOCK]D[CAPS LOCK]aqu[BACK][BACK][BACK]a·quia·[BACK][BACK]·a
·muito]

tempo,·{7144}quando·tiver·50·anos,·acho·que·o·mundo·ser[OEM_4]a·muito·diferente·e·bas[BACK][BACK][BACK]·a[BACK][BACK]
[BACK]·as·pessoas·qui[BACK]e·vive,[BACK]m·nele·ta,[BACK]mb[OEM_4]em.·{2096}[CAPS LOCK]A[CAPS LOCK]credit[BACK]
[BACK][BACK]
```

Fonte: recorte de output sobre pausas gerado automaticamente pela ferramenta Inputlog

Essa breve apresentação mostra como o olhar para o processo pode ser informativo acerca do trabalho de autorregulação e monitoramento da escrita. Esses dados de revisão e de pausas podem prover pistas sobre o quanto o escritor avalia o texto em produção e consegue, na linha do que vimos em Kellogg (2018), manter, em sua memória de trabalho, representações do conteúdo que deseja expressar, avaliar o que está expresso no texto em desenvolvimento e projetar como aquele texto vai ser lido.

Não é apenas na pesquisa em escrita que uma ferramenta como o Inputlog pode ser usada. Recentemente, foi desenvolvida uma nova função no Inputlog – a função *Report*, com o objetivo de facilitar o *feedback* aos alunos sobre seus processos de escrita (Vandermeulen; Leijten; Van Waes, 2020). Essa função gera automaticamente um arquivo pdf, com uma análise do processo de escrita sob diferentes perspectivas: pausa, revisão, fluência etc., acompanhada de gráficos desse processo, como o ilustrado na figura 1. Esse tipo de recurso pode ser utilizado por professores junto a alunos com o intuito de promover a reflexão sobre o processo de escrita de cada aluno, o tempo que este dedica (ou não) a rever o que escreveu, como essa revisão ocorre, em que pontos do texto houve mais pausas e por quê etc. Comparações de relatórios gerados a partir de diferentes textos (ou de reescritas de textos) produzidos durante as aulas de redação podem ser informativas sobre mudanças no comportamento de escrita, sobre o impacto de instrução explícita por parte do professor, podem sinalizar o que precisa ser mais explorado etc.

Temos consciência de que esse tipo de trabalho com escrita não é viável em grande parte das escolas, devido especialmente a restrições de ordem tecnológica. Nosso objetivo, contudo, é apontar para o tipo de quebra de paradigma que uma abordagem processual pode trazer para o trabalho com escrita. Nesse sentido, até mesmo a análise dos rascunhos produzidos pelos alunos pode ser um material interessante e informativo sobre os movimentos de escrita. Recursos simples como alteração de cores de caneta ao longo da atividade de escrita também podem abrir uma janela para o processo redacional de cada aluno, sinalizando, por exemplo, que operações linguísticas são priorizadas em diferentes momentos da escritura. Tudo isso sempre acompanhado, claro, de uma reflexão do aluno sobre sua própria dinâmica redacional. Na seção a seguir, buscamos apontar possibilidades de implementar a abordagem processual na escrita no dia a dia da sala de aula, como os recursos que são possíveis para a realidade das escolas e das demandas do trabalho pedagógico.

2.4 DESENVOLVIMENTO DE HABILIDADES DE REVISÃO

A visão processual da escrita apresentada nas seções anteriores permite a elaboração de práticas pedagógicas que considerem as diferentes demandas cognitivas associadas a tarefas de escritura, inseridas em contextos de produção na comunidade de escrita escolar. Por meio da compreensão da arquitetura do processo e não apenas do produto, em práticas de escrita contextualizadas, a elaboração de atividades e de mecanismos de correção e intervenção nos textos dos alunos pode ser mais produtiva, contribuindo, de fato, para o desenvolvimento de habilidades de escrita.

Barcellos (2021) conduziu uma série de estudos experimentais que investigaram a forma como estudantes de terceiro e quinto anos do ensino fundamental atuam quando revisam seus próprios textos e quando revisam textos de seus pares. Nas tarefas de revisão de textos dos pares, também havia a condição na qual os alunos já possuíam maior familiaridade com o enredo da história por terem reescrito previamente a mesma fábula. As alterações de revisão produzidas foram categorizadas em alterações relacionadas à ortografia, à pontuação, ao estabelecimento da correferência e à manutenção da coerência. Neste capítulo, selecionamos uma das questões investigadas. Nosso recorte está no estudo da correferencialidade.

A retomada de referentes já mencionados no discurso pode ser realizada por meio de diferentes marcações linguísticas, como nomes repetidos, pronomes, sinônimos, hiperônimos, categoria vazia, descrições curtas ou longas, entre outros recursos. A escolha por cada uma dessas formas envolve diferentes custos de memória e de processamento linguístico. Segundo a Teoria da Acessibilidade proposta por Ariel (2001), essa escolha é organizada com base na combinação dos seguintes critérios: (i) distância da expressão anafórica e seu referente; (ii) topicalidade, isto é, o número de vezes que o antecedente foi mencionado no discurso; (iii) competição, ou seja, o número de entidades intervenientes mencionadas entre o referente e a expressão anafórica; e (iv) unidade – se o antecedente está no mesmo frame/mundo/ponto de vista/parágrafo ou segmento da anáfora.

Em tarefas de escrita, é necessário que o escritor monitore as informações produzidas, mantenha-as na memória e utilize mecanismos de retomada pertinentes quando for preciso reutilizá-las no texto. Em crianças em fase inicial de aquisição da escrita, o custo cognitivo desprendido na escritura é tão alto, que, muitas vezes, não há liberação na memória para retomar informações já mencionadas e, a criança, então, tende a usar nomes repetidos consecutivamente. Quando a criança passa a se preocupar com a repetição no texto e começa a diversificar os mecanismos de retomada é um momento importante do desenvolvimento da escrita, que indica apropriação das características do registro escrito e maior preocupação com a compreensibilidade do texto por parte do leitor. Obviamente, esse é um processo gradual, no qual as escolhas irão flutuar e nem sempre a opção escolhida será a melhor opção para evitar ambiguidades.

Analisamos a seguir alguns exemplos de alterações relacionadas ao estabelecimento da correferencialidade que foram propostas pelos alunos participantes do estudo de Barcellos (2021). Em todas as ações de revisão, os contextos possuíam alto grau de topicalidade, pois, as substituições estavam relacionadas ao nome de um dos personagens principais das fábulas. Possuíam também alto grau de unidade, pois os referentes e as expressões anafóricas estavam na mesma perspectiva e mesmo parágrafo.

2.4.1 Substituição de nomes repetidos por pronomes plenos

(a) *Então não dava para lebre correr para chegar antes da tartaruga pois **a tartaruga** já tinha ganhado* → **ela** *já tinha ganhado* (terceiro ano)

(b) *A **formiga rainha** abriu a porta e a **formiga** achou estranho que a cigarra não tivesse comida* → **ela** *achou estranho que a cigarra não tivesse comida* (terceiro ano)

A substituição por pronomes plenos é a que acontece com maior frequência e acontece tanto em situações em que há (exemplo a) ou não (exemplo b) competição entre os referentes. Em contextos em que há competição, o uso de pronomes pode gerar ambiguidades. É importante que o professor destaque esses fatores contextuais com objetivo de fazer o aluno refletir sobre as estratégias de substituição mais adequadas, tendo em vista o leitor do texto.

2.4.2 Substituição de nomes repetidos por pronomes oblíquos

(c) *A **tartaruga** já estava bem perto da linha de chegada. A lebre não ia mais conseguir passar a **tartaruga*** → *A lebre não ia mais conseguir passá-**la**.* (quinto ano)

O uso dos pronomes oblíquos indica uma maior apropriação do sistema escrito, como resultado do ensino formal, e da consequente exposição à linguagem escrita e a certos gêneros.

2.4.3 Substituição de nomes repetidos por sinônimos/descrição curta

(d) *A tartaruga ia devagar e a lebre tinha certeza que ia ganhar. Dormiu por horas e se esqueceu de prestar atenção **na tartaruga**.* → *se esqueceu de prestar atenção **no seu oponente.*** (quinto ano)

2.4.4 Substituição de nomes repetidos por hiperônimos

(e) *A formiga continuava trabalhando, folha de lá, folha de cá e a cigarra feliz da vida sem querer saber de nada, **a formiga** esperta chamou suas amigas para buscar alimento* → ***o inseto** esperto chamou suas amigas para buscar alimentos* (quinto ano)

A substituição por SNs plenos, como sinônimos, descrições curtas e hiperônimos, que possuem maior carga semântica ocorreu em contextos de maior distância entre o referente e a expressão anafórica. De acordo com a teoria de Ariel (2001), a distância torna o referente menos acessível à memória, portanto, é necessário o uso de uma marca com maior carga informacional (maior quantidade de informação lexical). Essa é uma estratégia mais avançada de substituição, embora nem sempre os alunos a façam levando em conta o contexto linguístico e condições de acessibilidade, como no exemplo e, em que o vocábulo inseto pode se referir tanto à cigarra quanto à formiga. Essa flutuação na adequação dos recursos anafóricos é parte do desenvolvimento da escrita e da gradual percepção das dificuldades que as escolhas linguísticas podem ocasionar para o potencial leitor.

2.4.5 Substituição de nomes repetidos pela categoria vazia

(f)   *Começou a corrida e logo a lebre passou a tartaruga, porém no meio do caminho **a lebre resolveu** brincar → porém no meio do caminho **resolveu** brincar*

O uso da categoria vazia, que segundo Ariel (2001) é o marcador utilizado em contextos nos quais o antecedente possui maior grau de acessibilidade, apareceu, nos dados de Barcellos (2021), em contextos de longa distância, com alto grau de topicalidade e com competição entre referentes. No exemplo (f), é possível identificar que, mesmo com a longa distância e a competição, que em certa medida desfavorecem a acessibilidade do referente e a consequente opção pela categoria vazia, o alto grau topicalidade parece ter sido decisivo na escolha pelo apagamento do marcador de correferência.

Fica evidente, por meio dos exemplos, em especial de (a) e (e), que a criança utilizar um marcador de referencialidade não significa que ela analisa todo o contexto sintático-semântico e opta pela melhor categoria de expressões anafóricas. Nos exemplos (a) e (e), o uso do pronome *ela* e do hiperônimo *inseto* podem causar uma ambiguidade temporária, que seria facilmente sanada por outra escolha linguística.

Segundo nossa análise, há, portanto, do ponto de vista do desenvolvimento, um estágio inicial de escrita no qual a criança ainda não dispõe de recursos de memória suficientes para analisar os contextos de uso das expressões, pois outras dimensões mais gerais do processo de escrita lhe são ainda muito custosas. Por isso, o uso de nomes repetidos é uma constante. Esse momento parece ser seguido pelo estágio no qual a criança começa a perceber que a repetição dificulta a compreensão do texto e que é possível utilizar outros recursos linguísticos para retomar referentes já mencionados. Nesse período, os marcadores são utilizados visando apenas evitar a repetição, sem uma avaliação mais precisa acerca da adequação da escolha. Por fim, os marcadores mais adequados a cada contexto sintático-semântico são selecionados, de modo que a coesão referencial seja estabelecida de forma mais robusta.

Como apontado por Kellog (2008), o desenvolvimento da escrita é consequência do ensino deliberado dessa prática. Da mesma forma, que o aluno aprende a escrever escrevendo, ele aprende a revisar revisando. A revisão precisa ser uma prática deliberadamente ensinada na escola. Nos momentos iniciais, o professor pode guiar esse processo, por meio de perguntas específicas sobre o aspecto do texto a ser investigado. Essas perguntas auxiliam o estudante na mudança de papel necessária para a revisão, fazendo com que ele se coloque como leitor do próprio texto, estimulando também a metacognição. Resultados de pesquisas na área da Psicolinguística e Psicologia cognitiva mostram que o distanciamento oriundo de não ser o autor do texto favorece revisões de textos mais completas (Barcellos, 2021; Danemon; Staiton,1993). Dessa forma, é importante que a escola propicie momentos de troca de textos entre os pares, como forma de estimular o desenvolvimento da revisão autônoma.

A seguir exemplificamos um guia de revisão para aspectos de correferencialidade. Além disso, para contribuir para o desenvolvimento das habilidades associadas à correferencialidade, o professor deve propiciar ao aluno contato com diversos gêneros textuais, seja pela leitura feita pelo professor em voz alta, seja pela leitura individual do aluno. O contato com as construções linguísticas presentes no texto escrito são fundamentais para a percepção das propriedades associadas a esse tipo de registro.

Figura 4: Sugestão de guia de revisão

Revisão de textos

Para escrever um bom texto, precisamos lê-lo e relê-lo várias vezes para aprimorá-lo e fazer os ajustes necessários para que ele seja bem compreendido por nossos leitores.

Na semana passada, você escreveu sua autobiografia. **Hoje, a sua tarefa será reler e revisar seu texto, buscando aperfeiçoá-lo.**

Releia o seu texto e responda às perguntas a seguir:

Há muitas palavras repetidas no seu texto?	
Essas palavras repetidas aparecem perto ou longe uma das outras?	
Algumas dessas palavras repetidas podem ser substituídas por pronomes?	
Há palavras com significado parecido que você possa utilizar para evitar as repetições?	
Todas as palavras que estão repetidas são essenciais para as frases? É possível excluir alguma delas?	

Com base nas suas respostas, faça as modificações e acréscimos necessários no texto, utilize uma cor de caneta diferente da que você usou na primeira versão. Se você digitou o texto no google docs, altere a cor da fonte.

Fonte: elaborado pelas autoras

2.5 CONSIDERAÇÕES FINAIS

Escrever se aprende escrevendo, ou seja, envolve prática deliberada, e este aprendizado se dá, na grande maioria dos casos, no âmbito de uma comunidade de escrita específica – a escola. Os alunos adquirem conhecimento e crenças sobre como escrever, por meio de orientação, *feedback*, práticas de escrita, individual e colaborativa. Os estudos de Graham e colaboradores (2018a; 2018b) apontam que, apesar de não haver ainda um consenso de quais habilidades, conhecimentos e processos relacionados à escrita devem ser incluídos em um currículo significativo sobre produção de textos, o ensino da escrita tende a ser mais efetivo quando os objetivos, o currículo, a metodologia e a forma de avaliação estão alinhados.

Neste capítulo, apresentamos um panorama sobre a abordagem processual da escrita, buscando destacar desde ferramentas tecnológicas que podem fornecer pistas importantes sobre as operações realizadas no decorrer de uma tarefa de escritura até exemplos de atividades pedagógicas que contribuem para o desenvolvimento da consciência metalinguística e da autorregulação, habilidades primordiais para o desenvolvimento da expertise em escrita. Entendemos que o olhar para o processo pode contribuir para a definição de estratégias de intervenção e de ampliação do repertório textual.

A relação pesquisa-ensino é um ponto que destacamos como primordial na condução da investigação da escrita como processo. É de suma importância que os resultados das pesquisas em linguagem cheguem até ao dia a dia da escola por meio de estudos de intervenção, elaboração de materiais didáticos e de apoio educacional, de cursos de formação continuada e documentos curriculares; e que as práticas pedagógicas desenvolvidas sejam teoricamente embasadas em resultados científicos. Isso tudo sem nunca perder de vista, que, em especial no caso do Brasil, são muito variadas as características das comunidades de escrita escolares, assim como também são plurais os membros destas comunidades, não sendo possível, neste sentido, conduzir práticas de escrita em que diferenças individuais e sociais não sejam consideradas.

BIBLIOGRAFIA

ARIEL, Mira. *Accessing noun-phrase antecedents*. London: Routledge, 1990.

_____. Accessibility theory: An overview. In: SANDERS, T.; SCHILPEROORD, J.; SPOOREN, W. (eds.) *Text representation*: Linguistic and psycholinguistic aspects. Amsterdam: John Benjamins Publishing Company, 2001, pp. 29-87.

BADDELEY, Alan. "Working memory". *Science*, v. 255, n. 5044, 1992, pp. 556-9.

BARCELLOS, Jessica. *O processo de revisão textual nos Anos Iniciais do Ensino Fundamental:* uma análise psicolinguística. Rio de Janeiro, 2021. Tese (Doutorado em Estudos da Linguagem) – Departamento de Letras, Pontifícia Universidade Católica do Rio de Janeiro.

BEREITER, Carl.; SCARDAMALIA, Marlene. *The psychology of written composition*. Hillsdale, NJ: Lawrence Erlbaum Associates, 1987.

BRASIL. Ministério da Educação (MEC). Conselho Nacional de Educação (CNE). *Base Nacional Comum Curricular*: educação é a base. [Brasília]: MEC/CNE, [2017].

DANEMAN, Meredyth.; STAINTON, Murray. "The generation effect in reading and proofreading. Is it easier or harder to detect error in one's own writing?". *Reading and Writing: An Interdisciplinary Journal*, v. 5, n. 3, 1993, pp. 297-313.

GERALDI, João Wanderley. "O ensino de língua portuguesa e a Base Nacional Comum Curricular." *Retratos da Escola*. Brasília, v. 9, n. 17, 2015, pp. 381-96.

GRAHAM, Steve; HARRIS, Karen. R.; SANTANGELO, Tanya. "Research-based writing practices and the common core: Meta-analysis and meta-synthesis". *Elementary School Journal*, v. 115, n. 4, 2015, pp. 498-522.

GRAHAM, Steve. A writer(s)-within-community model of writing. In: BAZERMAN, C. et al. (eds.). *The lifespan development of writing* Urbana, IL: National Council of English, 2018a, pp. 272-325.

_____. "A Revised Writer(s)-Within-Community Model of Writing". *Educational Psychologist*, v. 53, n. 4, 2018b, pp. 258-79.

HAYES, John. R. A new framework for understanding cognition and affect in writing. In: LEVY, C. M.; RANSDELL, S. (eds.). *The science of writing*: Theories, methods, individual differences, and applications. Mahwah, NJ: Lawrence Erlbaum, 1996, pp. 1-27.

_____. "Modeling and remodeling writing". *Written Communication*, v. 29, n. 3, 2012, pp. 369-88.

_____; FLOWER, Linda. S. Identifying the organization of writing processes. In: GREGG, L.; STEINBERG, E. R. (Eds) *Cognitive processes in writing*. Hillsdale, NJ: Lawrence Erlbaum, 1980, pp. 3-30.

_____; _____. "Uncovering Cognitive Processes in Writing: An Introduction to Protocol Analysis." In: MOSENTHAL, P.; TAMOR, L.; WALMSLEY, S. A. (eds.) *Research On Writing:* Principles and Methods. New York: Longman, 1983, pp. 207-20.

HAYES, John. R. et al. Cognitive processes in revision. In: ROSENBERG, S. (ed.). *Advances in Psycholinguistics*: (v. II.) Reading, writing, and language processing. Cambridge: Cambridge University Press, 1987, pp. 176-240.

KELLOG, Ronald. T. "Training writing skills: A cognitive developmental perspective". *Journal of writing research*, v. 1, n.1, 2008, pp. 1-26.

LEIJTEN, Mariëlle; VAN WAES, Luuk. "Keystroke Logging in Writing Research: Using Inputlog to Analyze and Visualize Writing Processes". *Written Communication*, v. 30, n. 3, 2013, pp. 358-92.

MARCUSCHI, Luiz. Antônio. Gêneros Textuais: definição e funcionalidade. In: DIONÍSIO, A. P.; MACHADO, A. R.; BEZERRA, M. A. (org.). *Gêneros Textuais e Ensino*. 2. ed. Rio de Janeiro: Lucerna, 2003, pp.17-31.

RODRIGUES, Erica dos S. A escrita como processo. In: MOTA, M.; NAME, C. *Interface linguagem e cognição*: contribuições da Psicolinguística. Tubarão, Copiart, 2019, pp. 115-38.

VANDERMEULEN, Nina.; LEIJTEN, Mariëlle.; VAN WAES, Luuk. Reporting Writing Process Feedback in the Classroom: Using Keystroke Logging Data to Reflect on Writing Processes. *Journal of Writing Research*, v, 12, n. 1, 2020, pp. 109-40.

VEIGA SIMÃO, Ana. Margarida et al. "Teaching writing to middle school students in Portugal and in Brazil: an exploratory study." *Reading and Writing*, v. 29, 2016, pp. 955-79.

3. A literacia no desenvolvimento da memória de curto prazo

Rosângela Gabriel, Régine Kolinsky e José Morais

Se vamos ao supermercado comprar mantimentos, a ordem em que lembramos dos itens a colocar no carrinho de compras é irrelevante: o importante é trazer todos os itens para casa! Na leitura, precisamos desenvolver um critério mnemônico adicional, a ordem dos itens, já que a sequência em que fonemas e letras se sucedem nas palavras marca a diferença dos significados acessados no nosso léxico mental. Vejamos as palavras da figura 1: ainda que sejam compostas pelas mesmas letras, a ordem em que as letras se sucedem estabelece distinção entre as palavras e determina o acesso a significados e a campos semânticos distintos. Observe que a quarta linha traz uma pseudopalavra, ou seja, uma palavra que poderia existir, considerando as regras fonotáticas da Língua Portuguesa, mas que não existe por não remeter a um significado (pelo menos não em Português Brasileiro!). As pseudopalavras são usadas nas pesquisas sobre leitura e memória porque permitem isolar a capacidade de decodificação (usada para ler palavras novas ou de baixa frequência de uso) da capacidade de identificação ou reconhecimento (usada para ler palavras conhecidas ou de alta frequência).

Figura 1: A ordem de fonemas e letras marca a diferença entre as palavras

ALMA
MALA
LAMA
AMAL

Fonte: os autores

A constatação de que a literacia (leitura e escrita) exige que prestemos atenção na ordem em que se sucedem os fonemas, na oralidade, e as letras, na escrita, deu origem a pesquisas que buscam isolar esses dois componentes da memória, a memória para itens e a memória serial, ambas integrantes da memória de curto prazo. Algumas das questões que intrigam os pesquisadores podem ser colocadas da seguinte forma: é possível elaborar tarefas experimentais que estimem o *span* (tamanho, quantidade de itens retidos) da memória serial e da memória de itens de forma isolada? As diferenças entre essas memórias relacionam-se ao nível de literacia dos participantes? Esses conhecimentos possuem alguma relevância para as práticas pedagógicas?

Neste capítulo, retomamos conceitos relevantes para a compreensão dos estudos sobre a memória em sua relação com a literacia, começando por uma reflexão sobre a natureza das categorias utilizadas para armazenar e recuperar informações, para em seguida restringir nosso foco à memória de curto prazo verbal. Na seção 3.2, retomamos pesquisas que buscam isolar os dois componentes da memória de curto prazo verbal, a memória de itens e a memória da ordem. A terceira seção é dedicada a estudos que questionam em que medida os artefatos culturais interagem com nossa matriz biológica, a partir da relação entre o desenvolvimento da literacia e a memória de curto prazo verbal. Por fim, a quarta seção traz algumas considerações quanto às práticas pedagógicas no que diz respeito à relação entre literacia e memória, cognição e cultura.

3.1 MEMÓRIA(S): COMO ESTUDÁ-LA(S)?

Jorge Luis Borges, escritor argentino, criou uma personagem que traduz uma de nossas ambições: recordar! Recordar dos nomes das pessoas e dos lugares, de onde colocamos a chave de casa, da senha do cartão do banco… Em *Funes, o memorioso*, a personagem aprende línguas em horas e lembra de todos os pormenores de sua existência, desde que um estranho acidente transformou sua vida. Entretanto, ao final do conto (desde já, pedimos perdão pelo *spoiler*), o narrador traz uma reflexão fundamental para os estudos sobre memória:

> [Funes] Tinha aprendido sem esforço o inglês, o francês, o português, o latim. Suspeito, entretanto, que não era muito capaz de pensar. Pensar é esquecer diferenças, é generalizar, abstrair. No abarrotado mundo de Funes não havia senão pormenores, quase imediatos. (Borges, 1997: 116-7)

A definição de Borges sobre o que é *pensar* interessa muito aos estudos sobre cognição, de forma ampla, e sobre memória, de forma específica, uma vez que nosso cérebro está continuamente organizando as informações em categorias, que se identificam em alguns aspectos, mas que se distinguem por outros. Para criar categorias, nosso aparato cognitivo avalia quais diferenças são relevantes e quais podem ser ignoradas. Quem ajuda a responder a essa questão, via de regra, é o ambiente cultural, que vai esculpindo o cérebro para dar conta de suas demandas. Assim, para criar a categoria 'mala', por exemplo, alguns atributos são determinantes, ao passo que outros podem ser relegados a um segundo plano. Quais atributos definem a categoria 'mala'? O formato? O tamanho? O tipo de alças? Ter ou não rodinhas? O que diferencia uma mala de uma bolsa ou de uma mochila? A partir de um conjunto de critérios, temos malas típicas (as primeiras a serem recuperadas da nossa memória) e malas menos típicas, para as quais inclusive podemos criar outras categorias, como bolsa, mochila etc.

Outro aspecto a ser destacado no conto *Funes, o memorioso*, de Borges, é a associação que estabelecemos entre memória e recordação. Via de regra, quando as pessoas se queixam de problemas de memórias, referem-se a problemas de recordação, em geral de um tipo específico de memória, as chamadas memórias declarativas, que são memórias explícitas, traduzíveis em palavras: *Qual o nome dessa pessoa sorridente que acabo de encontrar no supermercado e me pergunta como estão meus dois filhos? De onde a conheço? Da escola? Do trabalho? De alguma loja? Da vizinhança?*

As demandas de recordação nos levam a conceptualizar as memórias como uma espécie de repositório, no qual vamos estocando itens, como em um almoxarifado ou em uma biblioteca. Entretanto, poucas vezes pensamos na logística de armazenamento e de recuperação. Como vamos organizar os livros da biblioteca de casa: por assunto? por ano de publicação? por autor? por editora? pela cor da capa dos livros? pelo número de páginas? pela altura e largura da edição? Se usarmos todos esses critérios simultaneamente, não teremos categorias, e sim itens individuais, o que não nos ajudará a recuperar o item que queremos com a rapidez desejada. Assim como nesse exemplo, o "centro de logística" mental recruta determinados critérios para armazenar e recuperar memórias, buscando otimizar os resultados de acordo com as necessidades apontadas pelo ambiente cultural.

A pesquisa sobre memórias também sofre o dilema da categorização, ou seja, a dificuldade de seleção de critérios. Ao mesmo tempo, o estabelecimento de categorias de memórias nos ajuda a fazer avançar a sua investigação. Para uma introdução abrangente, tomamos o quadro 1, proposto por Lent (2010: 650). A primeira coluna divide as memórias em dois blocos, de acordo com o tempo de retenção e a natureza. Esses dois blocos dividem-se, por sua vez, em tipos e subtipos. Quanto ao tempo de duração, temos memórias que duram frações de segundos ao passo que outras nos acompanham ao longo da vida. Quanto à natureza, temos memórias explícitas ou declarativas (episódica e semântica), implícitas ou não declarativas (de representação perceptual, de procedimentos, associativa e não associativa), e operacional ou de trabalho. Assim, a recordação do nascimento de um filho pode ser categorizada como uma memória declarativa episódica de longo prazo, ao passo que a habilidade para andar de bicicleta pode ser categorizada como uma memória procedural implícita de longa duração.

Quadro 1: Tipos e características das memórias, de acordo com Lent (2010)

	Tipos e Subtipos	Características
Quanto ao tempo de retenção	Ultrarrápida ou imediata	Dura de frações de segundos a alguns segundos; memória sensorial
	Curta duração	Dura minutos ou horas, garante o sentido de continuidade do presente
	Longa duração	Dura horas, dias ou anos, garante o registro do passado autobiográfico e dos conhecimentos do indivíduo.
Quanto à natureza	Explícita ou declarativa	Pode ser descrita por meio de palavras e outros símbolos
	Episódica	*Tem uma referência temporal: memória de fatos sequenciados*
	Semântica	*Envolve conceitos atemporais: memória cultural*
	Implícita ou não declarativa	Não precisa ser descrita por meio de palavras
	De representação perceptual	*Representa imagens sem significado conhecido: memória pré-consciente*
	De procedimentos	*Hábitos, habilidades e regras*
	Associativa	*Associa dois ou mais estímulos (condicionamento clássico), ou um estímulo a uma certa resposta (condicionamento operante)*
Quanto à natureza	*Não associativa*	*Atenua uma resposta (habituação) ou aumenta-a (sensibilização) através da repetição de um mesmo estímulo*
	Operacional ou memória de trabalho	Permite o raciocínio e o planejamento do comportamento

Fonte: Lent, 2010: 650

Os tipos de memória e suas respectivas definições variam conforme o autor e/ou a teoria na qual se baseiam, como demonstra a obra *Working memory: state of the science,* de Logie, Camos e Cowan, publicada em 2021[11], em que os organizadores convidaram proponentes de modelos teóricos divergentes a responderem a uma série de questões relacionadas à memória, em especial, à memória de trabalho. Cowan (2008) alerta para essa imprecisão na nomenclatura usada na área:

> A distinção entre memória de curto prazo e memória de trabalho depende das definições que são assumidas. Entretanto, a questão que importa é por que alguns testes de memória relacionados ao curto prazo funcionam como um dos melhores correlatos de habilidades cognitivas, enquanto outros não. (Cowan, 2008: 335[12])

No presente capítulo, não discutiremos as diversas classificações dos tipos de memória, uma vez que nossa atenção está voltada para um tipo de memória, a memória verbal de curto prazo, que pode ser definida como: 1) uma memória com duração de segundos, minutos ou horas, em que existe a formação de traços que, após um período de consolidação, podem dar origem a memórias de longo prazo; 2) uma memória especializada em conteúdos linguísticos, supramodal, ou seja, que abrange tanto a modalidade oral quanto a escrita, e quiçá, a memória para língua de sinais (ou signos)[13].

3.2 MEMÓRIA DE CURTO PRAZO VERBAL

Muitos estudos demonstraram existir uma relação entre o desempenho da memória verbal de curto prazo (ou seja, o *span*, a capacidade de retenção) e o tamanho do vocabulário. Alguns pesquisadores (Gathercole et al., 1992; Gathercole, 1995; 1999) explicam essa relação baseados na ideia de que quanto melhor a qualidade da representação na memória de curto prazo de uma nova palavra, maior a probabilidade de essa representação temporária ser acuradamente repetida mentalmente e eventualmente transformada em uma representação (inclusive fonológica) estável e precisa de longo prazo. Outros pesquisadores consideram que a ampliação do vocabulário é um fator causal responsável pelo desenvolvimento da capacidade da memória de curto prazo verbal. Nessa perspectiva, a partir da ampliação do vocabulário, as crianças substituiriam representações globais de palavras familiares por representações mais segmentadas, adotando morfemas e fonemas como unidades básicas. Esse refinamento das representações seria alavancado pela aprendizagem da leitura, que impõe o mapeamento acurado das unidades fonológicas em seus grafemas correspondentes. Essa posição ampara-se em estudos que demonstram que a memória de curto prazo verbal é fortemente influenciada pelo conhecimento linguístico (Metsala, 1999; Brown; Hulme, 1996; Perfetti, 2007). Assim, parece haver uma influência recíproca, em que a performance da memória verbal de curto prazo é dependente do conhecimento lexical e sublexical, e ao mesmo tempo o desenvolvimento desse conhecimento impacta positivamente a capacidade da memória verbal de curto prazo.

A fim de investigar a natureza específica da relação entre desenvolvimento do vocabulário e memória de curto prazo verbal, Majerus et al. (2006) desenvolveram um estudo pioneiro em que buscaram isolar duas variáveis que facilmente se confundem: as informações sobre os itens (em geral, os fonemas ou grafemas apresentados), e as informações sobre a ordem (no caso, a ordem em que fonemas ou grafemas foram apresentados). A hipótese assumida é que o componente da ordem serial da memória de curto prazo verbal seria crucial para a repetição mental na ordem correta dos itens que compõem uma nova palavra a ser aprendida. Já a memória para itens se ampararia na rede lexical já existente, cuja densidade (quantidade de palavras armazenadas) e qualidade da representação lexical seriam uma consequência da aquisição lexical.

Para testar essa hipótese, os pesquisadores desenvolveram experimentos de reconstrução da ordem serial, aplicados a crianças de 4 a 6 anos de idade, em que os itens a serem utilizados estavam à vista, mas a necessidade de retenção mnemônica da ordem serial fora maximizada (ver *Corrida de Animais*, em Majerus et al., 2006). Os resultados demonstraram um incremento gradual na memória da ordem à medida que as crianças avançavam em idade; quanto à memória de itens, as crianças de 4 e 5 anos apresentaram um incremento gradual, ao passo que entre 5 e 6 anos foi observado um aumento significativo na performance. Estaria a aprendizagem da leitura relacionada a esse incremento?

De acordo com os autores, o processo de segmentação fonológica de palavras, embrião da consciência fonológica e fortemente relacionado com a aprendizagem da leitura, favorece a precisão da representação de palavras e de pseudopalavras na memória. Por outro lado, as experiências ligadas à escolarização formal (entre 5 e 6 anos, na Bélgica, onde o estudo foi realizado), com a introdução de novos temas de discussão, contribuem para o desenvolvimento do vocabulário num ritmo nunca antes experienciado. Os autores concluem pela necessidade de estudos adicionais que investiguem os processos subjacentes à memória de curto prazo da ordem serial, como ela se modifica ao longo do desenvolvimento e como exatamente a maior eficiência no processamento de informações sobre item e ordem interagem com o desenvolvimento do vocabulário.

Um estudo longitudinal conduzido por Perez, Majerus e Poncelet (2012a) buscou lançar luz sobre a relação entre memória verbal de curto prazo e a aprendizagem inicial da leitura, fazendo uma distinção entre informação sobre item e sobre ordem, baseando-se na hipótese de que a memória de itens, mas não a memória da ordem, recruta representações fonológicas subjacentes na memória de longo prazo. Se existir uma relação específica entre a memória de curto prazo e a aprendizagem inicial da leitura, a informação da ordem deveria ser um preditor independente da aquisição da decodificação na leitura.

A pesquisa foi conduzida com as mesmas crianças desde a educação infantil até os primeiros anos do ensino fundamental, sendo testadas habilidades fonológicas e leitura de palavras e pseudopalavras. Os resultados demonstraram que a capacidade de armazenamento da memória de curto prazo para ordem, mas não para item, prediz as habilidades de decodificação em leitura um ano após a primeira testagem. Os autores concluem que a memória de curto prazo da ordem serial desempenha um papel causal na aprendizagem inicial da leitura, mais especificamente, na capacidade de decodificação acurada das palavras e no mapeamento entre representação fonológica e ortográfica.

O leitor pode estar se perguntando se haveria repercussões pedagógicas (e clínicas) na distinção entre memória para itens e memória da ordem serial. Os pesquisadores do grupo de Majerus e Perez também se fizeram essa pergunta e para respondê-la desenvolveram um estudo com crianças disléxicas. O estudo de Perez et al., (2012b) testou três grupos de crianças: 22 crianças disléxicas, com idade média de 10.3 anos; 22 crianças com idade cronológica semelhante às disléxicas (média de 10.0 anos); e 22 crianças com habilidades de leitura semelhante às disléxicas (média de 8.1 anos). A pesquisa partiu da hipótese de que a memória verbal de informação sobre itens depende diretamente da qualidade das representações fonológicas e semânticas no léxico mental; por outro lado, a memória de informação da ordem serial poderia ser uma variável independente do sistema linguístico.

Os resultados demonstraram que as crianças disléxicas apresentaram um desempenho significativamente inferior às crianças de mesma idade cronológica nas tarefas que mediram a memória de curto prazo para itens. O grupo de participantes disléxicos apresentou também resultados inferiores aos apresentados tanto pelo grupo de mesma idade cronológica, quanto pelo grupo de habilidades de leitura semelhantes, em tarefas que testaram a memória da ordem serial. Esses resultados chamam a atenção para uma deficiência importante na retenção da informação da ordem serial em disléxicos que não pode ser justificada apenas pela dificuldade no processamento fonológico. De um lado, o baixo desempenho dos disléxicos nas tarefas que envolvem a memória de curto prazo para item pode ser o resultado de representações fonológicas degradadas em nível sublexical, inibindo a representação temporária da informação verbal. Por outro lado, o estudo demonstrou que o déficit de memória da ordem serial em disléxicos pode ser um fator que contribui para as dificuldades de aprendizagem da leitura nesse grupo.

A partir de uma sistemática revisão da literatura sobre o tema, Majerus e Cowan (2016) destacam que a maioria dos estudos demonstra que os disléxicos apresentam déficits na memória de curto prazo verbal, persistentes até a idade adulta. Esses déficits não podem ser explicados apenas com base em um processamento fonológico de baixa qualidade, uma vez que tanto a memória para itens quanto para ordem parece estar prejudicada em disléxicos, tanto no domínio fonológico quanto no visuoespacial (Baddeley; Hitch, 1974; Baddeley, 2000). Quanto aos mecanismos que relacionam a memória de curto prazo verbal à aprendizagem da leitura, Majerus e Cowan consideram que a memória da ordem serial pode sustentar o armazenamento ordenado e o processo de conversão grafemas-fonemas durante a aprendizagem da leitura, bem como dar suporte ao processo de mapeamento das posições seriais das letras, dentro de uma cadeia de letras ordenadas, às imagens visuais das palavras (memória lexical ortográfica) armazenadas na memória de longo prazo durante a identificação visual de palavras. Segundo Smalle et al. (2019), as habilidades ortográficas, por sua vez, podem contribuir ao desenvolvimento da memória auditiva serial a curto e longo prazo, já que os adultos letrados escolarizados (indianos lendo o *script* Devanagari) apresentam uma memória serial superior à dos iletrados não escolarizados. No que diz respeito aos déficits da memória de curto prazo da ordem serial serem causa ou consequência da dislexia, os autores ressaltam que até o momento não há dados conclusivos, sendo necessários mais estudos longitudinais a fim de determinar em que medida os déficits de memória de curto prazo verbal são preditivos de posteriores dificuldades na aprendizagem da leitura.

Na próxima seção, analisaremos a possível relação entre a educação formal e o progresso na literacia como alavancas para o desenvolvimento da memória de curto prazo da ordem serial.

3.3 LITERACIA E MEMÓRIA

Historicamente, os estudos sobre a cognição humana são marcados pelo debate pendular que ora ressalta os aspectos ligados à herança genética, inata, ora ressalta os aspectos culturais. Em inglês, a expressão *nature vs. nurture* remete a esse debate. A leitura e a escrita são invenções culturais humanas, que foram sendo aprimoradas e universalizadas ao longo dos últimos 5 mil anos, período estimado pelos historiadores desde a criação da escrita. Entretanto, no século XXI, ainda convivemos em sociedades letradas com pessoas que não sabem ler e escrever, os iletrados, ou os analfabetos, esse último termo sendo reservado aos que não sabem ler e escrever em países ou comunidades que utilizam sistemas alfabéticos de escrita.

Além disso, ainda hoje há culturas ágrafas, em que os indivíduos não utilizam sistemas de escrita para comunicação ou registro de informações.

Nas últimas décadas, graças a novas técnicas de pesquisa, o debate *nature vs. nurture* vem perdendo espaço na medida em que se avança na compreensão de como a cultura interage com a cognição, esculpindo o cérebro de acordo com as demandas do ambiente. Por outro lado, a cultura também é determinada pelos limites da cognição humana, ainda que esse limite não seja dado por indivíduos, mas sim pelo acúmulo de conhecimento proporcionado pela própria natureza das criações culturais coletivas. A neurociência da leitura tem sido particularmente exitosa ao demonstrar as implicações cognitivas da aprendizagem da leitura, talvez por ser possível comparar indivíduos, tanto crianças quanto adultos convivendo em um mesmo período histórico e um mesmo macrocontexto cultural, antes e após a aprendizagem da leitura (Morais et al., 1979; Ventura et al., 2008; Dehaene et al., 2010; Kolinsky et al., 2014).

A fim de contribuir com a investigação sobre a interação cognição e cultura, Kolinsky et al. (2020) desenvolveram um estudo com 120 crianças falantes de Português Brasileiro, matriculadas no último ano da educação infantil (EI) e no primeiro e segundo anos do ensino fundamental (EF). De acordo com o nível socioeconômico, foram criados dois grupos: o grupo SES+ e o grupo SES-. A escolarização de pais e mães correlacionou-se ao nível socioeconômico, com 10 vezes mais mães possuindo um curso de graduação completo no grupo SES+ em relação ao grupo SES- (41% vs. 4%). Dentre os pais, 21% do grupo SES- não havia concluído o ensino fundamental, em comparação com 3% no grupo SES+.

As crianças foram testadas quanto ao nível de conhecimento das letras e dos grafemas assim como quanto ao nível de consciência fonológica por meio de uma bateria adaptada ao Português Brasileiro a partir dos testes desenvolvidos por Morais et al. (2010). Algumas crianças do primeiro ano e a maioria do segundo ano também realizaram tarefas de leitura de palavras e de fluência de leitura de palavras e de pseudopalavras por minuto (Morais et al., 2010), assim como de compreensão leitora (Sucena; Castro, 2010).

A segunda parte da coleta de dados buscou investigar a memória da ordem serial por meio de uma tarefa adaptada a partir de Majerus et al. (2006). Sete palavras monossilábicas (flor, sol, nó, pé, cão, rã e boi) foram combinadas em listas de duas a sete palavras, de forma randômica. Os estímulos foram apresentados inicialmente em sequências de duas palavras, que foram sendo ampliadas à medida que a criança conseguia acertar a sequência. Para as crianças, a tarefa era apresentada como um jogo, a partir da seguinte história: "Todos os anos, em uma escola maluca, no dia do seu aniversário, cada criança recebe presentes malucos, dependendo de quantos anos está fazendo. Vamos olhar os presentes malucos?" O pesquisador mostrava às crianças cada um dos cartões com a imagem de um dos possíveis presentes. Em seguida, o pesquisador iniciava a testagem com um exemplo: "Eu vou te dizer o que uma criança vai ganhar e em que ordem, do primeiro ao último presente. Depois de ouvir, você vai colocar os cartões dos presentes nesta escada, colocando o primeiro presente no degrau mais alto, depois no seguinte, e assim por diante." O *span* computado foi a última sequência completa correta repetida pela criança.

Os resultados dos testes de conhecimentos de leitura mostraram um efeito importante quanto ao nível escolar (último ano da EI, primeiro ou segundo ano do EF), mas não apresentaram uma interação importante quanto ao grupo social (se SES+ ou SES-). Já a comparação dos escores da tarefa de reconstrução da ordem serial mostrou um importante efeito de nível escolar, com as crianças da EI apresentando desempenho inferior às crianças do primeiro e do segundo ano do EF. O conjunto dos dados apresentou correlações significativas entre a performance na reconstrução da ordem serial e o nível educacional das mães e pais.

Os resultados mais relevantes deste estudo dizem respeito à correlação entre a performance na tarefa de reconstrução da ordem serial e o nível de literacia. Os autores concluíram que o nível de literacia e/ou de escolarização, juntamente com a idade, está correlacionado ao desempenho da memória para ordem serial. Esse resultado poderia sugerir que a capacidade da memória funciona como um gargalo para as aprendizagens escolares, dentre elas, a aprendizagem da leitura, ou que as atividades escolares, dentre elas as ligadas à aprendizagem da leitura, operam como uma alavanca para o desenvolvimento da memória da ordem serial.

A fim de testar essa última hipótese, Kolinsky et al. (2020) conduziram um segundo estudo com crianças belgas de 6 e 7 anos, falantes de francês, aproveitando o critério de "ponto de corte" para ingresso no EF. De fato, assim como no Brasil[14], na Bélgica existe um ponto de corte arbitrário baseado na data de nascimento, que determina quais crianças devem avançar para o primeiro ano do EF e quais devem permanecer mais um ano na EI. O ponto de corte na Bélgica é 31 de dezembro: portanto, as crianças que completam 6 anos no ano em curso devem ser matriculadas no primeiro ano do EF, sendo que o ano letivo inicia em setembro, como na maioria dos países do hemisfério norte. Esse sistema arbitrário cria uma situação peculiar, já que crianças com poucos dias de diferença em termos de idade cronológica são expostas a ambientes escolares bastante distintos: as de 5a9m matriculadas no primeiro ano do EF, juntamente com crianças de 6a8m (praticamente 12 meses de diferença), enquanto crianças com 5a8m ou menos (até 4a9m) são matriculadas no último ano da EI. Portanto, o critério do ponto de corte coloca crianças com alguns dias de diferença em termos de idade cronológica, em grupos distintos em termos de objetivos de aprendizagem. Esse critério já fora usado num estudo anterior sobre os efeitos de idade e escolaridade na memória verbal de curto prazo.

No estudo de Kolinsky et al. (2020), foram constituídos três grupos: um grupo de crianças da EI mais velhas (EI**), com idade aproximada ao grupo das mais jovens do primeiro ano do EF (EF*), e um grupo de crianças mais velhas do primeiro ano do EF (EF**), o que permitiu comparar dois grupos com idade semelhante, mas experiências escolares distintas (EI** e EF*), e dois grupos com nível de leitura e experiências escolares semelhantes, mas idades distintas (EF* e EF**). Foi avaliado o nível de literacia, por meio de tarefas semelhantes às do estudo brasileiro, e a memória verbal de curto prazo da ordem serial, por meio da Corrida de Animais, baseada em Majerus et al. (2006). Novamente, a tarefa foi apresentada às crianças como um jogo, com a participação de animais, cujos nomes em francês possuem uma ou duas sílabas. Os nomes dos animais foram usados para criar lista de palavras, de 2 a 7 itens não repetidos. O pesquisador apresentou a tarefa às crianças da seguinte forma: Cada ano, animais de todo o mundo se reúnem para uma competição. Este ano, sete animais estão participando: um gato, um cachorro, um galo, um leão, um lobo, um urso e um macaco [o pesquisador mostrou os cartões com as imagens correspondentes aos animais]. Muitas corridas acontecem: às vezes, participam dois animais, às vezes, três, ou quatro, ou cinco… às vezes até seis ou sete. Nos fones de ouvido, você vai ouvir alguém anunciar a ordem de chegada dos animais, do primeiro ao último. Logo após, você vai colocar os cartões com a imagem dos animais no podium da ordem de chegada. O animal que chegar primeiro vai para o degrau mais alto do pódio e o último no degrau mais baixo (Majerus et al., 2006; Kolinsky et al., 2020).

A comparação do desempenho entre os grupos mostrou que as crianças mais jovens do primeiro ano (EF*) tiveram um desempenho superior ao das crianças mais velhas da EI (EI**), ao passo que a comparação do desempenho entre os grupos mais jovem e mais velho do primeiro ano (EF* e EF**) não apresentou diferenças significativas nos testes. Em ambos os grupos, os conhecimentos em literacia estavam ampla e positivamente relacionados ao desempenho no teste de memória da ordem serial. Os resultados do estudo com crianças belgas corroboram os do estudo com crianças brasileiras, reforçando o argumento de que o desenvolvimento da memória da ordem serial em crianças está mais relacionado às aprendizagens escolares e, em particular, à aquisição da literacia, do que à idade cronológica ou à maturação puramente biológica. Esses resultados também amparam a hipótese de que a aprendizagem da leitura funciona como uma alavanca que impulsiona o desenvolvimento da memória de curto prazo da ordem serial.

O uso de uma data arbitrária no calendário como critério para determinar o nível escolar no qual a criança será matriculada constituiu uma interessante situação experimental para testar o papel da maturação ou do desenvolvimento em oposição à instrução ou à aprendizagem. Muitos consideram que as crianças precisam amadurecer, chegar a uma determinada idade cronológica, para posteriormente aprender noções ligadas à literacia ou à numeracia. Vigotski[15] (2000[1934]), no capítulo 6 da obra *Pensamento e Linguagem*, escrita em 1933-34 pouco antes de sua morte, analisa detidamente concepções relativas ao desenvolvimento e à aprendizagem e conclui que, ainda que qualquer instrução exija um certo grau de maturidade, é a instrução e a aprendizagem que impulsionam o desenvolvimento intelectual, e não o contrário. De acordo com Vigotski (2000[1934]: 130), "o único tipo positivo de aprendizado é aquele que caminha à frente do desenvolvimento, servindo-lhe de guia; deve voltar-se não tanto para as funções já maduras, mas principalmente para as funções em amadurecimento."

Os resultados de Kolinsky et al. (2020) são congruentes com aqueles de um estudo anterior que examinou em crianças os efeitos de idade e escolaridade na memória verbal de curto prazo (Morrison et al., 1995) assim como com aqueles de um estudo anterior que examinou os efeitos da literacia na memória de curto prazo da ordem serial de adultos indianos (Smalle et al., 2019). Todos esses resultados estão em consonância com os postulados de Vigotski (2000[1934]): sugerem que o desenvolvimento da memória de curto prazo verbal está mais relacionado aos estímulos advindos da educação formal do que propriamente à idade cronológica ou à maturação.

3.4 CONCLUSÃO

A expressão "saber de cor" é usada, em geral, para exaltar aquilo que podemos lembrar de "coração" (ou de memória), sem necessidade de nos valermos de dispositivos externos, como agendas, livros e celulares. Desde Platão, em Fedro (370 a.C.), a leitura e a escrita, e as tecnologias delas decorrentes, têm sido apontadas como possíveis causadoras do enfraquecimento de nossas capacidades mnemônicas: *– Hoje em dia, as pessoas não sabem nem o seu número de telefone! Antigamente, as pessoas sabiam dezenas de telefones de cor!*

De fato, a necessidade de saber de cor números de telefone deixou de existir na medida em que nossos contatos são gravados em agendas de telefones celulares, bastando lembrarmos o nome usado para armazenar o contato para fazermos uma ligação. Por outro lado, talvez nunca tenhamos tido tantos contatos em nossas agendas, tantas senhas para serem lembradas, tantas tarefas para serem administradas.

Em contraponto ao sentimento nostálgico relativamente ao que se teria perdido com as tecnologias da escrita e da informação em geral, pode-se pensar no quanto essas tecnologias exigem do nosso sistema cognitivo e investigar de que maneiras nosso aparato biológico pode ser aperfeiçoado ou esculpido pelas criações culturais.

Os estudos desenvolvidos com crianças brasileiras e belgas (Kolinsky et al., 2020) tiveram como objetivo investigar se a educação formal e o progresso na literacia favorecem o desenvolvimento da memória de curto prazo da ordem serial. Foi observado um efeito de escolarização, mas não um efeito de idade na reconstrução da ordem serial: as crianças mais jovens matriculadas no primeiro ano do EF apresentaram um desempenho superior quando comparadas às crianças de idade similar matriculadas na EI, e um desempenho semelhante ao das crianças mais velhas matriculadas no primeiro ano do EF. Além disso, o nível de literacia das crianças mostrou-se fortemente correlacionado com seu desempenho nas tarefas de reconstrução da ordem serial.

Esses dados sugerem que, mais do que a idade, são os incentivos relacionados ao desenvolvimento da literacia que desenvolvem a memória de curto prazo da ordem serial. Esses resultados reiteram a importância da prática pedagógica intencionalmente planejada, da instrução e da mediação social, sendo os professores atores determinantes desse processo. As pesquisas sobre a aprendizagem da leitura em crianças e adultos demonstram que existem habilidades cognitivas, como a consciência fonológica, por exemplo (Morais et al., 1979), que podem não ser desenvolvidas caso o ambiente cultural não as fomente. Não se trata, portanto, de aguardar que um processo maturacional inexorável tenha lugar, mas sim de planejar as formas mais efetivas de intervir, buscando auxiliar os aprendizes a disporem de e a manusearem as ferramentas necessárias para que as aprendizagens ocorram e se consolidem, empurrando o desenvolvimento cognitivo e contribuindo para que novos desafios sejam enfrentados.

BIBLIOGRAFIA

BADDELEY, A. D.; HITCH, G. Working memory. In: BOWER, G. H. (ed.) *The psychology of learning and motivation.* New York: Academic Press, 1974, pp. 47-90.

_____. The episodic buffer: a new component of working memory? *Trends in Cognitive Sciences,* v. 4, n. 11, 2000, pp. 417-23.

BORGES, J. L. *Funes, o memorioso.* Ficções. São Paulo: Globo, 1997, pp. 109-17.

COWAN, N. What are the differences between long-term, short-term, and working memory? *Progress in Brain Research,* v. 169, 2008, pp. 323-38. DOI: 10.1016/S0079-6123(07)00020-9.

DEHAENE, S. et al. How Learning to Read Changes the Cortical Networks for Vision and Language. *Science,* 330, 2010, pp. 1359-64.

GABRIEL, R.; MORAIS, J.; KOLINSKY, R. A aprendizagem da leitura e suas implicações sobre a memória e a cognição. *Ilha do Desterro*, v. 69, n. 1, 2016, pp. 61-78. DOI: 10.5007/2175-8026.2016v69n1p61

GATHERCOLE, S. E. et al. Phonological memory and vocabulary development during the early school years: A longitudinal study. *Developmental Psychology, v.* 28, n. 5, 1992, pp. 887–98. DOI: 10.1037/0012-1649.28.5.887

_____. Is nonword repetition a test of phonological memory or long-term knowledge? It all depends on the nonwords. *Memory & Cognition*, 23, 1995, pp. 83-94. DOI: 10.3758/BF03210559

_____. Cognitive approaches to the development of short-term memory. *Trends in Cognitive Sciences*, v. 3, n. 11, 1999, pp. 410-18. DOI: 10.1016/S1364-6613(99)01388-1

KOLINSKY, et al. How formal education and literacy impact on the content and structure of semantic categories. *Trends in Neuroscience and Education,* 3, 2014, pp. 106-21.

_____. et al. The influence of age, schooling, literacy, and socioeconomic status on serial-order memory. *Journal of Cultural Cognitive Science,* v. 4, 2020, pp. 343–65. DOI: 10.1007/s41809-020-00056-3

LENT, R. *Cem bilhões de neurônios*: conceitos fundamentais de neurociências. Rio de Janeiro: Atheneu, 2010, p. 786.

LOGIE, R. H.; CAMOS, V.; COWAN, N. (ed.). *Working memory:* state of the science. Oxford: Oxford University Press, 2021, p. 437.

MAJERUS, S. et al. Relations between vocabulary development and verbal short-term memory: the relative importance of short-term memory for serial order and item information. *Journal of Experimental Child Psychology,* 93, 2006, pp. 95-119.

_____; et al. Impact of auditory selective attention on verbal short-term memory and vocabulary development. *Journal of Experimental Child Psychology,* 103, 2009, pp. 66-86.

METSALA, J. L. Young children's phonological awareness and nonword repetition as a function of vocabulary development. *Journal of Educational Psychology,* v. 91, n. 1, 1999, pp. 3-19. DOI: 10.1037/0022-0663.91.1.3

MORAIS, J. et al. *Relatório final, Jan 2008 — Out 2010.* Estudo psicolinguístico. Estabelecimento de níveis de referência do desenvolvimento da leitura e da escrita do 1° ao 6° ano de Escolaridade, Plano Nacional de Leitura do Ministério da Educação, Portugal, 2010. Disponível em: <https://www.planonacionaldeleitura.gov.pt/PNLEstudos/uploads/ficheiros/psico_15fev.pdf>. Acesso em: 12 abr. 2017.

_____ et al. Does awareness of speech as a sequence of phones arise spontaneously? *Cognition,* v. 7, 1979, pp. 323-31.

MORRISON, F. J.; SMITH, L.; DOW-EHRENSBERGER, M. Education and cognitive development: A natural experiment. *Developmental Psychology,* v. 31, n. 5, 1995, pp. 789-99.

PEREZ, T. M.; MAJERUS, S.; PONCELET, M. P. The contribution of short-term memory for serial order to early reading acquisition: Evidence from a longitudinal study. *Journal of Experimental Child Psychology,* v. 111, n. 4, 2012a, pp. 708-23. DOI: 10.1016/j.jecp.2011.11.007

_____ et al. Evidence for a Specific Impairment of Serial Order Short-term Memory in Dyslexic Children. *Dyslexia,* v. 18, n. 2, 2012b, pp. 94-109. DOI: 10.1002/dys.1438

PERFETTI, C. Reading Ability: Lexical Quality to Comprehension. *Scientific Studies of Reading*, v. 11, n. 4, 2007, pp. 357-83. DOI: 10.1080/10888430701530730

RONDON, T. K.; TOMITCH, L. M. B. Working Memory: State of the Science, a Review. *Signo,* v. 47, n. 88, 3 jan. 2022, pp. 219-22. DOI: 10.17058/signo.v47i88.17471

SMALLE, E. H. M. et al. Literacy improves short-term serial recall of spoken verbal but not visuospatial items – evidence from illiterate and literate adults. *Cognition,* v. 185, 2019, pp. 144-50. DOI: 10.1016/j.cognition.2019.01.012.

SUCENA, A.; CASTRO, S. L. *Aprender a ler e avaliar a leitura. O TIL*: Teste de idade de leitura (2. ed.). Coimbra: Almedina, 2010. ISBN: 978-972-40-3919-0.

VENTURA, P. et al. Schooling in western culture promotes context-free processing. *Journal of Experimental Child Psychology,* 100(2), pp. 79-88, 2008. DOI: 10.1016/j.jecp.2008.02.001

VIGOTSKI, L. S. *Pensamento e linguagem.* Tradução Jefferson Luiz Camargo. Revisão técnica José Cipolla Neto. São Paulo: Martins Fontes, 2000. [1. ed. 1934].

Dicas de leitura

1. ***Questões sobre memória***, de Iván Izquierdo (editora Unisinos, 2004): a obra é organizada a partir de perguntas feitas ao pesquisador Iván Izquierdo em palestras e eventos. A resposta a cada pergunta é dada em duas ou três páginas, em linguagem acessível ao leitor leigo no tema, de forma objetiva e informativa.
2. ***Alfabetizar para a democracia***, de José Morais (editora Penso, 2014): a obra apresenta uma visão abrangente sobre o lugar da alfabetização e do desenvolvimento da literacia em um contexto político-ideológico mais amplo, fazendo refletir sobre como o direito de acesso aos bens culturais se relaciona aos ideais de igualdade e justiça social.
3. ***Funes, o memorioso***, de Jorge Luis Borges: publicado em 1942, o conto de ficção nos ajuda a desenvolver uma perspectiva inusitada sobre lembrança e esquecimento. Concebido na perspectiva da literatura fantástica, a personagem de Funes simboliza nosso ideal de tudo lembrar e aprender, mas nos mostra o custo intelectual que esse desejo pode acarretar.

Dicas de filmes

1. ***The Father*** (no Brasil, *Meu Pai*): lançado em 2020, o filme é estrelado por Anthony Hopkins no papel do pai (Oscar de Melhor Ator por sua atuação) e Olivia Colman no papel da filha. Co-escrito e dirigido por Florian Zeller, baseado em sua peça de 2012, Le Père, o enredo segue um idoso que precisa lidar com a progressiva perda de memória, talvez decorrente do envelhecimento ou de uma demência neurodegenerativa. Um dos diferenciais do filme é a perspectiva adotada, uma vez que os espectadores são levados a acompanhar a história pelos olhos do pai, que muitas vezes não sabe em que casa está, quanto tempo se passou entre uma refeição e outra, e quem são as pessoas com quem interage. A confusão e a angústia vividas pela personagem acabam contagiando também o espectador, que ao final do filme recapitula as cenas a fim de ordená-las e interpretá-las.
2. ***Still Alice*** (no Brasil, *Para sempre Alice*): lançado em 2015, o filme é estrelado por Julianne Moore (Oscar de Melhor Atriz por sua atuação) no papel da doutora Alice Howland, uma professora universitária e pesquisadora bem sucedida, diagnosticada com doença de Alzheimer de início precoce aos 50 anos. O filme é dirigido e escrito por Wash Westmoreland e Richard Glatzer, baseado no romance homônimo de Lisa Genova. Ao acompanhar os conflitos e os problemas sofridos pela personagem nos vários estágios de evolução da doença, o espectador é levado a refletir o quanto as memórias (os vários tipos de memória) são determinantes em nossa vida, sendo necessárias para atividades triviais, como localizar o banheiro em nossa casa ou acompanhar as linhas de um texto durante a leitura.
3. ***Arrival*** (no Brasil, *A chegada*): o filme de 2016, baseado no conto *Story of Your Life*, de Ted Chiang, autor de obras de ficção científica, é dirigido por Denis Villeneuve, com roteiro de Eric Heisserer. Naves alienígenas surgem em vários locais do planeta e uma linguista é recrutada para buscar se comunicar com os visitantes, que utilizam uma linguagem escrita circular, que também altera a percepção linear do tempo. Além desses elementos, a ambiguidade da linguagem e os distintos campos semânticos acionados por palavras aparentemente sinônimas tornam o filme uma oportunidade para pensar sobre as relações entre linguagem, escrita e pensamento.

4. Psicolinguística e Neurociência: alfabetização para incluir o Nordeste

Leonor Scliar-Cabral

Caros educadores dos anos iniciais do ensino fundamental,

Baseada nos resultados desastrosos, divulgados pelo Inep (2017), obtidos na Avaliação Nacional de Alfabetização (ANA) de 2016 de 2.160.601 alunos ao término do terceiro ano do EF, quando somente 12,99% atingiram o nível desejável (4) em leitura e apenas 8,28% o desejável (5) em escrita e, ainda, segundo os quais, Sergipe se colocou em último lugar, com escassos 3,02% de alunos no nível desejável em leitura e em penúltimo em escrita, com apenas 1,84% e pelos quais São José da Laje (Alagoas), ainda se saiu pior em leitura, com somente 1.39% e, em escrita, com somente 0.31%, busquei soluções nas contribuições da interface entre Psicolinguística e Neurociência, aplicadas à alfabetização, para incluir, prioritariamente, a população nordestina, na sociedade da informação.

Os fundamentos teóricos principais obtidos foram a diferença entre a aquisição espontânea da língua oral, quando a criança interage com seus cuidadores e a aprendizagem dos sistemas escritos, através da atuação de vocês, educadores, pessoas especializadas.

Muitos fundamentos, provindos sobretudo da neurociência, contudo, não foram incorporados às práticas pedagógicas, como o de reciclagem neuronal, a fim de automatizar o reconhecimento de quais, quantos e como se combinam os traços invariantes das letras do alfabeto latino, bem como o fundamento proveniente da psicolinguística sobre as diferenças entre o processamento da leitura e o da escrita, pois, aquele é de natureza menos complexa do que este último: o leitor deve processar um texto posto, reconhecendo a letra, as relações entre o grafema e o fonema, as sílabas, onde começam e terminam as palavras, onde cai o acento de intensidade, buscando, então, a significação básica e, depois, construindo o sentido das frases, das orações, dos períodos, até chegar à essência textual; o redator se depara com uma folha em branco e deve começar pelas intenções sobre a finalidade do que vai escrever e, para obter êxito, o(s) tipo(s), o gênero e o estilo do texto estão na dependência de para quem vai escrever, sobre o quê e da situação comunicativa (planejamento); o redator, a seguir, terá que redigir um plano, antes de converter suas ideias em texto escrito, para que norteie a ordem da exposição, mantendo a coerência e coesão textuais; só então, transformará sua fala interior em língua escrita, separando as palavras por espaços em branco, inclusive os vocábulos átonos (um dos maiores desafios da alfabetização para a escrita), obedecendo as regras de conversão dos fonemas em grafemas e executando os gestos motores para a realização das letras, quer cursivas, quer digitalizadas. Contudo, não termina aí o processamento da escrita: uma etapa final e decisiva é a da monitoria ou revisão, para verificar se todas as intenções ao planejar o texto foram plenamente cumpridas.

Munida destes fundamentos e inspirada pela metodologia do experimento mundial com maior êxito na erradicação do analfabetismo funcional, o programa Inciativa de Intervenção Precoce (West Dunbartonshire Council, 2007), desenvolvido em Dunbartonshire, Escócia, que, em 10 anos, erradicou o analfabetismo funcional no condado onde a situação era a mais grave no Reino Unido, criei o Sistema Scliar de Alfabetização (SSA), validado em 2012.

A metodologia consiste na formação continuada dos educadores do primeiro ano do EF (alfabetização para a leitura) e do segundo ano do EF (alfabetização para a escrita), em cursos semanais, com material pedagógico fundamentado nos avanços científicos: para os educadores, os livros de fundamentos de alfabetização para a leitura (Scliar-Cabral, 2013) e escrita, os roteiros e anexos com as instruções para aplicar os planos de aula para o primeiro (Scliar-Cabral, 2018a, b) e segundo ano do EF; para as crianças, os livros *Aventuras de Vivi* (Scliar-Cabral, 2020a) e *Aventuras de Vivi no Mundo da Escrita* (Scliar-Cabral, 2019), o *Caderno de Atividades: Módulo 1, Leitura* (Scliar-Cabral, 2020b) e *Módulo 2, Escrita*. O apoio estratégico das Secretarias Municipais de Educação, dos familiares, do Legislativo e Judiciário municipais é essencial para o êxito da proposta.

Os dados alarmantes revelados pela ANA de 2016, que denunciamos no início, foram agravados em consequência da epidemia Covid. A Pesquisa Nacional por Amostra de Domicílios Contínua (Pnad Contínua) de 2012 a 2021, compara os números correspondentes ao terceiro trimestre de cada ano (Todos pela Educação, 08/02/2022) e indica que o número de crianças entre seis e sete anos que não sabia ler ou escrever saltou de 1,4 milhão em 2019 para 2,3 milhões em 2021, agravado pelo fato de demonstrar a disparidade étnica e socioeconômica no Brasil:

> Os percentuais de crianças pretas e pardas de 6 e 7 anos de idade que não sabiam ler e escrever passaram de 28,8% e 28,2% em 2019 para 47,4% e 44,5% em 2021, sendo que entre as crianças brancas o aumento foi de 20,3% para 35,1% no mesmo período. [...] Dentre as crianças

mais pobres, o percentual das que não sabiam ler e escrever aumentou de 33,6% para 51,0%, entre 2019 e 2021. Dentre as crianças mais ricas, o aumento foi de 11,4% para 16,6%. (Todos pela Educação, 08/02/2022)

Isto significa a exclusão de parcelas consideráveis da população brasileira da sociedade da informação, do acesso aos bens culturais que a humanidade produziu, do exercício pleno da cidadania e, em especial, do ingresso no trabalho mais qualificado.

Neste capítulo, talvez um dos últimos que a longevidade de meus 92 anos permita, integrando a coletânea organizada por Marcus Maia e publicado pela editora Contexto, a mesma que acolheu os meus *Princípios do Sistema Alfabético do Português do Brasil* (Scliar-Cabral, 2003a) e o *Guia Prático de Alfabetização –* baseado em Princípios do Sistema Alfabético do Português do Brasil (Scliar-Cabral, 2003b), proponho-me, caros alfabetizadores, dar-lhes a esperança de que é possível modificar o quadro da desigualdade educacional, como o fizemos em dois municípios do nordeste do Brasil, nos Estados que apresentaram os piores resultados na ANA de 2016, Sergipe e Alagoas, ou seja, em Lagarto, SE e São José da Laje, AL.

Mas, para vocês, caros alfabetizadores, obterem os mesmos resultados, é necessária muita coragem: coragem para enfrentar as resistências e até sabotagens dos que detêm o poder de decidir sobre o que vocês pensam sobre alfabetização, como ela deve ser praticada e sobre os livros a serem adotados; coragem para abandonar mitos arraigados, praticados desde quando foi inventada a escola em Roma e se posicionarem, criticamente, diante dos avanços de ciências como a Neurociência, a Linguística, a Psicolinguística e a Neuropsicologia.

Relato, então, a experiência no Nordeste, em Lagarto, SE e São José da Laje, AL.

4.1 O SSA EM LAGARTO

Após a formação obtida no Curso de Extensão a Distância, Sistema Scliar de Alfabetização – primeiro Módulo, por mim ministrado na Universidade Federal de Santa Catarina, em 2016, o acadêmico José Humberto dos Santos Santana, sob minha orientação, submeteu à Secretaria Municipal de Educação (Semed) de Lagarto o projeto "Alfabetização com excelência para todos: formação de professores a distância com base em evidências científicas", que foi aprovado.

Os objetivos essenciais eram a formação dos educadores que atuavam nos anos iniciais da rede municipal, nas regiões da periferia, aplicando o SSA. Com apoio integral da Secretária Municipal de Educação, Maria Vanda Monteiro, a técnica Maria Salete Fernandes ficou como responsável para selecionar as escolas e os educadores que receberiam formação.

Foram selecionadas a escola municipal Raimunda Reis, com a professora Jaqueline da Silva Nascimento, com duas turmas; a escola múltipla Manoel de Paula com a professora Patrícia Vieira Barbosa Faria com uma turma e a escola Rosa Venerine, mas a professora designada desistiu após a formação. Foram, ainda, convidadas para participar da formação, pessoas vitais para o êxito do projeto, a secretária adjunta de educação, Silvânia Santana dos Santos, o pesquisador e mestre Rogério Reis Benedito, Diretor junto à Câmara Municipal de Vereadores da escola do Legislativo de Lagarto (Elege) e as Coordenadoras Pedagógicas das duas escolas, Maria da Piedade S. Oliveira e Luzineuma Matias dos Santos. A educadora Maria Goretti Santana Nascimento garantiu a reprodução do material didático dos livros do SSA que ainda não estavam impressos, pela Semed de Lagarto.

No início do segundo semestre de 2017, com os cortes do governo federal, a bolsa recebida pelo acadêmico José Humberto foi suspensa e ele foi obrigado a interromper suas atividades como coordenador: a Semed de Lagarto, percebendo os avanços notórios das crianças, garantiu a continuidade do projeto. Em agosto, foi firmado o acordo entre mim e a Semed, para a doutora Mariléia Reis, da UFS, coordenar o projeto, renomeado "Alfabetização com excelência em Lagarto".

Via Skype, eu realizava quinzenalmente, aos sábados, a formação de toda a equipe: a ela que, pioneiramente, aderiu ao Sistema Scliar de Alfabetização, Módulo 1, Leitura, deve-se, em grande parte, o êxito na alfabetização das 70 crianças que cursavam três turmas do primeiro ano. Findo o ano de 2017, passaram para o segundo ano, sabendo ler com fluência.

A doutora Mariléia Reis e eu estivemos presentes ao encerramento do ano letivo de 2017 das escolas envolvidas no projeto, ocasião em que visitamos a Secretária Municipal de Educação: estabeleceu-se que o município adotaria o Sistema Scliar de Alfabetização como política pública de alfabetização em Lagarto e, assim, em 2018, ampliou-se o SSA para 17 turmas do primeiro ano, distribuídas em 12 escolas (3 na zona rural, Brejo, Jenipapo e Olhos d'Água) e 9 na sede, com atendimento de 365 discentes, com foco na alfabetização para a leitura. Os 70 alunos já alfabetizados em 2017 pelo SSA formaram 3 turmas de segundo ano, para consolidar a sua competência em leitura, somada à aprendizagem da produção escrita.

Eis os excelentes resultados alcançados, comparando-se os resultados obtidos em leitura, por Sergipe na Avaliação Nacional de Alfabetização de 2016 (Inep, 2017), aos das duas escolas que adotaram o SSA em Lagarto, conforme o Mais Alfabetização de 2018.

Tabela 1: Comparativo dos resultados em leitura entre Sergipe da ANA, 2016 (Inep, 2017) e
as duas escolas que adotaram o SSA em Lagarto (Mais Alfabetização, 2018)

ANA, 2016				
Estado	Nível 1	Nível 2	Nível 3	Nível 4
Sergipe	45,28	34,91	16,78	3,02

MAIS ALFABETIZAÇÃO, 2018			
Escolas	Níveis em leitura		
	1	2	3
Raimunda Reis	8.7	56.5	34.8
Manoel de Paula Menezes Lima	9.1	59.1	31.8

Fonte: Inep, 2017; Mais Alfabetização, 2018

Na avaliação do desempenho em leitura da ANA de 2016, havia 4 níveis, sendo o 1, o mais baixo (praticamente iletrados) e o 4, o nível de competência desejável para uma criança de 8 anos, no final do terceiro ano do EF: somente **3,02%** das crianças de Sergipe, com oito anos, ao término do terceiro ano do ensino fundamental, atingiram o nível desejável em leitura, enquanto pela avaliação do Mais Alfabetização, do ME, em 2018, das crianças de Lagarto que receberam os benefícios do SSA, desde 2017, ao término do segundo ano e com 7 anos, da escola Raimunda Reis, **34.8%** atingiram o nível desejável em leitura e as da escola Manoel de Paula Menezes Lima atingiram **31.8%**!

Impressionante, também, foi a diferença entre o número de crianças no nível 1, o mais baixo, dos praticamente iletrados: enquanto as crianças de 8 anos, no final do terceiro ano do EF, pela ANA de 2016, em Sergipe eram quase a metade do total, ou seja, **45,28%**, ao término do segundo ano e com 7 anos, as crianças da escola Raimunda Reis, pelo Mais Alfabetização, de 2018, no nível 1, eram **8.7%** e as da escola Manoel de Paula Menezes Lima eram **9.1%**.

No dia 7/02/2019, teve lugar o Primeiro Encontro dos Professores que trabalharam com o SSA com 34 turmas de primeiro Ano com 905 alunos e 17 turmas de segundo Ano do EF da Rede Municipal de Ensino. Um dos palestrantes foi o diretor da escola do legislativo de Lagarto (Elege), Rogério Reis Benedito:

> que falou sobre a importância da implantação do Sistema Scliar de
> Alfabetização nas escolas municipais, destacando que o Sistema Scliar
> de Alfabetização (SSA) está baseado no que há de mais avançado na
> teoria e prática das ciências que se ocupam da linguagem verbal (a

> Neurociência, a Linguística, a Neuropsicologia e a Psicolinguística) e que o sistema foi desenvolvido para ajudar a prevenir o analfabetismo funcional, na convicção de que isso só será possível se a batalha começar no início da aprendizagem da leitura e da escrita, mais precisamente, na alfabetização. (Câmara Municipal de Lagarto, 12/02/2019)

A secretária municipal de educação, Vanda Monteiro, também manifestou sua gratidão pelos resultados do SSA nas 17 turmas de primeiro ano e nas três turmas de terceiro ano de 2018 e pela dedicação dos professores e saudou as educadoras que trabalhariam pela primeira vez com o SSA. Na ocasião, por videoconferência, expliquei o SSA.

Nos resultados da avaliação de fluência (CAEd, 2019), a escola múltipla Adelina Maria de Santana Souza, que se beneficiou do SSA, atingiu o escore mais elevado, no nível 3, fluente: 42,3%, entre todas as escolas municipais de Lagarto, no segundo ano.

> A avaliação da fluência visa verificar a capacidade do estudante de ler palavras, pseudopalavras e textos voltados à sua etapa escolar de forma fluida e no ritmo adequado. Nesse modelo de avaliação, geralmente aplicado nos anos iniciais do ensino fundamental, a criança realiza uma leitura para um professor ou uma professora e tem o seu desempenho associado a um Perfil de Leitor. (CAEd, 2019)

A Avaliação Parc Fluência teve início em 2019, numa iniciativa do CAEd, conveniado com a UFMG, em parceria com as organizações Bem Comum, Instituto Natura e Fundação Lemann. Foi aplicada em toda rede pública de Sergipe no período de 16 a 19 de setembro de 2019, sob a responsabilidade da Secretaria de Estado da Educação, Esporte e Cultura – Seduc, que estabeleceu o contato com as secretarias municipais de educação (Semeds,), orientou a aplicação, conduziu a coleta de dados e os enviou ao CAEd.

Os instrumentos para avaliar fluência foram leitura em voz alta de lista de palavras, de pseudopalavras e de um texto narrativo, cujo tempo de resposta para início e término, bem como correção foram computados. As categorias examinadas se encontram na tabela 2, que registra os dados da aluna que atingiu o escore mais elevado, no nível 3, fluente em Sergipe.

Tabela 2: Avaliação de fluência, escore mais elevado em Sergipe, no nível 3, fluente: escola múltipla Adelina Maria de Santana Souza.

Total de Estudantes Previstos	26
Total dos efetivos	26
Taxa de Participação	100,0
Sem informação para definir perfil	7,7
Sem leitura para definir perfil	26,9
Taxa no Nível 1 Pré-leitor	7,7
Taxa no Nível 2 Iniciante	15,4
Taxa no Nível 3 Fluente	42,3
Taxa dos que não leem palavras	26,9
Taxa dos que não conseguem ler pseudopalavras	26,9
Taxa de estudantes que não conseguem ler o texto	23,1

Fonte: CAEd, 2019

4.2 O SSA EM SÃO JOSÉ DA LAJE, AL

Pela Avaliação Nacional de Alfabetização, ANA de 2016 (Inep, 2017), a Semed de S. José da Laje constatou que 72,22% de seus alunos do terceiro ano, aos oito anos de idade, não ultrapassavam os níveis 1 e 2 em leitura e, em escrita, 46,35%, os mesmos níveis.

Tabela 3: Proficiência em Leitura e Escrita, S. José da Laje, ANA de 2016.

Níveis	1	2	3	4	5
Leitura	36,11	36,11	26,51	1,39	--
Escrita	25,96	20,39	1,02	52,33	0,31

Fonte: Inep, 2017

Diante de tal quadro, a Diretora Geral da Diretoria do Departamento Geral do Ensino (Ddge), professora Rosiene Omene, buscou modificar o quadro e, assim, inscreveu-se na Segunda Jornada Internacional de Alfabetização e Quarta Jornada Nacional de Alfabetização, dias 22 e 23 de agosto de 2016, na UFSC, em Florianópolis, quando o professor José Morais e eu participamos da Mesa Redonda de encerramento, "Pela qualidade no alfabetizar, requisito para a inclusão social na sociedade da informação", coordenada pela professora Claudia Finger-Kratochvil.

Num dos intervalos, a professora Rosiene me procurou e ficou acertado que eu daria todo o apoio para iniciarmos em S. José da Laje a formação dos educadores, pelo SSA.

Segundo Bispo,

> Considerar um material didático que está respaldado no que há de
> mais inovador do campo científico, a exemplo da neurociência, da
> Linguística e da Psicolinguística motivou a equipe da Secretaria
> da Educação do Município de São Jose da Laje a se utilizar desses
> fundamentos *a priori* para serem debatidos e analisados na formação
> continuada especificamente voltada para a alfabetização. (Bispo,
> 2019: 404)

A Semed de S. José da Laje, na formação continuada dos alfabetizadores, em
2017, em encontros quinzenais de quatro horas, promovidos pelo Ddge, adotou
o *Sistema Scliar de Alfabetização* – Fundamentos (Scliar-Cabral, 2013); para
instrumentar os alfabetizadores em como aplicar cada Unidade, os Roteiros para o
professor: Módulo 1 (Scliar-Cabral, 2018a), à época, disponibilizados pela autora,
em versão digital; o livro de leitura da criança, *Aventuras de Vivi* (Scliar-Cabral,
2020a) e o *Caderno de Atividades* (Scliar-Cabral, 2020b), à época, também em sua
versão digital.

A primeira parte da formação incluía ouvir o curso gravado que eu proferi,
via Moodle, na UFSC, no qual apresentava os fundamentos do SSA. As práticas
consistiam em explicar como se aplicam as unidades que compõem o *Sistema Scliar
de Alfabetização* – Roteiros para o Professor: Módulo 1, cuja demonstração de uma
unidade farei neste capítulo. Por exemplo, para ensinar os neurônios da leitura a
distinguir as diferenças na direção dos traços das letras, como entre **b** / **d** (reciclagem
neuronal), uma vez que eles foram geneticamente programados para desprezá-las,
a criança deve seguir com o dedo o traçado da letra, que está sendo estudada.

Outro exemplo: para atribuir o valor a cada grafema, realizado por uma ou
duas letras no Português Brasileiro escrito, a criança emite o som que concretiza o
respectivo fonema, desenvolvendo, assim, a consciência fonêmica, portanto, não
se alfabetiza pelo nome da letra. Outras diferenças são a atribuição do acento de
intensidade à sílaba mais forte, no vocábulo e o reconhecimento de onde começam
e terminam os vocábulos, inclusive, os átonos (consciência fonológica), uma das
grandes dificuldades com a qual a criança se defronta.

Os demais fundamentos do SSA são a educação integral, com a qual se visa ao
desenvolvimento harmônico da mente, do corpo, dos afetos e da fruição e expressão
estéticas: além das atividades cognitivas, praticam-se esportes, brincadeiras, música,
dança, teatro, artes plásticas e poesia; o outro fundamento é a educação que integra
as crianças com a família, a escola e a comunidade, bem como as demais disciplinas,
como matemática, ciências humanas e da natureza com a alfabetização.

A segunda parte da formação consistia em simular que os cursistas eram as crianças, vivenciando todas as atividades de cada unidade quando, então, se apropriavam do SSA. Participou, ainda, como mediador na formação, o professor doutor Ricardo Jorge de Sousa, do Instituto Federal de Alagoas Cavalcanti. O depoimento dos cursistas é significativo:

> [...] professor Antônio Peixoto, cursista e professor alfabetizador da Rede, que diz: "Foram inúmeras as contribuições adquiridas com os fundamentos, porém, destaco o grande avanço no processo de alfabetização quebrando o paradigma de alfabetizar pelo nome da letra, mas sim pelo som que realiza o fonema." Alfabetizar evitando falar o nome da letra e considerar, ao invés disso, o som que realiza o fonema foi uma das grandes dificuldades que levaram os professores alfabetizadores a desconstruir conceitos e a construir outros. Conforme afirma a professora Elane Evaristo: "Tive que renovar a minha metodologia e, a cada unidade, eu vou superando os desafios e minhas dificuldades". Ainda sobre a questão em tela, colabora a coordenadora, Adriana Sobral, dizendo: "O sistema contribuiu, principalmente, na aquisição de conhecimentos que não tive durante minha formação pedagógica, como também me fez ter um olhar mais atento às dificuldades de aprendizagem dos alunos e pude aprender maneiras de como ajudá-los". (Bispo, 2018: 405)

O SSA como política de alfabetização da Semed da S. José da Laje foi exposto às autoridades locais representativas do executivo, legislativo e judiciário, assim como a toda comunidade, obtendo integral apoio, o que não foi empecilho para adotar programas. de alfabetização oriundos do MEC ou do governo do Estado de Alagoas para melhorar os escores do Estado, como ocorreu com o Programa Mais Alfabetização – Pmalfa, que possibilitou avaliações de diagnóstico de entrada e de saída e avaliação processual nas escolas.

A Semed de S. José da Laje implantou o SSA em 2018 e os resultados das avaliações dos alunos segundo ano pelo Pmalfa são de 2019 (Brasil, CAEd, 2019), portanto, todos esses alunos submetidos à avaliação de saída do Pmalfa tinham sido alfabetizados pelo SSA e não há dúvidas quanto à eficácia do SSA, comparando-se os resultados com os apresentados na tabela 3 de proficiência em leitura e escrita pela ANA de 2016 (Inep, 2017), pois todas as habilidades constam em ambas as matrizes do Pmalfa, com adequações.

Tabela 4: Resultado da avaliação de saída de Língua Portuguesa – leitura, Pmalfa, 2019.

ESCRITA	LÍNGUA PORTUGUESA	MATEMÁTICA
1º ANO DO ENSINO FUNDAMENTAL	2º ANO DO ENSINO FUNDAMENTAL	

MUNICIPAL

MUNICÍPIO	NÍVEL 1	NÍVEL 2	NÍVEL 3	NÍVEL 3 ℹ
SÃO JOSÉ DA LAJE	9% 15 estudante(s)	19% 31 estudante(s)	71% 115 estudante(s)	% estudante(s)

Fonte: Brasil, CAEd, 2019

Tabela 5: Comparação entre resultados da ANA, 2016 (Inep, 2017) e os da avaliação de saída do Pmalfa (BRASIL, CAEd, 2019).

Níveis	1	2	3	4	5	%		
Leitura	36,11	36,11	26,51	1,39		ANA	3º ano	2016
Leitura	9	19	19	71		Pmalfa	2º ano	2019
Escrita	25,96	20.39	1,02	52.33	0,31	ANA	3º ano	2016
Escrita	13	17	10	60		Pmalfa	2º ano	2019

Fontes: Inep, 2017 e Brasil, CAEd, 2019

Foi impressionante o avanço em leitura: somente **1,39%** das crianças com 8 anos, ao término do terceiro ano, em 2016, alcançou o nível 4; depois de beneficiadas pelo SSA, **71%**, aos sete anos, alcançou o mesmo nível, ao término do segundo ano.

Ainda no ano de 2019, todas os alunos do EF, exceto os do primeiro ano, participaram dos Simulados Acerta Brasil, aplicados pelo programa "Somos Educação", um, como diagnóstico de entrada e outro como final. O gráfico a seguir mostra com precisão a porcentagem de acertos segundo a Teoria Clássica de teste TCT, no simulado final dos alunos do segundo ano:

Gráfico 1: Simulado Final Acerta Brasil: porcentagem de acertos dos alunos do segundo ano em Matemática e Língua Portuguesa, 2019 (Somos, 2019).

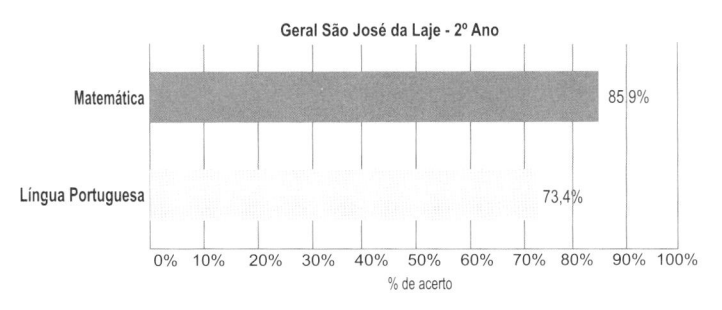

Fonte: Somos. Simulado Acerta Brasil, 2019

A seguir, exemplificarei como se aplica uma Unidade do SSA com foco na leitura. (Scliar-Cabral, 2018b: 31-8)

4.3 O SSA MÓDULO 1, LEITURA, UNIDADE 3: INSTRUÇÕES PARA O PROFESSOR

Os alunos vão aprender a reconhecer quais, quantos e como se combinam os traços gráficos | O – ɿ c U que formam as letras F f, Ô ô, Ó ó, Á á, o número 3 e também **aprenderão** o valor do grafema <f> (em qualquer posição) e de <ô>, <ó>, <á>, independentes do contexto grafêmico. Letra F: 3 retas, sendo a maior | vertical, à qual se grudam as 2 retas menores horizontais -, em paralelo, da esquerda para a direita, no topo e no meio da reta vertical; letra f: 2 traços, sendo 1 a bengalinha ɿ que começa a reentrância no topo, da direita para a esquerda e o outro traço, uma pequena reta horizontal – que corta a bengalinha em cima. O valor do grafema <f> é o fonema /f/.

O círculo O, das letras Ô ô, já foi aprendido na Unidade 1, apenas sobrepor o acento circunflexo ^ com 2 pequeníssimas retas inclinadas, formando ângulo com vértice para cima. O valor do grafema <ô>, mas, não, dos grafemas <ôm>, <ôn>, sempre em posição tônica, é o fonema /o/; o círculo O, da letra Ó ó, já foi aprendido, apenas sobrepor o acento agudo ´ com 1 pequeníssima reta inclinada, da direita para a esquerda. O valor do grafema <ó>, sempre em posição tônica, é o fonema /ɔ/; os traços das letras e como se combinam Á á já foram aprendidos na Unidade 2, apenas sobrepor o acento agudo ´ com 1 pequeníssima reta inclinada, da direita para a esquerda. O valor do grafema <á>, sempre em posição tônica, é o fonema /a/.

Não repetirei, nas práticas, muitas das atividades que estão detalhadas no livro de Roteiros para o Professor, Módulo 1, Unidade 3 (Scliar-Cabral, 2018a) e me deterei nas informações novas que precisam ser treinadas para que você possa ensiná-las aos seus alunos.

Dirija-se à criança com a seguinte pergunta: "Você pode me contar o que você fez ontem?" Explique a importância de a criança narrar tanto fatos acontecidos quanto histórias inventadas, porque isto ajuda a criança a compreender os textos escritos, que relatam sobre o que não está imediatamente à vista.

Fale às crianças: "Queridos alunos" (apontando para a folha no Caderno de Atividades (Scliar-Cabral, 2020b), onde está escrito "Unidade 2: V v, VIVI, Vivi, A a, VIVA, viva, U u, UVA, uva, E e, AVE, ave, 2"):

(Quando forem letras isoladas, pronuncie apenas o som que realiza o fonema representado pelo respectivo grafema na palavra. Por ex.: o grafema <v> na palavra VIVI, representa o fonema /v/ que se realiza pelo som [v v v]; o grafema <e> na palavra AVE, representa o arquifonema |I| que se realiza pelo som [i i i], na maioria das variedades sociolinguísticas, mas, noutras, realiza-se pelo som [e e e]. Pronuncie, então, como seus alunos falam).

> Para explicar o que é o arquifonema, temos que partir da noção de fonema: feixe de traços distintivos com a função de distinguir significados (Jakobson, 1967). Assim, nos dois vocábulos /ˈbala/ vs. /ˈmala/, o traço [-nasal] vs. [+nasal] é que distingue a diferença de significado entre os dois vocábulos. Acontece que, algumas vezes, essa função é suspensa. Isso ocorre quando, por exemplo, por condicionamento do contexto fonológico e/ou por causa da variedade sociolinguística, só um dos fonemas é usado. [...] Com as vogais átonas /i/ vs. /e/; /u/ vs. /o/ em posição final de vocábulo, ocorrerá fenômeno semelhante. Conforme a variedade sociolinguística, /e/, /o/ não ocorrerão nesse contexto fonológico, postulando-se, então, o arquifonema |I|, |U|, respectivamente. Codificam-se, pois, em <o>, <e> os arquifonemas |U|, |I| que, na maioria das variedades sociolinguísticas do PB resultam da neutralização, respectivamente, dos fonemas /u/, /o/ / /i/, /e/, em favor de /u/, /i/, quando em posição átona final de vocábulo, seguidos ou não do arquifonema |S|. (Scliar-Cabral; Heinig, no prelo)

Agora, diga às crianças (para elas não se podem usar os nomes científicos de grafemas e fonemas, conceitos muito abstratos): "Quando for letra isolada, pronunciem apenas o som que ela tem na palavra. Por ex., para as letras V v, colocando o lábio inferior contra os dentes superiores, vocês dizem o som [v v v]; para a letra E que aparece no final da palavra AVE, depende como vocês falam: dizem [i i i] ou dizem [e e e]. Leiam as palavras bem rápido".

"Lembrem que nas palavras que se escrevem com" (aponte para as letras 'E', 'e') "essa letra no final, seguida ou não dessa outra letra" (aponte para as letras 'S', 's') "e que não carreguem nenhum acento escrito" (aponte para as palavras 'AVE', 'ave'), "a sílaba mais forte é a penúltima: o som de (aponte para a letras 'E', 'e', em 'AVE', 'ave') é muito fraquinho" (dizendo [i i i] ou [e e e]). "A palavrinha (aponte para a palavra 'E', no título VIVI, VOVÓ EVA E FAFÁ, dizendo [i i i] ou [e e e], conforme seus alunos falam), "que liga outras, por ser muito fraquinha. Agora, leiam também a mesma palavrinha no título da Unidade 3, de *Aventuras de Vivi*, VIVI, VOVÓ EVA E FAFÁ, dizendo [i i i]" (ou [e e e]).

A criança deverá traçar com o dedo nas folhas do Caderno de Atividades onde estão as letras e o número. Nunca é demais repetir: os neurônios da região occipital-temporal ventral esquerda têm que aprender a assimetrizar a informação para reconhecerem os traços invariantes que integram as letras. Traços primários: **| O – ꓶ c U ꓷ ~** . Observe que as maiúsculas de imprensa têm os traços invariantes mais simples.

Por outro lado, você também tem que ensinar as crianças a emitirem o som que realiza o respectivo fonema (consciência fonêmica), pois é este que o grafema representa quando você lê a palavra e não o nome da letra.

A criança deve ter, então, em mãos a folha do Caderno de Atividades com as letras, palavras-chave e número que serão trabalhados: F f, FAVA, fava, Ô ô, VOVÔ, vovô, Ó ó, VOVÓ, vovó, Á á, FAFÁ, Fafá, 3.

Caro Professor,

A segunda letra consoante que vamos trabalhar, F f, foi escolhida porque o valor do seu grafema, tal como acontece com V v, é independente do contexto grafêmico, isto é, seja qual for o grafema que vier antes e/ou depois dela, terá sempre o mesmo valor. Além disto, em ambas, a realização dos fonemas pode ser pronunciada isoladamente.

Leve a criança para regar a horta, no quintal, ou, se não houver, plantinhas em vasos (educação ambiental). Depois desta atividade, iniciar o processo de leitura das novas letras, palavras e número. Depois, a criança deve abrir a folha do Caderno de Atividades onde está escrito Unidade 3. VIVI, VOVÓ EVA E FAFÁ. Diga para a criança: "Hoje vamos trabalhar o (aponte para **F**, na palavra FAVA, sem dizer o nome da letra) e pronuncie comigo só o som [fff]" (lábio inferior contra dentes superiores, soprando).

Quadro 1: Unidade 3. VIVI, VOVÓ EVA E FAFÁ.

F f	FAVA	fava
Ô ô	VOVÔ	vovô
Ó ó	VOVÓ	vovó
Á á	FAFÁ	Fafá
3		

Fonte: Scliar-Cabral, 2020b: 13

(Aponte para **F**, sem dizer o nome da letra, na palavra FAVA): "Começar de cima para baixo, acompanhando a reta da letra com o indicador e depois suspender o dedo duas vezes, acompanhando as duas retas da esquerda para a direita, sempre dizendo o som [fff]".

"Então vamos recordar" (aponte para A, na palavra FAVA): "o indicador, ao invés de começar de cima, começa de baixo: vamos subindo a estrada e, no topo, descemos, sempre dizendo [aaa], mas tem uma pequena ponte no meio, não é? Vamos traçar as duas letras" (aponte para **FA**) "e ler o primeiro pedacinho inteiro [fa].

"A seguir, com o indicador, percorrer" (aponte para **V**, sem dizer o nome da letra), "de cima para baixo e de baixo para cima, ao mesmo tempo em que vamos dizendo o som [vvv]" (lábio inferior contra dentes superiores, soprando). Traçando as duas últimas letras, formamos outro pedacinho, dizendo a sílaba inteira [va].

Traçar e ler a palavra inteira na folha do Caderno de Atividades, desde o início, lendo em voz alta a palavra" (apontar para **FAVA**). Agora, ler 'fava', lendo mais forte na penúltima sílaba e mais fraco no último pedacinho.

"Que tal lermos a palavra 'fava' com letras minúsculas? Começar com" (aponte para **f**, sem dizer o nome da letra): "traçar a bengalinha da direita para a esquerda, começando em cima e depois cortar a bengalinha em cima, com uma pequena reta, dizendo sempre o som [fff]" (lábio inferior contra dentes superiores, soprando).

"A seguir, traçar a letra" (aponte para **a**, na palavra fava), "dizendo o som [aaa]: começar fazendo uma bengalinha pequena da esquerda para direita e depois para baixo. Agora vamos completar com a metade da rodinha, começando à esquerda do meio da bengalinha, dizendo sempre o som [aaa]".

Caro Professor,

Continuar trabalhando os grafemas <**ô**>, <**ó**>, <**á**> que, embora representem as vogais, aqui têm sempre os valores independentes do contexto grafêmico, em virtude do acento gráfico que os assinala. Diga para a criança: "Quando forem letras isoladas, pronuncie apenas o som que a letra tem naquela palavra. Por ex.: nas letras **Ô ô**, as últimas em VOVÔ vovô, diga [o o o]; nas letras **Ó ó**, as últimas em VOVÓ vovó, pronuncie com os lábios redondos abertos; nas letras **Á á**, as últimas em FAFÁ Fafá, diga [a a a].

Podemos traçar a nova palavra, começando pelo" (aponte para o primeiro **V**, sem dizer o nome da letra na palavra VOVÔ). "Com o dedo indicador vamos percorrer de cima para baixo e de baixo para cima a letra e, ao mesmo tempo, vamos dizendo [vvv].

Agora, a letra do lado" (aponte para o primeiro **O**, na palavra VOVÔ): "com o indicador, traçar a rodinha, dizendo [ooo]. Traçar as duas letras" (aponte para **VO**), "lendo a sílaba inteira [vo]. Passar para o segundo pedacinho" (aponte para o segundo **V**, sem dizer o nome da letra na palavra VOVÔ), "traçando a letra **V** com o dedo indicador de cima para baixo e de baixo para cima e, ao mesmo tempo, dizendo [vvv].

Mas agora, o segundo **Ô** é bem mais forte que o primeiro e está no final da palavra. Como é que se faz? Ora bolas, se ele for mais forte, com o bico mais fechado e estiver no final da palavra, leva um chapéu em cima" (aponte para **Ô**, na palavra VOVÔ): "com o indicador, traçar a rodinha, dizendo [ooo]. Agora vamos passar o dedo só no chapéu, de baixo para cima e depois de cima para baixo.

Depois vamos passar o dedo nas duas letras, lendo a sílaba inteira" (aponte para **VÔ**) "e ler como chamamos uma pessoa muito querida ['vo]. Traçando os dois pedacinhos, vamos ler em voz alta a palavra inteira nas folhas" (apontar para **VOVÔ**). "Depois lendo mais fraco na penúltima sílaba e mais forte no último pedacinho: **VOVÔ**. Beleza!

Olhem só, para traçar as letras pequenas" (aponte para **vovô**), "fazemos tudo igual a VOVÔ, só que com letras menores, as minúsculas.

Mas também podemos ler **VOVÓ** dizendo vovó, não é? Aí o bico redondo abriu de verdade e o queixo quase caiu!

Vamos para a última palavra. (Aponte para **F**, sem dizer o nome da letra, na palavra FAFÁ): "Começar de cima para baixo, acompanhando a reta da letra com o indicador e depois suspender o dedo duas vezes, acompanhando as duas retas da esquerda para a direita, sempre dizendo o som [fff]".

"Então vamos recordar" (aponte para **A**, na palavra FAFÁ). "o indicador, ao invés de começar de cima, começa de baixo: vamos subindo a estrada e, no topo, descemos, sempre dizendo [aaa], mas tem uma pequena ponte no meio, não é? Vamos traçar as duas letras" (aponte para **FA**) "e ler o primeiro pedacinho inteiro [fa].

A seguir, com o indicador, vamos percorrer de novo o" (aponte para o segundo **F**, sem dizer o nome da letra). "Começar de cima para baixo, acompanhando a reta da letra com o indicador e depois suspender o dedo duas vezes, acompanhando as duas retas da esquerda para a direita, sempre dizendo o som [fff].

(Aponte para **Á**, em FAFÁ). "O indicador, ao invés de começar de cima, começa de baixo: vamos subindo a estrada e, no topo, descemos, sempre dizendo [aaa]. Mas tem uma pequena ponte no meio, não é? Não esqueçam de traçar a peninha em cima! Traçando as duas últimas letras **FÁ**, formamos outro pedacinho, dizendo a sílaba inteira [fa]. "Ler a palavra **FAFÁ**, dizendo [fa'fa], mais fraco no primeiro pedacinho e mais forte no segundo pedacinho.

Traçar e ler a palavra inteira na folha do Caderno de Atividades" (apontar para **Fafá**). Que tal lermos a palavra Fafá com as três últimas letras minúsculas? A primeira" (aponte para **F**, sem dizer o nome da letra, na palavra Fafá) "é grande porque é nome de pessoa. Começar de cima para baixo, acompanhando a reta da letra com o indicador e depois suspender o dedo duas vezes, acompanhando as duas retas da esquerda para a direita, sempre dizendo o som [fff].

A seguir, traçar a letra" (aponte para **a**, sem dizer o nome da letra, em Fafá), "dizendo o som [aaa]: começar fazendo uma bengalinha pequena da esquerda para direita e depois para baixo. Agora vamos completar com a metade da rodinha, começando à esquerda do meio da bengalinha, dizendo sempre o som [aaa]. Traçar as duas letras" (aponte para **Fa**) "dizendo a sílaba [fa]. Agora, traçar" (aponte para **f**, sem dizer o nome da letra) "a bengalinha da direita para a esquerda, começando em cima e depois cortar a bengalinha em cima, com pequena reta, dizendo sempre o som [fff]. A seguir, traçar" (aponte para **á**, em Fafá), "com a peninha em cima, dizendo o som [aaa]: começar pela bengalinha da esquerda para direita e depois para baixo. Completar com a metade da rodinha, começando à esquerda do meio da bengalinha e terminando no final da bengalinha, sem esquecer a peninha em cima.

Traçar e ler a palavra inteira (apontar para **Fafá**). "Ler a palavra Fafá, mais fraco no primeiro pedacinho e mais forte no segundo pedacinho. Observem que **á** levou a peninha porque está no final da palavra e é a sílaba mais forte.

Agora vamos aprender a ler o número 3, que está bem embaixo" (aponte para o número **3**, acompanhando o traço enquanto dá os comandos). "Tracem com o dedo da esquerda para a direita metade de uma rodinha e depois a mesma metade de uma rodinha grudada na de cima, dizendo três.

Abram a página do livro *Aventuras de Vivi*, em que aparecem uma fava. vovô, vovó e Fafá. Ler o que aprenderam hoje: F f, FAVA, fava, Ô ô, VOVÔ, vovô, Ó ó, VOVÓ, vovó, Á á, FAFÁ, Fafá, 3. Agora, vamos fazer uma brincadeira". Comande a Ação no final da p. 6: A criança deve colher uma folha seca no pátio, colocar sobre a palma da mão e, produzindo o som [fff] que realiza o fonema /f/, representado pelo grafema <**f**>, soprar até que voe.

No canto direito na página onde está a gravura da Vivi, Vovó Eva e Fafá na horta, está escrito 'Unidade 3'. Você lê em voz alta 'Unidade' e, apontando para o número pede as crianças que o leiam em coro. A seguir, diga-lhes: "Agora, leiam a história onde está o desenho de VIVI, VOVÓ EVA E FAFÁ na horta. Quando as letras estiverem mais pretinhas, vocês leem em voz alta. Eu leio as menos pretinhas e faço uma paradinha para a vez de vocês. Comecem pelo título".

Leitura interativa do capítulo VIVI, VOVÓ EVA E FAFÁ, p. 7 de *Aventuras de Vivi*.

VIVI, VOVÓ EVA E FAFÁ

Sabem como se chamava **a vovó** de **VIVI? Vovó Eva.**

VIVI tinha muitos amigos **e amigas.** Uma das amigas morava bem **ao** lado da casa da **VIVI: o** nome dela era **Fafá.**

Fafá e VIVI colhiam **uva** na horta onde **vovó Eva** plantava alface, tomates, cenouras, muita **fava e** pepinos.

Depois da leitura interativa, a professora deve ler com expressividade o capítulo VIVI, VOVÓ EVA E FAFÁ, para, em seguida, trabalhar a compreensão do texto:

Como é o título da história? Quem era Vovó Eva? Quem morava bem ao lado da casa da VIVI? O que Fafá e Vivi faziam na horta? E o que Vovó Eva fazia?

A próxima atividade consiste em montar e ler frases com muitas fichas móveis que se encontram na folha do Caderno de Atividades, "CONSTRUÇÃO DE PALAVRAS E FRASES: VIVI, VOVÓ EVA E FAFÁ, 3.2", com as letras F f, Ô ô, Ó ó, Á á.

Caro Professor, dê o seguinte comando à criança: "Recortar as fichas e construir palavras e frases com as fichas" (aproveitar as fichas de VIVI! 2.2). "Depois, ler em voz alta para mim". Ao final da atividade, a criança deve guardar as fichas no envelope onde está escrito VIVI, VOVÓ EVA E FAFÁ 3.2. Pode também construir no celular.

Tabela 6: Trabalhar a sílaba de intensidade: Ler o monossílabo átono 'e' como [i] ou [e]

Paroxítonas terminadas em A	Oxítonas terminadas em I, Ó, Ô, Á	Monossílabos átonos
uva, fava, Eva	Vivi, vovó, vovô, Fafá	a, o, ao, e

Fonte: Scliar-Cabral, 2018a: 36

(Aponte para **VOVÓ**, **VOVÔ**, **FAFÁ** na folha do Caderno de Atividades, dizendo): "Ler, lendo mais fraco na penúltima sílaba e mais forte no último pedacinho".

(Aponte para **a**, **o**, **ao**, **e**, na história VIVI, VOVÓ EVA E FAFÁ, dizendo): "Ler todas as palavras mais pretinhas fraquinhas de uma só sílaba que se escrevem no final com as letras **a**, **o**, **ao**, **e**.

Comando: "Você conhece a música de "Mamãe eu quero"? Vou ensinar com versos novos. Eu canto cada verso e você repete até saber de cor. Depois juntamos tudo, dançando e cantando" (Atenção: enquanto perdurarem as medidas de precaução contra o Coronavírus, devem usar máscara e dançar a uma distância de um metro).

Vovó, eu quero,
vovó, eu quero,
eu quero ouvir uma história.
Conta todinha,
toda inteirinha,
conta todinha
pra ficar na memória.

Caro Professor,

Desenvolver com as crianças as atividades de fazer os bonecos com argila, Vivi e Fafá. Peça-lhes que imitem sons de animais. Depois de emitido o som, escrever na folha do Caderno de Atividades a letra correspondente à vogal mais forte em maiúscula e minúscula. Exemplo, se uma criança tiver emitido miau, deverá escrever **A a**; se emitiu cocoricó, deverá escrever **Ó ó**; se emitiu bem-te-vi, deverá escrever **I i**.

Para as atividades de educação física, as crianças podem brincar de pega-pega e para as de integração com a família, solicite às crianças que peçam aos avós ou outros parentes mais velhos para contarem uma história, a qual será recontada na aula do dia seguinte.

A lição de casa número 3 é a folha do Caderno de Atividades com as letras, palavras-chave F f, FAVA, fava, Ô ô, VOVÔ, vovô, Ó ó, VOVÓ, vovó, Á á, FAFÁ, Fafá, 3. Cada criança deverá traçar com o dedo e simultaneamente dizer em voz alta os sons para um familiar (explicar bem que não é para dizer o nome da letra, só o som). Pedir para o familiar assinar o nome embaixo (se não souber, colocar um X).

Caro Professor,

Antes de encerrar a aula, sempre leia e comente para a criança algum texto: uma história, um poema, uma notícia, um anúncio, um aviso, uma reportagem, uma carta, um texto de outra disciplina, uma crônica, uma anedota.

Resumo: Na Unidade 3, trabalhei com os grafemas e as letras que os realizam, F f, Ô ô, Ó ó, Á á. O grafema <f>, bem como todos os grafemas com acentos gráficos que representam as vogais, têm seus valores independentes do contexto grafêmico.

4.4 CONSIDERAÇÕES FINAIS

Neste capítulo, propus-me dar esperança aos educadores de que é possível modificar o quadro da desigualdade educacional. A partir da demonstração da situação desastrosa do mau desempenho das crianças brasileiras em leitura e escrita, ao término do ciclo da alfabetização, mais grave, ainda, no Nordeste (Inep, 2017), no entanto, também demonstrei que é possível reverter tal quadro, através de uma política de alfabetização, fundamentada nos avanços de ciências que possam contribuir para tal mudança, como a Neurociência da leitura, a Linguística, a Psicolinguística e a Neuropsicologia.

Exemplos de tais contribuições que revolucionaram os fundamentos teóricos e a metodologia da alfabetização são a evidência de que existe uma área no cérebro que se especializa em reconhecer quais são os traços invariantes que formam as letras, quantos e como se combinam para diferenciá-las entre si, a área occipital-temporal ventral do hemisfério esquerdo (reciclagem neuronal) e de que há níveis de processamento cada vez mais complexos e abstratos, a começar pelo nível de processamento, na leitura, dos traços invariantes e das letras, comum a todas as línguas escritas que adotam o mesmo *script*, como o alfabeto latino, seguido pelo reconhecimento do grafemas e de seus respectivos valores, os fonemas, específicos a cada língua.

Outras evidências são a diferença entre a aquisição espontânea e compulsória da linguagem verbal oral e a aprendizagem sistemática das línguas escritas, em particular, as alfabéticas, invenções, sendo que a primeira é processada a partir de um contínuo em que não há espaços separando o início e final das palavras.

Tudo isto demanda professores altamente especializados, metodologias que incorporem tais avanços e material didático adequado.

Demonstrei, igualmente, como foi possível alcançar índices satisfatórios na competência leitora e de escrita, em dois municípios localizados nos estados com pior desempenho na ANA de 2016, Sergipe e Alagoas, graças à formação continuada dos professores, ao apoio entusiástico das Semeds que disponibilizaram os recursos, inclusive para aquisição do material pedagógico, à colaboração dos familiares e ao aval das comunidades, do poder legislativo municipal e do judiciário de Lagarto, SE e S. José da Laje, AL.

Para finalizar, demonstrei, nas práticas pedagógicas de uma Unidade do SSA para a leitura, a aplicação dos fundamentos para uma alfabetização de qualidade.

BIBLIOGRAFIA

BISPO, R. Sistema Scliar de Alfabetização: uma proposta de ensino da leitura para a promoção da inclusão social em São José da Laje – AL. In: ATAÍDE, C. (org.). *Estudos linguísticos e literários, caminhos e tendências.* São Paulo: Pá de Palavra, v 1. Artigos de professores, 2019, pp. 402-07. Disponível em: <http://www.gelne.com. br/arquivos/Estudos_ linguisticos_e_literarios-vol_2.pdf>. Acesso em: 25 out. 2019.

BRASIL, CAEd. *Programa Mais Alfabetização,* 2019. Disponível em: <https://maisalfabetizacao.caeddigital. net/#!/resultado-tct>. Acesso em: 25 out. 2020.

CAEd. *Avaliação da fluência em leitura,* 2019. Disponível em: <https://institucional.caeddigital.net/tecnologias-2/ fluencia.html>. Acesso em: 21 abr. 2022.

CÂMARA MUNICIPAL DE LAGARTO. Semed realiza Encontro com professores que trabalharão com o Sistema Scliar. *Notícias,* 12/02/2019. Disponível em: <https://www.lagarto.se.leg.br/institucional/noticias/ semed-realiza-encontro-com-professores-que-trabalharao-com-o-sistema-scliar>. Acesso em: 24 abr. 2022.

INEP, Ministério de Educação, Brasil. *Sistema de avaliação da educação básica – Avaliação Nacional de Alfabetização,* 2017. Disponível em: <http://portal.mec.gov. br/index.php? Option =com docman&view=download&alias=75181-resultados-ana-2016-pdf& category _slug = outubro-2017 -pdf&Itemid=30192>. Acesso em: 26 out. 2017.

JAKOBSON, R. *Fonema e Fonologia.* Tradução: J. Mattoso Camara Jr. Rio de Janeiro: Acadêmica, 1967.

SCLIAR-CABRAL, L. *Princípios do Sistema Alfabético do Português do Brasil.* São Paulo: Contexto, 2003a.

_____. *Guia Prático de Alfabetização* – baseado em Princípios do Sistema Alfabético do Português do Brasil. São Paulo: Contexto, 2003b.

_____. *Sistema Scliar de Alfabetização* – Fundamentos. Florianópolis: Ed. Lili, 2013.

_____. *Sistema Scliar de Alfabetização* – Roteiros para o professor: Módulo 1, Florianópolis: Ed. Lili, 2018a, v. 1.

_____. *Sistema Scliar de Alfabetização* – Roteiros para o professor: Módulo 1, Anexos, Florianópolis: Ed. Lili, 2018b, v. 2.

_____. *Aventuras de Vivi no Mundo da Escrita*. Florianópolis: Ed. Lili, 2019.

_____. *Aventuras de Vivi* – Livro 1. Florianópolis: Ed. Lili, 2020a.

_____. *Sistema Scliar de Alfabetização* – Caderno de Atividades: Módulo 1, Leitura. Florianópolis: Ed. Lili, 2020b.

_____; HEINIG, O. L. Principais contribuições da linguística para a alfabetização. *Forum Linguístico*, no prelo.

SOMOS. Simulado Acerta Brasil, 2019. Disponível em: <SOMOS Educação | Parceira Integral das escolas de Educação Básica (somoseducacao.com.br)>. Acesso em: 10 dez. 2019.

TODOS PELA EDUCAÇÃO. Aumenta em 1 milhão o número de crianças de 6 e 7 anos não alfabetizadas, na percepção dos responsáveis. Ong Todos pela Educação, 08/02/2022. Disponível em: <https://todospelaeducacao. org.br/noticias/aumenta-em-1-milhao-o-numero-de-criancas-nao-alfabetizadas/>. Acesso em: 14 abr. 2022.

WEST DUNBARTONSHIRE COUNCIL. Literacy initiative wins major award. *News Room*, 29 jul. 2007. Disponível em: <http://www.wdcweb. info/ news/ display article. asp?id=12752>. Acesso em: 29 out. 2007.

5. (Re)pensando as habilidades leitoras dos universitários brasileiros

Joana Angélica de Souza e Eduardo Kenedy

Não raro, as pesquisas em Psicolinguística conduzem experimentos cujos participantes são estudantes de nível superior de educação. Tais participantes, às vezes também denominados sujeitos, são, em grande parte, tomados como representantes de um grupo homogêneo de leitores considerados "ideais", ou seja, indivíduos plenamente letrados, muitas vezes utilizados como grupo de controle em experimentos com leitores de outros níveis de educação.[16]

Essa é uma pressuposição que tem como base o fato de que, ao ingressar na universidade, um estudante já ter sido submetido a muitos anos de escolarização. Em tese, ele deveria já haver desenvolvido plenamente as habilidades cognitivas necessárias para ler textos complexos, dos mais diferentes gêneros textuais. Em tese. Quando colocamos esses alunos como foco da pesquisa no Brasil, observamos que, sobretudo nos períodos iniciais da graduação, as habilidades de leitura e a capacidade de construir significados a partir de textos escritos é muito variável individualmente.

Como veremos nas páginas a seguir, a realidade da educação brasileira não nos permite estabelecer uma relação confiável de proporcionalidade entre escolaridade e literacia[17]. Isso significa, portanto, que a pressuposta homogeneidade dos universitários como grupo leitor maduro deve ser (re)pensada.

Durante a elaboração de experimentos psicolinguísticos, buscamos evitar variáveis de confusão, ou seja, fatores não controlados que possam influenciar os resultados da pesquisa. Nesse sentido, demonstraremos a seguir que utilizar apenas a escolaridade como um critério para a divisão de grupos de leitores pode ser um fator de possível impacto negativo nos resultados encontrados em nossos experimentos – uma forma de uma variável de confusão –, uma vez que escolarização e capacidade leitora não podem ser tomadas como fatores equivalentes.

No presente capítulo, embasaremos a argumentação acima esboçada a partir da interpretação resumida dos principais achados da tese de doutoramento de Souza (2021), cujos dados foram obtidos com estudantes dos períodos iniciais, intermediários e finais do curso de graduação em Letras da Universidade Federal Fluminense, em Niterói/RJ.

A metodologia adotada nessa pesquisa se baseou na aplicação de um experimento de leitura chamado Teste de *Cloze*. Como veremos em detalhes, a variável dependente adotada na pesquisa foi o *score* no teste e as variáveis independentes foram a forma de ingresso (ação afirmativa e ampla concorrência) e o tempo de graduação (ingressantes, intermediários e concluintes). As previsões do experimento foram (1) os ingressantes teriam um resultado em testes de leitura inferior ao dos intermediários e concluintes, pois os calouros universitários ainda não teriam plenamente desenvolvidas as suas habilidades de leitura, algo a ser alcançado, ainda que parcialmente, apenas ao longo dos anos de sua graduação, e (2) os alunos de ação afirmativa teriam um resultado inferior no Teste de *Cloze* por consequência das desigualdades sociais existentes no nosso país, que fariam com que esse grupo fosse especialmente afetado no aprendizado da leitura. Conforme será visto, o teste estatístico Mann-Whitney (Wilcoxon) confirmou tais previsões.

5.1 CONTEXTUALIZAÇÃO –
LITERACIA E REALIDADE BRASILEIRA

Na última década, pesquisas realizadas por diversas instituições indicam que a leitura no ensino superior brasileiro é uma questão educacional grave e que merece atenção. Em 2014, por exemplo, uma pesquisa da Universidade Católica de Brasília do Distrito Federal verificou que 50% dos universitários daquela instituição eram analfabetos funcionais. Esse índice, embora seja assustador, está em consonância com uma pesquisa independente realizada pelo IBGE, no mesmo ano, que identificou que, para todos os brasileiros universitários, as taxas de analfabetismo funcional atingem 38% (cf. Kenedy, 2016; 2018).

Ressaltamos que as definições de alfabetismo funcional são muito flutuantes e variam de acordo com os critérios adotados em cada pesquisa especificamente, podendo ser considerados alfabetizados aqueles que meramente assinam o próprio nome. Esse fato acaba por gerar confusões nos dados levantados por diferentes órgãos. Para o Indicador de Alfabetismo Funcional (Inaf), por exemplo, a perspectiva do que se pode entender como leitor proficiente, segundo a Escala de Proficiência de Alfabetismo Funcional, é a do sujeito que:

> Elabora textos de maior complexidade (mensagem, descrição, exposição ou argumentação) com base em elementos de um contexto dado e opina sobre o posicionamento ou estilo do autor do texto; interpreta

tabelas e gráficos envolvendo mais de duas variáveis, compreendendo elementos que caracterizam certos modos de representação de informação quantitativa (escolha do intervalo, escala, sistemas de medidas ou padrões de comparação) reconhecendo efeitos de sentido (ênfases, distorções, tendências, projeções); resolve situações-problema relativos a tarefas de contextos diversos, que envolvem diversas etapas de planejamento, controle e elaboração, que exigem retomada de resultados parciais e o uso de inferências. (Ação Educativa, 2016: 5)

O conceito de analfabetismo funcional adotado na pesquisa aqui relatada está relacionado à condição na qual o indivíduo é incapaz de produzir e atribuir significado a textos escritos nos mais diferentes contextos de sua vida cotidiana familiar, social e de trabalho (cf. Scliar-Cabral, 2003). Em outras palavras, o analfabeto funcional consegue decodificar o material linguístico de um texto, ainda que complexo, mas é incapaz de gerar representações de sentido para textos em registro mais formal e com estrutura mais complexa.

Independente da definição de plena alfabetização adotada, os dados obtidos acerca do analfabetismo funcional no Brasil mostram sempre números muito alarmantes. Um estudo realizado pelo Inaf em 2016 demonstrou que 91% das pessoas com o nível médio de escolaridade não são proficientes em leitura e, no ensino superior, esse percentual é de 78%, conforme podemos observar na tabela 1.

Tabela 1: Distribuição da população por grupos de alfabetismo e escolaridade (% na escolaridade)

Base	Total 2002		Anal-fabeto 88	Rudi-mentar 457	Ele-mentar 843	Inter-mediário 453	Profi-ciente 161
Ens. Fund. – Anos iniciais	417	100%	19%	49%	27%	4%	1%
Ens. Fund. – Anos finais	459	100%	2%	32%	53%	10%	3%
Ens. Médio	795	100%	0%	11%	48%	31%	9%
Ens. Superior ou mais	331	100%	0%	4%	32%	42%	22%
Total	2.002	100%	4%	23%	42%	23%	8%

Fonte: Ação Educativa (2016: 8)

A explicação para esses altos percentuais é complexa e não nos cabe aqui abordá-la mais a fundo. Em resumo, podemos dizer que ela reside nas históricas e conhecidas deficiências da educação básica brasileira, que fazem com que um indivíduo atravesse todas as suas etapas formais, desde a alfabetização até o ensino médio, mas permaneça incapaz de desenvolver plenamente as suas habilidades de leitura.

Nesse cenário, impõem-se alguns questionamentos: como alunos que demonstram problemas de compreensão e interpretação leitoras conseguirão acompanhar as complexas leituras típicas do meio universitário? Como devemos pensar o processamento cognitivo da leitura no contexto da graduação brasileira? Qual é o impacto dos anos de universidade, se algum, para o aprimoramento das capacidades leitoras dos estudantes brasileiros? No Brasil, como a universidade, especificamente o curso de Letras, pode avaliar e identificar esses alunos que ingressam na graduação sem proficiência em leitura? E, por fim, as pesquisas psicolinguísticas aplicadas com estudantes universitários brasileiros podem assumir como dada a capacidade leitora plenamente desenvolvida em seus participantes/sujeitos?

O intuito deste capítulo é, em última instância, contribuir para que professores e pesquisadores das áreas de linguagem e educação se familiarizem com estas reflexões. É preciso sempre ter em mente que o indivíduo universitário ao qual estamos nos referindo provavelmente dentro de alguns anos será um professor da educação básica. Repensar as habilidades de leitura no contexto da formação em nível superior, portanto, é também um esforço no sentido de melhorar a qualidade da educação das gerações futuras, visto que o professor é um dos elementos fundamentais no processo de escolarização dos alunos – além disso, é claro, o presente capítulo nos adverte acerca da variável de confusão que poderá se seguir ao não controle da efetiva capacidade leitora dos participantes de pesquisas experimentais no contexto brasileiro.

5.2 REFERENCIAL TEÓRICO-METODOLÓGICO DA PESQUISA RELATADA

Para fins teóricos, subdivide-se o processamento psicolinguístico da leitura nas seguintes etapas: a leitura se inicia com (a) o *input* visual que, com o uso imediato da Fonologia, leva à identificação da palavra, que, por sua vez, (b) gera informações semânticas para as palavras, com restrições oriundas do contexto. As palavras são de imediato (c) integradas sintaticamente a uma frase e (d) semanticamente a uma proposição. À medida que as frases são lidas, (e) uma representação integrada do texto é desenvolvida, consistindo em proposições interconectadas. Finalmente, com o objetivo de estabelecer uma compreensão razoavelmente específica de um texto, (f) são estabelecidas inferências que compõem um modelo referencial coerente do que está sendo lido (cf. Perfetti, 2001).

No entanto, o ato de ler não se restringe a uma sucessão de etapas cronologicamente marcadas, que se inicia na primeira linha e se encerra no ponto final. Como indicamos acima, essa divisão em estágios se dá pela necessidade teórica de compreender como se dá o processamento. A leitura, antes de tudo, está profundamente vinculada às experiências passadas do indivíduo e a elas se incorpora, reverberando por sua vivência posterior. É preciso que tenhamos em mente o que explicitou Scliar-Cabral:

> Cumpre assinalar que a enumeração destes subprocessos não significa que eles operem de baixo para cima unidirecionalmente. Os processos perceptuais e cognitivos atuam numa corrente contínua e isócrona, ou, então, com diferenças mínimas em milissegundos, de forma que cada saída ou produto de um subprocessamento é influenciado por outros subcomponentes. (1986: 8)

Antes de adentrar um pouco mais profundamente nos estudos psicolinguísticos sobre leitura, precisamos esclarecer o que entendemos por leitura ou, de forma mais específica, o que significa ler de forma proficiente segundo uma abordagem psicolinguística. Primeiramente, cabe destacar que entendemos leitura como o processamento cognitivo de textos verbais escritos de maneira incrementacional, adotando o clássico modelo teórico de processamento de frases incrementacional-interativo (Crain; Steedman, 1984; Altmann; Steedman, 1988), que prevê uma interação entre os módulos sintático e semântico/referencial. Dizer que o processamento ocorre de maneira incremental significa dizer que ocorre palavra a palavra, ou seja, o leitor não aguarda até o final de uma sentença para criar uma interpretação. Ao longo do curso da leitura, ele já gera representações que nortearão o sentido do que virá a seguir no texto, conforme explicitado por Altmann e Steedman (1988).

Com a progressão da leitura, nosso processador mental vai acumulando novos itens lexicais que carregam informações sintáticas e semânticas, ativando ou inibindo novos caminhos que levarão à interpretação do que está sendo lido, considerando também o contexto pragmático em que o texto se insere. A capacidade de ler é uma forma específica da capacidade da mente de transformar representações de entrada (*input*) em representações de saída (*output*), ou seja, transformar um determinado estímulo visual em representação fonológica na forma de informação a ser utilizada subsequentemente pelo resto do sistema cognitivo.

Deve-se ressaltar que, ainda que o objetivo do ato de ler seja a compreensão, não se pode dizer que os processos de ler e de compreender se identificam, pois a decodificação do material escrito e a sua transformação em matéria fonológica é parte imprescindível do ato de ler, ao contrário do que postulam os modelos globalistas, como, por exemplo, o de Smith (2003). Nas palavras de Morais, "a leitura não atinge seu objetivo sem compreensão, todavia os processos específicos da leitura não são processos de compreensão, mas que levam à compreensão" (Morais, 1996: 114). Sendo assim, a compreensão é o objetivo final da leitura. Embora as etapas prévias de leitura sejam extremamente complexas do ponto de vista cognitivo, elas não têm um propósito em si mesmas que não seja levar à compreensão, à interpretação e à retenção de informações e impressões deixadas pelo texto. Compreender significa, portanto, ser capaz de gerar uma representação mental coerente da informação veiculada no texto.

No campo da educação, a Base Nacional Comum Curricular (BNCC) apresenta também a terminologia "habilidades de leitura" quando orienta que as demandas cognitivas de leitura devem aumentar progressivamente desde os anos iniciais do ensino fundamental até o ensino médio, indicando que a complexidade das atividades com texto deve se expressar pela articulação:

> (...) do uso de habilidades de leitura que exigem processos mentais necessários e progressivamente mais demandantes, passando de processos de recuperação de informação (identificação, reconhecimento, organização) a processos de compreensão (comparação, distinção, estabelecimento de relações e inferência) e de reflexão sobre o texto (justificação, análise, articulação, apreciação e valorações estéticas, éticas, políticas e ideológicas). (Brasil, 2018: 75)

Especificamente entre o público universitário, espera-se que as habilidades mais refinadas de leitura estejam desenvolvidas a contento, pois o indivíduo já passou por diversas etapas da escolarização formal e precisa estar preparado para as demandas cognitivas inerentes ao ensino superior. Espera-se, portanto, que o estudante domine plenamente todos esses processos e subprocessos acima descritos, explorando habilidades que vão além da simples decodificação do material escrito e que o permitam ler os mais diversos gêneros textuais, inclusive os acadêmicos.

A fim de avaliar as habilidades de leitura dos estudantes universitários selecionados para a pesquisa aqui relatada, adotamos a metodologia experimental, que se caracteriza pela possibilidade de o pesquisador explorar determinadas variáveis e testar suas interrelações (cf. Severino, 2016), através do modelo de testagem conhecido como Teste de *Cloze* (Taylor, 1953). O *Cloze* é um modelo de testagem de compreensão de textos usado, entre outras áreas, na Linguística Aplicada e na Psicologia Cognitiva, para medir o nível de compreensibilidade de textos por parte do leitor e fundamentado na Teoria da Informação e na ideia de amostra aleatória (cf. Adelberg; Razek, 1984).

> Logo se descobriu que o *Cloze* não media apenas a inteligibilidade do texto, mas era também um instrumento válido e confiável para medir a proficiência de leitura; a variação de acertos no teste discrimina fidedignamente o leitor fluente do leitor fraco. (Leffa, 1996: 70)

O teste de *Cloze* consiste em retirar palavras de um texto aleatoriamente e substituí-las por lacunas a serem preenchidas pelos participantes. Assim, quanto mais lacunas forem preenchidas corretamente, de acordo com critérios de coesão e coerência, maior será o *score* do participante no que se refere à compreensão. A compreensão de um texto que apresenta lacunas depende necessariamente da elaboração de hipóteses, etapa essencial do ato de ler, conforme indicado por Perfetti (2001). Paralelamente, na escala de proficiência em leitura do Relatório Nacional Pisa (em inglês: *Programme for International Student Assessment*) 2012, o nível mais elevado exige "que o leitor realize múltiplas inferências, comparações e contrastes (...), integração de informações de um ou mais textos (...), lide com ideias desconhecidas (...) e formule hipóteses sobre um texto complexo relativo a um tema desconhecido" (Inep, 2012).

Sendo assim, na pesquisa ora relatada elegemos o teste de *Cloze* como método experimental porque ele traz a possibilidade de avaliar a proficiência em leitura, trabalhando precisamente com a criação de hipóteses em um nível macroestrutural. A princípio, o *Cloze* pode parecer apenas um simples preenchimento de lacunas, mas para realizar o teste, o participante precisa reconstruir a mensagem do texto, demonstrando que conseguiu cumprir satisfatoriamente todas as etapas de leitura. Por essa razão, a técnica vem sendo utilizada para medir não só a inteligibilidade de um texto, mas também a proficiência da leitura e a competência linguística de um indivíduo (cf. Leffa, 1996).

Ainda nesse sentido, a opção pelo teste de *Cloze* se deu em função do fato de ser um teste que demanda do indivíduo a capacidade de decodificação e interpretação do material linguístico do texto, mas que exige principalmente uma associação de seu conhecimento extralinguístico e de processos de interpretação mais profundos para a elaboração de hipóteses quanto ao preenchimento das lacunas. A avaliação da compreensão leitora é um tema controverso dentro dos estudos em linguagem e educação, sobretudo por estar extremamente vinculada à subjetividade do avaliador e do avaliado. Smith (2003: 98) aponta que a compreensão da leitura não pode ser absolutamente medida, "já que não é a quantidade de qualquer coisa". Embora não estejamos trabalhando com as teorias de base construtivista, entendemos que ao dizer que não podemos medir em termos absolutos a compreensão, o autor nos alerta que devemos tomar cuidado com dicotomias como certo/errado durante o processo de avaliação. Por isso, durante o julgamento das respostas às lacunas do teste de *Cloze*, estivemos cientes de que não havia uma única resposta adequada. Tal modelo de correção é conhecido como ponderado (cf. Abreu et al., 2017). Na tese de Souza (2021), portanto, buscou-se depreender a leitura feita pelo participante e julgar se ela era uma leitura possível, isto é, uma leitura que garantisse a coerência do texto. Este é um esforço necessário na busca pela efetividade da avaliação.

O tipo de resposta, no *Cloze* em papel e no PDF, as duas versões que aplicamos, foi aberta, ou seja, os participantes puderam escolher as palavras que utilizariam sem que precisassem selecionar dentre um determinado número de opções, que seria o chamado modelo de múltipla escolha (cf. Abreu et el., 2017). Embora a versão aberta exija um maior trabalho de correção, ela deixa o participante livre para escolher as palavras que considera que melhor completem o sentido da frase, não sendo influenciado pelas opções.

5.3 DETALHES E DADOS DA PESQUISA

Para realizar o Teste de *Cloze*, seguimos as seguintes etapas: a) selecionamos os textos a serem avaliados; b) mantivemos as frases iniciais, para que o participante pudesse entender o tema que estava sendo abordado e, então, excluímos palavras e as substituímos por lacunas de tamanho único; c) os textos com as lacunas foram apresentados aos participantes, que não entraram em contato previamente com o original; d) instruiu-se que os participantes preenchessem as lacunas com as palavras que acreditassem terem sido retiradas, informando que não havia um gabarito a ser seguido, qualquer palavra que completasse o sentido do texto seria válida. Por fim, consideramos corretas as respostas que completaram as lacunas de forma a manter a coesão e a coerência do texto.

Vale destacar que o primeiro texto foi apresentado aos participantes (ingressantes) em papel em 2017, conforme figura 1. A ideia inicial era que outro texto fosse apresentado a esses mesmos alunos quando estivessem no final da graduação (2020 ou 2021), porém conseguimos contato com apenas um deles, o que inviabilizou a realização de um estudo longitudinal. Acreditamos que tal fato tenha se dado por conta da pandemia de Covid-19, que também nos impediu de aplicar o teste presencialmente aos alunos dos períodos intermediários e concluintes. Sendo assim, para esses alunos, o teste foi realizado remotamente, através de um PDF com lacunas preenchíveis (figura 2 a seguir).

Figura 1: Trecho do Teste de *Cloze* em papel

O texto a seguir foi retirado do site institucional da UFF e é uma matéria de divulgação científica. Nele, algumas palavras foram omitidas. **Preencha** cada espaço em branco com **apenas uma palavra** que na sua opinião complete o sentido do texto. Lembre-se: não existe certo ou errado, não se trata de uma avaliação.

Inteligência Artificial: UFF cria soluções inovadoras para a sociedade

A expressão *machine learning* ou aprendizado de máquina pode, a princípio, soar estranha. No entanto, para o chefe do Departamento de Engenharia Elétrica sa UFF, professor Vítor Hugo Ferreira, essa é uma área da inteligência artificial que muito tem a contribuir para a sociedade.

De acordo com o pesquisador, esses sistemas podem _____ na resolução de diversas questões, tais como: tomada de _____ em ambientes com múltiplas informações incertas e imprecisas, mobilidade _____ e segurança pública, extração de conhecimento de múltiplas bases _____ dados em benefício da sociedade ou até mesmo a _____ de sistemas inteligentes para manutenção em ambientes industriais de alto _____

Segundo Ferreira, algoritmos inteligentes já estão inseridos nas nossas _____ diárias e nem percebemos. "Quando escolhemos um filme no Netflix _____ encomendamos um livro numa loja virtual, por trás dessas _____ há a influência de algoritmos de recomendação. Também são _____ nesta tecnologia as sugestões de rotas por aplicativos de _____, precificação de uma corrida no Uber, aprovações ou negações _____ créditos no comércio, preços dinâmicos para passagens aéreas e _____ as rotineiras buscas que fazemos no Google", exemplifica.

"Serviços _____ o de tradução automática ou de assistente pessoal em _____ móveis ainda não são 100% precisos, mas há alguns _____ era impensável uma interface dessas no nosso bolso, em _____ smartphone", explica o professor. Hoje, devido à evolução dos _____ e dos hardwares ao longo do tempo, temos uma _____ de capacidade computacional, dados e algoritmos que permite aos _____ realizar tarefas impensáveis há uma década.

Para Ferreira, a _____ com Machine Learning, iniciada na UFF em 2019, contribuirá _____ o desenvolvimento num futuro próximo de computadores capazes de _____ e aprender a resolver os mais diversos problemas da _____ a partir da experiência e informações recebidas. Com isso, _____ própria máquina passará a tomar decisões racionais com base _____ que já aprendeu na interação com o ambiente, _____ ao processo decisório dos seres humanos. "O cinema vem _____ o tema há décadas em superproduções _____ "2001, uma odisseia no espaço", "O Exterminador do Futuro" "Eu, Robô", entre _____, mas o que antes era só ficção está agora _____ de se tornar realidade", afirma.

O principal projeto do _____, informa Ferreira, foi executado junto a três _____ de transmissão de energia (Cachoeira Paulista Transmissora de Energia, Linhas de Xingu e Linhas de Macapá) com recursos do _____ de Pesquisa, Desenvolvimento e Inovação da Agência Nacional de _____ Elétrica (Aneel).

Figura 2: Trecho do Teste de *Cloze* em PDF

O texto a seguir é uma matéria de divulgação científica da UFF. Nele, algumas palavras foram omitidas. Preencha cada espaço em branco com apenas uma palavra que na sua opinião completa o sentido do texto. Ao final, salve o documento e devolva para o e-mail joanasouza@id.uff.br. Lembre-se não existe certo ou errado, não se trata de uma avaliação.

Na UFF pesquisadores criam soluções inovadoras para a saúde utilizando Inteligência Artificial

O mundo está cada vez mais "high tech". Os avanços técnicos mais recentes da ciência abriram margem para a expansão do campo de atuação da tecnologia, e hoje temos sistemas como os de Inteligência artificial (IA), uma inovação que pode ser usada para aprimorar a maneira de viver em sociedade. A possibilidade de analisa uma _____ incalculável de dados faz da IA _____ tecnologia de múltiplas aplicações. Soluções transformadoras _____ nesse sistema já fazem parte do _____ contemporâneo e ajudam as pessoas a _____ as melhores rotas nos aplicativos de trânsito, personalizar suas _____ na internet, monitorar a flutuação _____ fazer compras online e, _____ cuidar da saúde.

Com foco nessa realidade, _____ do estudo prático da Inteligência Artificial, _____ da Universidade Federal Fluminense procuram também _____ soluções no âmbito médico. A _____ do Instituto de Computação (IC-UFF), Débora Muchaluat Saade, coordena três _____ na área: HealthNet, sobre redes _____ sistemas avançados e seguros _____ à saúde, o CAPES Print - IA um _____ de internacionalização da Coordenação _____ Aperfeiçoamento de Pessoal de Nível Superior (CAPES), _____ inteligência artificial _____ a sinais cerebrais; e o eHealth Rio, uma rede de pesquisa e inovação _____ saúde digital aplicada a doenças crônicas.

Optamos por manter o mesmo gênero textual (notícia de divulgação científica), a mesma fonte (site institucional da UFF) e o mesmo tema (Inteligência Artificial), para que os dois testes, ainda que fossem textos diferentes, tivessem o mesmo grau de dificuldade, bem como léxico e estrutura similares, a fim de melhor comparar os resultados dos participantes. Como podemos perceber, o método é off-line (e não cronométrico), pois se trata de uma aferição feita em um momento posterior ao do processamento linguístico, ainda que imediatamente subsequente a este, que não faz registro do tempo consumido durante a tarefa.

As previsões do nosso experimento foram: (1) os ingressantes apresentarão um desempenho inferior ao dos alunos dos períodos intermediários e concluintes, pois somente ao longo da graduação as habilidades de leitura dos participantes seriam mais plenamente desenvolvidas, no sentido de aprofundadas e sofisticadas; e (2) os alunos que ingressaram na universidade por ação afirmativa apresentarão um desempenho inferior ao dos alunos ingressantes por ampla concorrência (sobretudo no grupo dos ingressantes), já que no geral provavelmente tiveram ao longo da vida menos condições socioeconômicas de desenvolver suas habilidades de leitura em ambiente letrado.

A variável dependente do estudo foi o *score* no Teste de *Cloze*. As variáveis independentes foram a forma de ingresso (ação afirmativa/ampla concorrência) e o tempo na graduação (ingressantes, intermediários e concluintes). Já quanto ao material, na primeira fase do experimento (antes da pandemia), usamos um texto e um questionário impressos em papel A4. Depois da pandemia, isto é, na segunda fase do teste, o material utilizado foi um arquivo de PDF editável, que os alunos manusearam remotamente utilizando suas próprias ferramentas (PC, *notebook,* celular, *tablet*) para preencher as lacunas do texto. Embora não seja o ideal, pois muitas variáveis não puderam ser controladas durante a realização do teste, como as distrações, essa foi a forma adaptada que encontramos para levar a cabo a pesquisa durante o período pandêmico.

Na parte presencial do teste, o questionário foi aplicado a um total de 20 alunos que estavam inscritos na disciplina "Português I" no segundo semestre de 2017, ou seja, alunos que acabaram de ingressar no curso de graduação em Letras na Universidade Federal Fluminense. Desses 20 participantes, 9 compunham o grupo de ação afirmativa e 11 o de ampla concorrência. Já na parte remota do teste, 58 alunos participaram, sendo 15 intermediários de ação afirmativa, 10 concluintes de ação afirmativa, 14 intermediários de ampla concorrência e 19 concluintes de ampla concorrência.

Antes de apresentarmos os resultados do experimento, vamos exemplificar como se deu a correção do Teste de *Cloze* e faremos uma análise qualitativa de algumas respostas selecionadas. Como já informado, não seguimos um gabarito rígido para corrigir as respostas dadas pelos alunos, analisamos de forma ponderada se haveria uma leitura possível vinculada à escolha das palavras, como nos exemplos a seguir.

Figura 3: Exemplo de correção 1

De acordo com o pesquisador, esses sistemas podem *ajudar* na resolução de diversas questões, tais como: tomada de *aparelho* em ambientes com múltiplas informações incertas e imprecisas, mobilidade *elétrica* e segurança pública; extração de conhecimento de múltiplas bases *em* dados em benefício da sociedade ou até mesmo a *elétrica* de sistemas inteligentes para manutenção em ambientes industriais de alto *produção*.

Figura 4: Exemplo de correção 2

De acordo com o pesquisador, esses sistemas podem *AUXILIAR* na resolução de diversas questões, tais como: tomada de *DECISÃO* em ambientes com múltiplas informações incertas e imprecisas, mobilidade *URBANA* e segurança pública; extração de conhecimento de múltiplas bases *DE* dados em benefício da sociedade ou até mesmo a *PRODUÇÃO* de sistemas inteligentes para manutenção em ambientes industriais de alto *NÍVEL*.

O trecho original correspondente aos exemplos era "De acordo com o pesquisador, esses sistemas podem **ajudar** na resolução de diversas questões, tais como: tomada de **decisão** em ambientes com múltiplas informações incertas e imprecisas, mobilidade **urbana** e segurança pública; extração de conhecimento de múltiplas bases **de** dados em benefício da sociedade ou até mesmo a **criação** de sistemas inteligentes para manutenção em ambientes industriais de alto **risco**".

No exemplo 1, temos algumas palavras que foram consideradas inadequadas porque não havia uma leitura gramatical ou pragmática que justificasse o uso de "tomada de **aparelho**", "mobilidade **elétrica**", "bases **em** dados" e "**elétrica** de sistemas inteligentes". Já no exemplo 2, todas as palavras foram consideradas adequadas, ainda que não estivessem exatamente iguais às do texto original. "Auxiliar" e "ajudar" são sinônimos, por isso o item foi considerado adequado, assim como "criação" e "produção". Já "nível" não é sinônimo de "risco", no entanto, é coerente pensar em sistemas de inteligência artificial que possam contribuir em ambientes industriais de alto nível, portanto, o item também foi considerado possível.

Do total de 78 participantes da nossa amostra, 34 eram de ação afirmativa (AA) e 44 de ampla concorrência (AC). Assim, a variável forma de ingresso possui duas condições: *score* dos alunos de ação afirmativa e *score* dos alunos de ampla concorrência. Sendo assim, nossa hipótese de pesquisa (H_a) é a seguinte: $H_a = AC > AA$. Enquanto a hipótese nula (H_0) é: $H_0 = AC \leq AA$.

Dos 34 alunos de ação afirmativa (AA), 9 eram ingressantes (Ing), 15 eram intermediários (Int) e 10 eram concluintes (Conc). A média simples do *score* desses alunos foi de 78,13%, sendo dos ingressantes de 67,85%, dos intermediários de 83,60% e dos concluintes de 79,18%. Já entre os 44 alunos de ampla concorrência (AC), 11 eram ingressantes (Ing), 14 eram intermediários (Int) e 19 eram concluintes (Conc). A média simples do *score* desses alunos foi de 87,21%, sendo dos ingressantes de 78,94%, dos intermediários de 88,52% e dos concluintes de 91,02%.

Ao compararmos os dois grupos, em termos de média simples, já podemos perceber que há um melhor desempenho por parte dos alunos de ampla concorrência, sendo que a melhor média foi obtida pelos concluintes desse grupo e a menor pelos ingressantes de ação afirmativa, o que está de acordo com o que esperávamos como resultado, conforme a tabela 2.

Tabela 2: Comparação das médias simples

	Ampla Concorrência (AC)	Ação Afirmativa (AA)
Ingressantes (Ing)	78,94	67,85
Intermediários (Int)	88,52	83,60
Concluintes (Conc)	91,02	79,18
Geral	87,21	78,13

Fonte: Souza (2021)

Considerando a descrição dos resultados dos *scores* dos alunos de ação afirmativa e ampla concorrência, partimos para a análise da estatística inferencial, para que pudéssemos realizar inferências e entender um pouco melhor das habilidades de leitura dos alunos do curso de Letras. Com base no desempenho dos estudantes, realizamos o teste de hipóteses Mann-Whitney, já que estamos lidando com dados numéricos (nota), com distribuição livre e comparando duas condições (AA/AC). Obtivemos o p-valor de 0,0127, o que quer dizer que podemos rejeitar a hipótese nula. Isso significa que a diferença nos resultados dos grupos de ação afirmativa e ampla concorrência se mostrou estatisticamente significativa. De fato, os alunos de ampla concorrência mostraram um maior desenvolvimento das habilidades de leitura em comparação com o grupo de ação afirmativa, como já era possível perceber na estatística puramente descritiva.

Apresentaremos agora a análise pelo tempo de graduação. Dada a população dos ingressantes (Ing) no curso de Letras (participantes do primeiro, segundo e terceiro períodos), selecionamos uma amostra de 20 ingressantes, que foram divididos em dois grupos, sendo 9 participantes ingressantes por ação afirmativa

(AA) e 11 participantes ingressantes por ampla concorrência (AC). Considerando a população dos alunos dos períodos intermediários do curso de Letras (quarto, quinto e sexto períodos), selecionamos aleatoriamente uma amostra de 29 participantes. Eles foram divididos em dois grupos, sendo que 15 participantes ingressaram por ação afirmativa (AA) e 14 participantes ingressaram por ampla concorrência (AC). Já os 29 alunos concluintes (formandos) foram divididos em dois grupos, sendo que dez participantes ingressaram por ação afirmativa (AA) e 19 participantes ingressaram por ampla concorrência (AC).

Considerando os resultados dos *scores* dos alunos ingressantes, intermediários e concluintes, partimos para a análise da estatística inferencial. Trabalhamos com a hipótese de que ao longo da graduação, os alunos desenvolvem suas habilidades de leitura, sendo assim, os iniciantes teriam um resultado inferior no teste de *Cloze* em comparação com intermediários e concluintes e intermediários também teriam um resultado inferior ao dos concluintes. Por conseguinte, as hipóteses alternativas são: H_a = Ing < Int, H_a = Ing < Conc e H_a = Int < Conc. Já as hipóteses respectivas nulas são: H_0 = Ing $\geq$ Int, H_0 = Ing $\geq$ Conc e H_0 = Int $\geq$ Conc.

Com base nos dados, também realizamos o teste de hipóteses Mann-Whitney, já que estávamos lidando com dados numéricos (nota), com distribuição livre e comparando duas condições por vez (Ing/Int, Ing/Conc e Int/Conc). Encontramos um p-valor de 0,002 e, assim, pudemos rechaçar a hipótese nula. Isso significa que a diferença nos resultados dos grupos de iniciantes e intermediários se mostrou estatisticamente significativa, ou seja, eles apresentaram um comportamento diferente. De fato, como esperado, os ingressantes tiveram mais dificuldade na tarefa de leitura em comparação com os alunos dos períodos intermediários.

Já para a comparação entre iniciantes e concluintes, encontramos um p-valor exponencial de 4,00E-04, que também nos permite rejeitar a hipótese nula, mostrando que os alunos iniciantes tiveram um desempenho diferente estatisticamente dos alunos concluintes. A previsão da pesquisa mais uma vez foi confirmada, pois se observou um melhor resultado entre os concluintes. Isso significa que ao longo da graduação os alunos apresentam uma melhora significativa em suas habilidades de leitura.

Na comparação entre intermediários e concluintes, por sua vez, não rejeitamos a hipótese nula (H_0), pois o p-valor foi maior que 0.05, ou seja, os dois grupos tiveram um comportamento similar na atividade de leitura proposta. A nossa previsão era de que os alunos concluintes teriam um resultado superior ao dos alunos intermediários, mas isso não se confirmou. A nossa interpretação para esse resultado é de que bastam alguns semestres na graduação para que os alunos já demonstrem desenvolvimentos em suas habilidades de leitura, que se estabilizam do meio para o fim do curso. Outra possibilidade de interpretação está relacionada à evasão dos alunos com mais dificuldades de leitura, que tenderiam a abandonar o curso logo nos períodos iniciais, não chegando aos períodos intermediários e finais.

5.4 INTERPRETANDO OS RESULTADOS DA PESQUISA

A análise estatística dos resultados descritos na seção anterior nos permite chegar a algumas conclusões gerais acerca do comportamento leitor dos grupos estudados. Podemos perceber que duas das previsões se confirmaram: (1) a de que os alunos ingressantes teriam mais dificuldade na realização do teste em comparação com os estudantes dos períodos intermediários e concluintes e (2) a de que os alunos ingressantes por ação afirmativa também teriam mais dificuldade do que os alunos ingressantes por ampla concorrência. Quando comparamos ingressantes e concluintes por ação afirmativa, é possível perceber que há uma significativa melhora nas habilidades leitoras dos participantes. Com isso, podemos dizer que o aluno ingressante não ser um "bom leitor" não significa que não possa melhorar ao longo do curso e, nesse sentido, a universidade pode implementar formas de dar mais ferramentas para que esse aluno alcance a proficiência.

No que se refere ao resultado obtido a partir dessas variáveis, há algumas observações a fazer. Primeiramente, vale destacar o resultado similar obtido por alunos intermediários e concluintes, superior ao desempenho dos calouros, o que nos leva a reforçar a ideia de que a universidade é uma agência de letramento, na perspectiva de Soares (2002). No grupo de alunos ingressantes, houve apenas um único resultado superior a 90% de acerto, obtido por um aluno que estava iniciando em sua segunda graduação. Ao retirarmos esse *outlier*, para o teste Mann-Whitney comparando as condições Ingressantes e Intermediários, encontramos um p-valor = 0,0008, já para as condições Ingressantes e Concluintes tivemos um p-valor = 0,0001, ou seja, os resultados se mantiveram estatisticamente significativos.

Cabe destacar que nosso estudo apresenta um panorama da leitura para o curso presencial de Letras, sem controle da habilitação, o que pode ser uma variável a ser controlada em estudos futuros com essa mesma natureza. Tipicamente, os alunos que ingressam para a habilitação em inglês, por exemplo, que possui uma nota de corte mais alta no Enem, são mais privilegiados em termos econômicos e socioculturais. Da mesma forma, podemos supor que se nossos testes fossem aplicados em cursos cujos alunos tipicamente são provenientes de camadas sociais mais altas, como é o caso de Direito ou Medicina, os resultados seriam diferentes, por conta da experiência de leitura pregressa dos participantes. Tal variável não pôde ser controlada dadas as condições que tínhamos para a realização do experimento.

Nesse sentido, devemos também ter em mente que a realidade do ensino superior no Brasil é muito heterogênea, refletindo a nossa estrutura social desigual. Se nosso estudo tivesse como foco comparar, por exemplo, as habilidades de leitura dos estudantes de Letras das modalidades presencial e EAD, provavelmente teríamos resultados interessantes. É de se supor que quanto maior a precariedade de condições oferecidas pelo curso (cursos com duração de 3 anos, por exemplo), menor será o avanço dos alunos no que se refere à leitura.

A principal conclusão desses resultados para as discussões aduzidas no presente livro é a seguinte: pressupor que os alunos cheguem à graduação com capacidades de leitura plenas e proficientes pode ser um equívoco, principalmente se considerarmos a grande heterogeneidade do perfil socioeconômico dos estudantes universitários brasileiros criada nos últimos 20 anos, em especial nos de cursos de licenciatura, que é o caso da Letras.

5.5 CONSIDERAÇÕES FINAIS

A leitura e a escrita são ferramentas importantes para o acesso ao patrimônio histórico, cultural e científico da nossa sociedade. É através delas que o indivíduo se imbui de uma parte importante de sua própria humanidade e de seu estar no mundo, sendo determinantes para sua constituição como cidadão e profissional das mais diversas áreas, capaz de ler, processar e interpretar criticamente a grande diversidade de textos que permeiam sua realidade discursiva. Nesse sentido, ler é poder.

Muito além das habilidades especificamente linguísticas, a leitura impacta também na cognição como um todo dos indivíduos. As evidências empíricas caminham no sentido de reforçar a influência positiva do aprendizado da leitura no próprio processamento da linguagem oral, no processamento visual e em funções como percepção, atenção e memória (Kolinsky, 2015).

Tais evidências, no entanto, vêm sendo apontadas já desde a década de 30, através de estudos que mostram que a aquisição da escrita remonta a consequências cognitivas relacionadas a melhorias na resolução de problemas de classificação, categorização, raciocínio dedutivo lógico, entre outros (cf. Kleiman, 1995). Sendo assim, o aprendizado e o aperfeiçoamento das habilidades de leitura, ao longo de toda a formação, têm o potencial de dar ao indivíduo ferramentas que o ajudem em questões que vão muito além do texto.

Após a análise dos resultados, continuamos a acreditar na importância de se (re)pensar a leitura e a escrita, tanto na escola quanto na universidade. Debruçar-nos sobre as dificuldades de leitura dos estudantes universitários pode ser um dos passos no sentido de promover ações a serem aplicadas para melhorar a formação dos profissionais que são lançados para atuarem no mercado de trabalho, sobretudo dos profissionais da educação.

Os participantes do nosso experimento são os futuros professores de disciplinas como Língua Portuguesa, Língua Estrangeira, Literatura e Produção Textual e, nesse sentido, serão os formadores das próximas gerações de leitores. Se eles mesmos não forem leitores proficientes, isso poderá gerar um círculo vicioso que pode acabar por perpetuar os problemas educacionais brasileiros. No atual cenário em que se encontra a educação no Brasil e com as universidades sem investimentos e sendo colocadas em segundo plano em relação ao ensino técnico, se torna ainda mais relevante pensar a formação de professores, pois dela depende a educação das próximas gerações.

Nossos resultados caminham no sentido de mostrar que há um desenvolvimento das habilidades de leitura ao longo da formação, sobretudo dos períodos iniciais em comparação com os períodos intermediários e finais, pelo menos no contexto do curso de Letras presencial da Universidade Federal Fluminense. Isso nos indica que é possível que o aluno não entre na graduação totalmente proficiente e capaz de lidar com as práticas de leitura típicas do meio universitário, mas que desenvolva essa capacidade ao longo da graduação.

Para a Psicolinguística, as contribuições da presente pesquisa estão relacionadas ao fato de que os estudos experimentais com linguagem tipicamente utilizam os alunos de graduação como participantes, sendo estes entendidos como leitores *standard,* pertencentes a uma categoria homogênea. A partir do que se observou no nosso experimento, ressaltamos que essa escolha dos participantes universitários deve seguir um controle mais rígido, que leve em conta, por exemplo, se os participantes são de períodos iniciais ou finais dos cursos, pois, como observamos, há uma diferença significativa no desempenho em leitura desses dois grupos.

Por outro lado, enfatizamos também que entender esses sujeitos simplesmente a partir da perspectiva da leitura seria desmerecer suas histórias de vida, as memórias de suas lutas e tudo que os constitui como seres humanos e agentes epistemológicos de saberes diversos. Esse indivíduo com problemas de leitura deve ser entendido como um fenômeno social e não como um fracasso pontual. É preciso entender que a leitura, como já dito, é um fenômeno complexo, que abrange componentes sensoriais, emocionais, cognitivos, neurológicos e também sociais, econômicos, culturais e políticos.

Sabemos que ainda temos um longo caminho pela frente no que se refere à qualidade da educação no Brasil, como um todo, e especificamente na área de leitura, no entanto, esperamos que este capítulo possa ser uma fagulha que desperte cada vez mais reflexões acerca do tema da leitura dos estudantes universitários e, a partir disso, que os agentes responsáveis pelas decisões em Educação possam elaborar planos de intervenção e orientações para o encaminhamento de políticas públicas que possam dar conta de melhorar a qualidade do ensino superior e auxiliar os alunos em suas jornadas como leitores e professores das próximas gerações.

Acreditamos que a Psicolinguística, estudo com uma perspectiva cognitiva sobre o comportamento linguístico humano, tem ainda grandes contribuições a fazer para a sociedade no que se refere à leitura, na medida em que as conclusões tiradas a partir de pesquisas experimentais podem – e devem – dialogar com as pesquisas pedagógicas sobre o tema no sentido de formar pessoas capazes de ler criticamente e, portanto, mais aptas a exercerem a cidadania de forma plena.

Em um país como o Brasil, em que uma educação deficiente é ainda um dos grandes obstáculos ao desenvolvimento, essa necessidade se torna ainda mais urgente. O cenário de obscurantismo intelectual e negacionismo científico em que estamos vivendo atualmente é mais uma evidência de que estamos ainda longe de superar nossos entraves educacionais. A formação de professores, nesse contexto, é uma peça fundamental, pois tem a oportunidade de aliar ciência, escola e universidade para que as futuras gerações possam viver em uma sociedade verdadeiramente democrática e igualitária.

BIBLIOGRAFIA

ABREU, K.; GARCIA, D. C.; HORA, K.; SOUZA, C. R. O teste de *Cloze* como instrumento de medida da proficiência em leitura: fatores linguísticos e não linguísticos. In. *Revista de Estudos da Linguagem*, Belo Horizonte, v. 25, n. 3, 2017, pp. 1767-99. Disponível em: <https://www.researchgate.net/publication/317571797_O_teste_de_Cloze_como_instrumento_de_medida_da_proficiencia_em_leitura_fatores_linguisticos_e_nao_linguisticos> Acesso em: 20 abr. 2021.

AÇÃO EDUCATIVA. Relatório Ação Educativa, 2016. Disponível em: <https://acaoeducativa.org.br/wp-content/uploads/2016/09/relatorio_de_2016.pdf>. Acesso em: 22 out. 2021.

ADELBERG, A. H.; RAZEK, J. R. The Cloze Procedure: A Methodology for Determining the Understandability of Accounting Textbooks. *The Accounting Review*, 1984.

ALTMANN, G.; STEEDMAN, M. Interaction with context during human sentence processing. *Cognition*, v. 30, 1988, pp. 191-238.

BRASIL. MEC. *Resumo técnico: Censo da Educação Superior 2015*. 2. ed. – Brasília: Instituto Nacional de Estudos e Pesquisas Educacionais Anísio Teixeira, 2018a. Disponível em: <http://download.inep.gov.br/educacao_superior/censo_superior/resumo_tecnico/resumo_tecnico_censo_da_educacao_superior_2015.pdf>. Acesso em: 13 abr. 2019.

_____. *Base Nacional Comum Curricular*. Brasília, 2018b. Disponível em: <http://basenacionalcomum.mec.gov.br/images/BNCC_EI_EF_110518_versaofinal_site.pdf> Acesso em: 4 out. 2021.

CABRAL, L. S. *Processos psicolinguísticos de leitura e a criança*. Porto Alegre: Letras de Hoje, v. 19, n. 1, 1986, pp. 7-20.

CRAIN, S.; STEEDMAN, M. J. On not being led up the garden path: The use of context by the psychological parser. In: DOWTY, D.; KARTTUNEN,L.; ZWICKY, A. (eds.) *Natural language parsing:* Psychological computational, and theoretical perspectives. Cambridge University Press, 1984.

INAF. Indicador de Alfabetismo Funcional – Inaf – Estudo especial sobre alfabetismo e mundo do trabalho. 2016. Disponível em: <https://acaoeducativa.org.br/wp-content/uploads/2016/09/INAFEstudosEspeciais_2016_Letramento_e_Mundo_do_Trabalho.pdf>. Acesso em 22 out 2021.

KENEDY, E. O status da norma culta na língua-I dos brasileiros e seu respectivo tratamento na escola: algumas contribuições de estudos formalistas à educação. In: *Linguística:* Pesquisa e Ensino Boa Vista: EDUFRR, 2016, v. 2.

_____. O problema do analfabetismo funcional no Brasil sob uma análise psicolinguística. In: MAIA, M. (org.). *Psicolinguística e educação.* 1. ed. Campinas: Mercado de Letras, 2018, v. 1, pp. 81-102.

KLEIMAN, A. B. "Introdução: Modelos de letramento e as práticas de alfabetização na escola", in: KLEIMAN, Angela B. (org.) *Os significados do letramento:* uma nova perspectiva sobre a prática social da escrita. Campinas: Mercado de Letras, 1995, pp. 15-61.

KOLINSKY, R. How learning to read influences language and cognition. In: POLLATSEK, A.; TREIMAN, R. *The Oxford Handbook of Reading.* Oxford: Oxford University Press, 2015. pp. 377-93.

LEFFA, W. *Aspectos da leitura.* Porto Alegre: Sagra-DC Luzzato, 1996.

MORAIS, J. *A Arte de ler.* Trad. de LORENCINI, Álvaro. São Paulo: Editora da Universidade Estadual Paulista, 1996.

_____. *Criar leitores:* para professores e educadores. São Paulo: Manole, 2013.

PERFETTI, C. A. Reading skills. In: *International encyclopedia of the social & behavioral sciences* Oxford: Pergamon, 2001, pp. 12800-5.

SEVERINO, A. J. *Metodologia do trabalho científico.* São Paulo: Cortez, 2016.

SMITH, F. *Compreendendo a Leitura:* Uma análise psicolinguística da leitura e do aprender a ler. 4. ed. Porto Alegre: Artmed, 2003.

SOUZA, J. *Repensando as habilidades de leitura no ensino superior sob a ótica da psicolinguística experimental.* 2021. Tese (Doutorado em Estudos de Linguagem) – Instituto de Letras, Universidade Federal Fluminense, Niterói/RJ.

TAYLOR, W. L. Cloze procedure: A new tool for measuring readability. *Journalism Quarterly,* v. 30, 1953, pp. 415-33.

6. A leiturabilidade no ensino fundamental e no superior

Kátia Abreu e Victor Lima

6.1 LEITURABILIDADE

Este capítulo aborda o tema da leiturabilidade, pois ao considerarmos as características de um material impresso, a leiturabilidade se faz presente. O conceito de leiturabilidade com o qual temos tratado é apreendido pela perspectiva de Richards et al., (1992: 306) que o define como "quão facilmente os materiais escritos podem ser lidos e entendidos. Isso depende de vários fatores, incluindo o tamanho médio dos períodos, o número de palavras novas contidas e a complexidade gramatical da língua usada na passagem."

A adoção desse conceito deve-se ao fato de ele explicitar os elementos citados em Dale, E. & Chall, J. S. (1949): "A soma de todos os elementos em uma determinada peça de material impresso que afeta o sucesso de um grupo de leitores: o que eles entendem, leem em boa velocidade e acham interessante" e também ao fato de ele congregar o que estava exposto em vários outros conceitos, como: "A facilidade de compreensão devido ao estilo de escrita" Klare (1963); "o grau que um determinado grupo de pessoas considera certa leitura convincente e compreensível" Mc Laughlin (1969); "a facilidade de ler palavras e períodos" Hargis (1998), o que o torna amplo e relacionado com o que se quer analisar.

Ao longo do tempo, os estudos de leiturabilidade dedicaram-se a medir a compreensibilidade de uma fração de material escrito e medidas de leiturabilidade diferentes foram criadas para ajudar os professores a escolherem trechos (materiais de leitura) adequados a crianças e adultos. A ideia era que essa medição fosse capaz de avaliar a adequabilidade de livros para alunos de séries e idades específicas (Zamanian; Heydari, 2012).

Na década de 1920, a frequência de uso da palavra era levada em conta para medir a leiturabilidade do material escrito, o que ressaltava o vocabulário como um forte preditor da dificuldade do texto. Na mesma época, a extensão do período e a extensão da palavra também foram elencadas como variáveis que indicavam a dificuldade do texto. Esses estudos foram precursores de todos os que levaram à elaboração de fórmulas de leiturabilidade que surgem nos anos 40. Porém, os princípios dos estudos dos anos 20 como os indicadores linguísticos de extensão da palavra e do período permaneceram, e por mais que um conjunto de fórmulas de leiturabilidade tenha surgido a partir dos anos 20 até o início do presente século, esses indicadores não foram preteridos.

O período de estudos clássicos caracterizou-se pela preocupação de educadores com a limitação na habilidade de leitura de alunos jovens e de alunos adultos já os novos estudos de leiturabilidade caracterizaram-se pelo fortalecimento da comunidade de pesquisadores dedicados ao tema, pela criação do teste de *Cloze*, pelo surgimento e pelo aperfeiçoamento das fórmulas de leiturabilidade. A atenção a um conjunto de variáveis (habilidade de leitura, conhecimento prévio, interesse e motivação), a eficiência na leitura e a medida do conteúdo marcaram também esse momento.

Assim, a partir dos anos 1970, os estudos de leiturabilidade receberam a influência da Psicologia Cognitiva e da Linguística. Os teóricos das duas áreas "promoveram a ideia de que a leitura era amplamente um ato de pensamento" (DuBay, 2004: 31). Com isso, as ideias de 'construção de sentido', 'de memória' e de 'metacognição' ganharam evidência e incrementaram os estudos de leiturabilidade.

A leiturabilidade se apresenta intimamente ligada ao que tem nos intrigado em relação aos índices de competência em leitura de alunos do ensino fundamental apresentados por exames em larga escala realizados por redes municipais de educação e pela rede estadual do Rio de Janeiro – chamados de internos – e por exames conduzidos pelo Instituto Nacional de Estudos e Pesquisas Educacionais Anísio Teixeira (Inep) com abrangência nacional – chamados de externos, os quais divulgam índices que estão muito aquém do esperado. Surgem assim as perguntas: quais as características do material de leitura oferecido aos alunos? De que modo esse material é lido?

A relevância da leiturabilidade pode ser delimitada por quanto um material escrito pode ser "leiturável". Classificamos como leiturável um material que se caracterize por expor um conteúdo com clareza de ideias e coerência relacionado a uma organização de estruturas linguísticas como o período, a oração e os itens lexicais (tarefa do escritor); consequentemente, o que influencia na captação da informação visual do leitor, em seu interesse, em sua motivação, na ativação de seu conhecimento prévio, no ritmo de leitura e na fácil compreensão do que leu (tarefa do leitor). O conhecimento desse conceito e de sua aplicação pode contribuir para práticas de ensino de leitura baseadas em reflexão, inovação e eficácia.

Diante de uma variedade de programas institucionais voltados à leitura seja com foco na aprendizagem e/ou na consolidação dessa habilidade, é possível verificar que existe um movimento institucional seja das secretarias de educação municipais, estaduais, seja das universidades e até mesmo do MEC para analisar a questão, buscando as causas e pensando em possibilidades de intervenção a fim de contribuir para equacionar essa problemática.

A título de exemplificação, apresentamos em linhas gerais, a iniciativa do Projeto LER/UFRJ (Laboratório de Eletroencefalografia e Rastreamento Ocular da Linguagem) cuja proposta tinha como objetivo central "tomar as evidências de pesquisa como ponto de partida para planejar e implementar oficinas que pudessem contribuir para melhorar a competência leitora dos alunos" (Maia, 2019: 13). O projeto visava o estudo experimental da leitura de períodos em alunos dos últimos anos do ensino fundamental, pois partia do pressuposto de que "o período seria a unidade mais relevante para diagnosticar-se a competência leitora inicial [...]" (Maia, 2019: 77). Os materiais dos experimentos foram constituídos por períodos subordinativos compostos por duas ou mais orações; períodos temporariamente ambíguos; períodos compostos por orações subordinadas adverbiais e/ou adjetivas.

O projeto era composto por três fases: primeiro o diagnóstico inicial – aplicação de testes e de questionários; segundo as oficinas – atividades semanais fundamentadas no princípio da pedagogia progressista que propõe a participação ativa dos estudantes na sua própria formação; terceiro as retestagens finais – reaplicação dos testes de forma comparativa entre os grupos: o grupo do fundamental com oficinas, o grupo controle do fundamental e o grupo controle do superior.

Além do desengajamento, com base em evidências psicolinguísticas obtidas na primeira fase, foi verificado que muitos estudantes do ensino fundamental faziam "uma leitura meramente linear, incapaz de estabelecer com clareza o *gist*[18] *ou ideia principal do período, cuja extração requer uma análise estruturante, capaz de hierarquizar as várias orações no período."* (Maia, 2019: 82). *Nas palavras de Leffa (1996: 14), "A leitura não é interpretada como um procedimento linear, onde o significado é construído palavra por palavra, mas como um procedimento de levantamento de hipóteses. O que o leitor processa da página escrita é o mínimo necessário para confirmar ou rejeitar hipóteses."*

Com a observação desse comportamento dos leitores, delineou-se uma tipologia: leitores lineares – os que leem em sequência, uma palavra após a outra, de modo não estrutural, ou seja, sem agrupar o material escrito em unidades sintáticas, consequentemente, sobrecarregando a memória de trabalho e não identificando a ideia principal do que leram; leitores seletivos estruturantes – os que leem, monitorando o próprio processo de compreensão, relendo, agrupando o material escrito em fatias sintáticas, sem sobrecarga da memória de trabalho, sendo assim capazes de identificar a ideia principal do que leram.

"*A noção de gist* é, portanto, fundamental para a compreensão leitora, pois extrair o tópico frasal, a ideia principal do texto é, de fato, o objetivo final da leitura." (Maia, 2019: 81)

As práticas planejadas e desenvolvidas no Projeto LER para o ensino da leitura, remetem à abordagem didática 'ensino e aprendizagem por investigação' que possui uma longa história na educação em ciência com origem no século XIX (Pontes Neto, 2006; Moreira, 2011; Sasseron, 2017). Com essa abordagem em vista, estimulou-se a discussão e a argumentação, promoveu-se o debate nas oficinas, o que confirmou a ideia de conhecimento construído e de participação ativa pelo estudante no processo de aprendizagem. Enfim, tratou-se "de um empreendimento interdisciplinar inovador de experimentação e descoberta, de criação científica, artística e pedagógica, [...] (Maia, 2019: 14). Ao final do projeto, conhecemos mais sobre o comportamento do leitor, sobre seu padrão de leitura de período e definimos uma tipologia de leitores. Além disso, desenvolvemos atividades originais na sala de aula para "impulsionar o conhecimento estruturante, desenvolvendo a competência leitora e redatora dos alunos." (Maia, 2019: 103)

De modo que possamos reportar adequadamente a pesquisa desenvolvida até aqui, iniciamos o presente capítulo com a seção Leiturabilidade que apresenta um panorama sobre esse conceito, sobre os objetivos traçados acerca desse conceito, sobre o que caracterizou o chamado 'período clássico' e 'período de novos estudos de leiturabilidade' já com a influência da Psicologia Cognitiva e da Linguística e, ainda, sobre a relevância desse conceito para o ensino de leitura. Descrevemos sucintamente Projeto LER/UFRJ, pois foi a partir dele que passamos a investigar a leiturabilidade. Em seguida, na seção intitulada O que entendemos por leitura? apresentamos a definição de leitura por teóricos cujos estudos estão voltados ao tema e a definição com a qual nos ocupamos. Na sequência, a seção O índice linguístico apresenta o período, destacando os aspectos de extensão e de estrutura. A seção A plataforma ExpLing descreve a plataforma utilizada na aplicação experimental. A seção Experimento descreve a metodologia aplicada, os resultados obtidos, a discussão desses resultados. Por fim, a seção Considerações finais resume os principais achados e indica os próximos passos dessa pesquisa. Tratar do ato de ler nos encaminha à próxima seção.

6.1.1 O que entendemos por leitura?

De acordo com a acepção encontrada no dicionário Houaiss (2009), ler é "percorrer com a visão (palavra, frase, texto), decifrando-o por uma relação estabelecida entre as sequências dos sinais gráficos escritos e os significados próprios de uma língua natural" e leitura é a ação ou efeito de ler. Essa definição está centrada no aspecto da decodificação, ou seja, decifrar os sinais gráficos relacionados a significados próprios da língua. Assim, ler é decodificar.[19]

Pela perspectiva da Psicolinguística, nas palavras de Smith ([1989] 2003: 85): "[...] a leitura depende de alguma informação passando pelos olhos para o cérebro." Essa ideia ultrapassa a etapa da decodificação e estabelece o ato de ler como atividade cognitiva. Tratar da leitura pelo aspecto cognitivo significa observar a relação entre leitor e texto, entre material escrito e compreensão, memória, inferência e pensamento, dentro de um processo que tem início na percepção das letras e segue até o uso do conhecimento armazenado na memória. Assim, ler é compreender.

O começo do ato de ler, então, se dá nesse ponto em que o acesso à informação visual é essencial. Afinal, ao ler, os olhos precisam estar abertos e um material escrito precisa estar à frente do leitor, além da iluminação e, por vezes, dos óculos. Porém, esse começo não dá conta de tudo. O ato de ler abrange também a informação não visual. Essa se constitui pelo conhecimento da língua, do assunto e de sobre como ler. Por isso, "a leitura sempre envolve uma combinação de informação visual e não visual. Ela é uma interação entre o leitor e o texto." (Smith, [1989] 2003: 86)

Em estudos sobre leitura, foi instalado um debate sobre o que é ler, envolvendo palavras-chave como 'extrair' (ênfase no texto / decodificação) e 'construir' (ênfase no leitor / compreensão). Na perspectiva de Leffa (1996), se o leitor usa apenas uma parte da informação explicitada no material escrito (extrai/decodifica) ou se ele preenche as lacunas deixadas no material (constrói/conhecimento prévio), a obtenção do significado se dá sempre por força de sua contribuição. "Para compreender o ato da leitura temos que considerar então (a) o papel do leitor, (b) o papel do texto e (c) o processo de interação entre o leitor e o texto." (Leffa, 1996: 17)

Smith ([1989] 2003) situa o leitor em um papel central, ao sugerir que quanto mais informação não visual o leitor tiver (conhecimento prévio) vai precisar de menos informação visual (material escrito) e Goodman apud Gerber e Tomich (2008: 139) segue a mesma ideia e posiciona o próprio leitor acima do material escrito, pois "leitura é um processo psicolinguístico que começa com uma representação da superfície linguística codificada por um escritor, e termina com o significado que o leitor constrói. (Goodman, 1998:12 / tradução das autoras).

A definição de leitura, no presente trabalho, é multifacetada, pois origina-se nas palavras de Plaut (2013: 42) que afirma: "A leitura é uma atividade bastante complexa, que envolve a coordenação rápida de processos visuais e de processos linguísticos.", é acrescida pelas palavras de Rezende (1998: 3) que sustenta: uma atividade caracterizada pelo engajamento e uso do conhecimento, em vez de uma recepção passiva" e finalizada por Gerber e Tomich (2008: 140) que advogam pela 'construção' do significado e não pela 'extração' do significado no ato da leitura.

Na Psicolinguística da Leitura, a forma de avaliar a leitura pode ser traduzida, por exemplo, na possibilidade de analisar o comportamento do aluno-leitor durante o ato de ler, visto que esse ato envolve uma combinação de informação visual com a não visual (Smith, 2003). Dessa forma, o aspecto processual ganha relevo, pois uma questão que se impõe em estudos sobre a leitura com foco no contexto escolar é como os alunos-leitores estão lendo. Ressalta-se, então, que "o problema da avaliação da compreensão leitora deve ser apresentado como função do nível de habilidade leitora do sujeito e sua relação com o grau de complexidade do material impresso." (Alliende e Condemarín, 2005: 128).

A princípio, o comportamento do leitor se relaciona com o sistema linguístico, o que vai exigir desse leitor o foco na materialidade do texto. A atividade cognitiva do ato de ler é, então, iniciada pela apreensão do objeto, no caso, a materialidade do texto, por meio dos olhos. Sendo a complexidade gramatical da língua um dos fatores determinantes da leiturabilidade, a observância da estrutura linguística não só é fundamental como vai promover a integração dos níveis linguísticos e extralinguísticos.

Figura 1: Duplo processo no ato de ler

Fonte: elaboração dos autores

Devido à complexidade de processos envolvidos na compreensão da leitura, afinal "a compreensão da leitura é amplamente aceita não como uma, mas como muitas coisas" (Perfetti; Adlof, 2012: 3), os especialistas não determinam se há um quantitativo que corresponda ao que cabe ao leitor ou ao que cabe ao material escrito. Quanto ao senso comum, "a compreensão da leitura é o *produto* da decodificação e da compreensão linguística." (Nation, 2013: 267). Então, olhar com mais cuidado tanto para o comportamento do leitor quanto para as características do material escrito pode ser uma preciosa contribuição para se pensar em como avaliar a compreensão leitora de modo mais expressivo.

Em relação à leiturabilidade, se temos um material escrito a ser lido, o ato de ler poderá ser mais custoso ou menos custoso a depender das características desse material. Se o assunto é conhecido pelo leitor, por exemplo, ele tenderá a ler sem muito esforço e a contribuição da informação visual poderá ser mínima, pois ele traz para a leitura o que ele já conhece, ou seja, a informação não visual. Por outro lado, se o assunto não é familiar, o leitor precisará de mais tempo e esforço para concluir a tarefa da leitura, ou seja, a informação visual será convocada a atuar de modo mais efetivo, pois o leitor não traz para a leitura o que está por trás dos olhos.

Mais recentemente, as pesquisas sobre leiturabilidade Stajner et al., (2012), Zamanian e Heydari (2012), Barnwal e Tiwary (2017) descrevem índices de leiturabilidade capazes de estimar a dificuldade e a facilidade de leitura de um documento. Aqui, vamos nos deter no índice linguístico.

6.1.2 O índice linguístico

A fim de investigarmos a leiturabilidade, a leitura de períodos foi eleita como unidade de análise, por: (a) alinhar-se com estudos como os de Maia (2006) que, ao discutir sobre período, sustenta que

> O período é uma unidade sintática, isto é uma unidade do plano da estrutura frasal. O termo período é originário do vocábulo grego períodos, que significa circuito. O período pode ser entendido, portanto, como um conjunto de uma ou mais proposições relacionadas entre si para formar um sentido completo. (Maia, 2006: 214)

Por (b) alinhar-se com a pesquisa de Scott (2009: 184) que nos aponta: "Se um leitor não pode derivar significado de períodos individuais que compõem um texto, isso vai ser um grande obstáculo na compreensão do nível do texto." (tradução nossa)

Por (c) tomar como referência o desempenho de alunos do ensino fundamental do Projeto LER que demonstraram, inicialmente, uma inabilidade em identificar o ponto de vista principal na leitura de períodos, mas que, após a participação nas diversas oficinas, tornaram-se capazes de tomar ciência da atividade de leitura e do comportamento que ela exigia do leitor, mostrando-se hábeis para identificar a ideia principal.

Diante desse índice, o primeiro aspecto a ser considerado é a extensão do período. Se um período tem mais ou menos material linguístico, pode ser caracterizado como longo ou curto, respectivamente. Esse fato pode influenciar significativamente na leitura, pois um número maior de elementos constituintes do período provavelmente demandará mais tempo de leitura.

O segundo aspecto a ser considerado é a estrutura do período. Para a atividade experimental dessa etapa do estudo, dois modelos de estrutura sintática foram escolhidos.

Quadro 1: Modelos de estrutura sintática do estudo com LAM

Modelo 1	SN + ORs + ORp + OP + SAdv	Sintagma Nominal (SN) + Oração Relativa extraída de sujeito (ORs) + Oração reduzida de particípio (ORp) + Oração Principal (OP) + Sintagma Adverbial (SAdv)
Modelo 2	SN + ORs + Obj + OP + SAdv	Sintagma Nominal (SN) + Oração Relativa extraída de sujeito (ORs) + Objeto + Oração Principal (OP) + Sintagma Adverbial (SAdv)

Fonte: elaboração dos autores

Essas estruturas sintáticas podem influenciar significativamente na leitura. As intercalações com tipos de oração subordinada diferentes constituindo o período, provavelmente, demandarão tempos de leitura irregulares, no sentido de que a leitura de uma estrutura pode acarretar maior custo de processamento, logo, maior tempo de leitura do que outra.

Com o conjunto experimental elaborado de acordo com esses dois modelos (ver quadro 2 com exemplos), após a etapa de aplicação, pudemos analisar os resultados da leitura e verificar se houve efeito de extensão e efeito de intercalação, se houve efeito de saliência da oração principal e se houve efeito de grupo.

6.2 A PLATAFORMA EXPLING

A plataforma ExpLing é o resultado de um projeto interdisciplinar das áreas de Engenharia da Computação e Informação e Psicolinguística Experimental que desponta na época da pandemia da Covid-19, exatamente, em julho de 2020. Durante o contexto pandêmico no Brasil, fomos submetidos a um confinamento social exigido por protocolos de segurança da saúde pública, com reuniões e aulas suspensas, por exemplo. As pesquisas experimentais que eram realizadas nos laboratórios, presencialmente, não puderam prosseguir, então, novas formas de experimentação na web se tornaram necessárias.

A plataforma ExpLing é uma plataforma genuinamente brasileira e foi criada como uma possibilidade de mantermos a ciência ativa, de darmos continuidade à pesquisa experimental em andamento ou de iniciarmos um novo estudo experimental, com acesso aos participantes, de modo remoto. O objetivo da ExpLing é fornecer um ambiente simples e eficiente capaz de facilitar as etapas de implementação e de análise linguística experimental na web. Ela se caracteriza como uma nova plataforma de experimentação linguística amigável ao professor-pesquisador no que diz respeito à programação de experimentos e análise de resultados voltados à Língua Portuguesa.

> O sistema (desenvolvido em PHP, JavaScript, HTML e CCS) é totalmente on-line, para não haver problemas de instalação, assim como para dar maior liberdade de local de trabalho ao pesquisador. A programação do experimento é assistida por elementos de interface gráfica, para que não seja preciso lidar com as frustrações advindas da criação de códigos. É possível pré-visualizar e rodar o que foi programado, os experimentos são hospedados pelo próprio site, que gera um *link* de compartilhamento para cada versão, tornando a publicação fácil e sem custos. Finalmente, na análise de dados, são apresentados gráficos e estatísticas preliminares, além de possibilitar a exportação dos resultados já filtrados e agrupados [...]. (Lima; Soares; Abreu, 2021: 116-7)

Além disso, a ExpLing promove o aceso do participante ao experimento, por meio de *links*, facilitando a realização do estudo com grupos geograficamente distantes; com economia de tempo, pois não há limites de participantes com acesso simultâneo e com a possibilidade de ser realizado em qualquer dia e horário. Outra vantagem é a economia de gastos como os que envolvem deslocamento dos participantes, transporte de equipamentos e consumo de energia elétrica.

Embora as vantagens sejam significativas, mencionamos as possíveis desvantagens, pois "o participante pode achar o teste longo, chato, complicado e simplesmente sair da plataforma sem terminá-lo. Além disso, vários envios de um mesmo participante também são uma desvantagem" (Lima; Soares; Abreu, 2021: 112).

Essa metodologia de experimentação via web pode contribuir com estudos da Psicolinguística Experimental relacionados a variados fenômenos linguísticos e com estudos da Educação relacionados ao planejamento pedagógico, à metodologia de ensino e de avaliação formuladas pelo docente.

6.2.1 Método

Nesse estudo, a tarefa solicitada, leitura automonitorada (LAM), consistia na leitura de períodos que apareciam na tela, divididos em cinco segmentos e eram seguidos de perguntas de compreensão, que tinham duas opções de resposta: sim ou não.[20]

6.2.1.1 PARTICIPANTES

Houve dois grupos de participantes, cada um constituído por 28 pessoas, com visão normal ou corrigida, a saber, alunos e alunas do nono ano do ensino fundamental (EF) e alunos e alunas dos cursos de Letras e de Pedagogia da Faculdade de Formação de Professores da Universidade do Estado do Rio de Janeiro (ES), não cientes do propósito do estudo.

6.2.1.2 MATERIAL

Foram construídos 4 conjuntos de períodos subordinativos, compostos, cada um, por Sintagma Nominal (SN), Oração Relativa extraída de sujeito, Oração reduzida de particípio, Oração adjetiva ou Objeto, Oração principal e Sintagma adverbial.

Quadro 2: Exemplo de conjunto de materiais do experimento

Período Longo de Aposição Alta	A adorável e entusiasmada professora/ que planejava aulas incríveis/ esgotada pelo trabalho/ dormiu muito/ no sofá ao lado da mesa.
Período Longo de Aposição Baixa	A adorável e entusiasmada professora/ que planejava aulas incríveis/ com lápis e papel/ dormiu muito/ no sofá ao lado da mesa.
Período Curto de Aposição Alta	A professora/ que planejava / esgotada pelo trabalho/ dormiu muito/ no sofá ao lado da mesa.
Período Curto de Aposição Baixa	A professora/ que planejava / aulas coletivas incríveis/ dormiu muito/ no sofá ao lado da mesa.
Pergunta de compreensão	A professora estudou muito? SIM NÃO

Fonte: elaboração dos autores

Além dos quatro conjuntos experimentais, foram incluídas no material do experimento dezesseis frases distratoras, ou seja, 2/3 do material experimental, havendo os materiais sido distribuídos em quadrado latino em quatro versões. Cada versão tinha seus materiais experimentais e distratores randomizados, de modo que os participantes liam as mesmas orações, porém, não na mesma sequência.

O equipamento utilizado no experimento foi um computador ou um notebook do próprio participante[21], com conexão à internet. O experimento foi programado na Plataforma ExpLing (Lima; Soares; Abreu, 2021).

A sessão de prática era composta por períodos com características semelhantes ao material do experimento.

6.2.1.3 PROCEDIMENTOS

Cada participante lia os períodos fragmentados em 5 segmentos (conforme quadro 2) que eram apresentados na tela de um computador ou de um *notebook* pela ação comandada pelo próprio participante, enquanto o tempo de leitura dos períodos e de resposta à pergunta de compreensão eram registrados.

Uma sessão de prática com dois períodos precedia a execução do experimento, como uma simulação e havia instruções para os participantes nas telas iniciais. Essas instruções solicitavam ao participante que clicasse com o mouse sobre uma palavra do segmento do período para que o próximo segmento surgisse na tela. Ao final do período, aparecia uma pergunta de compreensão sobre o material lido e o participante deveria escolher como resposta entre 'sim' ou 'não'. Após a escolha, o participante deveria clicar na tela para que um novo segmento de período fosse chamado à tela e a mesma dinâmica se repetiria até que todos os períodos fossem lidos. Após a prática, o próprio participante iniciava a versão experimental e a sessão completa durava, aproximadamente, vinte minutos. A última tela indicava o fim do experimento e o agradecimento pela participação.

Antes de ser aplicado, este procedimento foi testado várias vezes pelos pesquisadores a fim de que as condições essenciais para a execução, tal como o acesso à plataforma ExpLing e o registro dos dados, estivessem asseguradas.

6.3 RESULTADOS

Os resultados sobre o tempo médio de leitura estão apresentados nos gráficos de 1 a 5 e na tabela 1. Para realizarmos os testes pareados, buscamos o *teste-t*, porém como um dos pressupostos desse teste é a normalidade da amostra e essa não foi alcançada, fizemos uso do teste correspondente não paramétrico que é o teste de Wilcoxon-Mann-Whitney. As análises se concentraram em duas perspectivas: intragrupo e intergrupo. Para a intragrupo, fizemos testes pareados para cada escolaridade entre as condições: PLA x PLB e PCA x PCB e para a intergrupo fizemos testes pareados para cada condição entre os grupos.

A medida on-line foi o tempo médio de leitura dos períodos por parte dos dois grupos de participantes testados. As medidas off-line foram o índice de acertos e o tempo médio de resposta. Reportaremos inicialmente a medida do tempo médio de leitura, em que se obtiveram os resultados expressos no gráfico a seguir:

6.3.1 Análise do tempo de leitura

Gráfico 1: Tempos médios de leitura por condição EF e ES

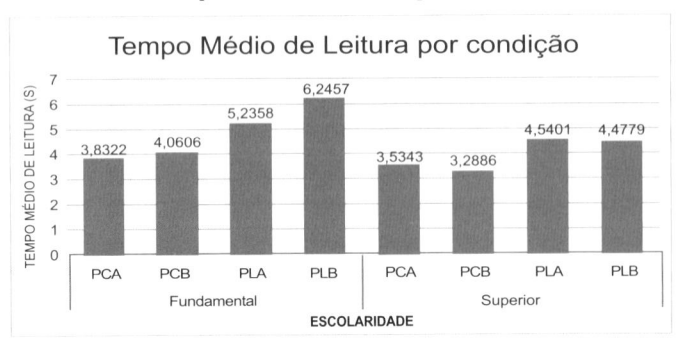

Fonte: elaboração dos autores

Observamos que, em geral, o grupo do ensino superior (ES) leu mais rápido que o grupo do ensino fundamental (EF). Em função do nível de escolaridade, esse resultado já estava dentro do esperado, pois o grupo do ensino superior já percorreu um longo percurso formativo.

Tabela 1: Resultados dos tempos médios – intragrupo

Grupos	Cruzamentos	Valor de p	Resultado
Ensino Fundamental	">>> PLA x PLB"	0.07811	Não signif ≠
	">>> PCA x PCB"	0.8128	Não signif ≠
Ensino Superior	">>> PLA x PLB"	0.4558	Não signif ≠
	">>> PCA x PCB"	0.2442	Não signif ≠

Fonte: elaboração dos autores

Gráfico 2: Análise intergrupo Condição

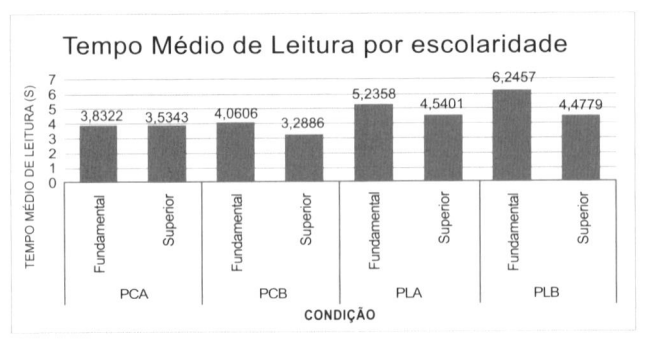

Fonte: elaboração dos autores

Na condição PCA, entre os grupos ">>> fundamental x superior" obtivemos W = 6065.5 e o p-valor 0.5292. Na condição PCB, entre os grupos ">>> fundamental x superior" obtivemos W = 6538 e o p-valor 0.09539. Na condição PLA, entre os grupos ">>> fundamental x superior" obtivemos W = 6320.5 e o p-valor 0.2347. Na condição PLB, entre os grupos ">>> fundamental x superior" obtivemos W = 7363.5 e o p-valor 0.0008573.

Para as condições PCA, PCB e PLA os resultados dos grupos são similares e não observamos diferença significativa, porém na condição PLB os resultados apontam que houve uma diferença significativa na qual o grupo do ensino fundamental realizou a leitura de modo mais lento.

6.3.2 Análise do índice de acertos (%)

Gráfico 3: Índice médio de acerto por condição

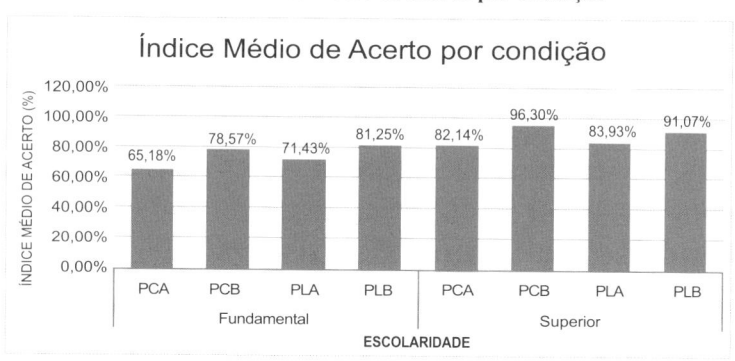

Fonte: elaboração dos autores

Observamos que o grupo do ensino superior obteve mais acurácia que o grupo do ensino fundamental, mas os dois grupos tiveram desempenho melhor nas condições PCB e PLB.

Tabela 2: Resultados do índice médio de acerto – intragrupo

Grupos	Cruzamentos	Valor de p	Resultados
Ensino Fundamental	">>> PLA x PLB"	0.1593	Não signif $\neq$
	">>> PCA x PCB"	**0.01397**	Signif $\neq$
Ensino Superior	">>> PLA x PLB"	0.1145	Não signif $\neq$
	">>> PCA x PCB"	**0.0009671**	Signif $\neq$

Fonte: elaboração dos autores

Gráfico 4: Índice médio de acerto por escolaridade

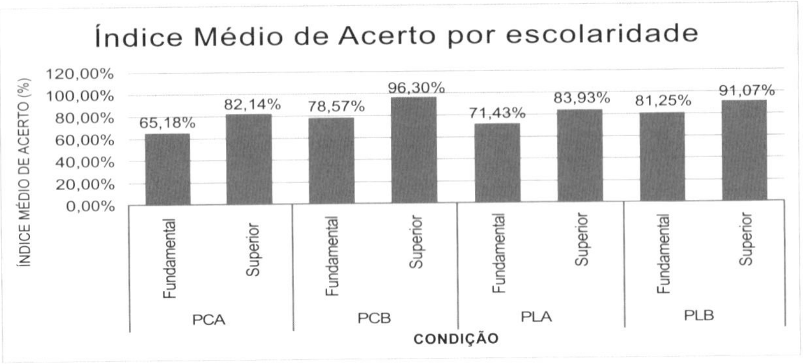

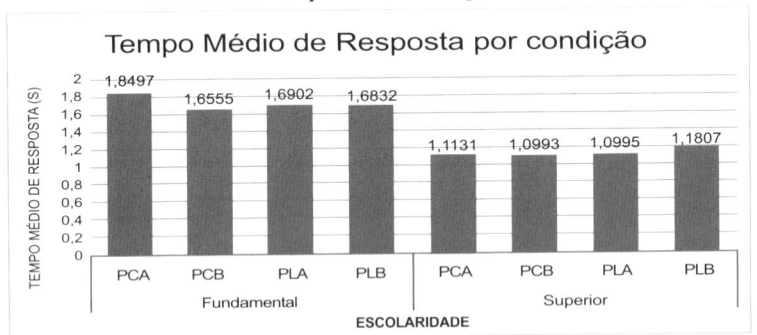

Fonte: elaboração dos autores

Na condição PCA, entre os grupos ">>> fundamental x superior" obtivemos W = 226.5, e o p-valor 0.004216. Na condição PCB, entre os grupos ">>> fundamental x superior" obtivemos W = 221.5, e o p-valor 0.001735. Na condição PLA, entre os grupos ">>> fundamental x superior" obtivemos W = 291, e o p-valor 0.07843. Na condição PLB, entre os grupos ">>> fundamental x superior" obtivemos W = 297, e o p-valor 0.08044.

6.3.3 Análise do tempo de resposta

Gráfico 5: Tempo médio de resposta por condição

Fonte: elaboração dos autores

Observamos que o grupo do ensino superior respondeu com mais presteza que o grupo do ensino fundamental em todas as condições.

Tabela 3: Resultados dos tempos médios de resposta – intragrupo

Grupos	Condições	p-valor	Resultados
Ensino Fundamental	">>> PLA x PLB"	0.7884	Não signif ≠
	">>> PCA x PCB"	0.8387	Não signif ≠
Ensino Superior	">>> PLA x PLB"	0.7081	Não signif ≠
	">>> PCA x PCB"	0.5403	Não signif ≠

Fonte: elaboração dos autores

Gráfico 6: Tempo médio de resposta por escolaridade

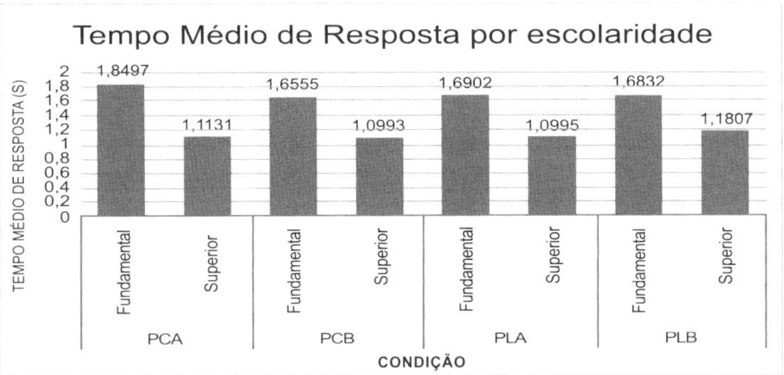

Fonte: elaboração dos autores

Na condição PCA, entre os grupos ">>> fundamental x superior" obtivemos W = 7495, e o p-valor 0.0001658. Na condição PCB, entre os grupos ">>> fundamental x superior" obtivemos W = 7617, e o p-valor 1.519e-05. Na condição PLA, entre os grupos ">>> fundamental x superior" obtivemos W = 7247, e o p-valor 5.49e-06. Na condição PLB, entre os grupos ">>> fundamental x superior" obtivemos W = 7188, e o p-valor 2.134e-05.

6.3.3.1 DISCUSSÃO

De modo geral, é possível percebermos pelas medidas on-line relativas ao **tempo de leitura** que os alunos do grupo superior leram mais rapidamente em comparação com os alunos do grupo fundamental. De certa forma, isso já era esperado pelo efeito do percurso escolar maior para o grupo superior. Ambos os grupos apresentaram menores tempos de leitura nos períodos curtos e mais dificuldade na leitura dos períodos longos, o que pode indicar um efeito de extensão, visto que nos períodos curtos havia menos material a ser lido.

Na condição PLA (período longo de aposição alta), como no exemplo, PLA: "A adorável e entusiasmada professora/ que planejava aulas incríveis/ esgotada pelo trabalho/ dormiu muito /no sofá ao lado da mesa.", os dois grupos demonstraram uma performance equivalente. Essa condição é composta por uma dupla proposição (intercalação) com estruturas sintáticas oracionais que fazem a predicação diretamente ao sujeito, o que pode ter facilitado a leitura, então, mesmo intercaladas foram mais rápidas.

No entanto, em relação à condição PLB (período longo de aposição baixa), como em "A adorável e entusiasmada professora /que planejava aulas incríveis / com lápis e papel /dormiu muito /no sofá ao lado da mesa.", o grupo do fundamental leu mais devagar que o grupo do superior. Entendemos, assim, que a condição PLB (período longo de aposição baixa) tornou a leitura mais complexa, o que pode indicar o efeito da aposição.

Com foco de análise voltado para o período (PLB), percebemos que, embora haja uma dupla intercalação que o caracteriza como "longo", essa não é composta por estruturas sintáticas iguais, pois trata-se de uma oração relativa extraída de sujeito e de um adjunto. Temos, assim, uma adjunção local que acrescenta material ao período, dificultando a predicação que não se volta para o sujeito, assim, há uma interrupção na lógica, tornando a leitura mais custosa, mais difícil.

As medidas off-line utilizadas no experimento foram o índice de acertos e o tempo de resposta. Em relação ao **índice de acertos**, observamos que o grupo do ensino superior demonstrou maior acurácia nas condições PCB e PLB, ou seja, onde há aposição baixa, como nos exemplos a seguir:

PCB: "A professora /que planejava /aulas coletivas incríveis/ dormiu muito /no sofá ao lado da mesa." e PLB: "A adorável e entusiasmada professora /que planejava aulas incríveis /com lápis e papel /dormiu muito /no sofá ao lado da mesa". Nas condições PCA x PCB, o índice de acertos foi significativamente diferente, como nos exemplos: PCA: A professora/ que planejava /esgotada pelo trabalho/ dormiu muito /no sofá ao lado da mesa. PCB: A professora /que planejava /aulas coletivas incríveis/ dormiu muito /no sofá ao lado da mesa. Nas condições PLA x PLB, conforme exemplificado em: PLA: "A adorável e entusiasmada professora/ que planejava aulas incríveis/ esgotada pelo trabalho/ dormiu muito /no sofá ao lado da mesa" e PLB: "A adorável e entusiasmada professora /que planejava aulas incríveis /com lápis e papel /dormiu muito /no sofá ao lado da mesa.", o índice de acertos não foi significativamente diferente.

Na análise intragrupo, no cruzamento entre as condições PCA x PCB os dois grupos demonstraram resultados significativamente diferentes. Então, consideramos que há diferença entre aposição alta ou baixa nos períodos curtos em que visualizamos PCA: "A professora/ que planejava /esgotada pelo trabalho/ dormiu muito /no sofá ao lado da mesa." e PCB: "A professora /que planejava /aulas coletivas incríveis/

dormiu muito /no sofá ao lado da mesa." A condição PCB obteve mais acertos e a condição PCA menos acertos.

No grupo do ensino fundamental, foi capturado que na leitura dos períodos com aposição baixa o índice de acertos foi significativo. Na condição PCB obtivemos mais acertos e na condição PCA obtivemos menos acertos. Na condição PLB obtivemos um índice de acertos maior que na condição PLA. Então, nesse grupo do fundamental a aposição baixa demonstrada nas condições PCB e PLB favoreceu a leitura e, consequentemente, o índice de acertos.

Na análise intergrupo as condições PCA x PCB apresentaram índices de acertos significativamente diferentes e as condições PLA x PLB apresentaram índices de acertos não significativamente diferentes.

Em relação ao **tempo de resposta**, o grupo do ensino superior respondeu mais rapidamente que o grupo do ensino fundamental em todas as condições. Na análise intragrupo, não obtivemos diferenças significativas entre as condições. No entanto, na análise intergrupo em todas as condições encontramos significância. Assim, nas condições PCA: "A professora/ que planejava /esgotada pelo trabalho/ dormiu muito /no sofá ao lado da mesa.", e PCB: "A professora /que planejava /aulas coletivas incríveis/ dormiu muito /no sofá ao lado da mesa.", entre o grupo do fundamental e do superior, o tempo de resposta do fundamental foi significativamente mais alto. Do mesmo modo, isso ocorreu nas condições PLA "A adorável e entusiasmada professora/ que planejava aulas incríveis/ esgotada pelo trabalho/ dormiu muito /no sofá ao lado da mesa." e PLB "A adorável e entusiasmada professora /que planejava aulas incríveis /com lápis e papel /dormiu muito /no sofá ao lado da mesa."

6.4 CONSIDERAÇÕES FINAIS

No presente capítulo, apresentamos um estudo experimental sobre leiturabilidade focado na leitura de períodos longos e de períodos curtos com aposição alta e com aposição baixa, realizado com alunos do ensino fundamental e do ensino superior. Nesse, utilizamos a técnica de leitura automonitorada na plataforma ExpLing.

A partir dos resultados encontrados, percebemos que houve efeito de grupo, pois o grupo do ensino superior leu, em geral, mais rapidamente, acertou mais e respondeu mais rapidamente, enquanto o grupo do fundamental leu mais rapidamente os períodos curtos, acertou mais nos períodos com aposição baixa e respondeu com mais lentidão em todas as condições. Houve também efeito de intercalação demonstrado pela acurácia nos períodos com aposição baixa nos dois grupos e também efeito de extensão, pois o tempo de leitura foi menor nos períodos curtos.[22]

Esperamos que, com essas considerações, tenhamos obtido dados que contribuam, ainda que indiretamente, para uma prática pedagógica no ensino fundamental na qual os docentes considerem o material de leitura a ser oferecido aos alunos, levando em conta as características desse material, ou seja, a leiturabilidade. A partir disso, com base na reflexão sobre o tema, que possam desenvolver estratégias para ampliar a consciência linguística dos alunos, auxiliando seu processo de aprendizagem.

Na próxima etapa desse estudo experimental, pretendemos lançar mão da técnica de rastreamento ocular, por meio da qual analisaremos o desempenho em leitura – de alunos do ensino fundamental e do ensino superior – pela movimentação ocular durante a tarefa de leitura de material escrito.

BIBLIOGRAFIA

ABREU, Kátia; HORA, Katharine da; PINHEIRO, Ana Cristina. Compreensão leitora, consciência sintática e metacognição sob a abordagem da psicolinguística educacional: um estudo com o 7° ano do ensino fundamental. *Revista Prolíngua* – ISSN 1983-9979, v. 15, n. 2, ago./dez. 2020, pp. 35-54.

ALLIENDE, Felipe; CONDEMARÍN, Mabel. *A leitura*: teoria, avaliação e desenvolvimento. Tradução de Ernani Rosa. Porto Alegre: Artmed, 2005, p. 215.

COLLINS-THOMPSON, Kevyn. Computational Assessment of Text Readability: A Survey of Current and Future Research. ITL – *International Journal of Applied Linguistics,* v. 165, 2014, pp. 97-135.

DALE, E.; CHALL, J. S. *The concept of readability.* Elementary English, 1949, pp. 23-6.

DUBAY, William H. *The principles of Readability*. Impact Information. Costa Mesa, California, 2004.

GERBER, R. M.; TOMICH, L. M. B. Leitura e cognição: propósitos de leitura diferentes influem na geração de inferências? *Acta Scientiarum. Language and Culture, Maringá,* v. 30, n. 2, 2008, pp.139-47

HARGIS, G., A. K. et al. *Developing quality technical information:* A handbook for writers and editors. Upper Saddle River, NJ: Prentice Hall, 1998.

HOUAISS, A. Dicionário eletrônico. 2009.

KATO, M. A. *O aprendizado da leitura.* 6. ed. São Paulo: Martins Fontes, 2007.

KIMBALL, John. Seven principles of surface structure parsing in natural language. *Cognition,* v. 2, n. 1, 1973, pp. 15-47.

KLARE, G. R. *The Measurement of Readability.* University of Iowa Press, Ames, IA, 1963.

LEFFA, V. *Aspectos da leitura*: uma perspectiva psicolinguística. Porto Alegre: Sagra: DC Luzzatto, 1996.

LIBERATO, Y.; FULGÊNCIO, L. É possível facilitar a leitura: um guia para escrever claro. São Paulo: Contexto. 2007, p. 174.

LIMA, V. P. de; SOARES, G., ABREU, K. N. M. de. ExpLing: uma plataforma amigável à experimentação linguística Web. In: VASCONCELOS, Adaylson Wagner Sousa de. (org.). *Linguística*: linguagem, línguas naturais e seus discursos. Ponta Grossa – PR: Atena, 2021, pp. 108-29.

MAIA, Marcus. *Manual de Linguística*: subsídios para a formação de professores indígenas na área de linguagem. Brasília: Ministério da Educação, SECAD; LACED/ Museu Nacional, 2006.

_____. (org.) *Psicolinguística e educação.* Campinas, SP: Mercado de Letras, 2018.

_____. (org.) *Psicolinguística e metacognição na escola.* Campinas, SP: Mercado de Letras, 2019(a).

_____. Dimensões do Processamento Sintático. In: MOTA, Maílce Borges; NAME, Cristina. (org.) *Interface linguagem e cognição*: contribuições da Psicolinguística. 1. ed. Tubarão, SC: Copiart, 2019, 2019(b), v. 1, pp. 89-114.

_____. Eye tracking sentences in language education. *Revista Diacrítica*. v. 36 , n. 1 , pp. 6-36, 2022.

MCLAUGHLIN, G. H. "SMOG grading - a new readability formula," *Journal of reading*, v. 12, n. 8, pp. 639-46, 1969.

PERFETTI, Charles A. and ADLOF; Suzanne M. 'Reading Comprehension: A Conceptual Framework from Word Meaning to Text Meaning' In: SABATINI, John P.; ALBRO, E.; O'REILLY, T. (eds.) *Measuring Up:* advances in how to assess reading ability. Maryland: Rowman & Littlefield Education, 2012.

PLAUT, D. C. Abordagens conexionistas à leitura. In: SNOWLING, M. J.; HULME, C. (orgs.) *A ciência da leitura*. Trad. de Ronaldo Cataldo Costa. Porto Alegre: Penso, 2013. pp. 42-56.

PONTES NETO, J. A. da S. Teoria da aprendizagem significativa de David Ausubel: perguntas e respostas. Série Estudos – *Periódico do Mestrado em Educação da UCDB*. Campo Grande – MS, n. 21, jan./jun. 2006, pp. 117-30.

REZENDE, L. *Desenvolvimento de habilidades cognitivas e metacognitivas de leitura em softwares e webs educativos*, 1998. Disponível em: <http://www.c5.cl./tise98/html/trabajos/desenv/>. Acesso em: 22 abr. 2022.

RICHARDS, J. C.; PLATT, J.; PLATT, H. *Longman dictionary of language teaching and applied linguistics.* London: Longman, 1992.

SASSERON, L. H. *O ensino por investigação*: pressupostos e práticas. Fundamentos Teórico-Metodológico para o ensino de Ciências: a sala de aula. Licenciatura em Ciências. USP/Univesp. Módulo 7, 2017, pp. 117-24.

SCOTT, CHERYL M. A case for the sentence in reading comprehension. *Language, Speech, and Hearing Services in School,* v. 40, April 2009, pp. 184-91.

SMITH, F. *Compreendendo a leitura*: uma análise psicolinguística da leitura e do aprender a ler. Tradução de Daise Batista. 4. ed. Porto Alegre: Artmed, 2003.

SOUSA, L. B. de; HÜBNER, L. C. Desafios na avaliação da compreensão leitora: demanda cognitiva e leiturabilidade textual. *Revista Neuropsicologia Latinoamericana*, ISSN 2075-9479, v. 7. n. 1, 2015, pp. 34-46. DOI: 10. 5579/rnl.2015.0237.

STAJNER, S. et al. *What Can Readability Measures Really Tell Us About Text Complexity?* Published, 2012; Linguistics.

ZAMANIAN, M., HEYDARI, P. Readability of Texts: State of the Art. *Theory and Practice in Language Studies, Academy Publisher,* v. 2, n. 1, January 2012, pp. 43-53. DOI: 10.4304/tpls.2.1.43-53.

7. NORM, WEIRD e a generalização para o Português Brasileiro

Raquel Meister Ko. Freitag

Recentemente, a emergência de formas na língua para marcação nominal da referência a gênero não binário, com o uso de *@*, *x*, e *e* nas flexões de nomes de pessoas, ganhou a atenção da mídia e até mesmo da classe política, com a propositura de leis que proíbem e criminalizam usos que não estejam de acordo com a gramática (Freitag, 2022). Há dez anos, a sociedade brasileira se deu conta de que mesmo os falantes cultos não seguem todas as regras da gramática, título de uma reportagem da *Folha de S. Paulo* (2011) que tratava de um episódio conhecido entre os linguistas como "a polêmica do livro didático"[23].

"Como uma regra da língua entra na gramática?" é uma pergunta cuja resposta é importante de ser esclarecida, não só para fins didático-pedagógicos, como nas aulas de linguagem na educação básica, mas também para fins legais, já que projetos de lei que criminalizam usos linguísticos precisam, por hipótese, ter uma referência para a sua aplicação: afinal, o que é ou não é regra da Língua Portuguesa? Ou, mais especificamente, o que é ou não é regra do Português Brasileiro?

Em sentido estrito, normas da língua, com suas abonações (os exemplos das regras), são codificadas na gramática, um instrumento linguístico. Quem codifica uma norma é uma pessoa, às vezes baseada na sua experiência linguística no seu contexto social imediato, às vezes baseada na descrição sistemática de usos de uma amostra de experiências linguísticas de outras pessoas, ou as duas coisas ao mesmo tempo. Os estudos da língua em uso, como os desenvolvidos pela Sociolinguística, pela Dialetologia, ou pelas abordagens baseadas no uso do Funcionalismo, também contribuem para a descrição da língua, ao identificarem padrões de usos e associarem a perfis sociais e contextos. Mas pessoas comuns, não gramáticos ou não linguistas, também são capazes, de maneira inconsciente, de processar as regras de uma língua e falar sobre elas, como vem demonstrando os estudos que seguem uma linha da linguística *folk*.

Sendo de uma pessoa baseada nas suas experiências linguísticas o papel de codificar a norma, ou sendo de um conjunto de pessoas produzindo sistematizações sobre usos linguísticos, a norma subjacente à codificação está relacionada ao conjunto de experiências e crenças sobre a língua daquele grupo, a sua consciência sociolinguística. É da natureza humana categorizar coisas. E, por ser uma tarefa humana, todo o processo de categorização, inclusive linguística, é um processo sujeito a vieses, uma distorção não intencional decorrente do senso de pertencimento a um grupo. Dentre os vieses da categorização das línguas, ou, mais especificamente, da codificação da norma, sobressaem-se aqueles relacionados aos objetivos da categorização e da amostragem adotada para essa categorização.

Este texto mostra que o processo de codificação da norma nas gramáticas do Português Brasileiro é WEIRD, baseado em amostras homogeneizadas e limitadas (Freitag, 2018). Por estar centrada na percepção e na experiência linguística das pessoas, entender o processo de codificação da norma significa acessar a consciência sociolinguística de quem se propõe a codificar a norma, mas também como a comunidade percebe a norma. Esta é uma consequência da premissa de que diferentes experiências sociolinguísticas interferem na organização das informações.

7. 1 DA DIALETOLOGIA NORM À SOCIOLINGUÍSTICA WEIRD

Podemos estudar o processo de codificação da norma sob a perspectiva da Sociolinguística, cuja agenda de pesquisa no Brasil, nos últimos 50 anos, tem se dedicado a caracterizar o que se tem chamado de Português Brasileiro, cujos resultados apontam para o distanciamento da variedade europeia, consolidando as suas características próprias.

A Sociolinguística, em especial a de orientação variacionista, se configura como um campo de pesquisa em meados do século passado, em um momento de transição da sociedade entre o rural e o urbano. Em um momento de mudanças no modo de organização da sociedade, a Sociolinguística parte da experiência e da metodologia de pesquisa de tradição dialetológica, que também tem por objetivo a documentação e descrição da língua autêntica, mas com novo foco, mais alinhado ao momento.

Tanto a Sociolinguística quanto a Dialetologia estudam a língua "real" (no sentido de não ser a especulação ou a intuição sobre a língua), a partir da documentação da língua falada por falantes autênticos. A Dialetologia tradicional assumia uma perspectiva de quase que fazer uma arqueologia linguística, buscando identificar estágios mais antigos da língua, a partir da documentação de dialetos rurais tradicionais.

Os diferentes tipos de estudos de natureza dialetológica, segundo Chambers e Trudgill (1998: 29), independentemente de onde foram realizados, têm em comum um perfil específico de falante da língua, o falante "puro", que corresponde ao acrônimo em inglês NORM (*non-educated, old, rural, man*), que, na versão em português pode ser denominado como HARAS ("homem, adulto, rurícola, analfabeto e sedentário"), como propõe Zágari (1998: 36). As mudanças na sociedade brasileira, que levaram a uma população predominantemente urbana, com relativa mobilidade geográfica e social, demandam outras formas de realizar pesquisa, assim como outra configuração de amostra de fala para captar a dinâmica da língua em uso. A representatividade da população, nesse novo cenário, precisa considerar não só a localização, antes restrita a regiões rurais, mas também a diversidade de perfis para além do NORM.

É nesse contexto que emerge a Sociolinguística Variacionista, que, na busca por maior representatividade, passa a empregar as técnicas de documentação da língua para a região urbana, considerando a sua diversidade em termos de classe social, gênero, etnicidade, idade e outras formas de indexação social. Em decorrência dessas mudanças, o perfil NORM é abandonado, até mesmo entre as vertentes dialetológicas contemporâneas (Chambers; Trudgill, 1998: 188).

Apesar de ser construída sob uma perspectiva que se define em busca de representatividade, existem limitações nos procedimentos metodológicos que tornam a abordagem sociolinguística bastante restrita (Freitag, 2018), indo em uma direção oposta ao NORM, e se aproximando do WEIRD, pelo menos na realidade brasileira. Vejamos.

A constituição de amostras sociolinguísticas se apoia em uma técnica "aleatória estratificada", na qual a população-alvo é subdividida por grupos de interesse de modo que todos os falantes pertençam a um e somente um grupo e tenham a mesma chance de serem selecionados. No entanto, na prática, na realidade das amostras sociolinguísticas brasileiras, o que se verifica é o uso de técnicas de amostragem por conveniência, seja pela inabilidade ou impossibilidade para encontrar certos segmentos da população (como, por exemplo, pessoas jovens com pouca ou nenhuma escolarização, nos grandes centros urbanos), seja pela colaboratividade e proximidade necessárias para a realização de entrevistas sociolinguísticas (protocolo de coleta de dados em que entrevistador e entrevistado interagem por cerca de uma hora). É frequente a referência às técnicas bola de neve, ou amigo do amigo, estratégias em que a partir do contato com um participante da coleta de dados são acionados outros, constituindo uma rede. Geralmente a coleta de dados das pesquisas sociolinguísticas é realizada por universitários, que buscam participantes nas suas redes, levando a um enviesamento amostral WEIRD (considerando que somente cerca de 21% da população brasileira adulta têm diploma de nível superior).

Outra decisão metodológica que contribui para a consolidação do perfil WEIRD nas amostras sociolinguísticas é a limitação do preenchimento das células da estratificação por grupo de interesse. Em geral, em função dos custos, são recrutados de dois a quatro participantes, o que representa uma fatia da população muito menos expressiva e insuficiente para atingir a condição de saturação. As questões de representatividade na Sociolinguística não se resumem às práticas no cenário brasileiro: Eckert (2003) questiona o conceito de "falante autêntico" e o quão representativo da comunidade ele o é, um questionamento bastante pertinente nas amostras sociolinguísticas brasileiras, que restringem seus participantes a um perfil de autenticidade relativa ao pertencimento à comunidade (nascido e criado, filho de nascido e criado etc.). Meyerhoff e Stanford (2015) alertam para os efeitos de uma sociolinguística globalizante, advogando pelo afastamento dos participantes WEIRD que dominam a pesquisa em Ciências Sociais e que também tiveram uma influência desproporcionalmente forte na Sociolinguística, e destacando a importância de *insights* que uma perspectiva de pesquisa menos WEIRD pode proporcionar. Blum (2017) alerta para o perigo de conclusões muitas vezes circulares, com correlação e causa equivocadas, que se baseiam em populações limitadas ou polarizadas, como é o caso de amostras WEIRD e NORM.

A porta de entrada da Sociolinguística no Brasil, o projeto Competências Básicas do Português (Lemle; Naro, 1977), tinha como amostra um segmento relativamente mais próximo do NORM do que as amostras sociolinguísticas contemporâneas: adultos que à época participavam do Mobral, um programa de alfabetização de adultos. Os parâmetros para o estudo dos padrões de concordância no Português Brasileiro foram estabelecidos nesta amostra, tal como a saliência fônica e a posição. Embora não seja constituída dentro da perspectiva sociolinguística, a amostra do projeto NURC (Norma Urbana Culta) é potencialmente a amostra linguística oral diacrônica mais antiga do Português Brasileiro, e tem sido usada como base para gramáticas contemporâneas do Português Brasileiro (Freitag, 2019)

A amostra do NURC abrange cinco principais capitais com mais de 1 milhão de habitantes à época da proposta do projeto, em 1968: Rio de Janeiro, São Paulo, Porto Alegre, Salvador e Recife. Todos os participantes têm diploma de nível superior, e seguem a estratificação que outras amostras sociolinguísticas também adotam. Se amostras sociolinguísticas já são potencialmente WEIRD, o NURC é uma amostra WEIRD por excelência, não só pela verticalização da escolaridade dos participantes, mas porque o simples o acesso à educação superior no Brasil na década de 1970 já era indicativo de origem socioeconômica em estratos mais altos. Lucchesi (2015: 156) estima em 6,77% os brasileiros falantes da norma culta nos anos 2000; na década de 1970, este número era infinitamente menor. Uma descrição de norma baseada em uma amostra com esta constituição, como é o caso das gramáticas contemporâneas do Português Brasileiro (cf. Castilho, 2010; Bagno, 2013), realiza um movimento de troca de normas: da norma lusitana que foi codificada nas gramáticas brasileiras no final do século XIX (Faraco, 2008) para uma norma urbana culta e elitista, que é codificada nas gramáticas da virada do milênio, em suma, WEIRD.

Assim, o que é descrito como "Português Brasileiro" substancialmente dependente da amostra linguística selecionada para tal descrição. A prática de pesquisa em relação ao dimensionamento de amostras para a descrição linguística de natureza sociolinguística advém de práticas dialetológicas em busca do falante "puro", NORM. A Sociolinguística urbana, tal como delineada por William Labov (2006) para o estudo do inglês de Nova Iorque, considera uma amostra de natureza probabilística. Na prática brasileira, no entanto, a amostragem sociolinguística é por voluntariedade e conveniência, por meio do modelo "bola de neve" (um amigo que indica um amigo), formando bolhas de segmentos da comunidade que compartilham de traços comuns, e que são assumidas como se fossem homogêneas a toda a comunidade (Freitag, 2018). Por outro lado, as gramáticas contemporâneas do Português Brasileiro são essencialmente baseadas em descrições da amostra do projeto NURC, cujo perfil dos falantes se aproxima ao máximo do que conhecemos por WEIRD.

Hipóteses de polarização do Português Brasileiro, em uma norma culta e uma norma popular, são baseadas em evidências advindas de amostras igualmente polarizadas. Os padrões de concordância identificados no projeto Competências Básicas do Português, com participantes do Mobral, são diametralmente opostos aos padrões identificados na amostra do NURC, com participantes com diploma de nível superior. Do ponto de vista das descrições sociolinguísticas, embora se reconheça que os perfis NORM e WEIRD são extremos na sociedade brasileira, mas que, por finalidade prática (e restrições orçamentárias), são assumidos como polarizados e pareados, e que, por isso, levam a uma distorção sobre o que é o Português Brasileiro. É preciso, pois, pensar em abordagens para o preenchimento de informações descritivas do português brasileiro nos entremeios NORM e WEIRD da sociedade atual. Por outro lado, conceitos precisam ser reconsiderados quando as investigações abarcam outras realidades que não somente as comunidades urbanas e monolíngues (Meyerhoff, 2019).

7.2 A PERCEPÇÃO DA REGRA E OS PERFIS SOCIAIS

Uma das premissas basilares da Sociolinguística é a de que a língua é caracterizada por heterogeneidade sistemática, o que leva à proposição de regras variáveis. No entanto, a heterogeneidade sistemática não se manifesta apenas no nível da organização da gramática: é possível observar diferenças no modo como as regras variáveis são processadas por diferentes grupos na sociedade. O processamento da variação linguística pode ser observado por meio do acesso à consciência linguística dos falantes.

Independentemente do grupo social, os falantes desenvolvem consciência sobre a língua, um conjunto de conhecimentos específicos sobre a língua: não só a estrutura e gramática, mas também conhecimento sobre os aspectos sociais de uma língua, incluindo variação linguística, variabilidade no ajuste entre falante e audiência e intenções do falante, a consciência sociolinguística (Freitag, 2021). Todos os falantes, em algum momento, mobilizam a consciência sociolinguística ao tentar explicar por que uma pessoa fala diferente. Sobre a consciência sociolinguística age a força do prescritivismo, conjunto de práticas metalinguísticas normativas, com foco no valor de correção, no uso "correto", de acordo a norma codificada na gramática, essa mesma gramática WEIRD.

A tensão entre a norma codificada e o uso pode levar a diferentes maneiras de se processar a variação linguística, especialmente em momentos de menor estabilidade do sistema, como em processos de mudança incipientes. A consciência sociolinguística é sensível à percepção diferente em função de frequências, ou processa os usos como regras diferentes? Vejamos dois fenômenos variáveis do português brasileiro que permitem visualizar a diferença no processamento das regras, como a marcação de gênero não binário e a palatalização de oclusivas, e os efeitos de saliência e frequência.

7.2.1 Marcação de gênero

Os nomes, em português brasileiro têm gênero gramatical, um traço cujas origens remontam ao latim. O gênero gramatical do português é binário, masculino e feminino, mas sem o gênero neutro latino marcado morfologicamente. Enquanto em algumas línguas, entidades como "a lua" ou "o sol" não têm gênero gramatical, ou são marcadas com gênero neutro, em português brasileiro, estas entidades precisam ser marcadas por um gênero binário porque é um requisito gramatical de concordância. Não há razão no mundo para que "a lua" tenha que ser do gênero gramatical feminino e "o sol" tenha que ser do gênero gramatical masculino, mas há uma razão na gramática que requer uma marca morfológica, e esta marca é binária: masculina ou feminina. Sem esta marca, outros níveis de organização da língua são afetados.

Figura 1: Concordância de gênero em grupos de gêneros iguais.

menin{-os}   menin{-as}

Fonte: imagem da autora

Figura 2: Concordância de gênero em grupos de gêneros mistos.

menin{-os}   menin{-os}

Fonte: imagem da autora

O gênero gramatical é obrigatório na gramática do português brasileiro, realizado por morfemas flexionais específicos para masculino e para feminino; e o gênero dos nomes concorda com o gênero social dos corpos com gênero. A concordância de gênero no singular com gênero social corresponde a uma realização binária simétrica. O sexismo da sociedade começa a emergir no código gramatical na concordância de gênero no plural. Em grupos de iguais, o plural segue o mesmo padrão de gênero do singular: "os meninos" e "as meninas" (figura 1). Em um grupo misto, mesmo que a maioria seja do gênero feminino, a forma de referência é o gênero masculino (figura 2). Este fato tem sido explicado como significando que o gênero masculino é o gênero não marcado (Camara Jr, 1970). Como resultado, o gênero masculino é uma assumido como um gênero genérico.

Mas o sexismo no português brasileiro vai além do sistema binário: {-o} é assumido como uma forma não marcada, o gênero não marcado, supergeneralizado como gênero genérico (Freitag, 2022). Além da dominância de gênero com o masculino genérico, outro problema é a ausência de um morfema específico para corpos de gênero que não se identificam com o binário, uma marca de gênero não binário ou um gênero neutro. É neste contexto que emerge um morfema para expressar gênero não binário, {-e}, como em "menine". O modo como esse novo morfema se acomoda na língua é interpretado de maneiras diferentes: podemos identificar uma regra do gênero inclusivo, e uma regra do gênero neutro.

A regra do gênero inclusivo se insere em um conjunto de ações para tirar o foco do genérico masculino, não apenas em português brasileiro, mas em várias línguas. Para tanto, são utilizadas expressões que fazem referências genéricas sem utilizar traço gramatical de gênero que direciona para o genérico masculino. Em vez de assumir o masculino genérico na concordância em grupos mistos, todos os gêneros são incluídos: "meninos e meninas".

O movimento do gênero neutro reivindica formas de expressão de não binarismo ou neutralidade de gênero. Diferentes estratégias linguísticas já foram testadas para codificar informações de não identificação de gênero, ou gênero não binário; dentre elas, {-e} é a forma que se mostra mais produtiva (Schwindt, 2020). No plural, dois padrões de uso podem ser identificados: em um padrão, {-e} é um morfema de expressão de gênero não binário. Em outro padrão, {-e} é um morfema de gênero neutro. Assim, um grupo de "meninos e meninas" é referido como "menines", sem discriminar o gênero. Em uma abordagem de gênero inclusiva, o mesmo grupo é referido como "meninos", "meninas" e "menines".

Durante o processo de emergência de um morfema para gênero não binário, é possível inferir duas regras: a regra de gênero não binário, em que o novo morfema é usado para se referir ao gênero de corpos que não se identificam com o binário, e a regra de gênero neutro, em que o não binário é usado para referência genérica, substituindo o padrão genérico masculino.

As mudanças na língua acontecem acima ou abaixo do nível de consciência. Quando a sociedade toma consciência de uma mudança linguística, especialmente quando ela está associada à identidade e representação de grupos minoritários, os grupos hegemônicos, WEIRD, reagem. E a reação a esta mudança linguística tem sido forte: no início de 2021, havia seis projetos para criar uma lei para criminalizar o uso de "linguagem neutra em termos de gênero", e somente em nível federal. Como podemos entender esta reação ao nível da criminalização do uso linguístico? Como entender esta reação forte e repressiva através de leis que proíbem e criminalizam um uso linguístico senão pela hegemonia do masculino dominante sentir-se ameaçada e reagir a ela com as armas que dispõe? A observação do processo durante o tempo pode mostrar como estas regras conflitantes serão resolvidas.

7.2.2 Percepção e o monitor sociolinguístico

O monitor sociolinguístico (Labov et al., 2016, 2011) é um constructo usado para aferir aspectos perceptuais da variação linguística quantitativa em abordagens experimentais, como os estudos de percepção sociolinguística, e visa mensurar o quanto os falantes são sensíveis às diferenças de frequência de uso de uma mesma variante. Esta abordagem pode, também, mostrar as diferenças de percepção entre grupos de falantes de diferentes perfis sobre o mesmo processo variável. O monitor sociolinguístico é uma estratégia metodológica para possibilitar uma abordagem integrativa da produção, percepção e processamento. Vejamos uma aplicação desta abordagem no fenômeno variável da palatalização.

No português brasileiro existem duas realizações para /t/ e /d/ em dois contextos diferentes: 1) realizações oclusivas, como em "medida" e "batida" e 2) realizações palatais, como "medʒida" e "batʃida". Nesse contexto, a vogal seguinte /i/ é o gatilho do processo de palatalização, por isso é chamado de palatalização regressiva.

Outro contexto onde pode ocorrer a palatalização é quando o glide /y/ antecede /t/ e /d/, e que também pode ter duas realizações: 1) oclusivas, como "peito" e "doido" e 2) palatais, como "petʃo" e "dodʒo". Esse contexto é chamado de palatalização progressiva.

No Brasil, a palatalização regressiva é um fenômeno variável, e em Sergipe, em particular, a variação nos dois contextos de palatalização co-ocorre, mas com diferentes significados sociais.

Quanto à frequência, identificamos um processo de mudança em andamento com o incremento da frequência da variante palatal no contexto regressivo, impulsionada pelo uso por falantes mais escolarizados, mais jovens e urbanos. Por outro lado, o contexto progressivo apresenta uma redução na frequência da variante palatal, que é mais usada por pessoas menos escolarizadas, mais velhas e residentes em regiões não urbanas (Freitag, 2015).

A pergunta é: por que um aumenta e outro diminui, se o processo é o mesmo, o que muda é apenas o gatilho (se é antes da consoante ou depois)?

Encontramos pistas que podem explicar essa diferença no planejamento: a palatalização é um processo que aparece em gramáticas prescritivas, que são instrumentos linguísticos, com valorização da palatalização em contexto regressivo, associada ao falar de prestígio:

> "Por ser amplamente distribuído no território brasileiro, e por constituir pronúncia de prestígio, essa palatalização não é repelida por ninguém. Ao contrário, a pronúncia [di] e [ti], sem palatalização, que é tida como 'regional' (nordestina ou 'caipira', por exemplo)." (Bagno, 2013: 325)
> "Em português, [ts] é apenas 'outra pronúncia', isto é, um alofone do fonema /t/, usual em certas áreas do Brasil, como o Rio de Janeiro, quando /t/ precede /i/, oral ou nasal." (Azeredo, 2008: 375)

> "As linguodentais /t/ e /d/ seguidas de i podem palatalizar-se: tinta e digna podem soar /txinta/ e /djigno/. Evite-se o exagero dessas palatalizações." (Bechara, 2009: 70)

Outras pistas da saliência decorrem do fato de que o contexto progressivo é suscetível de reparos, e é objeto de memes e piadas, o que não ocorre com o contexto regressivo (pelo menos em Sergipe).

O processo de palatalização regressiva tem levado à variação entre "tia" ~ "tʃia" e "dia" ~ "dʒia" em Sergipe, com a variante oclusiva como predominante e caracterizadora da comunidade (o falante "autêntico e representativo"), e a variante palatal está em processo de implementação, liderada por mulheres, mais escolarizadas e da capital, um perfil próximo do WEIRD (Freitag; Souza Neto; Correa, 2019). Por outro lado, o processo de palatalização progressiva, com "oito'~ "oitʃo" e "doido" ~ "doidʒo" tem seguido a direção contrária, com a variante palatal em processo de desuso, restrita a homens, mais velhos, menos escolarizados e do interior, um perfil próximo do NORM (Freitag, 2015).

O protocolo do monitor sociolinguístico consiste na apresentação de um conjunto de estímulos com diferentes gradações de uma variável sociolinguística (100% - 70% - 50% - 30% - 0%). A tarefa dada ao participante é julgar o conjunto de estímulos auditivos quanto ao profissionalismo do locutor em uma escala Likert de 7 pontos, em que 1 significa trocar de profissão e 7 significa muito profissional. Originalmente, este experimento foi desenvolvido para medir a sensibilidade à percepção da realização variável do –ing no inglês americano (Labov et al., 2006, 2011), cujos resultados sinalizaram que a frequência de ocorrência da variante estigmatizada interfere no julgamento dos ouvintes de maneira exponencial.

Uma replicação do experimento do monitor sociolinguístico foi realizada com participantes da comunidade de fala sergipana (n = 304), estratificados quanto à escolarização e à região de residência (Freitag, 2019). A situação desenvolvida para a tarefa experimental foi a avaliação de treinos de uma candidata à locutora de um programa jornalístico de saúde, com manchetes elaboradas para conter as variantes alvo, em diferentes proporções, e com o travamento de outros traços variáveis que potencialmente pudessem interferir no julgamento.

Depois de gravados, o conjunto de estímulos foi montado misturando as duas realizações (palatal e oclusiva), o que resultou 5 conjuntos de manchetes de programa de vida saudável, com um gradiente de palatal que vai de nenhuma (0%) a todas (100%). Na tarefa experimental, os participantes foram convidados a ouvir os treinos de locução de uma candidata a uma vaga em uma emissora de rádio, atribuindo nota de 1 a 7 para cada um dos 5 conjuntos, em duas rodadas (uma para palatalização regressiva e outra para a palatalização progressiva) , considerando o profissionalismo da candidata.

Os resultados apontam que a gradiência da palatalização regressiva não é significativa para a avaliação na comunidade: as respostas foram estáveis. O mesmo não se pode dizer da palatalização progressiva: há diferenças quanto ao nível de escolarização – quanto maior a escolarização, mais estável o julgamento (figura 3) – e quanto à região de residência – as notas atribuídas pelos participantes residentes no interior são superioras às notas atribuídas pelos participantes residentes na capital (figura 4).

Figura 3: Monitor sociolinguístico e a escolarização.

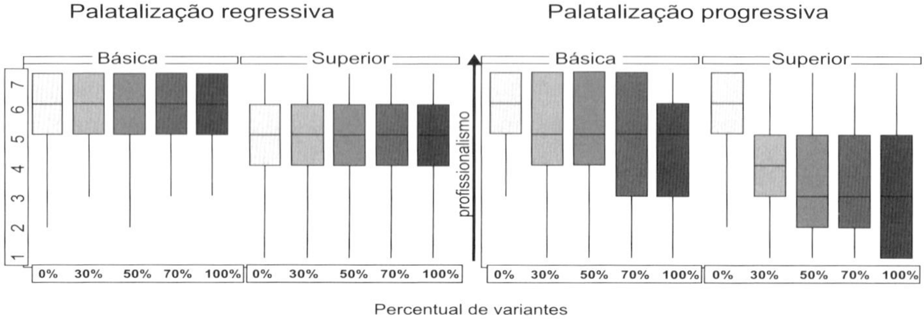

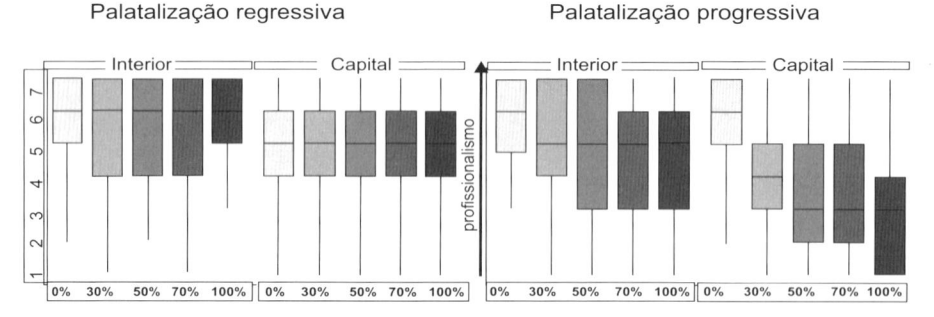

Percentual de variantes

Figura 4: Monitor sociolinguístico e a região de residência.

Percentual de variantes

Comparando os dois processos e o efeito dos grupos, as notas atribuídas pelos participantes mais escolarizados (ensino superior) foram inferiores às notas atribuídas pelos participantes menos escolarizados, o que pode apontar tanto para o efeito da frequência como para o efeito da insegurança linguística que é construída a partir de um padrão normativo codificado por um perfil WEIRD. Do mesmo modo, as notas dos residentes da região da capital foram inferiores às atribuídas pelos participantes residentes no interior.

Assim como no estudo original, todos os participantes, independentemente do grupo, se mostraram sensíveis às regras sociolinguísticas que regem a variação na palatalização progressiva, mudando o seu julgamento diante da discriminação de diferenças de frequência tão pequenas quanto 20%. Quando as frequências da variante progressiva aumentam, o efeito na nota se torna mais acentuado dentro do grupo dos mais escolarizados, assim como no grupo dos residentes na capital. O efeito perde significância dentro dos grupos de participantes menos escolarizados e residentes no interior.

Estes resultados apontam para a relação entre frequência e saliência, que é diferente entre os grupos sociais constituídos dentro da comunidade. Esses resultados colocam em xeque o perfil de falante autêntico e representativo: quem seria esse falante? Da capital ou do interior? Mais ou menos escolarizado?

Falantes fazem diferentes avaliações conscientes e inconscientes sobre diferentes variedades linguísticas, tanto variedades dialetais quanto variedades com interferência de outra língua, como resultado da sua consciência sociolinguística. A percepção e a experiência linguística das pessoas modelam a sua consciência sociolinguística, por isso, a compreensão dos mecanismos cognitivos pelos quais a variação sociolinguística é processada, especialmente as ligações entre os diferentes níveis da gramática e informações sociais, é importante para desvelar os processos de como a norma é codificada. Diferentes grupos têm experiências linguísticas diferentes, portanto, consciências sociolinguísticas diferentes.

7.3 CONCLUSÕES

A heterogeneidade sistemática é uma premissa da Sociolinguística, mas, por razões metodológicas, acaba se transformando em uma homogeneização padronizadora, em alinhamento ao perfil WEIRD. Este problema não é exclusivo da Sociolinguística brasileira (cf. Eckert, 2003; Meyerhoff; Stanford, 2015; Meyerhoff, 2017; Freitag, 2018), mas, no cenário brasileiro, a premissa da heterogeneidade sistemática está presente nos documentos orientadores dos currículos da educação básica, que enfatizam a importância do tratamento da diversidade e da variação linguística. A escola explora a consciência linguística de modo particular no aprendizado inicial da leitura, com a consciência fonológica e morfossintática, que contribuem para a automaticidade na decodificação e compreensão leitora. A consciência sociolinguística, no entanto, é ainda pouco explorada, mesmo nos estudos sociolinguísticos.

Todos os falantes de uma língua desenvolvem consciência sobre ela, em diferentes níveis: a) estrutura e gramática (isso é português, isso não é português);

b) aspectos pragmáticos, como os ajustes entre falante e audiência e suas intenções comunicativas, como a língua pode ser deliberadamente manipulada para efeitos persuasivos; c) aspectos sociais de uma língua (falante jovem vs. idoso, mais ou menos escolarizado, morador da capital vs. interior) e o reconhecimento de como padrões sociais e discursivos são mutualmente constitutivos, e como os falantes estão amplamente imersos e condicionados por estes padrões linguísticos da comunidade, a consciência sociolinguística.

A consciência sociolinguística é formulada entre o NORM e o WEIRD, mas a postulação da norma codificada é baseada mais alinhada ao WEIRD, mesmo em abordagens sociolinguísticas. Podemos ver evidência deste pareamento nos estudos de descrição da variação, em especial pelos processos de amostragem e segmentação de grupos. Mas é nos estudos de percepção das regras variáveis que as diferenças ficam mais evidentes.

Os perfis NORM e WEIRD são extremos na sociedade brasileira, mas que, por finalidade prática (e restrições orçamentárias), são assumidos como polarizados e pareados, e que, por isso, levam a uma distorção sobre o que é o português brasileiro. Faltam abordagens para o preenchimento de informações descritivas do português brasileiro nos entremeios NORM e WEIRD da sociedade atual. Mais tarefas para uma agenda de pesquisa já engajada na compreensão dos mecanismos cognitivos pelos quais a variação sociolinguística é processada, bem como nas ligações entre os diferentes níveis da gramática e informações sociais. Torna-se latente a necessidade de incrementar métodos de coleta de dados e de análise para suprir essa lacuna descritiva.

BIBLIOGRAFIA

AZEREDO, J. C. de. *Gramática Houaiss*. São Paulo: Publifolha, 2008.

BECHARA, E. *Moderna gramática portuguesa*. Rio de Janeiro, Nova Fronteira, 2009.

BLUM, S. D. Unseen WEIRD assumptions: The so-called language gap discourse and ideologies of language, childhood, and learning. *International Multilingual Research Journal*, v. 11, n. 1, 2017, pp. 23-38.

CÂMARA Jr, J. M. *Estrutura da Língua Portuguesa*. Vozes. Petrópolis, Rio de Janeiro, 1970.

CASTILHO, A. T. de. *Nova Gramática do Português Brasileiro*. São Paulo, Contexto, 2010.

CHAMBERS, J. K.; TRUDGILL, P. *Dialectology*. Cambridge, Cambridge University Press, 1998.

ECKERT, P. *Elephants in the room. Journal of sociolinguistics*, v. 7, n. 3, 2003, pp. 392-7.

FARACO, C. A. *Norma culta Brasileira*: desatando alguns nós. São Paulo, Parábola, 2008.

FOLHA DE SÃO PAULO. *Mesmo falantes cultos não seguem a norma padrão*, 22 maio 2011. Disponível em: <https://www1.folha.uol.com.br/fsp/cotidian/ff2205201115.htm>.

FREITAG, R. M. K. Socio-stylistic aspects of linguistic variation: schooling and monitoring effects. Acta Scientiarum. *Language and Culture*, v. 37, n. 2, 2015, pp. 127-36.

_____. Amostras sociolinguísticas: probabilísticas ou por conveniência? *Revista de estudos da linguagem*, v. 26, n. 2, 2018, 667-86.

_____. NURC, um banco de dados sociolinguístico. In: OLIVEIRA JR., M. (ed.). *NURC-50 anos*. São Paulo, Parábola, 2019, pp. 125-34.

_____. Effects of the linguistics processing: Palatals in Brazilian Portuguese and the sociolinguistic monitor. *University of Pennsylvania Working Papers in Linguistics*, v. 25, n. 2, 2020, pp. 1-10.

_____. O desenvolvimento da consciência sociolinguística e o sucesso no desempenho em leitura. *Alfa: Revista de Linguística*, v. 65, 202, e13027.

_____. Conflito de regras e dominância de gênero. In: BARBOSA FILHO, F. A.; OTHERO, G. A. (eds.). *"Linguagem neutra" língua e gênero em debate*. São Paulo, Parábola, 2022, pp. 10-20.

_____; SOUZA NETO, A. F. de; CORRÊA, T. R. A. Panorama da palatalização em Sergipe. In: LOPES, N. S.; SANTOS, E. S.; CARVALHO, C. S. (eds.). *Língua e Sociedade*: Diferentes Perspectivas, Fim Comum. São Paulo, Blucher, 2019, pp. 63-80

LABOV, W. et al. Listeners' sensitivity to the frequency of sociolinguistic variables. *University of Pennsylvania Working Papers in Linguistics*, v. 12, n. 2, 2006, pp. 1-10.

_____. et al. *Properties of the sociolinguistic monitor. Journal of Sociolinguistics*, v. 15, n. 4, 2011, pp. 431-63.

_____. *The social stratification of English in New York City*. Cambridge, Cambridge University Press, 2006.

LEMLE, M.; NARO, A. J. *Competências básicas do português*. Relatório final de pesquisa apresentado às instituições patrocinadoras, Fundação MOBRAL e Fundação Ford. Rio de Janeiro, 1977.

LUCCHESI, D. *Língua e sociedade partidas*: a polarização sociolinguística do Brasil. São Paulo, Contexto, 2015.

MEYERHOFF, M. Unnatural bedfellows? The sociolinguistic analysis of variation and language documentation. *Journal of the Royal Society of New Zealand*, v. 49, n. 2, 2019, pp. 229-41.

_____; STANFORD, J. N. "Tings change, all tings change": the changing face of sociolinguistics with a global perspective. In: SMAKMAN, D.; HEINRICH, P. (eds.). *Globalising sociolinguistics*. London/New York, Routledge, 2015, pp. 21-35.

SCHWINDT, L. C. Sobre gênero neutro em português brasileiro e os limites do sistema linguístico. *Revista da ABRALIN*, v. 19, n. 1, 2020, pp. 1-23.

ZÁGARI, M. R. L. Os falares mineiros: esboço de um Atlas Linguístico de Minas Gerais. In: AGUILERA, V. A. (ed.). *A Geolinguística no Brasil*: caminhos e perspectivas. Londrina, Editora da Universidade Estadual de Londrina, 1998, pp. 31-54.

8. Processamento da variação e variação no processamento

Mercedes Marcilese

Um estudo publicado em 2015 reportou que os homens holandeses representam a população mais alta do mundo, com uma estatura média de 1,85 m (Stulpt et al., 2015). Mulheres guatemaltecas, por sua vez, estão entre as mais baixas do planeta, medindo por volta de 1,45 m (Oyesiku et al., 2013). A altura dos seres humanos é uma característica fortemente hereditária e bastante variável, não apenas quando populações distintas são comparadas, mas também no interior de um mesmo grupo social. Além da estatura, outras características físicas apresentam graus consideráveis de diversidade entre os humanos: o tom da pele, do cabelo e dos olhos, a composição corporal etc. Apesar dessas diferenças, a variação genética entre os membros da nossa espécie é relativamente pequena e, o que é mais importante, o principal volume de variabilidade pode ser observado entre indivíduos de um mesmo grupo e não, como poderia se imaginar, entre indivíduos de grupos distintos. Cerca de 85% da variação genética já observada ocorre no interior das populações, enquanto apenas 15% representam variações entre grupos distintos[24].

Quando consideramos as línguas humanas o quadro não é muito diferente: segundo o Etnologue (https://www.ethnologue.com/), existem hoje 7.151 línguas vivas documentadas. Assim como seus usuários, as línguas são diversificadas e naturalmente propensas à variação. Uma comparação entre essas línguas revelaria um impressionante inventário de diferenças, mas até que ponto elas representam uma distância incontornável entre seus falantes? Da mesma forma que a variabilidade física entre os membros da espécie ocorre tanto entre pessoas de grupos distintos quanto no interior de um mesmo grupo, a variabilidade linguística também pode ser observada no interior de um mesmo sistema. Idade, sexo, nível de escolaridade, origem geográfica, profissão... toda uma gama de fatores de cunho social condicionam e modulam o uso da língua.

Você pode estar se perguntando, *como* e *o que* estudar diante de tanta diversidade? Henrich, Heine e Norenzayan (2010) consideram que a maior parte dos estudos sobre o comportamento e a psicologia humanos conduzidos até então estão baseados em amostras que não seriam suficientemente representativas da espécie. Isso porque a esmagadora maioria das pesquisas têm sido desenvolvidas tomando como referência as denominadas populações WEIRD (*Western, Educated, Industrialized, Rich, Democratic*). Os bancos de dados de boa parte dos estudos experimentais em psicologia, ciências cognitivas, psicolinguística, economia etc. são compostos basicamente por estudantes universitários norte-americanos. Um dos pontos levantados pelos autores é que a grande variabilidade observada quando populações diversas são efetivamente investigadas dificulta a identificação de características psicológicas e comportamentais humanas "verdadeiramente universais".

A variabilidade é inerente à espécie, mas ao mesmo tempo, não é simples determinar o quanto uma dada "diferença" é de fato relevante para a compreensão da natureza humana. Essa discussão traz à tona uma série de questões centrais para os estudos sobre a cognição, dentre as quais destacamos aqui: (i) O que nos define como espécie? (ii) Quais são os limites e alcances da variabilidade observada quando grupos diversos são contemplados? (iii) Em que medida a metodologia empregada tradicionalmente nas pesquisas permite caracterizar de forma adequada tanto o que há de comum quanto aquilo que é passível de variação? Postas essas questões, e considerando as línguas humanas como eixo principal, neste capítulo iremos tecer uma reflexão sobre esses três pontos a partir de achados de pesquisas conduzidas nos âmbitos da psicolinguística experimental, da sociolinguística variacionista, da linguística teórica e da psicologia cognitiva.

8.1 DIFERENTES, MAS IGUAIS: O QUE NOS FAZ HUMANOS?

Meses antes das primeiras palavras vem o primeiro choro. O choro representa o principal meio de comunicação dos bebês desde o nascimento e seus cuidadores podem reconhecer necessidades básicas dos recém-nascidos – como fome, sono ou desconforto – em função dessas vocalizações. Como qualquer pessoa, bebês diferentes têm vozes diferentes, alguns produzem choros mais "enérgicos" enquanto outros parecem miar baixinho... Mas, será que o choro de todos os bebês humanos tem alguma coisa em comum? Existe algo como um "choro universal"? Mampe e colaboradores (2009) analisaram os padrões melódicos do choro de recém-nascidos franceses e alemães e concluíram que a prosódia da língua falada no ambiente em que o bebê se encontra influencia as características do choro produzido. Repare, os autores observaram que os bebês já nascem chorando dessa forma e não que eles "aprendem" a chorar assim depois do nascimento. Esse resultado sugere que durante o terceiro trimestre de vida intrauterina, os fetos – que já conseguem captar estímulos auditivos – seriam sensíveis a características prosódicas das línguas humanas, sendo capazes de extrair padrões específicos a partir do som percebido, o que seria compatível com a existência de uma predisposição biológica para a aquisição da linguagem. Essa disposição, aparentemente inata e específica da nossa espécie, foi concebida por Noam Chomsky no fim da década de 1950 como um "dispositivo" mental para a aquisição da linguagem e, posteriormente, tem sido associada à denominada Faculdade da Linguagem (Berwick; Chomsky, 2016).

O que aconteceria caso os fetos não tivessem contato nenhum com uma língua ainda no útero? Como seria o choro dos recém-nascidos? Esse é o caso, por exemplo, de fetos surdos. Até o momento, praticamente não contamos com evidências disponíveis sobre esse tipo de casos. No entanto, um estudo conduzido com recém-nascidos e bebês surdos e ouvintes no México pode trazer algumas pistas para compreender essa questão. Arch-Tirado e colaboradores (2006) investigaram o choro dos bebês num contexto no qual a língua predominante é o espanhol. Os pesquisadores observaram que, embora quantitativamente não tenha havido resultados relevantes nas análises conduzidas, foram registradas diferenças qualitativas importantes quando comparado o choro dos bebês surdos e ouvintes: os primeiros apresentaram menor controle melódico, perda da frequência fundamental, produções harmônicas limitadas, perda da intensidade no final das emissões de choro, dentre outras características que raramente ocorreram no choro dos bebês ouvintes. Considerando em conjunto os resultados reportados por Mampe et al. (2009) e Arch-Tirado et al. (2006) é possível especular que as características tomadas pelos pesquisadores mexicanos como "anomalias" no choro dos bebês surdos sejam consequência de uma não especificação dos padrões melódicos linguísticos. Isso porque os bebês surdos não tiveram contato com estímulo acústico a partir do qual pudessem extrair tais padrões. As diferenças entre o choro de surdos e ouvintes seriam, portanto, decorrentes de sistemas perceptuais distintos para cada grupo e não de uma dotação diferenciada para a aquisição da linguagem propriamente dita. Bebês surdos são capazes de adquirir espontaneamente uma língua natural, desde que a mesma seja perceptualmente acessível para eles, isto é, uma língua gestual (visual e espacial). Na perspectiva defendida por Chomsky, o sistema biológico para a aquisição da linguagem faz parte da dotação genética de todos os indivíduos da nossa espécie e pressupõe a existência de uma Gramatica Universal (GU). O conceito de GU é particularmente relevante já que conjuga tanto as propriedades comuns aos sistemas linguísticos, quanto aqueles aspectos passíveis de variação entre as diversas línguas existentes.

Chomsky (1981) explica que uma teoria da GU deve ser compatível com a diversidade observada entre as línguas, mas também deve ser suficientemente delimitada e restrita nas opções disponíveis para dar conta do fato de que cada uma das possíveis gramáticas existentes se desenvolve na mente dos falantes a partir de evidência bastante limitada. Em outras palavras, podemos dizer que apenas a evidência direta que os bebês podem obter por meio da fala produzida à sua volta não seria suficiente para dar conta do complexo conhecimento a ser construído. Certas propriedades fundamentais podem ficar indeterminadas nos dados disponíveis durante o processo de aquisição da linguagem, motivo pelo qual é assumido que as mesmas fariam parte da GU. A GU seria composta por princípios associados a certas possibilidades de variação paramétrica e, diferentemente dos princípios invariantes, os parâmetros seriam fixados através da experiência durante a aquisição.

Além de defender a existência de uma base biológica comum para a aquisição da linguagem, Chomsky salienta que todas as línguas humanas apresentam a propriedade básica de serem compostas por um sistema computacional finito que permite a formação de um número infinito de expressões, cada uma das quais possui uma interpretação definida no sistema semântico-pragmático e nos sistemas sensório-motor e articulatório-perceptual, i.e, em termos simplificados, combinando pensamento e som/gestos de forma extremamente produtiva. Embora as bases neurais e genéticas dessa característica crucial das línguas humanas ainda não sejam bem compreendidas pelos pesquisadores (Berwick; Chomsky, 2016), certamente ela é uma peça chave no complexo quebra-cabeça que é a caracterização da nossa espécie e de suas especificidades.

Como vimos, no que diz respeito à língua, os seres humanos parecemos ter bastante coisa em comum. Onde ficam então as diferenças? A diversidade linguística é capturada pela noção de parâmetros variáveis contidos na GU. Por exemplo, os constituintes sentenciais – Sujeito-Verbo-Objeto (S, V e O) – podem aparecer em ordens diferentes a depender da língua específica. No total, temos seis combinações de ordens dominantes desses três elementos, sendo que as ordens SOV (ex. o japonês) e SVO (ex. o português) correspondem à maioria das línguas conhecidas, e a ordem OSV (ex. o nadëb[25]) é a mais rara de todas. Há ainda línguas sem nenhuma ordem dominante como a língua indígena australiana nunggubuyu.

Além da ordem dos constituintes oracionais, diversas outras propriedades apresentam variabilidade: a realização dos sujeitos e dos objetos pronominais, a possibilidade de deslocamento dos pronomes interrogativos, a posição dos complementos com relação aos núcleos na estruturação dos sintagmas (essa última propriedade está diretamente relacionada com o exemplo anterior dos constituintes oracionais) etc. Durante a aquisição da língua, esses "valores variáveis" seriam delimitados com base nos dados recebidos, levando à configuração de uma "gramática núcleo" (*core gramar*) e à constituição da língua-I do falante (Interna, Intensional e Individual). A língua-I se contrapõe à denominada língua-E que é externa e extensional (Chomsky, 1981, 1986).

O conceito de língua-I é bastante interessante para nós já que, na visão de Chomsky, a língua interna contém, além da gramática nuclear, uma periferia marcada que incluiria empréstimos, resíduos de mudança, invenções etc. Ou seja, a língua-I de um falante pode conter propriedades e valores paramétricos potencialmente antagônicos entre si, fazendo parte, ora da gramática nuclear, ora da periferia marcada[26]. Assim, a diversidade linguística não fica restrita à diferença entre línguas ou entre falantes de uma mesma língua, mas pode estar presente na fala de um único indivíduo e esse fenômeno parece ser amplificado – como veremos adiante – em função de efeitos do letramento e do ensino formal (Kato, 2005).

As línguas diferem entre si, mas quão profundas são essas diferenças? Não existe uma única resposta para essa questão. Para Chomsky (2002: 35), *"um cientista marciano poderia concluir de modo razoável que há uma única linguagem humana, com diferenças apenas marginais".* Outros pesquisadores consideram que as diferenças observadas no Léxico, na Morfologia, na Sintaxe e na Fonologia estão longe de ser aspectos "marginais" (Lupyan; Dale, 2016). Uma coisa é certa, o fato de todos os membros da espécie compartilharem o mesmo sistema cognitivo linguístico, bem como outros recursos mais gerais como memória, controle executivo e sistemas atencionais, garante que todo e qualquer bebê humano com desenvolvimento típico seja capaz de adquirir qualquer uma das línguas naturais já descritas.

As línguas humanas certamente possibilitam a comunicação – de modo semelhante ao que ocorre com os sistemas de comunicação animal – mas vão muito além disso, funcionando como meio de planejamento, instrumento de navegação, veículo para a representação da teoria da mente e, de modo geral, como ferramenta mental, uma espécie de "cola" que permite ligar informações provenientes de outros sistemas cognitivos (Berwick; Chomsky, 2016). Ainda é cedo para garantir, mas provavelmente boa parte da nossa "humanidade" tenha sua origem justamente nessas características.

8.2 O IGUAL NO DIFERENTE: VARIAÇÃO LINGUÍSTICA E PROCESSAMENTO DA LINGUAGEM

Um mito sanpoil[27] sobre a origem das diferentes línguas (Boas, 1917) conta que tudo começou por conta do barulho dos patos. Dois caçadores discutiam sobre a fonte do tal som: um achava que era produzido pelo bico enquanto o outro pensava que a origem do som eram as asas do animal ao voar. Os caçadores levaram a questão até o chefe da tribo que não conseguiu decidir quem estava certo na disputa. Vários membros da tribo tentaram contribuir com a deliberação, mas nada foi resolvido: alguns concordaram com a ideia do barulho produzido pelo bico, mas outros pensaram que a proposta das asas era mais adequada. O tempo foi passando, a divisão entre as pessoas cresceu e a tribo, que até então tinha um único chefe, se separou. O novo grupo ganhou um chefe e passaram a se chamar com um nome distinto. Os membros das tribos conheceram novos objetos e deram nomes para eles trazendo novas palavras para a língua original. Assim, depois de alguns anos, a língua tinha mudado. Mais tarde, cada grupo fez novas divisões e ganhou novos chefes. Cada migração foi trazendo palavras e significados diferentes. As tribos se espalharam lentamente e, dessa forma, os dialetos e as novas línguas foram surgindo.

Por que não existe apenas uma única "língua humana"? Qual a origem dessa diversidade toda? Uma possível abordagem parte do pressuposto de que as diferenças entre as línguas são resultado de uma sucessão de mudanças aleatórias, como no mito sanpoil. Há quem defenda, no entanto, que além de fatores randômicos, as diferenças linguísticas podem ter um valor adaptativo. Lupyan e Dale (2016) defendem que a diversidade observada pode refletir adaptações frente aos diversos contextos nos quais as línguas são adquiridas e utilizadas. Os autores consideram que aspectos ambientais – incluindo as dimensões social, física e tecnológica – seriam capazes de "modelar" a língua. A ideia de adaptação aplicada dessa forma é controversa (adaptação do quê para o quê exatamente?) e, com exceção do domínio lexical, há bastante ceticismo nesse sentido. Para Labov, (1972) a diversificação linguística não é imediata e obviamente funcional como pode ser considerada a diversificação entre as espécies.

É importante lembrar que, embora as circunstâncias gerais que deflagram as mudanças possam ser inicialmente vistas como aleatórias, no interior dos sistemas linguísticos a mudança é um processo sistemático que está longe de ser comandando pelo acaso. Para Labov (1972: 274), a diversificação entre as línguas é consequência do efeito sistemático e "devastador" da mudança sonora e de falhas na comunicação entre grupos isolados.

Tradicionalmente, as relações entre linguagem e sociedade têm sido alvo do interesse da sociolinguística, fundamentalmente na sua vertente variacionista. A correlação entre a heterogeneidade linguística e fatores de cunho social vem sendo investigada desde a década de 1960, graças ao impulso inicial dos estudos pioneiros de Labov. Na última década, a dimensão cognitiva do conhecimento sociolinguístico, bem como seus possíveis efeitos no processamento linguístico, têm ganhado espaço na literatura (Campbell-Kibler, 2009; Labov et al., 2011; Squires, 2013, 2014). Esse tópico de pesquisa mobiliza um conjunto de questões relevantes dentre as quais destacamos: Como ocorre a aquisição da variação linguística e de que forma esse conhecimento é armazenado na mente dos falantes? Informações de natureza social podem ser linguisticamente representadas? Em caso afirmativo, qual a natureza de tais representações e em que medida informações de cunho social podem influenciar o processamento linguístico? O conhecimento sociolinguístico seria semelhante em todos os níveis (Fonética/Fonologia, Morfologia, Sintaxe, Semântica, Pragmática)? Esse conhecimento faria parte de um componente específico, da nossa capacidade linguística? Para compreender essas e outras questões relacionadas vamos primeiro refletir brevemente sobre a natureza do nosso conhecimento social.

A convivência em grupos é uma característica distintiva dos humanos. Comparativamente, grupos humanos são mais complexos e fluidos do que grupos de outras espécies de animais sociáveis. Lembra da briga pelos patos? Precisamente por conta da complexidade das relações sociais, avaliar de forma rápida e eficiente o entorno social não é uma tarefa simples, mas demanda diversos recursos cognitivos que permitam representar e computar informações diversas. As características dos indivíduos e dos grupos de indivíduos, as filiações grupais, as eventuais mudanças de coalização entre grupos, são todos elementos fundamentais na regulação das dinâmicas sociais. Representações mentais vinculadas à estrutura e funcionamento da vida em sociedade compõem a denominada "cognição social". Esse termo diz respeito aos conhecimentos, habilidades e capacidades necessários para o desenvolvimento de raciocínios sociais, fundamentais para o estabelecimento e a manutenção de relações em contextos de interação. Estudos sobre a cognição social investigam a percepção e o processamento de objetos sociais, i.e. indivíduos, grupos e eventos envolvendo indivíduos e grupos. Não aprofundaremos aqui as diferentes abordagens teóricas que visam a caracterizar o conhecimento social, mas vale destacar que duas visões principais podem ser identificadas na literatura: a representação e o processamento de informação social depende de processos de domínio geral (ex. processos de formação de categorias) *versus* depende de processos de domínio específico, i.e. existe uma faculdade cognitiva responsável pela representação e computação desse tipo de informação (cf. Marcilese, 2019).

Onde entra a língua nessa história? Bem, é difícil identificar processos sociais que não envolvam língua natural em alguma medida. Podemos pensar que, pelo menos parcialmente, nosso conhecimento social é desenvolvido e/ou adquirido, por meio do uso da linguagem verbal. Mas, como ficam as coisas quando pensamos na direção oposta? De que forma nosso conhecimento social pode afetar nosso uso da língua?

A sociolinguística variacionista tem procurado investigar a percepção de informações de natureza sociolinguística e compreender as relações que os falantes estabelecem entre formas linguísticas e significado social. Nessa linha de pesquisa, Vaughn e Kendall (2019) exploraram aspectos da representação cognitiva da variação socialmente relevante a partir da produção linguística de falantes de inglês americano. Os autores reportam evidências compatíveis com a ideia de que os falantes possuem representações mentais de variantes estilisticamente coerentes e seus significados sociais. Em uma tarefa que requeria que os participantes produzissem sentenças contendo uma determinada variante de -ING (*talking* versus *talkin'*), foi observado que os mesmos não modularam apenas as variantes solicitadas, mas também outras variáveis estilisticamente compatíveis e alinhadas com os significados atribuídos à variável principal. Esse resultado sugere que os falantes possuem uma percepção da covariação e percebem que os significados sociais e os diferentes estilos dependem da combinação de variantes sociolinguísticas. Em outras palavras, os falantes não percebem e produzem variáveis individuais[28], já que as variantes não existem de forma isolada, mas coocorrem com outras variantes que, em conjunto, conformam um estilo.

Como vimos, durante a aquisição de uma língua a criança precisa identificar as características da gramática "alvo", mas é preciso lembrar que durante esse processo ela pode estar exposta a variação linguística. Como ocorre o processo de aquisição de aspectos linguísticos variáveis? No âmbito dos estudos sobre aquisição da linguagem, a vasta maioria da literatura foca seu interesse em aspectos categóricos e invariáveis, sendo os trabalhos sobre elementos variáveis proporcionalmente escassos. Lorandi (2013) distingue estudos que focam na análise da variação linguística presente na fala da criança e pesquisas que buscam delinear o processo pelo qual as crianças adquirem um dado fenômeno variável. Embora ambas as abordagens possam ser complementares, nem toda pesquisa recobre de fato os dois aspectos. No primeiro caso, a produção infantil é considerada como uma fonte de informação sobre uma determinada variável; enquanto na segunda possibilidade, o objetivo é traçar o percurso da aquisição de um dado aspecto da gramática que se apresenta como não categórico, identificando eventuais etapas ou estágios ao longo desse processo. Para o Português Brasileiro (PB), os estudos de Azalim (2021) sobre concordância nominal e Molina (2018) sobre a realização da flexão verbal de terceira pessoa do plural, correspondem ao primeiro tipo de abordagem, enquanto os trabalhos de Reis (2020) sobre concordância nominal e verbal e Simioni (2006) sobre concordância nominal, são exemplos do segundo tipo.

De modo geral, as pesquisas sobre aquisição de fenômenos variáveis constatam a presença de variação na fala infantil e se mostram compatíveis com o reportado por Vaughn e Kendall (2019) sobre a percepção das variáveis como parte de unidades maiores relacionadas ao modo de falar de um determinado grupo ou estilo. Nesse sentido, o estudo de Azalim (2021) é bastante interessante já que revela que – independente da alternância entre variantes ter sido observada em ambos os casos – a produção infantil nas interações com adultos é significativamente distinta daquela observada durante interações entre criança-criança.

Estudos sobre os efeitos da variabilidade linguística no processamento conduzidos no contexto da psicolinguística experimental ainda são escassos na literatura. A psicolinguística investiga os processos mentais envolvidos na produção e na compreensão da linguagem levando em conta os sistemas de memória e as demandas específicas das diferentes tarefas linguísticas. O processamento envolve operações que transcorrem no tempo e que requerem um sistema de memória que mantenha, durante o tempo necessário para análise (na compreensão) ou formulação (na produção), representações dos enunciados. Nessa perspectiva, a linguagem é vista como um conjunto de representações, mecanismos e processos mentais que operam, em boa medida, de forma independente de outros sistemas cognitivos.

Dentre outros objetivos, as pesquisas no âmbito da psicolinguística buscam investigar o curso temporal do processamento linguístico e identificar os sub-processos envolvidos em cada etapa. Em tarefas de compreensão, por exemplo, maiores tempos de processamento podem ser indicativos da necessidade de reanálise, de um número maior de etapas envolvidas, ou até mesmo sinalizar uma "perda" parcial de informações que pode ocasionar um aumento no custo da computação linguística.

No que diz respeito às pesquisas sobre os possíveis efeitos da variação linguística no processamento, há evidências de um aumento no tempo de processamento de variantes que não ocorrem no dialeto do falante. O estudo de Lacerda, Oliveira e Leitão (2014) sobre a compreensão do pronome anafórico "se", por exemplo, registrou tempos de leitura diferenciados em função da variação dialetal ao comparar as variantes mineira e paraibana, com retomadas anafóricas nula e preenchida, respectivamente (*Marcelo machucou ∅ no parque de diversão* X *Marcelo machucou-se no parque de diversão*). Para os participantes mineiros, a presença da anáfora "se" gerou aumento no tempo de leitura, enquanto para os participantes paraibanos foi observado o efeito oposto: retomadas nulas demandaram um maior tempo de processamento.

Diferenças como as reportadas por Lacerda, Oliveira e Leitão (2014) podem ser explicadas pelo fato de uma determinada variante não fazer parte da gramática do falante. Todavia, outros estudos reportam resultados intrigantes. Pesquisas sobre o processamento da concordância variável conduzidas no inglês e no PB sugerem que as variantes "não padrão" geram um custo de processamento maior do que as variantes "padrão" (no inglês, Squires, 2013, 2014; no PB, Marcilese et al., 2015, 2017; Azalim, 2016; Azalim et al., 2018; Henrique, 2016). Inicialmente esse resultado parece apontar na mesma direção do observado por Lacerda, Oliveira e Leitão (2014), todavia, a ideia de um custo extra de processamento por conta de variação dialetal não explica de forma adequada esses resultados. Isso porque esse efeito tem sido registrado também com falantes para os quais a variante não padrão da concordância faz parte do seu vernáculo[29].

Tanto no inglês – investigando a concordância verbal[30] – quanto no PB – considerando concordância nominal e verbal – os resultados sugerem que as formas tidas como "não padrão" são processadas mais lentamente pelos falantes, a despeito das variáveis sociolinguísticas consideradas, tais como nível de escolaridade, idade, sexo, raça etc. Esse efeito também foi observado no PB com crianças no início da fase de escolarização, o que reforça a ideia de que os resultados obtidos não podem ser atribuídos a uma rejeição das formas socialmente menos aceitas como fruto de um processo explícito de ensino formal. Outro aspecto importante é o fato de que os estudos mencionados fizeram uso de técnicas experimentais distintas: leitura automonitorada no inglês, escuta automonitorada (Marcilese et al., 2015), produção eliciada por repetição com aferição do tempo de reação (Azalim, 2016; Azalim et al., 2018; Henrique, 2016) e leitura por meio de *maze task* (tarefa de labirinto) (Henrique, 2016; Marcilese et al., 2017), nos estudos sobre o PB. No caso da concordância nominal variável, investigada no PB, foram utilizados nomes reais e nomes inventados (ex. *os lençol* X *os lençóis* – *os mecal* X *os mecais*) e os resultados foram semelhantes em ambos os casos (Azalim et al., 2018). Essa recorrência de resultados indicando tempos maiores de processamento (na leitura, na escuta e no início da repetição) independente da metodologia empregada, da língua investigada e das variáveis sociais e linguísticas consideradas em cada estudo parece indicar um efeito robusto.

Como explicar esses resultados? Por que uma variante com menos prestígio social acarretaria tempos de processamento superiores mesmo no caso de falantes que têm essa variante como forma preferencial? Crianças ainda no início da vida escolar já são sensíveis a um possível efeito de "normatividade" que leva a uma distinção entre formas mais e menos prestigiosas numa dada comunidade linguística? Uma possível explicação pode estar relacionada ao que foi levantado Vaughn e Kendall (2019) sobre o modo como as variáveis são representadas mentalmente pelos falantes. Dado que em todos os estudos discutidos ambas as variantes (padrão e não padrão) aparecem no material utilizado, podemos pensar que o contraste entre essas formas em alguma medida seria responsável por colocar em "evidência" os valores socialmente distintos associados a cada variante. Outro ponto relevante diz respeito às populações testadas: mesmo no caso dos grupos para os quais a variante não padrão é a forma *default* ou menos marcada, um possível efeito de escolaridade assim como do contexto no qual os testes foram realizados pode ser responsável por ativar um modo de processamento linguístico mais monitorado e, portanto, mais distante do vernáculo dos falantes. No caso dos estudos conduzidos em inglês, todos os participantes eram estudantes universitários (embora pertencentes a grupos sociais variados). No caso do PB, participaram estudantes universitários e estudantes da EJA (Educação de Jovens e Adultos). Embora os alunos da EJA tivessem um nível educativo e socioeconômico inferior ao dos estudantes universitários, é possível que a situação de teste – conduzido na própria instituição educativa que os mesmos frequentavam – também tenha sido um fator relevante para que ocorresse um maior monitoramento da fala. Como explicar os resultados obtidos com crianças? Estudos sugerem que a consciência sociolinguística se desenvolve cedo (Freitag, 2021) e que as crianças modulam sua produção linguística em função de fatores de natureza social, como por exemplo, as características do interlocutor (Azalim, 2021). Sendo assim, crianças também poderiam ser sensíveis ao contraste entre variantes.

O papel das características do falante no processamento linguístico foi investigado por Hanulíková et al. (2012). Diferentemente dos estudos já mencionados, cujos resultados foram obtidos com base em dados comportamentais, essa pesquisa avaliou o papel da formação de impressões sobre a identidade social do interlocutor no nível neurofisiológico. Os autores investigaram a percepção por parte de falantes nativos de erros gramaticais produzidos por falantes não nativos para avaliar os possíveis efeitos da identidade do falante no processamento sintático. Foi analisada a atividade cerebral por meio de eletroencefalografia que fornece informações sobre a resposta eletrofisiológica do cérebro diante de determinado estímulo. A medida utilizada nesse caso corresponde aos denominados potenciais relacionados a eventos (no inglês, ERP – *event-related potential*) e, no estudo em questão, foi analisada a atividade eletrofisiológica diante de erros de concordância de gênero em frases produzidas por um falante nativo (de holandês) em contraste com os mesmos erros produzidos por um falante não nativo (L1 turco, L2 holandês). Os resultados revelaram que, frente a violações gramaticais presentes na fala de um nativo, foram registradas ondas do tipo P600[31] na atividade elétrica cerebral, mas quando as mesmas violações foram produzidas por falantes não nativos com sotaque estrangeiro, esse efeito não foi observado. Por outro lado, sentenças contendo violações de natureza semântica provocaram efeitos N400[32] comparáveis, tanto quando produzidas por um falante nativo, quanto por um não nativo, o que sugere que não haveria nenhum problema geral de integração vinculado puramente a um sotaque estrangeiro. Os autores concluem que os resultados são compatíveis com a ideia de que o P600 é modulado pela identidade do falante e que informações de natureza sociolinguística parecem ter um impacto no modo como o cérebro processa estímulos linguísticos.

Recentemente, Zaharchuk, Shevlin e van Hell (2021) investigaram os efeitos da variação dialetal no nível sintático comparando medidas neurofisiológicas e comportamentais. Esse estudo é bastante interessante por vários motivos. Um deles é o fato de que as pesquisas neurocognitivas sobre variação dialetal se concentram majoritariamente em aspectos fonéticos e semânticos, portanto a pesquisa de Zaharchuk, Shevlin e van Hell amplia esse leque de fenômenos ao considerar a dimensão sintática. O segundo motivo é o fato de as autoras terem encontrado evidências que sugerem que, pelo menos em certos casos, a comparação entre medidas comportamentais e neurofisiológicas pode apontar em direções opostas, sendo que "nosso cérebro seria mais prescritivo que nossa boca". A variável investigada foi o uso consecutivo de dois verbos auxiliares em estruturas como *"She said we **might could** go on Tuesday"* (*Ela disse que poderíamos ir na sexta-feira*). A variante que envolve verbos modais duplos seria familiar para falantes do sul dos Estados Unidos, mas não seria usual para falantes de outras variedades do inglês americano. Foi observado que tanto falantes familiarizados quanto não familiarizados com a variante registraram uma onda de tipo P600 durante a escuta de sentenças contendo dois verbos modais, mas ambos os grupos de participantes tiveram um desempenho semelhante nas tarefas de julgamento de aceitabilidade e inteligibilidade (i.e. quando medidas comportamentais foram consideradas). Esses resultados indicam que tanto a frequência com a qual uma determinada variante ocorre, quanto questões associadas aos sentidos socialmente atribuídos para as mesmas podem ter um efeito no processamento linguístico. Nesse sentido, podemos pensar que o fato de uma variante fazer parte do vernáculo de um falante não significa que esse mesmo falante não reconheça – mesmo que de forma inconsciente – os "valores" socialmente atribuídos à mesma e não seja sensível aos efeitos de normativização.

Os resultados reportados por Zaharchuk, Shevlin e van Hell (2021) dialogam ainda com o que foi observado nas pesquisas sobre concordância variável mencionadas anteriormente: variantes "não padrão" podem ser processadas de formas diferente até mesmo por falantes para os quais essas formas são altamente familiares.

8.3 O QUE NOS FAZ IGUAIS E O QUE NOS FAZ DIFERENTES? EFEITOS COGNITIVOS DA LITERACIA

Para encerrar nossas reflexões vamos retomar dois dos pontos que foram mencionados ao longo deste capítulo. O primeiro diz respeito ao modo como a variabilidade humana tem sido considerada (ou desconsiderada) nas pesquisas, isto é, voltando à questão levantada por Henrich, Heine e Norenzayan (2010). Como vimos, a maior parte das pesquisas conduzidas sobre o comportamento e a psicologia humana tem considerado populações com características específicas e essa realidade não é diferente nos estudos sobre o processamento linguístico. Freitag, neste mesmo livro (cf. capítulo 7 "NORM, WEIRD e a generalização para o português brasileiro"), traz uma discussão bastante relevante sobre essa questão no caso das pesquisas no âmbito da sociolinguística, caracterizando o tipo de amostras que têm sido consideradas nesses estudos.

O segundo ponto diz respeito à própria metodologia utilizada na investigação da aquisição e do processamento linguístico. Em particular, gostaríamos de chamar a atenção para o fato de os paradigmas experimentais usualmente utilizados terem sido desenvolvidos por e para indivíduos pertencentes a culturas letradas (Morais, 2019). Mesmo no caso de experimentos que não envolvem necessariamente linguagem escrita, a literacia certamente permeia a concepção que subjaz aos testes.

De acordo com Kolinsky e Morais (2018 apud Morais, 2019) literacia diz respeito a "tudo o que no indivíduo ou na cultura à qual o indivíduo pertence, resulta, resultou ou resultará direta ou indiretamente do desenvolvimento e do uso da tecnologia da escrita". Nesse sentido, a literacia não fica restrita apenas às habilidades de leitura e escrita em si, mas também envolve o impacto dessas habilidades na linguagem oral e sua manifestação em diferentes domínios, incluindo a comunicação, a construção de conhecimento e as manifestações artísticas. Dois dos capítulos deste livro tratam de maneira detalhada de aspectos centrais relacionados a essa questão: Rodrigues e Barcellos (cf. capítulo 2, "Por uma abordagem processual no ensino da escrita", neste livro) abordam o desenvolvimento da capacidade de expressão escrita numa perspectiva cognitiva, enquanto Souza e Kenedy (cf. capítulo 5, "(Re)pensando as habilidades leitoras dos universitários brasileiros", neste livro) focam nas habilidades de compreensão leitora, principalmente quando considerados estudantes universitários (i.e., os participantes mais frequentes nas pesquisas da área).

Por que é importante perceber essa especificidade da cultura letrada? Morais (2018) apresenta uma síntese dos efeitos que a (con)vivência no mundo letrado tem em diversas capacidades cognitivas. A percepção visual e a percepção auditiva da fala, o conhecimento metalinguístico, os sistemas de memória (cf. Gabriel; Kolinsky e Morais no capítulo 3 "A literacia no desenvolvimento da memória de curto prazo", neste livro), a organização do espaço-tempo, a compreensão e produção de frases e até mesmo o raciocínio e desempenho em testes de inteligência padronizados sofrem a influência da literacia. Nesse sentido, é fundamental que os pesquisadores estejam cientes desses aspectos e levem os mesmos em consideração na hora de delimitar suas amostras, de elaborar o material experimental e, principalmente, ao analisar os dados obtidos em função dos diferentes níveis de literacia dos participantes das pesquisas.

Um exemplo interessante do impacto da literacia nos resultados de estudos sobre o processamento linguístico pode ser encontrado no trabalho de Henrique (2016). Ao aplicar um teste de repetição de frases com estudantes universitários e estudantes da EJA, a autora encontrou diferenças qualitativas significativas no desempenho de ambos os grupos. Na pesquisa em questão, os participantes eram solicitados para repetir sentenças contendo concordância verbal padrão e não padrão e com diferentes extensões, de modo a manipular a distância linear entre o sujeito e o verbo da sentença. Embora o número de repetições não alvo registradas (i.e., quando os participantes, por algum motivo, não reproduziram as informações relevantes apresentadas) fosse semelhante nos dois grupos avaliados, uma análise da natureza das respostas fornecidas revelou padrões diferenciados. Enquanto no grupo de universitários as repetições não alvo correspondiam basicamente a respostas nas quais os participantes "corrigiam" o enunciado original (no caso, passando a variante de concordância não padrão para uma forma padrão), para os estudantes da EJA 50% das produções não alvo correspondiam a repetições incompletas/truncadas. Principalmente diante das sentenças mais extensas, os participantes com menor nível de escolaridade tiveram uma maior dificuldade para reproduzir as informações apresentadas.

Mas, afinal... o que nos faz diferentes uns dos outros? A denominada "cognição letrada" parece ser um ponto chave para entender algumas diferenças relevantes. Principalmente, ao se considerar o contraste entre "literacia" e "literacia crítica" tal como proposto por Morais e Kolinsky (2021). Assim como a linguagem funciona como uma "ferramenta cognitiva" biologicamente moldada, a linguagem letrada corresponderia a uma ferramenta cognitiva cultural. A literacia crítica, segundo os autores, seria determinante no desenvolvimento das capacidades necessárias para escolher entre aceitar e verificar, entre acreditar e desacreditar, bem como das habilidades de ponderar evidências e raciocínios, de argumentar e desmitificar eventuais erros e falsidades.

Os efeitos da literacia não se limitam àquilo que pode ser observado nas pesquisas sobre a psicologia e o comportamento humano, mas incidem de forma direta no convívio social no dia a dia: a linguagem letrada pode ser vista, ao mesmo tempo, como produto e instrumento das desigualdades sociais e culturais (Morais, 2019).

Ao longo deste capítulo buscamos mostrar para o leitor alguns possíveis caminhos para pensar na diversidade e variabilidade vinculadas às línguas humanas quando consideradas nas suas dimensões social e cognitiva. Esperamos que, com as pesquisas discutidas, os problemas e questões apresentados, tenhamos conseguido traçar uma pintura – ainda que parcial – que permita capturar a riqueza e complexidade do universo da linguagem humana.

BIBLIOGRAFIA

AZALIM, C. *Concordância nominal variável na produção infantil*: dados naturalísticos, experimentais e caracterização formal, 2021. Tese (Doutorado em Linguística). Universidade Federal de Juiz de Fora, Juiz de Fora.

_____. et al. Concordância nominal variável de número e saliência fônica: um estudo experimental. *DELTA*, v. 34, 2018, pp. 513-45.

BERWICK, R.C.; CHOMSKY, N. *Why Only Us. Language and Evolution.* Cambridge, MA: The MIT Press, 2016.

BOAS, F. (org). *Folk-Tales of Salishan and Sahaptin Tribes*. American Folk-Lore Society, 1917.

CAMPBELL-KIBLER, K. The nature of sociolinguistic perception. *Language Variation and Change*, v. 21, 2009, pp. 135-56.

CHOMSKY, N. *Lectures on Government and Binding*. The Pisa lectures. Dordrecht-Holland/ Providence-USA: Foris Publications, 1981.

_____. *Knowledge of language.* New York: Praeger, 1986.

_____. *Novos horizontes no estudo da linguagem e da mente.* SP: Ed. Unesp, 2002.

FREITAG, R. M. K. O desenvolvimento da consciência sociolinguística e o sucesso no desempenho em leitura. *Alfa: Revista de Linguística* (Unesp on-line), v. 65, 2021, p. e13027. DOI: 10.1590/1981-5794-e13027

HENRICH, J.; HEINE, S.; NORENZAYAN, A. The WEIRDest people in the world? *Behavioral and Brain Sciences*, v. 33, n. 2-3, 2010, pp. 61-83. DOI: 10.1017/S0140525X0999152X.

KATO, M. A. A gramática do letrado: questões para a teoria gramatical. In: MARQUES, M. A. et al. (orgs). *Ciências da Linguagem:* trinta anos de investigação e ensino. Braga, Cehum: 2005, pp. 131-45.

LABOV, W. *Sociolinguistic Patterns*. University of Pennsylvania Press, 1972.

_____. et al. Properties of the sociolinguistic monitor. *Journal of Sociolinguistics*, v. 15, n. 4, 2011, pp. 431-63.

LACERDA, M. C. M.; OLIVEIRA, R.; LEITÃO, M. M. O processamento da anáfora "se" em português brasileiro e a influência da variação dialetal. *Fórum Linguístico*, v. 11, 2014, pp. 243-59.

LORANDI, A. Aquisição da variação: a interface entre aquisição da linguagem e variação linguística. *Alfa*, v. 57, n. 1, 2013, pp. 133-62.

LUPYAN, G.; DALE, R. Why Are There Different Languages? The Role of Adaptation in Linguistic. *Trends in Cognitive Sciences*, v. 20, n. 9, 2016, pp. 649-60.

MAMPE, B. et al. Newborns' Cry Melody Is Shaped by Their Native Language. *Current Biology*, v. 19, 2009, pp. 1994-7.

MARCILESE, M. et al. Processamento da concordância variável no PB em uma perspectiva experimental. *Linguística*, v. 11, n. 1, 2015, pp. 118-34.

_____. Interfaces entre cognição social e cognição linguística: percepção, representação e processamento de informação (sócio)linguística. In: BORGES MOTA, M.; NAME, C. (org.). *Interface linguagem e cognição: contribuições da Psicolinguística*. 1. ed. Tubarão, Santa Catarina: Copiart, v. 1, 2019, pp. 159-181.

_____ et al. Efeitos de distância linear e marcação no processamento da concordância verbal variável no PB. *Revista de Estudos da Linguagem* (UFMG), v. 25, n. 3, 2017, pp. 1291-325.

MOLINA, D. S. L. *Aquisição da linguagem e variação linguística:* um estudo sobre a flexão verbal variável na aquisição do PB, 2018. Tese (Doutorado em Linguística). Universidade Federal de Juiz de Fora, Juiz de Fora.

MORAIS, J. O que faz a diferença entre a linguagem rica e a linguagem pobre? *Revista Signo*, v. 44, n. 81, 2019. Cooperação Internacional na pesquisa em Linguística e Literatura.

_____; KOLINSKY, R. Seeing thought: a cultural cognitive tool. *Journal of Cultural Cognitive Science*, v. 5, 2021, pp. 181-228.

OYESIKU, L. et al. Highland Guatemalan women are extremely short of stature, and no lactation duration effects on body composition are observed in a cross-sectional survey. *Nutrition Research*, v. 33, n. 2, 2013, pp. 87-94. DOI: 10.1016/j.nutres.2012.12.001.

REIS, M. M. *Aquisição da variação e mudanças na(s) gramatica(s) das crianças*: um olhar sobre a Concordância Variável no PB. 2020, Dissertação (Mestrado em Linguística). Universidade Estadual de Campinas, Campinas.

SIMIONI, L. Aquisição da concordância nominal de número: um estudo de caso. *Revista de Estudos da Linguagem*, v. 14, n. 2, 2006, pp. 539-70.

SQUIRES, L. It don't go both ways: Limited bidirectionality in sociolinguistic perception. *Journal of Sociolinguistics*, v. 17, n. 2, 2013, pp. 200-37.

_____. Social Differences in the Processing of Grammatical Variation. *Selected Papers from NWAV 42*, v. 20, n. 2, 2014, pp. 178-88.

STULP, G. et al. Does natural selection favour taller stature among the tallest people on earth? *Proceedings of the Royal Society B: Biological Sciences*, v. 282, 2015, Issue 1806, 20150211. DOI: 10.1098/rspb.2015.0211.

VAUGHN, C.; KENDALL, T. Stylistically coherent variants: Cognitive representation of social meaning. *Revista de Estudos da Linguagem*, v. 27, n. 4, 2019, pp. 1787-830. DOI: 10.17851/2237-2083.27.4.1787-1830.

ZAHARCHUK, H. A.; SHEVLIN, A.; VAN HELL, J. G. Are our brains more prescriptive than our mouths? Experience with dialectal variation in syntax differentially impacts ERPs and behavior. *Brain and Language*, v. 218, 2021.

9. Diferenças entre homens e mulheres no processamento linguístico

Michele Alves, Barbara Furtado Farias, Débora Galvão,
Thais Gomes dos Santos e Rodrigo Lopes

Os estudos em Sociolinguística têm demonstrado que homens e mulheres falam diferente. Segundo Paiva (2012), as mulheres mais velhas fazem mais uso da língua padrão do que os homens, uma vez que nas sociedades ocidentais espera-se que a mulher faça uso de uma linguagem mais correta, e que por isso é comum se ouvir frases do tipo "Não fica bem para uma mulher falar assim".

Um dos pioneiros a estudar a relação entre língua e sexo foi John Fisher, em um estudo datado de 1958. Fisher investigou a pronúncia do -*ing* no inglês e percebeu que a pronúncia mais velar é mais comum entre as mulheres. Sabe-se que pronúncia velarizada do -*ing* é considerada padrão naquela língua, uma forma valorizada socialmente. Assim, Fisher concluiu que as mulheres preferem as formas linguísticas mais prestigiadas socialmente.

Mais tarde, muitos outros estudos, inclusive em Português Brasileiro, que examinaram diferentes aspectos das línguas (fonológico, morfossintático e semântico), mostraram o mesmo resultado de Fisher, ou seja, as mulheres fazem mais uso das formas linguísticas com maior prestígio social. Por exemplo, o trabalho de Mollica, Paiva e Pinto (1989) mostrou que as mulheres utilizam mais a forma padrão pronunciando o -r nos encontros consonantais (como em "problema" e "proprietário"), enquanto os homens tendem a não o pronunciar (como em "pobrema" e "propietário"). Um outro estudo foi o de Paredes e Silva (1996) que mostrou que o uso de "tu" sem concordância de segunda pessoa no verbo, que é considerada uma forma não padrão na Língua Portuguesa, é mais comum na fala de homens do que na fala de mulheres.

Paiva (2012) explica que o conservadorismo na fala das mulheres é resultado da organização social de uma dada comunidade de fala. O exemplo dado pela autora é a pronúncia da oclusiva uvular no árabe. Citando o trabalho de Haeri, Paiva (2012) explica que a pronúncia uvular, de maior prestígio, é mais comum na fala masculina, enquanto as pronúncias não padrão (glotal e velar) são mais comuns na fala feminina.

Oliveira e Silva & Paiva (1996) explicam ainda que homens e mulheres tomam o processo de escolarização sob pontos de vista diferentes. As mulheres tendem a ser mais receptivas à norma escolar, mais predispostas a incorporá-la.

Paiva (2012) explica que qualquer comparação entre a fala de homens e mulheres deve levar em consideração a comunidade em questão. Mas, geralmente, nas sociedades ocidentais, os homens possuem maior mobilidade social e maiores oportunidades de participação em diferentes grupos sociais, diferentemente das mulheres, que tendem a ser mais caseiras, mais envolvidas em atividades domésticas. Além disso, as mulheres tendem a se resguardar mais, pois suas posições sociais estão menos asseguradas do que as dos homens. As mulheres também desempenham papeis sociais que exigem uma conduta mais conservadora, como a de educar os filhos, de servir de modelo para eles.

Mas será que com o passar dos anos, com as conquistas feministas, com o aumento do número de mulheres no mercado de trabalho, com maior mobilidade social, tendo filhos mais tarde ou nem tendo filhos, as mulheres continuam a preferir o uso de formas linguísticas mais conservadoras? E ainda, será que homens e mulheres processam a língua de maneiras diferentes? Será que se as mulheres, por apresentarem uma tendência mais conservadora, optando por formas mais prestigiadas da língua acabam demorando mais para fazer uma tarefa linguística ou ler um texto, por exemplo?

Este trabalho busca lançar luz à essas questões, investigando se homens e mulheres processam de formas diferentes algo que na língua aparentemente parece possuir forte relação com os seus papéis sociais: o gênero.

9.1 O PROCESSAMENTO LINGUÍSTICO DE HOMENS E MULHERES

Casado et al. (2017) examinaram se os sexos dos locutores e interlocutores influenciam a ativação e a seleção de substantivos no espanhol. Eles encontram evidências de que quando o sexo dos participantes do estudo era congruente com o gênero dos substantivos na tarefa, os participantes conseguiam decidir mais rapidamente o gênero dos substantivos. Os autores explicam que as pessoas codificam e organizam as informações de acordo com o papel que desempenham socialmente; e que, portanto, palavras relacionadas ao seu próprio sexo são mais frequentemente utilizadas no dia a dia, e que por isso são mais facilmente processadas, no que chamamos de efeito *priming*.

Além disso, Casado et al. (2017) descobriram que quando um locutor do sexo masculino usava uma palavra masculina, os interlocutores tanto homens quando mulheres ativaram referentes tanto masculinos quanto femininos. Isto acontece porque no espanhol o gênero masculino é considerado *default*, uma espécie de gênero genérico. Isto também aplicar-se ao português. Sabemos que em português, o gênero masculino também é mais frequente e mais automático na língua, e que ele pode referir-se tanto a referentes do sexo masculino quando do sexo feminino. Por exemplo, quando dizemos "O aluno deve manter silêncio durante a prova", estamos dizendo que tanto os alunos, quanto as alunas devem fazê-lo. O gênero masculino também é *default* quando no plural. Por exemplo, em "Os brasileiros preferem calor ao frio", estamos nos referindo tanto aos brasileiros quanto às brasileiras. Inclusive, o fato do gênero masculino ser considerado o gênero *default* em português é uma evidência de que a própria língua é sexista (conferir discussão de Freitag no capítulo 7 "NORM, WEIRD e a generalização para o Português Brasileiro", deste livro).

Voltando ao estudo de Casado et al. (2017), os autores perceberam que substantivos masculinos ativavam tanto referentes masculinos quanto femininos, porém a força dessa ativação era maior para os referentes masculinos. E isto se dava mais facilmente quando o interlocutor era do sexo masculino. Por outro lado, quando os locutores do sexo masculino utilizavam um substantivo feminino, era mais difícil para os interlocutores ativarem referentes tanto femininos quando masculinos, especialmente se o interlocutor era do sexo masculino. Os autores concluíram que apesar do gênero dos substantivos ser de natureza léxico-sintática, o processamento se dá de cima-para baixo (*top-down*), e fatores semântico-pragmáticos podem entrar em jogo.

Em outro trabalho, feito no inglês, Kennison e Trofe (2003) realizaram uma tarefa em que os participantes deveriam ranquear os substantivos de acordo com o gênero, se masculino ou feminino. Os resultados mostraram que os participantes do sexo masculino ranquearam os substantivos de forma mais masculina do que os participantes do sexo feminino. Isto pode significar que homens e mulheres veem o mundo de formas diferentes, ou seja, os homens acham que o mundo é constituído por mais homens, enquanto as mulheres acham que o mundo possui mais mulheres. Neste mesmo estudo, os autores realizaram um teste de leitura automonitorada, em que os participantes leem segmentos de frases na tela de um computador, mas não foram encontrados efeito do sexo dos participantes nesta tarefa.

Finalmente, em um estudo mais antigo, Osterhout et al. (1997) encontraram que os participantes do sexo feminino reagiram mais fortemente a uma violação de gênero do pronome reflexivo em uma frase (por exemplo, em frases do tipo *Our friendly receptionist found himself the center of attention*[33], em que *himself*, consigo mesmo, refere-se a *receptionist*, recepcionista). Os autores explicam que parece que as mulheres são melhores do que os homens em detectar violações sintáticas, ou que as mulheres respondem mais fortemente a violações relacionadas a expectativas sociais dos papeis "apropriados" de cada gênero. Mais tarde Canal et al. (2015) replicaram o estudo de Osterhout et al. (1997) e os resultados indicaram que os participantes do sexo masculino que se descreveram como mais femininos reagiram menos fortemente a uma violação de concordância sintática no pronome reflexivo do que os participantes do sexo feminino. Isto significa que participantes menos femininos ou menos sexistas podem ter tentado encontrar um antecedente para o pronome na frase ao invés de reagir negativamente a ela.

Em síntese, o que as pesquisas psicolinguísticas mostram é que homens e mulheres codificam, organizam e processam informações linguísticas de gênero de maneiras distintas. Em semelhança com as pesquisas sociolinguísticas, parece que de fato as mulheres são mais conservadoras do que os homens, reagindo mais fortemente a violações gramaticais da língua. Além disso, podemos ter mais facilidade ou dificuldade em processar uma palavra ou uma frase a depender do fato ser de sermos homens ou mulheres, ou ainda de nos descrevermos como pessoas mais ou menos femininas.

Antes de reportarmos o nosso estudo, apresentaremos brevemente o funcionamento da categoria de gênero no Português Brasileiro.

9.2 GÊNERO NO PORTUGUÊS

Primeiramente, há dois grandes tipos de gênero: o semântico e o gramatical. O gênero semântico varia a depender do sexo do referente, e é o mais comum na língua (Ex.: aluno/aluna). Já o gênero gramatical é fixo e arbitrário, encontrado nos substantivos inanimados (Ex.: mesa/lápis), dado que todos os substantivos em português possuem gênero masculino ou feminino. Também existem alguns poucos substantivos animados com gênero gramatical, chamados pela gramática tradicional de sobrecomuns (Ex.: vítima/indivíduo). Nestes casos, os substantivos possuem um gênero gramatical fixo, podendo ter referentes tanto do sexo masculino quanto do feminino. Dentro do grupo dos substantivos com gênero semântico, há os comuns de dois gêneros, que também podem referir-se tanto ao sexo masculino quanto ao feminino, porém possuem um gênero ambíguo na língua, dependente do contexto (Ex.: o/a artista). Há também substantivos com gênero estereotipado (Ex.: recepcionista, que possui um gênero de estereótipo feminino; e surfista, que possui um gênero de estereótipo masculino).

Segundo Vigliocco e Franck (1999), os substantivos com gênero semântico são mais fáceis de processarmos do que os substantivos com gênero gramatical, pois os primeiros são redundantes carregando informações tanto semânticas (do sexo do referente) quanto sintáticas (gênero na língua), diferentemente do gênero gramatical, que carrega apenas informação sintática de gênero, já que não sabemos sem o contexto se, por exemplo, "vítima", possui um referente do sexo masculino ou feminino. Alves (2019) corroborou esta hipótese ao concluir que nós preferimos recuperar antecedentes de pronomes com gênero semântico do que com gênero gramatical. Além disso, os comuns de dois gêneros parecem ser mais difíceis de processar, pois dependem do contexto para sabermos o gênero. Alves (2014) mostrou que é mais difícil processarmos um pronome que tem um antecedente comum de dois gêneros do que um antecedente sobrecomum. Finalmente, parece que o gênero de estereótipo é mais difícil de processar do que os demais gêneros, pois precisam que calculemos as probabilidades utilizando nossas inferências de conhecimento de mundo para sabermos o gênero do substantivo (Alves, 2022).

Além disso, os substantivos masculinos parecem ser mais fáceis de serem processados do que os substantivos femininos, uma vez que conforme explicamos na seção anterior, o gênero masculino é o gênero *default* no português. Logo, é mais fácil um pronome recuperar um antecedente masculino do que um antecedente feminino (Alves, 2014, 2019, 2022).

9.3 O NOSSO ESTUDO

Elaboramos três experimentos psicolinguísticos em português brasileiro. Comparamos os desempenhos de homens e mulheres em tarefas que envolvem o processamento linguístico de gênero, tanto no nível da palavra quanto no nível da frase.

A hipótese principal do nosso trabalho é de que o sexo dos falantes influencia no processamento de gênero. Isto se dá uma vez que codificamos e organizamos as informações de acordo com o papel que desempenhamos na sociedade (Casado et al., 2017). Portanto, esperávamos que os participantes do sexo masculino processassem mais facilmente as estruturas masculinas e que os participantes do sexo feminino processassem mais facilmente as estruturas femininas (cf. Casado et al., 2017, Kennison e Trofe, 2003). Além disso, esperávamos que os participantes do sexo feminino tivessem preferência por estruturas da norma padrão, rejeitando construções que violassem as regras gramaticais da língua (cf. Osterhout et al., 1997).

A segunda hipótese é que processamos as palavras de acordo com o tipo de gênero que possuem. Sendo assim, esperávamos que substantivos com gênero semântico fossem mais facilmente processados do que antecedentes com gênero gramatical, porque os primeiros contêm dupla informação de gênero – semântica e sintática (Vigliocco; Franck, 1999); e que antecedentes com gênero de estereótipo fossem recuperados mais custosamente do que os dois primeiros, porque dependem de probabilidades baseadas em inferências sobre o nosso conhecimento de mundo (Alves, 2022). Por sua vez, esperávamos que substantivos masculinos fossem mais facilmente processados do que substantivos com gênero feminino, pois o gênero masculino é o gênero *default* no português (cf. Alves, 2014, 2019, 2022). Quanto aos substantivos comuns de dois gêneros, esperávamos que estes fossem mais difíceis de processar do que os substantivos masculinos e femininos, pois possuem gênero ambíguo (Alves, 2014).

9.3.1 Experimento 1

No Experimento 1, investigamos a atribuição de gênero dos substantivos através de uma tarefa em que os participantes deveriam escolher o artigo definido mais adequado para cada substantivo. O objetivo principal deste experimento foi investigar se o fator sexo dos falantes influencia na atribuição do gênero dos substantivos. Já os objetivos específicos foram os seguintes: a) descobrir a atribuição de gênero de diferentes tipos de substantivos; e b) determinar se há diferenças no processamento da atribuição de gênero dos substantivos a depender do tipo de gênero em jogo.

A primeira hipótese é de que o sexo dos falantes influencia na atribuição de gênero dos substantivos. A segunda hipótese é que os substantivos têm seu gênero atribuído mais facilmente ou não a depender do tipo de gênero que apresentam.

9.3.1.1 METODOLOGIA

Foi utilizada uma tarefa de escolha forçada, em que os participantes deveriam completar as lacunas com o artigo definido que achassem adequado.

9.3.1.1.1 Participantes

Eram 34 participantes, sendo 17 homens com idade média de 22,5 anos, e 17 mulheres com idade média de 22,6 anos. Todos eram alunos dos cursos de graduação da Universidade Federal do Acre (UFAC), campus Floresta em Cruzeiro do Sul, a maioria dos cursos de Letras e Pedagogia. Os participantes foram convidados a participar do experimento como voluntários e não receberam compensação financeira. Foram concedidas, então duas horas de Atividades Acadêmicas

Curriculares Culturais (AACC) por sua participação. Além disso, aos alunos que cursavam disciplinas de Linguística, foi concedido meio ponto na disciplina como compensação. O projeto foi aprovado no Comitê de Ética em Pesquisa da UFAC sob o número 30152720.6.0000.5010.

9.3.1.1.2 Materiais e *design*

Entre as variáveis independentes estão: a) sexo dos participantes; b) tipo de gênero dos substantivos (gramatical, de estereótipo, ou semântico; incluindo neste último grupo os comuns de dois gêneros); e c) gênero (masculino ou feminino). As condições dos substantivos com gênero semântico masculino e com gênero semântico feminino foram utilizadas como controle.

Os materiais foram agrupados em uma única lista, com 49 substantivos: sendo 5 comuns de dois gêneros, 5 substantivos com gênero gramatical masculino, 5 substantivos com gênero gramatical feminino; 5 substantivos com gênero de estereótipo masculino, 5 substantivos com gênero de estereótipo feminino; 12 substantivos com gênero semântico masculino e 12 substantivos com gênero semântico feminino. Os substantivos tiveram seu tamanho e sua frequência de uso controlada.

As variáveis dependentes eram as respostas dos participantes e o tempo de reação das respostas, isto é, o tempo que os participantes levaram para apertar o botão do teclado para responder.

Na tabela 1 podem ser encontrados exemplos dos materiais de cada condição.

Tabela 1: Exemplo de materiais do Experimento 1

	Masculino	Feminino
Comum de dois gêneros	artista	
Gênero gramatical	indivíduo	vítima
Gênero de estereótipo	surfista	florista
Gênero semântico	advogado	pedagoga

Fonte: elaborado pelos autores

9.3.1.1.3 Procedimento

Os participantes recebiam o link para realizar o experimento na plataforma PCIBEX[34] e eram informados de que deveriam procurar um ambiente tranquilo e livre de distrações. Primeiramente, os participantes liam e assinavam o Termo de

Consentimento Livre e Esclarecido (TCLE), preenchiam um formulário com suas informações pessoais (nome, idade, sexo, naturalidade etc.). Em seguida recebiam instruções para o experimento conforme a figura 1, e faziam um pequeno treino para se adaptarem à tarefa que viria a seguir.

Figura 1: Instruções para os participantes do Experimento 1

Após a leitura silenciosa das palavras que aparecerão na tela selecione o artigo definido que melhor se adequa a essa palavra.

_____ visitante

"a"

"o"

"a/o"

Se você acha que o artigo "a" é adequado para esta palavra, marque a primeira opção; se você acha que o artigo definido "o" é o mais adequado para esta palavra, marque a segunda opção; mas se você acha que "a/o" são adequados, marque a terceira opção.

Fonte: elaborado pelos autores

9.3.1.1.4 Análise

Tanto a análise exploratória quanto a análise estatística foram conduzidas no software R. Foram realizados testes de análise de variância (ANOVAs) com os tempos de reação. Em seguida, foram realizados testes post-hoc pareados com intervalos de confiança de 95% a fim de descobrir os pares de condições estatisticamente significantes. Já para as respostas às perguntas de compreensão, foram realizados testes Chi-quadrado com simulação de 2000 réplicas.

9.3.1.2 RESULTADOS

Foram encontrados efeitos principais das variáveis sexo dos participantes $F(1,1652)=10,139$, $p=0,0014^{**}$, tipo de gênero dos substantivos $F(3,1662)=8,94$, $p<0,005^{**}$e gênero dos substantivos $F(1,2279)=7.773$, $p=0,049^{**}$.

Os testes pareados com 95% de intervalo de confiança revelaram que as mulheres tiveram tempos de reação maiores (M=12677, SE=57,34) do que os homens (M=2384, SE=73.03), p = 0.0014**. Quanto aos tipos de gênero, os substantivos com gênero de estereótipo (M=2856, SE=114,02) tiveram seu gênero atribuído mais lentamente do que os substantivos com gênero semântico (M=2296, SE=67,52), p<0,005***. E os substantivos com gênero gramatical (M=2726, SE=94.71) tiveram seus gêneros atribuídos mais lentamente do que os substantivos com gênero semântico (M=2296, SE=67,52), p=0,0023**. Já o resultado comparando os gêneros masculino e feminino não atingiu significância estatística.

Quanto as respostas dos participantes, as mulheres tiveram mais repostas "a/o" (234 correspondendo a 59,2%) do que os homens (159 correspondendo a 40,2%) e os homens tiveram mais respostas "o" (343 correspondendo a 53,7%) do que as mulheres (295 correspondendo a 46,2%), $\chi2$=19,07, p=0.0004***.

Quanto ao tipo de gênero, os comuns de dois gêneros tiveram mais respostas "a/o" (110 correspondendo a 64,7%), seguido de "o" (39 correspondendo a 22,9%) e "a" (21 correspondendo a 12,35%), $\chi2$=435,59 p=0.0004***. Os substantivos com gênero de estereótipo tiveram mais respostas "a/o" (171 correspondendo a 50,2%), seguido de "o" (92, correspondendo a 27%) e "a" (77 correspondendo a 22,6%). E os substantivos com gênero gramatical tiveram mais respostas "a" (153 correspondendo a 45%), seguido de "o" (131 correspondendo a 38,5%), e "a/o" (56 correspondendo a 16,4%).

Além disso, os substantivos de gênero de estereótipo feminino, tiveram mais respostas "o" dos homens (12 correspondendo a 14,11%) do que das mulheres (2 correspondendo a 2,35%). E os substantivos com gênero gramatical feminino tiveram mais respostas a/o das mulheres (12 correspondendo a 14,11%) do que dos homens (5 correspondendo a 5,88%), $\chi2$=1688,1 p=0.0004***.

9.3.2 Experimento 2

O objetivo principal deste experimento foi detectar se o fator sexo dos falantes influencia na recuperação das palavras no léxico. Já os objetivos específicos foram os seguintes: a) verificar se a concordância de gênero facilita a recuperação das palavras no léxico, e ainda qual tipo de concordância facilita mais, aquela entre artigos e substantivos ou aquela entre adjetivos e substantivos; b) investigar se o tipo de gênero dos substantivos influencia na sua recuperação no léxico.

Assim como no primeiro experimento, a primeira hipótese é que o sexo dos falantes influencia na recuperação de palavras com gênero (Casado et al., 2017).

A segunda hipótese é que a concordância de gênero auxilia na recuperação lexical. Como observou Alves (2014, 2019), nas sentenças de seus experimentos onde não havia concordância foram observados tempos de leitura mais longos em comparação com sentenças onde a concordância estava presente. Além disso, a hipótese é que a concordância de gênero com adjetivos facilitaria a recuperação dos substantivos no léxico devido a sua carga informacional maior (cf. Almor, 1999), já que que artigos definidos, por serem palavras gramaticais, não carregam informações semânticas.

A terceira hipótese é que o tipo de gênero que os substantivos carregam é responsável por diferenças na maneira pela qual aqueles são recuperados no léxico. E os resultados esperados eram os mesmos do Experimento 1.

9.3.2.1 METODOLOGIA

Foi utilizada a técnica de *priming* com decisão lexical. O *priming* é um efeito de facilitação subliminar que acontece entre dois estímulos, o *prime* e o alvo. Durante o experimento, os participantes serão muito rapidamente expostos aos *primes* (artigos definidos ou adjetivos com marcação morfofonológica de gênero) seguidos de alvos, que serão os substantivos. Os participantes serão instruídos a informar, utilizando o teclado, se os substantivos apresentados na tela do computador são palavras do português. O experimento também foi feito de forma remota através da plataforma PCIbex.

9.3.2.1.1 Participantes

Igual ao Experimento 1, exceto que aqui os homens tiveram idade média de 21,17 anos, e as mulheres de 21 anos.

9.3.2.1.2 Materiais e *design*

Entre as variáveis independentes estão: a) sexo dos participantes; b) concordância de gênero ou não entre os *primes* e alvos; c) tipo de concordância (artigos definidos e substantivos ou adjetivos e substantivos); d) tipo de gênero do nome: semântico, gramatical ou de estereótipo; e) gênero dos substantivos: masculinos e femininos. Havia também uma condição controle com pseudosubstantivos terminados em -e. Já as variáveis dependentes foram os tempos de reação e as respostas dos participantes.

Os materiais foram distribuídos através de Quadrado Latino em 4 listas de acordo com os *primes* (artigos definidos ou adjetivos) e concordância de gênero (com ou sem concordância entre os *primes* e os substantivos). Cada lista era composta por 60 pseudosubstantivos e 30 substantivos. Ambos tiveram seus tamanhos controlados pela quantidade de sílabas (3-4 sílabas). Os artigos definidos/adjetivos e os substantivos também tiveram sua frequência relativa controlada. Dos 30 substantivos, 10 possuíam gênero semântico (5 femininos e 5 masculinos), 10 gênero gramatical (5 femininos e 5 masculinos) e 10 gênero de estereótipo (5 femininos e 5 masculinos). Exemplos dos materiais por condição podem ser visualizados na tabela 2 e na tabela 3.

Tabela 2: **Exemplos de materiais femininos**

		Artigo Definido	Adjetivo
Gênero semântico	Com concordância	a bailarina	esbelta menina
	Sem concordância	o bailarina	esbelto bailarina
Gênero gramatical	Com concordância	a criança	pequena criança
	Sem concordância	o criança	pequeno criança
Gênero de estereótipo	Com concordância	a ginasta	bela ginasta
	Sem concordância	o ginasta	belo ginasta

Fonte: elaborado pelos autores

Tabela 3: Exemplos de materiais masculinos

		Artigo Definido	Adjetivo
Gênero semântico	Com concordância	o amigo	amado amigo
	Sem concordância	a amigo	amada amigo
Gênero gramatical	Com concordância	o cônjuge	bondoso cônjuge
	Sem concordância	a cônjuge	bondosa cônjuge
Gênero de estereótipo	Com concordância	o piloto	famoso piloto
	Sem concordância	a piloto	famosa piloto

Fonte: elaborado pelos autores

9.3.2.1.3 Procedimento

Igual ao Experimento 1, exceto que desta vez o experimento era de *priming* com decisão lexical. Os participantes eram expostos primeiramente a uma cruz de fixação por 1500 ms, que era substituída por uma sequência de hashtags por 500 ms. Depois disto, eram expostos aos *primes* (artigos ou adjetivos a depender da lista) por 50 ms, que eram substituídos novamente por uma sequência de hashtags que permanecia na tela por 500 ms. E finalmente, os participantes eram expostos aos alvos (pseudosubstantivos ou substantivos) e eram instruídos a decidir se se tratavam de palavras do português ou não apertando um botão no teclado. Havia um timeout de 2 segundos para a resposta. Os participantes não foram alertados sobre os *primes*. A figura 2 ilustra a sequência de telas que aparecia para os participantes, por exemplo, para o item "o amigo".

Figura 2: Sequência de telas do Experimento 2

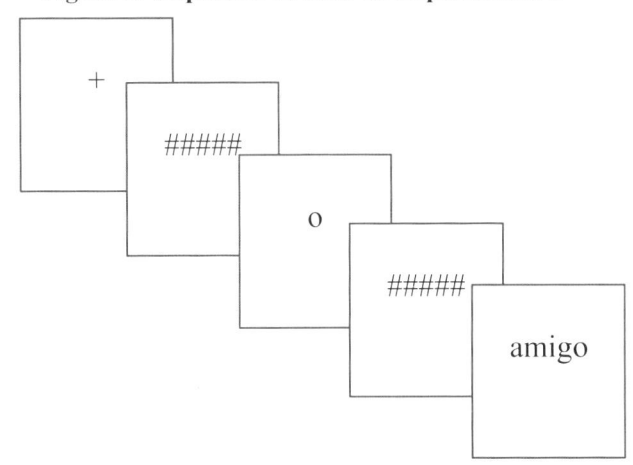

Fonte: elaborado pelos autores

9.3.2.1.4 Análise

Igual ao Experimento 1. Os participantes tiveram uma acurácia de 89,55%. As respostas incorretas foram retiradas da análise do tempo de reação.

9.3.2.2 RESULTADOS

Foi encontrado um efeito principal da variável sexo dos participantes $F(1,2279)=67.605$, $p<0,0005^{***}$ e uma interação entre as variáveis sexo dos participantes e tipo de concordância $F(1,2279)=7.773$, $p=0,0053^{**}$.

Os testes pareados com 95% de intervalo de confiança revelaram que as mulheres tiveram tempos de reação menores (M=1195, SE=8.04) do que os homens (M=1282, SE=7.88) ($\beta0 = -87$, SE = 11.3, t-value = -7.729, p = 0.0001***) tanto para os *primes* adjetivos (M=1184, SE=11.1) e (M=1300, SE=11.8) respectivamente ($\beta0 = -116.3$, SE = 16.2, t-value = -7.171, p = 0.0001***), como para os *primes* artigos (M=1207, SE=11.7) e (M=1265, SE=10.4) respectivamente ($\beta0 = -57$, SE = 15.6, t-value = -3.697, p = 0.0013**) .

Ao analisarmos somente os substantivos, encontramos um efeito principal bem próximo da significância estatística para o tipo de concordância $F(1,909)=3.435$, $p=0.064$ e um efeito principal do tipo de gênero dos substantivos $F(1,909)=3.104$, $p=0,045^*$. Além disso, foi encontrada uma interação entre o tipo de concordância e o tipo de gênero dos substantivos $F(2,909)=4.150$, $p=0,016^*$.

Os testes pareados com 95% de intervalo de confiança indicaram que as condições de concordância com adjetivos tenderam a ter tempos de reação maiores (M=1176, SE=11.5) do que as condições de concordância com artigos (M=1149, SE=11), chegando próximo à significância estatística (β0 =27, SE = 15.9, t-value = 1.697, p = 0.090). Além disso, os substantivos com gênero gramatical (M=1144, SE=13.8) tiveram tempos de reação menores do que os substantivos com gênero de estereótipo (M=1191, SE=13.9) (β0 =-47.28, SE = 19.5, t-value = -2.409, p = 0.0427*).

Os testes pareados com 95% de intervalo de confiança também indicaram que o tempo de reação de substantivos com gênero semântico é mais longo com a concordância com adjetivos (M=1196, SE=19.5) do que com artigos (M=1109, SE=18.9) (β0 =87.58, SE = 27.2, t-value = 3.24, p = 0.016*). Já quando a concordância é com artigos, os substantivos de gênero semântico (M=1109, SE=18.9) tiveram tempos de reação menores do que os substantivos com gênero de estereótipo (M=1201, SE=19.1) (β0 =-92.41, SE = 26.9, t-value = -3.43, p = 0.008**).

Os resultados das respostas às perguntas de compreensão revelaram que os participantes tiveram mais erros nas condições de pseudosubstantivos (385 erros em 1759 *tokens*, correspondendo a 21,88%) do que nas condições de substantivos (21 erros em 979 *tokens*, correspondendo a 2,14%), $\chi2$=195.86, p=0.0004***. Além disso, as mulheres (223 em 1356 *tokens*, correspondendo a 16,44%) tiveram mais erros do que os homens (183 em 1382 *tokens*, correspondendo a 13,24%), $\chi2$=5.18, p=0.054, chegando bem próximo à significância estatística. Os resultados também mostraram uma interação entre o sexo dos participantes e o tipo de concordância. Os homens tiveram menos erros quando a concordância era com artigos (112 erros em 784 *tokens*, correspondendo a 14,28%) do que quando era com adjetivos (112 erros em 598 *tokens*, correspondendo a 18,72%), $\chi2$=208.54, p=0.0004***. Os resultados também apontaram que as mulheres erraram mais os pseudosubstantivos (213 erros em 879 tokens, correspondendo a 24,23%) do que os homens (172 erros em 880 *tokens*, 19,54%), $\chi2$=208.47, p=0.0004***.

9.3.3 Experimento 3

O objetivo principal deste experimento foi detectar se o fator sexo dos falantes influencia no processamento da correferência no português brasileiro (ver verbete "Correferência"). Já os objetivos específicos foram os seguintes: a) examinar se a concordância entre antecedentes e os pronomes facilita o processamento da correferência; b) verificar se o tipo de gênero dos antecedentes influencia na sua retomada anafórica.

Como nos dois primeiros experimentos, a primeira hipótese é que o sexo dos falantes influencia na maneira pela qual os antecedentes dos pronomes serão retomados (cf. Casado et al., 2017). A segunda hipótese é que a concordância de gênero entre pronomes e antecedentes é vital para a correferência (cf. Alves, 2014, 2019, 2022). Sendo assim, esperava-se que sentenças com concordância de gênero entre os antecedentes e os pronomes fossem responsáveis por retomadas anafóricas menos custosas do que as sentenças sem concordância de gênero. Similarmente aos experimentos anteriores, a terceira hipótese é que os antecedentes dos pronomes são recuperados na memória de acordo com o gênero que carregam (cf. Alves, 2018).

9.3.3.1 METODOLOGIA

9.3.3.1.1 Participantes

Igual aos experimentos anteriores, exceto que os homens tiveram idade média de 21,29 anos, e 17 mulheres de 21,17 anos.

9.3.3.1.2 Materiais e *design*

As variáveis independentes do experimento eram as seguintes: a) sexo dos participantes; b) concordância ou não entre o antecedente e os pronome; c) tipo de gênero do antecedente (semântico, gramatical, de estereótipo), d) gênero do antecedente (masculino ou feminino). Já as variáveis dependentes eram os tempos de leitura dos pronomes e as respostas às perguntas de compreensão feitas logo após a leitura das frases.

Os materiais foram divididos em duas listas. Cada participante foi exposto a 24 frases experimentais e a 24 frases distratoras (estas possuem o objetivo de distrair os participantes para que não percebam o objeto de investigação do pesquisador). Todas as frases eram seguidas de uma pergunta de compreensão a fim de averiguar se os participantes estavam lendo as frases com atenção.

Os materiais eram frases subordinadas compostas na oração principal por um adjunto adverbial, seguido de um sujeito complexo formado por um numeral sem marcas de concordância de gênero e um substantivo no plural, cujo tipo de gênero e gênero variava a depender da condição. Após o sujeito, havia um verbo transitivo direto e seu complemento seguidos por uma oração subordinada encabeçada por conectivos diversos. Logo após os conectivos, havia um advérbio de modo, seguido de um pronome na terceira pessoa do plural (eles/elas), um verbo intransitivo e um adjunto adverbial. O pronome na oração subordinada deveria retomar ou não o núcleo do sujeito localizado na oração principal, o substantivo no plural, que tinha a função de candidato a antecedente. Um esquema da estrutura sintática encontra-se em (1).

(1) AdvP [NP [Num N]] [VP[VT OD]] [CP[Conectivo Adv eles/elas [VP[VI AdvP]]]].

Deve-se mencionar que as palavras que antecediam e sucediam os pronomes tiveram seu tamanho controlado. Os advérbios de modo que antecediam os pronomes continham cerca de 10-16 caracteres, enquanto os verbos intransitivos que sucediam os pronomes continham cerca de 6-11 caracteres.

Exemplos dos materiais por condição podem ser encontrados na tabela 4.

Tabela 4: Exemplos do materias do Experimento 3

	Com concordância de gênero	**Sem concordância de gênero**
Antecedente com gênero gramatical feminino	Na tarde de ontem dez <u>pessoas</u> receberam uma homenagem porque certamente **elas** trabalharam com bastante dedicação. A homenagem foi na tarde de ontem?	Na tarde de ontem dez <u>pessoas</u> receberam uma homenagem porque certamente **eles** trabalharam com bastante dedicação. A homenagem foi na tarde de ontem?
Antecedente com gênero gramatical masculino	Nesta terça-feira doze <u>ídolos</u> quebraram um recorde por isso felizmente **eles** chegaram no topo da parada musical. O recorde foi quebrado?	Nesta terça-feira doze <u>ídolos</u> quebraram um recorde por isso felizmente **elas** chegaram no topo da parada musical. O recorde foi quebrado?
Antecedente com gênero semântico feminino	Por mais que houvesse tido confusão oito <u>garotas</u> adoraram a festa uma vez que alegremente **elas** dançaram a noite toda. Houve confusão na festa?	Por mais que houvesse tido confusão oito <u>garotas</u> adoraram a festa uma vez que alegremente **eles** dançaram a noite toda. Houve confusão na festa?
Antecedente com gênero semântico masculino	Depois da faculdade trinta <u>advogados</u> passaram na prova da OAB e eventualmente **eles** comemoraram com um churrasco. A comemoração foi porque passaram na prova da OAB?	Depois da faculdade trinta <u>advogados</u> passaram na prova da OAB e eventualmente **elas** comemoraram com um churrasco. A comemoração foi porque passaram na prova da OAB?

Antecedente com gênero de estereótipo feminino	Em plena pandemia quinze <u>nutricionistas</u> alegaram um grande sucesso contudo visivelmente **elas** sofreram neste período. Com a pandemia, os negócios fecharam?	Em plena pandemia quinze <u>nutricionistas</u> alegaram um grande sucesso contudo visivelmente **eles** sofreram neste período. Com a pandemia, os negócios fecharam?
Antecedente com gênero de estereótipo masculino	Nesta última semana dezessete <u>bombeiros</u> salvaram muitos animais uma vez que bravamente **eles** atuaram no incêndio florestal. Muitos animais foram salvos?	Nesta última semana dezessete <u>bombeiros</u> salvaram muitos animais uma vez que bravamente **elas** atuaram no incêndio florestal. Muitos animais foram salvos?

Fonte: elaborado pelos autores

9.3.3.1.3 Procedimento

Igual aos experimentos anteriores, exceto que aqui o experimento era de leitura automonitorada com *moving window*. Isto é, os segmentos surgiam na tela um por um, e ao pressionar o botão ESPAÇO, o segmento seguinte surgia na tela ao passo que desaparecia o segmento anterior. E o tempo que os participantes levavam para pressionar o botão ESPAÇO de cada segmento foi cronometrado.

9.3.3.1.4 Análise

Igual aos experimentos anteriores.

9.3.2.2 RESULTADOS

Foi encontrado um efeito principal da variável sexo dos participantes $F(1,788)=8.302$, $p=0.004**$ e um efeito principal da variável concordância de gênero entre os pronomes e os antecedentes $F(1,788)=5.387$, $p=0.020*$.

Os testes pareados com 95% de intervalo de confiança revelaram que as mulheres tiveram tempos de leitura dos pronomes maiores (M=819, SE=26.6) do que os homens (M=710, SE=26.8) ($\beta0 = 109$, SE = 37.8, t-value = 2.89, p = 0.004). Além disso, os tempos de leitura dos pronomes foram maiores nas condições sem concordância de gênero entre os antecedentes e os pronomes (M=808, SE=26.7) do que nas condições com concordância (M=721, SE=26.7) ($\beta0 =-87.3$, SE = 37.8, t-value = -2.31, p = 0.021).

Já os resultados das respostas às perguntas de compreensão não se revelaram estatisticamente relevantes.

9.4 DISCUSSÃO

Os resultados encontrados no nosso estudo corroboraram nossa hipótese inicial de que codificamos, organizamos e processamos as informações linguísticas de acordo com o papel que desempenhamos na sociedade. E como homens e mulheres desempenham diferentes papeis na sociedade, homens e mulheres processam a linguagem de formas diferentes, pelo menos no que diz respeito à categoria de gênero na língua (Casado et al., 2017). Tanto no Experimento 1 quanto no Experimento 3, as mulheres tiveram um desempenho mais lento nas tarefas psicolinguísticas se comparadas aos homens. Isto era esperado, e como têm mostrado os estudos sociolinguísticos e trabalhos em psicolinguística como o de Osterhout et al. (1997), as mulheres tendem a ser mais cuidadosas linguisticamente falando. Já no Experimento 2, o fato de que as mulheres foram mais rápidas em reconhecer as palavras do que homens teve como consequência mais erros por parte delas.

Além disso, corroborando nossa hipótese, encontramos evidências de que os homens veem o mundo constituído por mais homens (Kennison; Trofe, 2003), já que no Experimento 1 os homens atribuíram gênero masculino aos substantivos com maiores frequências do que as mulheres, inclusive para os substantivos com gênero de estereótipo feminino. Já as mulheres, revelaram-se solidárias, e parecem ver o mundo mais igualitariamente, pois não atribuíram um gênero específico aos substantivos na maior parte das vezes. Este último resultado vai ao encontro do resultado encontrado por Marcio Leitão, Juliana Novo Gomes, Lorrane Medeiros Ventura, Marcus Maia e Cristina Flores no capítulo 10, "Avaliação de estereótipos de gênero em Português Brasileiro e Português Europeu", deste livro. Os autores mostraram que as mulheres, tanto brasileiras quanto portuguesas, se comparadas aos homens, julgaram de forma menos conservadora os estereótipos de gênero, utilizando menos as escalas localizadas nos extremos do contínuo. Outro resultado semelhante ao estudo destes autores é que os participantes de forma geral se revelaram menos conservadores do que o esperado: no nosso caso, utilizando mais respostas "a/o" para os substantivos com gênero de estereótipo, e no caso deles, utilizando menos os extremos dos contínuos na hora de julgar os estereótipos. Como sugere Leitão e colegas, isto mostra que a sociedade está mais evoluída socialmente falando, mais democrática.

Deve-se ressaltar que também corroboramos nossa segunda hipótese, ou seja, de fato processamos as palavras de acordo com o tipo de gênero que possuem. Conforme esperado, os resultados do Experimento 1 mostraram que os substantivos com gênero semântico tiveram seu gênero atribuído mais rapidamente do que os substantivos com gênero gramatical (Vigliocco; Franck, 1999; Alves 2019). Além disso, os resultados do Experimentos 1 e do Experimento 2 indicaram que os substantivos com gênero de estereótipo foram mais custosos para processar do que os substantivos com gênero semântico e gramatical, visto que os primeiros dependem de cálculos baseados em inferências de conhecimento de mundo (Alves, 2022).

Com relação ao gênero masculino, somente foi possível corroborar nossa hipótese acerca do masculino como gênero *default* nos resultados das respostas do Experimento 1. Vimos que os substantivos comuns de dois gêneros e os de gênero de estereótipo não tiveram atribuição de gênero específica, mas tiveram mais atribuições masculinas do que femininas.

Nossos resultados também corroboraram a hipótese da concordância de gênero como facilitadora do processamento das estruturas sintáticas, pois no Experimento 3 foi possível perceber que as frases que possuíam concordância de gênero entre os pronomes e os antecedentes tiveram seus pronomes processados mais facilmente, o que significa que retomaram mais facilmente seus antecedentes.

Outro resultado de destaque é que apesar de ter atingido significância estatística somente entre homens, corroboramos a hipótese da Carga Informacional (Almor, 1999). Estruturas com substantivos acompanhados de adjetivos são mais custosas ao processador do que aquelas formadas por substantivos e artigos definidos.

9.5 CONSIDERAÇÕES FINAIS

Este trabalho foi capaz de lançar luz a uma variável que tem sido desconsiderada na maioria dos estudos psicolinguísticos: a diferença de processamento entre homens e mulheres. Estudos como este, alinhando Sociolinguística e Psicolinguística são necessários, já que os fatores sociais, como o sexo dos falantes, podem influenciar a maneira pela qual processamos a linguagem. Nosso estudo serve como um alerta para os estudos psicolinguísticos que não levam em consideração o sexo do participante, pois esta variável pode eventualmente enviesar os resultados, levando os pesquisadores a fazerem conclusões equivocadas. Nossos resultados demonstraram que as mulheres processam palavras e frases mais lentamente do que os homens uma vez que são mais cuidadosas com relação à língua. Também notamos que quando tentam ser mais rápidas, acabam cometendo mais erros. Além disso, ressaltamos que a escolha das palavras nos estímulos dos experimentos também deve ser controlada pelos pesquisadores, pois palavras masculinas podem favorecer os participantes homens.

Não podemos deixar de mencionar que a área carece de mais pesquisas que investiguem o papel do sexo dos falantes no processamento de outras categorias e estruturas gramaticais para além de gênero. Fechamos este capítulo com a conclusão de que não só homens e mulheres falam diferente, como já vem dizendo a Sociolinguística, mas que homens e mulheres pensam diferente, veem o mundo de formas diferentes e processam a linguagem de formas diferentes. Apesar de todas as conquistas das mulheres, elas ainda parecem ser mais, mas não no sentido de serem mais fiéis à gramática normativa, mas no sentido de serem mais propensas a buscar um mundo mais solidário e menos sexista.

BIBLIOGRAFIA

ALVES, M. C. dos S. *Processamento do traço de gênero na correferência pronominal com antecedentes sobrecomuns e comuns de dois gêneros no português do Brasil*, 2014. Dissertação de mestrado. Rio de Janeiro: Universidade Federal do Rio de Janeiro.

_____. As diferenças entre gênero gramatical e gênero semântico na recuperação de antecedentes pronominais em Português Brasileiro. *Diacrítica*, v. 33, n. 2, 2019, pp. 89-115.

_____. As diferenças entre gênero definido e gênero de estereótipo na recuperação de antecedentes pronominais em Português Brasileiro. *Diacrítica*, v. 36, n. 1, 2022, pp. 37-65.

CANAL, P.; GARNHAM, A.; OAKHILL, J. Beyond gender stereotypes in language comprehension: self sex-role descriptions affect the brain's potentials associated with agreement processing. *Frontiers in Psychology*, v. 6, 2015, p. 1953.

CASADO, A.; PALMA, A.; PAOLIERI, D. The influence of sex information on gender word processing. *Journal of Psycholinguistic Research*, published on-line, 2017.

KENNISON, S.; TROFE, J. Comprehending pronouns: a role for word-specific gender stereotype information. *Journal of Psycholinguistic Research*, v. 32, n. 3, 2003.

OLIVEIRA E SILVA, G. M. de.; PAIVA, M. da C. Conclusão: visão de conjunto das variáveis sociais. In: OLIVEIRA E SILVA, G. M.; SCHERRE, M. M. P. *Padrões sociolinguísticos:* análise de fenômenos variáveis no português falado no Rio de Janeiro. Rio de Janeiro: Tempo Brasileiro, 1996, pp. 335-378.

OSTERHOUT, L.; BERSICK, M.; MCLAUGHLIN, J. Brain potentials reflect violations of gender stereotypes. *Memory and Cognition*, v. 25, n. 3, 1997, pp. 273-285.

MOLLICA, M. C.; PAIVA, M. C.; PINTO, I. Relação entre [l] – [r] e [r] – [0] em grupos consonantais em português. In: *Relatório final do Projeto Mecanismos Funcionais do Uso Linguístico*. Rio de Janeiro: UFRJ, 1989.

PAIVA, M. C. A variável gênero/sexo. In: MOLLICA, M. C.; BRAGA, M. L. (orgs). *Introdução à Sociolinguística*. São Paulo: Contexto, 2012, pp. 33-42.

PAREDES E SILVA, V. L. P. da. *A variação tu/você na fala carioca*. Comunicação apresentada no 1º Encontro de variação linguística do Cone Sul, UFGRS, 1996.

VIGLIOCCO, G., FRANCK, J. When sex and syntax go hand in hand: gender agreement in language production. *Journal of Memory and Language*, v. 40, 1999, pp. 455-78.

10. Avaliação de estereótipos de gênero em Português Brasileiro e Português Europeu

Marcio Martins Leitão, Juliana Novo Gomes, Lorrane Medeiros Ventura,
Marcus Maia e Cristina Flores

Uma importante questão no estudo da compreensão da linguagem diz respeito aos tipos de informação acessados para se chegar à interpretação completa de uma sentença, desde as fases iniciais de decodificação da mensagem, passando por sua análise sintática e até o acesso ao conhecimento geral do mundo dos interlocutores. Nesse quadro, se contrapõem duas teorias: a Teoria Minimalista (Mckoon; Ratcliff, 1992) e a Teoria Construcionista (Graesser; Singer; Trabasso, 1994). A primeira se fundamenta em mecanismos *bottom-up*, postulando-se que o processamento da leitura de uma sentença ocorre majoritariamente a partir de elementos formais. Por outro lado, as teorias construcionistas consideram que mecanismos *top-down* desempenham papel mais significativo, sendo o processamento impactado pelo conhecimento de mundo do leitor e de seu(s) objetivo(s) na leitura. Um tipo de conhecimento de mundo que vem sendo estudado na literatura psicolinguística são os chamados estereótipos de gênero, ou seja, preconcepções a respeito de propriedades associadas por diferentes grupos a diferentes gêneros.

O quadro filosófico mais amplo em que se projetam as teorias *bottom-up* e *top-down* pode ser sintetizado no chamado debate *nature x nurture* ou *natureza* e *cultura*. O termo natureza, originário do latim *nascere* "nascer" refere-se ao que tem origem e cresce organicamente "de dentro para fora", em contraste com o termo cultura, do latim *colere* "cultivar", que se refere ao que é cultivado, recebendo influências "de fora para dentro". A caracterização de fatores naturais e culturais na linguagem está longe de ser simples. Para os *behavioristas* mais radicais, a mente era *tabula rasa*, folha de papel em branco, nada lá chegando que não passasse primeiro pelos sentidos, ou seja, vindo de fora, sendo a aquisição da linguagem explicada, portanto, à base de formação de hábitos a partir de contingências externas. Para o cognitivismo gerativista *chomskyano*, que se contrapôs ao behaviorismo na metade do século XX, os estímulos externos apenas engatilham e ativam os fatores biológicos internos, constituindo a aquisição da linguagem, fundamentalmente, um processo de amadurecimento biológico "de dentro para fora".

Estudos psicolinguísticos e de neurociência da linguagem relativamente recentes têm demonstrado, no entanto, a interpenetração dinâmica desses fatores naturais e culturais. Dehaene e Cohen (2007) propuseram a hipótese da reciclagem neuronal, para explicar as mudanças que ocorrem no cérebro quando se adquirem capacidades culturais tais como a leitura e a aritmética. Sistemas neuronais do córtex cerebral são reciclados quando se aprende a ler, passando a exercer funções não previstas originalmente. Em estudos de rastreamento ocular da leitura, Rayner (1998, 2009) demonstrou que o *span* perceptual humano é assimétrico, visualizando-se cerca de 3 a 4 caracteres à esquerda e entre 14 e 15 caracteres à direita, em línguas como o inglês, em que a escrita se desenrola da esquerda para a direita. Em contraste, o estudo de Pollatsek, Bolozky, Well e Rayner (1981) demonstrou que, em Hebraico, língua em que a escrita se desenvolve da direita para a esquerda, os leitores prestam mais atenção à esquerda, instanciando uma *assimetria inversa*. Sendo a leitura um artefato cultural, é interessante notar sua influência sobre o processo biológico natural de inspeção visual.

O estudo dos estereótipos e sua influência na computação linguística tem sido um campo de provas importante para esse debate. Levon (2014) avalia que a estereotipia pode funcionar como uma espécie de filtro seletivo capaz de direcionar e mesmo de distorcer a cognição linguística, indicando que essas preconcepções culturais podem exercer um impacto altamente significativo na compreensão, privilegiando informações que se adequam ao modelo de expectativa do estereótipo e, consequentemente, ignorando outras informações. Por exemplo, Duffy e Keir (2004) identificaram que os estereótipos de gênero são ativos na resolução anafórica, comparando a retomada mais rápida de um termo como *surgeon*, geralmente associado ao gênero masculino, pelo pronome *he* do que pelo pronome *she*. Neste sentido, a informação de gênero tem sido tomada como um tipo de inferência que pode ser ativa na compreensão. Chaigneau (2012) evidencia efeito dos estereótipos de gênero em uma tarefa de memória e reconhecimento de orações, além disso mostra que os efeitos são maiores em adultos do que em jovens, indicando que, dependendo da idade, os estereótipos podem estar mais ou menos ativos em termos cognitivos. Em Acuña Luongo e Adames Valencia (2021), os autores investigam a influência dos estereótipos de gênero no processamento sintático em espanhol por meio da técnica experimental de rastreamento ocular. Os resultados mostram que quando há divergência entre a atividade estereotipada (*O pai comprou um vestido...*) e o gênero expresso no complemento (*para seu filho versus para sua filha*) há um aumento nos tempos de fixação no complemento e também no número de regressões em direção à atividade estereotipada, assim evidenciando efeito on-line do estereótipo no processamento sentencial.

O presente trabalho dá início a um programa de pesquisa que pretende analisar o curso temporal da leitura de frases em língua portuguesa (brasileira e portuguesa), em que há relações de predicação envolvendo estereótipos de gênero usando metodologias on-line, tais como a leitura automonitorada e o rastreamento ocular. Antes de explicitar os objetivos mais detalhados do trabalho, é relevante dizer que a ideia e a motivação para este trabalho tiveram como ponto de partida dois estudos piloto e de exploração[35] feitos por brilhantes alunos do ensino médio durante a Olimpíada Brasileira de Linguística (OBL) – edição Kubata de 2021. Os alunos das equipes[36] Mufufu e Kusoka executaram, em uma semana, as investigações na área da Psicolinguística Experimental sobre o processamento linguístico de sentenças ambíguas e que tinham como uma das variáveis independentes o estereótipo de gênero.

Com base nesses dois trabalhos idealizados pelos alunos e pelos resultados encontrados, entretemos a hipótese de que os estereótipos de gênero podem ter repercussão no processamento de sentença.

Com o presente trabalho, inauguramos esse projeto de pesquisa que visa de forma mais precisa, mais detalhada e aprofundada, verificar a relação entre os estereótipos de gênero e o processamento de sentenças em Português Brasileiro (PB) e Português Europeu (PE). Nesse primeiro momento, utilizamos a testagem baseada em Escala *Likert* de 5 pontos para se avaliarem predicados como *comprar livro*, *lavar louça* e *fazer churrasco*, em termos de estereotipia *neutra*, *feminina* ou *masculina*, respectivamente, comparando-se falantes das variantes brasileira e europeia do português, bem como sua distribuição em termos de sexo, faixa etária e nível de escolaridade. Esse primeiro experimento exploratório servirá como *corpus* normalizado (*baseline*) para a construção dos estímulos experimentais que testarão se essas atividades estereotipadas investigadas no presente estudo influenciam ou não o processamento on-line de estruturas ambíguas.

Nas seções seguintes, mostraremos como tem sido definido o conceito de estereótipo, particularmente o estereótipo de gênero e descreveremos brevemente alguns estudos que focalizam a interface entre estereótipo de gênero e linguagem no escopo da Psicolinguística Experimental. Em seguida, descreveremos o experimento de julgamento dos estereótipos executados com participantes falantes de Português Brasileiro (BR) e Português Europeu (PT) e discutiremos os resultados encontrados que podem servir para, além da construção do *corpus* já mencionado, também como indicações para possíveis desdobramentos em estudos futuros.

10.1 ESTEREÓTIPOS DE GÊNERO E PROCESSAMENTO

O conceito de estereótipo em seus primórdios é relacionado à atividade da Estereotipia tipográfica, surgida, segundo Heitlinger (2006), em 1727 via William Ged, ourives escocês que inventou a técnica que possibilitou a reprodução tipográfica impressa a partir de um molde. Depois o conceito de estereotipia começa abarcar o sentido de produção repetida e mecânica que, segundo Siebra (2005), é usado pela Psiquiatria a partir do século XIX em relação a comportamentos repetitivos e mecânicos de gestos ou expressões verbais em determinados casos de demência. Posteriormente, por analogia, o conceito de estereótipo ganha uma interpretação para além da reprodução tipográfica e da psiquiatria e começa a ser usado como conjunto de características repetidas que permitem a categorização de determinadas entidades no mundo. Assim chegamos ao conceito com o qual estamos trabalhando neste capítulo, em que estereótipo é entendido como um conjunto de características compartilhadas por grupos sociais específicos que levam a generalizações em determinados contextos socioculturais, mas que, muitas vezes, se alteram sem a atualização devida, se integrando e se arraigando ao corpo social, promovendo, em muitos casos, preconceito. Este é o caso, por exemplo, do estereótipo de gênero arraigado na sociedade de muitos países como também na sociedade brasileira e portuguesa, em que temos muitas atividades ou comportamentos estereotipados que são relacionados a características mais masculinas ou mais femininas, mas que não correspondem à mudança que vem ocorrendo em muitos setores da sociedade, mudança esta que coloca em xeque esses estereótipos. Muitos desses estereótipos são expressos e disseminados via linguagem, por isso investigar as expressões estereotipadas na língua portuguesa pode ajudar a compreender como e quanto esses estereótipos estão arraigados na sociedade e particularmente em nossa cognição. Nesse contexto, existem estudos que se vêm debruçando sobre a relação entre estereótipo e processamento linguístico. Em seguida iremos resenhar alguns desses trabalhos que achamos relevantes e que de alguma forma motivam o programa de pesquisa que iniciamos neste estudo.

Começamos descrevendo o estudo de Pinheiro e Freitag (2020) que investigaram os substantivos comuns de dois gêneros que representam profissões como, por exemplo, *a/o dentista* e *a/o eletricista* e o possível impacto dos estereótipos de gênero relacionados a essas profissões. Foram escolhidos 30 substantivos profissionais desse tipo, depois foi feito um levantamento das frequências desses itens seguindo o paradigma *Google as a corpus* (Robb, 2003) em que se verificou a frequência de uso desses substantivos em relação à marcação de gênero. Após esse levantamento, foi executado um julgamento de feminilidade e masculinidade desses substantivos com escala de 1 a 7 por 50 participantes, sendo 25 homens e 25 mulheres. Os resultados parecem indicar uma relação entre frequência de marcação de gênero das profissões e estereótipos de gênero relacionados a essas profissões. Segundo os resultados, a marcação de gênero segue a representação social compartilhada via estereótipos, por exemplo, a profissão de *babá* é associada ao gênero feminino, enquanto *chofer* e *eletricista* são associadas ao gênero masculino e não houve diferença significativa entre os julgamentos em relação ao sexo dos participantes (mulheres ou homens).

Alves (2014), apesar de não focalizar a relação entre gênero e estereótipo, executou um experimento de leitura automonitorada para investigar o processamento correferencial de pronomes plenos plurais (eles ou elas) com antecedentes substantivos ou sobrecomuns como "as vítimas" e "os indivíduos" em que a marcação de gênero é única e arbitrária ou substantivos comuns de dois gêneros, semelhantes aos exemplificados no estudo anterior de Pinheiro e Freitag (2020). Os resultados mostraram que o processamento foi mais rápido quando o substantivo antecedente era um sobrecomum do que um substantivo comum de dois gêneros, possivelmente porque a marcação de gênero nos substantivos comuns de dois gêneros não é fixa, como nos sobrecomuns e pode estar relacionada à possibilidade do uso do pronome masculino como *default* – não marcado em muitos contextos em português, como aventa a autora. Também, ao nosso modo de ver, e com base nos resultados encontrados por Pinheiro e Freitag (2020), a possibilidade de marcação de gênero dos comuns de dois gêneros pode estar associada a determinados estereótipos. Além disso, um dado interessante encontrado é que não houve diferença nas medidas on-line de tempo de leitura entre participantes homens e mulheres, mas houve diferença significativa nas medidas off-line, o que indica que em momentos mais reflexivos o sexo dos participantes ou dos leitores pode ter algum impacto nos julgamentos relacionados ao gênero dos substantivos. Entretanto Alves et al. (cf. capítulo 9 "Diferenças entre homens e mulheres no processamento linguístico", deste livro) diferente dos resultados anteriores, encontraram diferenças entre homens e mulheres nos resultados de tarefas tanto off-line, quanto on-line em que se manipulava o gênero gramatical e o tipo de substantivo em português brasileiro. Inclusive, em uma das tarefas, os homens atribuíram mais o gênero gramatical masculino tanto para substantivos com gênero estereotipado masculino, quanto para os substantivos com gênero estereotipado feminino. Os autores encontraram também processamento mais custoso para relações de concordância com substantivos estereotipados do que para substantivos não estereotipados.

O estudo de Chaigneau (2012) parte de evidências de outros estudos como o de von Hippel, Silver e Lynch (2000) que mostram uma relação entre estereótipo de gênero, preconceito e idade, indicando que pessoas mais idosas tendem a ter o estereótipo não só mais arraigado cognitivamente, como também, por falhas no controle inibitório, acabam expressando mais preconceito relacionados a esses estereótipos. Estudos como esses geralmente focalizam idosos com mais de 55 anos, Chaigneau (2012) investigou, por meio de uma tarefa de memorização de orações na variante chilena do espanhol, a leitura de participantes divididos em dois grupos de jovens com média de idade de 22 anos e 27 anos e um grupo de adultos com média de idade de 44 anos. Um dos objetivos do estudo era investigar se adultos antes mesmo da idade geralmente testada (> 55 anos) também relacionam fortemente a marcação de gênero a atividades estereotipadas. A tarefa consistia na leitura de uma lista de frases que descreviam atividades estereotipadas masculinas, femininas ou neutras e que depois tinham de ser identificadas em uma leitura posterior de outra lista de frases distratoras que continham as frases experimentais lidas anteriormente. Os resultados mostraram que a identificação foi melhor para as frases com estereótipos (masculino e feminino) do que para as frases neutras, além disso, conforme a hipótese do trabalho, os adultos, semelhante ao comportamento dos idosos estudados em outros estudos, também mostraram um efeito maior do que nos jovens, reforçando, de qualquer forma, que há uma relação em termos cognitivos entre a expressão linguística de estereótipos de gênero e a idade dos leitores, além disso não houve diferenças significativas em relação ao sexo dos participantes (homens ou mulheres).

O estudo de Acuña Luongo e Adames Valencia (2021) investiga, por meio da técnica de rastreamento ocular, a influência do estereótipo de gênero no processamento on-line de orações com a seguinte estrutura na variante chilena do espanhol: Sujeito + Verbo + Objeto Direto + Objeto Indireto + Adjunto, como por exemplo: *El padre le compró un vestido a su hija/o para su cumpleaños* (*O pai comprou um vestido para seu filho/sua filha no seu aniversário*). O experimento foi executado por 35 participantes (20 mulheres e 15 homens) com idades de 19 a 22 anos, ou seja, basicamente jovens, todos estudantes universitários. Os resultados mostraram efeito on-line do estereótipo, nas frases em que a atividade estereotipada não convergia com gênero expresso no objeto indireto, essa região tinha mais tempo de fixação e mais regressões na direção da expressão do estereótipo do que quando o estereótipo convergia com o gênero expresso no objeto indireto. Os autores interpretam os resultados como indícios de que o processamento sintático on-line é sensível à informação cultural compartilhada socialmente, ou seja, não só a informações lexicais e morfológicas, mas também informações relacionadas a conhecimentos e crenças construídas coletivamente na sociedade são levadas em conta ao longo do processamento.

A discussão entretida no estudo de Acuña Luongo e Adames Valencia (2021) focaliza a interface entre processamento sintático e as expressões estereotipadas mostrando evidências de que há influência on-line dos estereótipos no processamento das frases e será também entretida nos estudos futuros que pretendemos fazer focalizando o processamento de frases ambíguas que contêm atividades estereotipadas, para verificar, nesse caso, se os estereótipos compartilhados na sociedade podem guiar ou influenciar a resolução on-line e off-line das estruturas ambíguas estudadas. Esse conjunto de estudos terá como base o presente estudo que fornece com maior precisão, em termos do que participantes brasileiros e portugueses julgam como estereótipos, o conjunto de atividades estereotipadas para a construção dos respectivos *designs* experimentais.

A seguir descrevemos o experimento de julgamento das atividades potencialmente estereotipadas ou neutras executado com brasileiros e portugueses tanto do sexo feminino, quanto do sexo masculino. Em seguida, discutiremos os resultados e indicaremos os próximos passos do programa de pesquisa em desenvolvimento por pesquisadoras e pesquisadores da UFRJ e UFPB no Brasil e, por pesquisadoras da Universidade do Minho em Portugal.

10.2 MATERIAIS E MÉTODOS

Neste trabalho investigamos os estereótipos de gênero através da análise do julgamento de sintagmas em PB e em PE. Para tal análise das preconcepções culturais, utilizamos uma escala de resposta psicométrica (*Likert type scale*) com 5 pontos usada principalmente em questionários para obter as preferências do participante ou o grau de concordância com uma afirmação ou conjunto de afirmações. As escalas *Likert* são uma técnica de escala não comparativa e são unidimensionais (medem apenas um único dado) por natureza (Baumeister et al., 2007; Clark; Watson, 2019). Estas escalas fornecem uma maneira conveniente de medir construtos não observáveis, mas que podem ser auto-avaliados pelos próprios participantes. Assim, durante o experimento, os respondentes são solicitados a indicar seu nível de concordância com uma determinada afirmação por meio de uma escala ordinal. A escala mais comumente usada nas pesquisas (psico-)linguísticas possui 5 pontos e varia de uma extremidade a outra de forma crescente, sendo o ponto focal, considerado neutro de acordo com a escala utilizada. Neste trabalho, investigamos a percepção dos estereótipos de gênero (masculino, feminino e, masculino & feminino). Os participantes deveriam julgar sintagmas verbais, como "*calibrar o pneu*", "*cortar unha*" e "*lavar a louça*" através de uma escala *Likert* de 5 pontos, conforme a figura 1.

Figura 1: Ilustração da Escala *Likert* de 5 pontos utilizada no experimento de julgamento de sentenças. Conforme instrução prévia dada aos participantes, as extremidades (1) e (5) correspondem aos estereótipos mais masculino (+masculino) e mais feminino (+feminino), respectivamente. A posição central (3) corresponde à neutro (estereótipo masculinho & feminino) e as posições (2) e (4), à masculino e feminino, respectivamente.

Fonte: elaboração dos autores

A escolha pela extremidade esquerda (1) julgava o sintagma lido como +*masculino*, a opção (2) significava *masculino*, (3) *masculino & feminino*, enquanto que (4) e (5) julgavam o sintagma como, respectivamente, *feminino* e +*feminino*. Neste caso, cada nível na escala recebe um valor numérico ou codificação, começando em (1) e incrementado em um para cada nível, até (5). Desta forma, cada item pode ter sua resposta analisada individualmente, em média com outros itens ou somada com outros itens relacionados para criar uma pontuação para um grupo de afirmações. É também por isso que as escalas *Likert* são às vezes chamadas de escalas somativas. Para o nosso experimento, avaliamos os resultados como um todo usando estatísticas descritivas e também os resultados específicos para cada questão de 1-5 (ver 10.3 Resultados). As respostas individuais foram tratadas como dados de intervalo (*interval data*) porque os níveis de resposta têm posição relativa. Por isso, podemos inferir que os participantes percebem a diferença entre os níveis adjacentes como iguais (um requisito para dados de intervalo). Entendemos que, do ponto de vista estatístico, a distância entre os pontos "+masculino" e "masculino" é relativamente igual à distância entre "neutro" e "feminino" e os outros pontos sequencialmente.

Além disso, assumimos que os dados obtidos neste trabalho se enquadram nos requisitos necessários aos dados de intervalo, e em consonância com Norman (2010) que: (i) todas as tarefas (sintagmas) foram avaliados usando a mesma escala *Likert*, (ii) foi utilizada uma aproximação que corresponde à uma escala de intervalo (ou seja, a codificação indica a magnitude da diferença entre os itens, visualmente e numericamente e, não há ponto zero absoluto) e (iii) todos os itens medem uma única variável latente (ou seja, uma variável que não é observada diretamente, mas sim inferida com relação às outras variáveis).

10.2.1 Participantes

No total, obtivemos respostas de 96 participantes falantes nativos de PB e de 114 participantes falantes nativos de PE. Por razões de comparação e análise, foram selecionados aleatoriamente 32 participantes falantes nativos de cada língua (PB/BR e PE/PT). Os participantes são adultos saudáveis (destros, com idade média de 28, sendo 16 do sexo masculino e 16 do sexo feminino em cada grupo), com visão normal ou corrigida para o normal. A participação foi voluntária e todos os participantes considerados nestas análises leram e assinaram o Termo de Consentimento Livre e Esclarecido (TCLE) antes de participarem do experimento e os dados de todos participantes foram anonimizados para preservar a identidade e sigilo dos participantes.

10.2.2 Estímulos

Foram criados 36 conjuntos com sentenças em três condições: sentenças que refletem Estereótipos *Masculinos* (EM), Estereótipos *Femininos* (EF) e Estereótipos *Masculinos & Femininos* (EN=Neutro), conforme tabela 1.

Tabela 1: Exemplos de estímulos em PB e PE em cada uma das três condições:
Masculino, Feminino e, Masculino & Feminino.

	PB	PE
Masculino	calibrar pneu	encher o pneu
Feminino	lavar louça	lavar a loiça
Masculino & Feminino	cortar unha	cortar as unhas

Fonte: elaboração dos autores

Ao todo, cada grupo de participantes (PB e PE) julgava 108 sintagmas usando uma Escala *Likert* em uma sessão única de experimento.

10.2.3 Procedimentos

Os testes foram programados e realizados através da Plataforma aberta *web-based* PcIbex (Zehr; Schwarz, 2018). A linguagem de programação utilizada foi *javascript* (*js*) e cada sessão consistia dos seguintes eventos: O participante recebia o *link* para o experimento, era instruído através da plataforma sobre a tarefa experimental e aceitava ou não o Termo de Consentimento Livre e Esclarecido (TCLE) antes de começar a tarefa. Na sequência, lia instruções específicas sobre o teste: a tarefa experimental era julgar, segundo a própria consciência, se os sintagmas representavam tarefas estereotipadas em 5 níveis. Para tal, o participante lia o sintagma (figura 2) e ao terminar a leitura, passava para a tela de julgamento (figura 3). O participante deveria usar a escala *Likert* com 5 pontos para selecionar através do teclado ou da escolha na tela a opção que melhor representasse o julgamento sobre o sintagma lido.

Figura 2: Tela de apresentação e leitura do sintagma a ser julgado por cada participante no PcIbex.

Fonte: elaboração dos autores

Figura 3: Tela de julgamento com a Escala *Likert* de 5 pontos utilizada neste estudo. Todos os participantes leram os sintagmas antes de julgarem o estereótipo representado através da escala.

Fonte: elaboração dos autores

O tempo de leitura do sintagma, o tempo de aperto do botão *próximo* e o tempo de escolha da opção na escala *Likert* foram gravados. A escolha da opção na escala *Likert* e os tempos da decisão foram analisados para todos os 32 sujeitos reportados aqui nos dois grupos de falantes PB e PE.

10.3 RESULTADOS

Focamos nossas análises nas três variáveis investigadas: (1) Tipo de Estereótipo; (2) Sexo e (3) Nacionalidade. Descreveremos os resultados estatísticos a seguir.

A Anova trifatorial 2x2x3 cruzando variável **Nacionalidade** com dois níveis (BR e PT), variável **Sexo do participante** também com dois níveis (M e F) e variável **Tipo**

de estereótipo com três níveis (EM, EN, EF) mostrou efeito principal (*main effect*) significativo dos fatores **Sexo do participante** F(1,575) = 7,03 p<0,008230 e **Tipo de estereótipo** F(2,1150) = 1694 p<0,000000. O fator **Nacionalidade,** no entanto, não produz isoladamente efeito principal F(1,575) = 0,562 p<0,453929. Há interações significativas entre a variável Nacionalidade*Tipo de estereótipo F(2,1150) = 10,5 p<0,000031 e entre Sexo do participante*Tipo de estereótipo F(2,1150) = 57,1 p<0,000001, não havendo interação entre os fatores Nacionalidade*Sexo*Tipo de estereótipo F(2,1150) = 2,71 p<0,066805, nem entre Nacionalidade*Sexo F(1,575) = 0,002 p<0,966908.

Gráfico 1: Médias de julgamento dos participantes dos dois grupos, ao lerem as frases nos três tipos de estereótipos testados – Tipo de Estereótipo versus Sexo versus Nacionalidade.

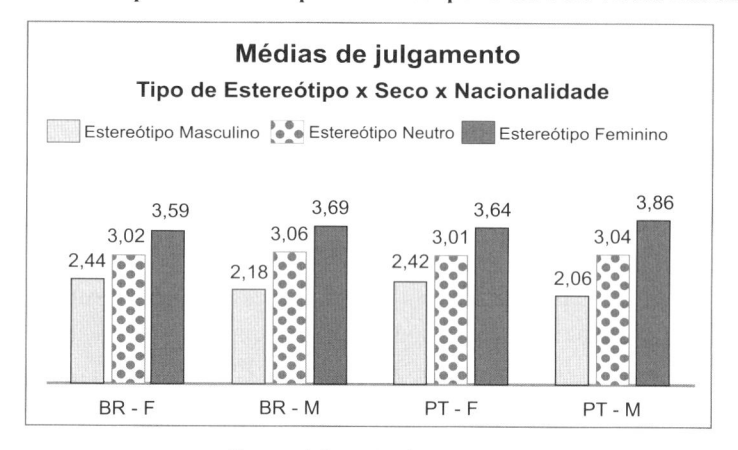

Fonte: elaboração dos autores

O gráfico 1 mostra as médias de julgamento em cada tipo de estereótipo (EM, EN e EF), por sexo dos participantes (F ou M), em cada grupo (BR e PT) testado. Comparando-se os pares, no Grupo 1: falantes nativos de PB, os testes-*t* indicaram diferença estatística significativa entre o par [BR_M_EM]vs[BR_F_EM] t(575)=5,50 p< 0,0001, indicando que os homens brasileiros julgam mais as sentenças com EM como masculino do que as mulheres (2,18 x 2,44) e também entre o par [BR_M_EF] vs[BR_F_EF] t(575)=2,27 p< 0,0233, indicando que os homens brasileiros julgam mais as sentenças com EF como feminino do que as mulheres (3,59 x 3,69). Já na comparação [BR_M_EN]vs[BR_F_EN] não houve diferença estatística significativa (t(575)=1,29 p< 0,1973), indicando que homens e mulheres brasileiros julgam o EN da mesma maneira (3,06 x 3,02).

Em relação ao Grupo 2: falantes nativos de PE, os testes-*t* indicaram diferença estatística significativa entre o par [PT_M_EM]vs[PT_F_EM] t(575)=7,94 p<

0,0001, indicando que os homens portugueses julgam mais as sentenças com EM como masculino do que as mulheres portuguesas (2,06 x 2,42) e também entre o par [PT_M_EF]vs[PT_F_EF] t(575)=4,46 p< 0,0001, indicando que os homens portugueses julgam mais as sentenças com EF como feminino do que as mulheres portuguesas (3,86 x 3,64). Já na comparação [PT_M_EN]vs[PT_F_EN] t(575)=1,41 p< 0,1582, não houve diferença significativa, indicando que homens portugueses não diferem de mulheres portuguesas ao julgarem o EN (3,01 x 3,04). Sendo assim, pode-se dizer que o mesmo padrão foi identificado em ambos os grupos testados: BR e PT.

Considerando-se uma comparação entre grupos, os testes-*t* identificaram diferença estatística significativa entre a comparação [BR_M_EM]vs[PT_M_EM] t(575)=2,60 p< 0,0095, o que indica que os homens portugueses avaliam mais como masculino o EM do que os homens brasileiros (2,18 x 2,06). Na comparação [BR_M_EF]vs[PT_M_EF] também há diferenças significativas (t(575)=3,70 p< 0,0002), indicando que os homens brasileiros avaliam o EF como feminino menos que os homens portugueses (3,69 x 3,89). Em relação ao EN, [BR_M_EN]vs[PT_M_EN], não ocorre diferença estatística significativa (t(575)=0,65 p< 0,5132), o que indica que os homens brasileiros não diferem dos homens portugueses ao julgarem o EN (3,06 x 3,04).

Em relação ao julgamento das mulheres ao se comparar os grupos, não foram identificadas diferenças estatísticas significativas, seja na comparação [BR_F_EM]vs[PT_F_EM] (t(575)=0,47 p< 0,6393), [BR_F_EF]vs[PT_F_EF] (t(575)=1,29 p< 0,1984) ou [BR_F_EN]vs[PT_F_EN] (t(575)=0,38 p< 0,7058), o que indica que mulheres portuguesas e brasileiras avaliam os estereótipos (EM, EN, EF) de maneira similar.

Tais resultados parecem sugerir que, independentemente da nacionalidade, os grupos de falantes portugueses e brasileiros apresentam padrão semelhante ao avaliarem os estereótipos: os homens julgaram o EM e o EF usando mais os valores nos extremos da Escala *Likert* utilizada. Enquanto que as mulheres tendem a julgar usando valores mais centralizados na escala. Ao se considerar o EN, não há diferenças entre homens e mulheres em ambas nacionalidades. Considerando-se a comparação entre os grupos, os dados sugerem que, em relação ao julgamento dos homens, os portugueses parecem ter avaliações sobre o EM e o EF mais extremas na escala do que os brasileiros. Já em relação ao julgamento das mulheres sobre o EM e o EF, não há diferenças estatísticas significativas entre as médias. A avaliação do EN é similar entre as comparações, independentemente do sexo dos participantes e da nacionalidade, não sendo observadas diferenças.

Importante ressaltar que a Anova das médias de julgamento dos participantes reportados acima não fazem separação dos níveis da escala. Isto é, estamos considerando como EF todas as médias referentes às opções +Feminino e Feminino na escala. Da mesma maneira, todas as médias referentes às opções +Masculino e Masculino na escala são consideradas no EM. Adiante reportaremos testes nos quais verificamos cada um dos níveis da escala, separadamente.

Os tempos de reação das decisões dos participantes ao julgarem as sentenças com estereótipos de gênero, considerando o *design* fatorial 2x2x3, podem ser verificados a seguir:

Gráfico 2: Tempos de decisão (RT) dos participantes dos dois grupos, ao lerem as frases nos três tipos de estereótipos testados – Tipo de Estereótipo *versus* Sexo *versus* Nacionalidade.

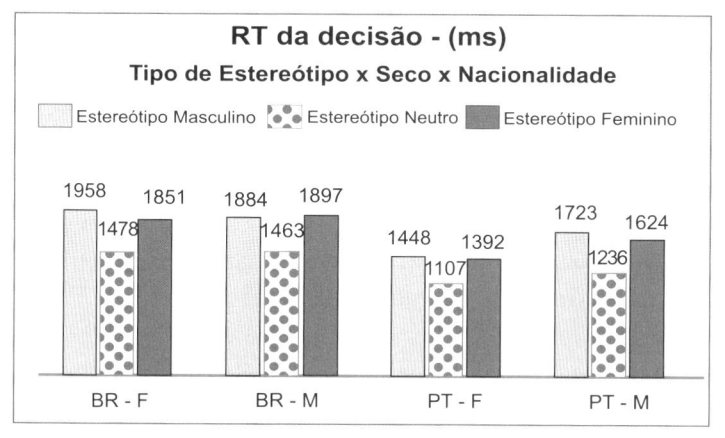

Fonte: elaboração dos autores

A Anova indicou efeito principal de **Tipo de estereótipo** ($F(2,1150) = 32,2$ $p<0,000001$) e efeito principal de **Nacionalidade** ($F(1,575) = 32,4$ $p<0,000001$). No entanto, não identificou efeito principal de **Sexo do participante** $F(1,575) = 3,40$ $p<0,065717$. A Anova identificou interação apenas entre os fatores Nacionalidade*Gênero ($F(1,575) = 4,69$ $p<0,030673$). As demais comparações não apresentaram interação entre os fatores: Nacionalidade*Tipo de estereótipo $F(2,1150) = 0,167$ $p<0,846631$, Sexo*Tipo de estereótipo $F(2,1150) = 0,258$ $p<0,772390$ e Nacionalidade*Sexo*Tipo de estereótipo $F(2,1150) = 0,469$ $p<0,626022$.

No Grupo 1, falantes nativos de PB, não ocorre diferença estatística significativa nos tempos de decisão entre nenhuma das comparações, seja avaliando o EM [BR_M_EM]vs[BR_F_EM] ($t(575)=0,63$ $p<0,5314$), o EF [BR_M_EN]vs[BR_F_EN] ($t(575)=0,10$ $p<0,9211$) ou o EN [BR_M_EF]vs[BR_F_EF] ($t(575)=0,45$ $p<0,6560$). Isto é, mulheres e homens brasileiros não apresentam diferenças em seus tempos de decisão para os estereótipos masculino, feminino e neutro.

Em contraste, observando-se o Grupo 2, falantes nativos de PE, há diferença estatística significativa entre a comparação [PT_M_EM]vs[PT_F_EM] $t(575)=2,10$

p< 0,0361, indicando que os homens portugueses são mais rápidos que as mulheres portuguesas ao julgar o EM (1448 x 1723). Já na avaliação do EF, as mulheres são mais rápidas que os homens portugueses (1392 x 1624), ([PT_M_EF]vs[PT_F_EF] t(575)=1,96 p< 0,0510). Os testes-*t* não mostram diferença significativa entre homens e mulheres portugueses ao decidirem sobre o EN ([PT_M_EN]vs[PT_F_EN] t(575)=1,71 p< 0,0870).

Comparando-se os dois grupos, os testes-*t* indicam diferença significativa entre os homens brasileiros e os homens portugueses e também entre as mulheres portuguesas e brasileiras. Os tempos médios de decisão comparando-se homens brasileiros e portugueses indicam diferença estatística significativa entre as comparações: [BR_M_EN]vs[PT_M_EN] t(575)=2,18 p< 0,0299, indicando que os homens portugueses são mais rápidos que os homens brasileiros ao julgar o EN (1236 x 1463) e [BR_M_EF]vs[PT_M_EF] t(575)=2,15 p< 0,0322, indicando que homens portugueses são mais rápidos que os brasileiros ao decidirem sobre EF (1624 x 1897). Já entre a comparação [BR_M_EM]vs[PT_M_EM], não houve diferença significativa (t(575)=1,24 p< 0,2147), indicando que os homens brasileiros e portugueses têm o mesmo tempo de resposta, apesar de, em números absolutos, os portugueses terem sido mais rápidos que os portugueses (1884 x 1723) ao decidirem sobre o EM.

Os tempos médios de decisão comparando mulheres brasileiras e portuguesas indicam diferença estatística significativa entre todas as comparações: as mulheres portuguesas são mais rápidas que as mulheres brasileiras ao decidirem sobre os estereótipos, seja sobre o EM ([BR_F_EM]vs[PT_F_EM] t(575)=4,01 p< 0,0001), o EF ([BR_F_EF]vs[PT_F_EF] t(575)=4,49 p< 0,0001), ou o EN ([BR_F_EN] vs[PT_F_EN] t(575)=2,71 p< 0,0070).

Tal resultado mostra que homens portugueses e mulheres portuguesas são mais rápidos ao decidirem sobre os estereótipos do que homens e mulheres brasileiros. Entretanto, na decisão sobre o EM, a comparação entre homens brasileiros e portugueses não mostrou diferença estatística significativa, apesar de, em números absolutos, os portugueses terem sido mais rápidos que os brasileiros.

O incremento nos tempos de reação dos brasileiros também pode ser indicativo de uma recorrência maior às opções neutras (pelo fato de relativizarem mais), do que os portugueses, que parecem inclusive recorrer mais às extremidades da escala, do que os brasileiros. Tais inferências serão verificadas nas análises do número de ocorrências em cada nível da escala (+Masculino, Masculino, Masculino & Feminino, Feminino, Feminino+), que dará a possibilidade da verificação dessa tendência em mais detalhes, portanto, tal análise faz-se necessária.

O gráfico 3 mostra o número de ocorrências de escolhas em cada nível da escala, separadamente, pelos dois grupos, na condição EM:

Gráfico 3: Número de ocorrências em cada nível da escala pelos participantes dos dois grupos testados, ao avaliarem a condição EM.

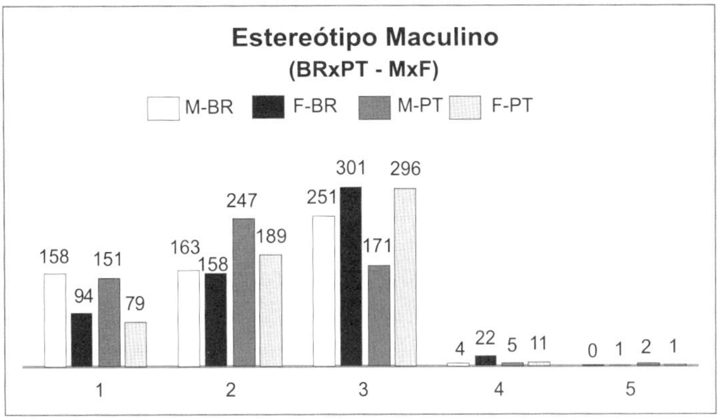

Fonte: elaboração dos autores

As análises indicam que os homens brasileiros (M-BR) diferem dos homens portugueses (M-PT) na avaliação dos estereótipos masculinos (EM) no sentido de que os homens portugueses avaliam os EM como masculinos em maiores proporções do que os homens brasileiros. Este resultado foi aferido tanto em teste-*t* pareado (t (575)=2,60, p<0,00z\z\9), quanto em tabela de contingência, em teste *Chi-quadrado* (X2 (575) = 16,5, p=0,001). Assim, por exemplo, um EM como *calibrar pneu/encher o pneu* obtém decisões como masculino em maior proporção por parte de homens portugueses do que por parte de homens brasileiros que, por outro lado, avaliam os EM como neutros em proporção significativamente maior do que os homens portugueses o fazem (X2 ((575)=30,3, p<0,0001). No que diz respeito à avaliação de EM como feminino, os resultados são residuais, não diferindo homens brasileiros de portugueses. Observe-se ainda que os homens portugueses preferem de fato avaliar EM como masculino do que como neutro (X2 ((575)=27,6, p<0,0001), avaliando-os como +masculino nas mesmas proporções que avaliam o neutro (X2 ((575)=2,5, p<0,11). Em contraste, os homens brasileiros avaliam os EM em proporções maiores como neutros, tanto na comparação da avaliação de neutralidade com masculino ((X2 ((575)=8,3, p<0,004), quanto na comparação com +masculino (X2 (t(575)=30,3, p<0,0001).

Esses padrões indicam que os homens brasileiros ao avaliar EM aceitam incluí-los em categoria de neutralidade em proporção significativamente maior do que os homens portugueses. Os homens portugueses marcam EM como masculino em maiores proporções. Nesse sentido, numa avaliação sobre *calibrar pneu/encher o pneu*, os homens brasileiros julgam mais como neutro, enquanto os homens portugueses julgam preferencialmente como masculino.

Na avaliação de EM, mulheres brasileiras e portuguesas diferem significativamente entre si e na comparação com os homens. Diferentemente do que ocorreu com os homens, mulheres brasileiras e portuguesas não mostram diferenças entre si na avaliação de EM como neutro (X2 ((575)=0,08, p=0,77). As mulheres brasileiras optaram por avaliar EM como masculino em menores proporções do que as portuguesas (X2 ((575)=5,5, p<0,01), mesmo padrão observado na comparação dos homens. As mulheres portuguesas e brasileiras não diferem na avaliação de EM como +masculino (X2 ((575)=2,6, p=0,1).

As mulheres brasileiras também não diferem dos homens brasileiros ao avaliar EM como masculino (X2 ((575)=0,15, p<0,69). Entretanto, as mulheres brasileiras diferem dos homens brasileiros ao julgar EM como +masculino (X2 ((575)=32,5, p<0,0001): os homens brasileiros julgam EM como +masculino em maiores proporções do que as mulheres o fazem.

As mulheres portuguesas, por outro lado, diferem dos homens portugueses na avaliação de EM como masculino (X2 (t(575)=15,4, p<0,0001) e no julgamento de EM como +masculino ((X2 ((575)=45, p<0,0001): os homens portugueses preferem significativamente mais a categorização de EM como masculino e +masculino, do que as mulheres.

O gráfico 4 mostra o número de ocorrências de escolhas em cada nível da escala pelos dois grupos na condição EF:

Gráfico 4: Número de ocorrências em cada nível da escala pelos participantes dos dois grupos testados, ao avaliarem a condição EF.

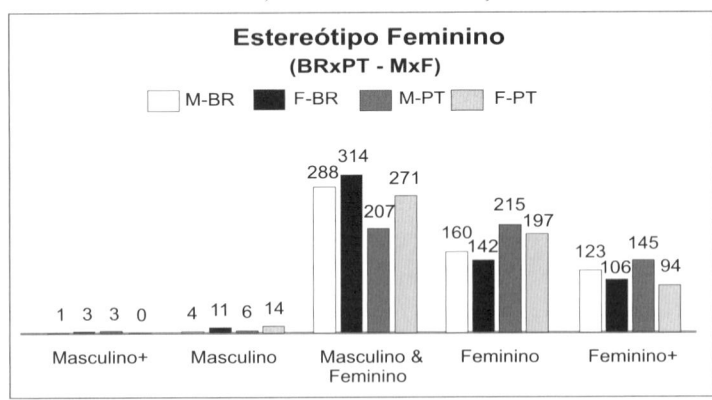

Fonte: elaboração dos autores

O comportamento dos homens brasileiros difere significativamente daquele dos homens portugueses ao avaliar EF, similarmente ao que acontece quando avaliam EM, como discutido acima.

Os homens brasileiros avaliam os EF como neutros em menores proporções do que as mulheres brasileiras (X2 ((575)=26,5, p<0,0001). Homens portugueses e homens brasileiros também diferem na avaliação de EF como feminino (X2 ((575)=16,1, p<0,0001), embora não difiram na avaliação de EF como +feminino (X2 ((575)=1,9, p>0,05): os homens portugueses avaliam mais os EF como feminino do que os homens brasileiros. Esse perfil está em linha com o possível efeito de maior conservadorismo dos homens portugueses em relação aos homens brasileiros, na avaliação de EM, discutida acima.

Assim, ao avaliar um EF como *lavar (a) louça/loiça*, os homens brasileiros avaliam-no preferencialmente como neutro, em proporção significativamente maior do que fazem os homens portugueses. Em contraste, esses últimos marcam *lavar (a) louça/loiça* como atividade feminina em proporção maior do que os homens brasileiros.

A avaliação de EF por mulheres portuguesas e mulheres brasileiras também mostra diferenças significativas. As participantes brasileiras avaliam os EF como neutros em maior proporção do que as portuguesas (X2 (575)=6,3, p<0,01). As participantes portuguesas, por outro lado, avaliam os EF como feminino (X2 ((575)=17,8, p<0,0001) em maior proporção do que as mulheres brasileiras. Na avaliação de EF como +feminino (X2 ((575)=1,4, p=0,2), portuguesas e brasileiras não diferem significativamente. As mulheres brasileiras não diferem dos homens brasileiros no julgamento dos EF tanto como feminino (X2 ((575)=2,14, p=0,14) quanto como +feminino (X2 ((575)=2,5, p=0,11). Em contraste, as mulheres portuguesas diferem dos homens portugueses ao avaliarem EFs como +feminino, em menor proporção (X2 ((575)=21, p<0,0001), embora não difiram deles ao julgar EF como feminino ((X2 ((575)=1,5, p=0,20). O julgamento das mulheres brasileiras dos EF como neutro não as distingue dos homens brasileiros. Estes preferem o neutro em proporção equivalente a elas ((X2 ((575)=2,2, p<0,13). Já o julgamento das mulheres portuguesas ao avaliar EF como neutro, as distingue dos homens portugueses. Estes preferem o neutro em menor proporção do que elas (X2 ((575)=17,1, p<0,0001). Tal padrão sugere menor conservadorismo das mulheres portuguesas em relação aos homens. Assim, ao avaliar um estereótipo feminino como *lavar (a) louça/loiça*, as mulheres portuguesas o avaliam como atividade neutra significativamente mais do que os homens portugueses, embora em comparação com as mulheres brasileiras, seu índice de avaliação de neutralidade seja significativamente menor.

O gráfico 5 mostra o número de ocorrências de escolhas em cada nível da escala, pelos dois grupos, na condição EN:

Gráfico 5: Número de ocorrências em cada nível da escala pelos participantes dos dois grupos testados, ao avaliarem a condição EN.

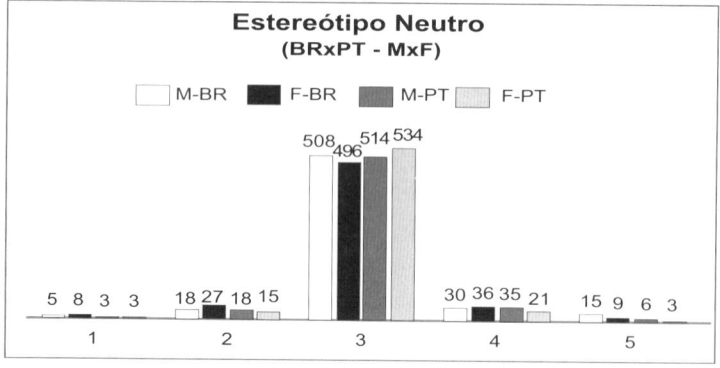

Fonte: elaboração dos autores

Na avaliação de estereótipos neutros (EN), encontram-se perfis semelhantes entre os grupos: predominância absoluta da avaliação de EN como neutro, tanto no Brasil, quanto em Portugal. Note-se que homens e mulheres brasileiros não diferem significativamente na avaliação dos EN como neutros (X2 ((575)=0,07, p<0,79), não havendo, igualmente diferença na comparação entre homens e mulheres portugueses, (X2 ((575)=0,76, p<0,38).

Além disso, foram realizados testes por item entre os dois grupos de participantes: falantes nativos de BR e falantes nativos de PT.

O gráfico 6 mostra a comparação entre a média de resposta (Escala *Likert* de 5 pontos) à 20 itens experimentais entre mulheres brasileiras e portuguesas.

Gráfico 6: Amostra de 20 itens experimentais comparando as respostas médias item a item (Escala *Likert* com 5 pontos) entre mulheres em PB e PE.

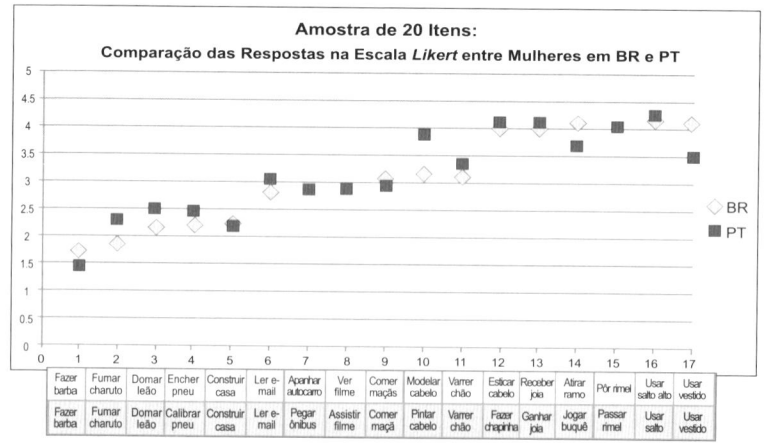

Fonte: elaboração dos autores

O gráfico 7 mostra a comparação entre a média de resposta (Escala *Likert* de 5 pontos) à 20 itens experimentais entre homens brasileiros e portugueses.

Gráfico 7: Amostra de 20 itens experimentais comparando as respostas médias (Escala *Likert* com 5 pontos) item a item entre homens em PB e PE.

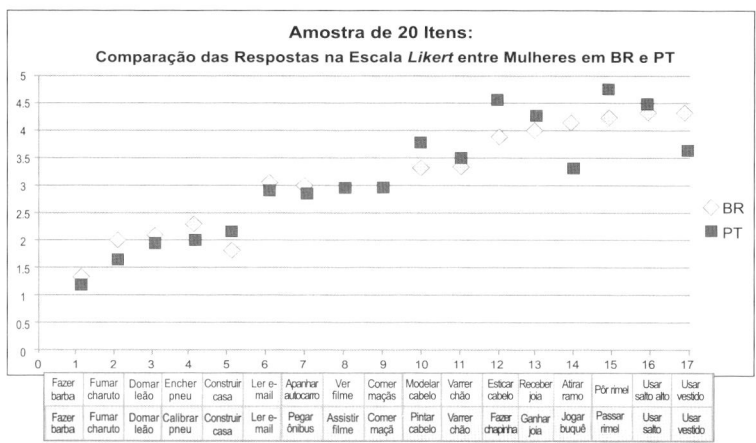

Fonte: elaboração dos autores

A Anova por item indica efeito principal de Sexo do participante ($F(1,107) = 3.82$ $p<0.0512$) e Nacionalidade*Sexo do participante ($F(1,107) = 0.648$ $p<0.042273$). Conforme podemos observar nos Gráficos 6 e 7, o julgamento entre as mulheres em BR e PT não difere significativamente [BR_F]vs[PT_F] t(107)=0.67 p< 0.5033], entretanto, na comparação entre os homens em BR e PT, há diferença estatística significativa [BR_M]vs[PT_M] t(107)=0.32 p< 0.0516].

Além disso, a análise Anova mostra diferenças estatísticas na comparação entre o julgamento entre homens e mulheres brasileiros [BR_M]vs[BR_F] t(107)=1.60 p< 0.0113], entre homens brasileiros e mulheres portuguesas [BR_M]vs[PT_F] t(107)=1.71 p< 0.0500], entre mulheres brasileiras e homens portugueses [BR_F] vs[PT_M] t(107)=1.28 p< 0.0203] e entre o julgamento feito pelos homens e mulheres portugueses [PT_M]vs[PT_F] t(107)=1.72 p< 0.0487].

A análise estatística reflete a média de respostas por Estereótipo por sexo e por nacionalidade. Entretanto, podemos ver nos itens dos Gráficos 6 e 7, que nem todas as escolhas foram categóricas e por isso esses são dados promissores para uma futura análise qualitativa de todos os itens[37].

10.4 CONSIDERAÇÕES FINAIS

Esse primeiro estudo, de natureza normativa, inaugura um programa de pesquisa a ser desenvolvido futuramente através de testagens on-line (SPR, Rastreamento ocular etc.) em que os estereótipos não serão explicitados, mas servirão de *baseline* na comparação de estruturas linguísticas ambíguas, aferindo possíveis efeitos de natureza cultural na computação de estruturas linguísticas, reguladas por princípios gramaticais e de processamento.

Vale ressaltar que os estímulos foram desenvolvidos pelos pesquisadores com base intuitiva, entretanto os primeiros resultados foram ao encontro dessa intuição coletiva.

No presente teste, tomamos Nacionalidade, entendida como país de nascimento e de residência dos participantes, Sexo e Tipo de estereótipos como variáveis independentes, deixando outras variáveis já recolhidas, como, região geográfica interna a cada país, faixa etária, grau de escolaridade, condição socioeconômica para observações futuras.

Os resultados deste teste nos permitem algumas considerações preliminares a serem desenvolvidas, confirmadas ou refutadas em testes futuros:

- Os participantes, de forma geral, julgam os estereótipos de maneira mais *neutra*. Gostaríamos de pensar que esses dados refletem uma evolução social com relação às atividades prototipicamente associadas aos sexos feminino e masculino;
- Encontramos diferenças entre o julgamento de *EM e EF* entre homens brasileiros e portugueses. Tais achados sugerem uma maior flexibilidade dos participantes brasileiros no julgamento dos estereótipos. Os brasileiros escolhem opções mais centrais na escala para julgar os estereótipos, o que exige mais tempo para escolha. Em contrapartida, os portugueses escolhem opções mais extremas e respondem mais rapidamente que os brasileiros. Podemos inferir que os participantes portugueses, em geral, fizeram um julgamento mais conservador do que os brasileiros;
- Houve diferenças entre o julgamento de *EM* e *EF* entre mulheres brasileiras e portuguesas. Neste sentido, conclui-se que as mulheres brasileiras fizeram julgamentos menos conservadores do que as portuguesas. Entretanto, tanto as mulheres brasileiras quanto as portuguesas apresentam um comportamento menos conservador do que os homens brasileiros e portugueses ao avaliar os estereótipos masculinos e femininos;

- A avaliação por itens mostra diferenças entre o julgamento de homens e mulheres na média. Entretanto, esses dados devem ser também melhor avaliados qualitativamente.

BIBLIOGRAFIA

ACUÑA LUONGO, Nicolás; ADAMES VALENCIA, Catherine Elisa. Influencia de los estereotipos de género en la comprensión de oraciones. Implicancias para los modelos basados en restricciones. *Rev. signos,* Valparaíso, v. 54, n. 105, 2021, pp. 6-31. DOI: 10.4067/S0718-09342021000100006.

ALVES, M. C. Traços de gênero no processamento da correferência intersentencial com antecedentes sobrecomuns e comuns de dois gêneros no português do Brasil. *Working papers em Linguística* (on-line), v. 15, 2014, pp. 72-85.

BAUMEISTER, R. F.; VOHS, K. D.; FUNDER, D. C. Psychology as the science of self-reports and finger movements: whatever happened to actual behavior? *Perspectives Psychological Science*, v. 2, 2007, pp. 396-403. DOI: 10.1111/j.1745-6916.2007.00051.x

CHAIGNEAU, S. La Edad se Correlaciona Directamente con la Fuerza de los Estereotipos de Género: Evidencia Obtenida en una Tarea de Memoria de Reconocimiento. *Psykhe*, v. 21, n. 2, 2012, pp. 119-32.

CLARK, L. A.; WATSON, D. Constructing validity: new developments in creating objective measuring instruments. Psychological Assessment, v. 31, 2019, p. 1412. DOI: 10.1037/pas0000626

DEHAENE, S.; COHEN, L. Cultural Recycling of Cortical Maps. *Neuron*, v. 56, Issue 2, 2007, pp. 384-98, ISSN 0896-6273. DOI: 10.1016/j.neuron.2007.10.004.

DUFFY, S. A.; KEIR, J. A. Violating stereotypes: Eye movements and comprehension processes when text conflicts with world knowledge. *Memory & Cognition*, v. 32, 2004, pp. 551-9.

GRAESSER, A.; SINGER, M.; TRABASSO, T. Constructing Inferences During Narrative Text Comprehension. *Psychological Review*, v. 101, 1994, pp. 371-95.

HEITLINGER, P. *Tipografia*: origens, formas e uso das letras. Lisboa: Dinalivro, 2006.

LEVON, Erez. "Categories, stereotypes, and the linguistic perception of sexuality." *Language in Society*, v. 43, n. 5, 2014, pp. 539-66. DOI: 10.1017/S0047404514000554

MCKOON, G.; RATCLIFF, R. Inference during reading. *Psychological Review*, v. 99, 1992, pp. 440-66.

NORMAN, G. Likert scales, levels of measurement and the "laws" of statistics. *Advances in Health Sciences Education*, v. 15, n. 5, 2010, pp. 625-32.

PINHEIRO, B.; FREITAG, R. Estereótipos na concordância de gênero em profissões: efeitos de frequência e saliência. *Revista Linguística*, v. 16, n. 1, 2020, pp. 85-107. DOI: 10.31513/linguistica.2020.v16n1a31637

POLLATSEK, A. et al. Asymmetries in the Perceptual Span for Israeli Readers. *Brain and Language*, v. 14, 1981, pp. 174-80. DOI: 10.1016/0093-934X(81)90073-0

RAYNER, K. Eye Movements in Reading and Information Processing: 20 Years of Research. *Psychological Bulletin*, v. 124, 1998, pp. 372-422. DOI: 10.1037/0033-2909.124.3.372

_____. Eye Movements and Attention in Reading, Scene Perception, and Visual Search. *Quarterly Journal of Experimental Psychology*, v. 62, 2009, pp. 1457-506. DOI: 10.1080/17470210902816461

ROBB, Thomas. Google as a corpus tool. *Engineering and Technology Journal*, v. 4, n. 1, 2003, pp. 20-1.

SIEBRA, GILCA B. A. *Estereótipos na programação televisiva infantil*: A trapalhada d'Os Trapalhões, 2005. Dissertação de Mestrado. Mestrado em Psicologia. Programa de Pós-Graduação em Psicologia. Universidade Federal da Bahia – UFBA. Salvador, BA.

VON HIPPEL, W.; SILVER, L. A.; LYNCH, M. E. Stereotyping against your will: The role of inhibitory ability in stereotyping and prejudice among the elderly. *Personality and Social Psychology Bulletin*, v. 26, 2000, pp. 523-32. DOI: 10.1177/0146167200267001

ZEHR, J.; SCHWARZ, F. PennController for Internet Based Experiments (IBEX), 2018. DOI: 10.17605/OSF. IO/MD832

11. A linguagem no envelhecimento e o conceito de reserva cognitiva

Lilian Cristine Hübner, Erica Rodrigues e Maria Teresa Carthery-Goulart

A população que mais cresce no contexto brasileiro e mundial é a população com mais de 65 anos de idade. Dados de 2019 da Divisão de População do Departamento de Assuntos Sociais e Econômicos da ONU mostram que, até 2050, uma em cada seis pessoas terá mais de 65 anos, ou seja, 16% da população. Outrossim, segundo levantamento feito pela ONU, em 2018, pela primeira vez na história o número de pessoas com mais de 65 anos superou o número de crianças com mais de cinco anos. Nas últimas décadas, o Brasil passou por grandes transformações demográficas, caracterizadas pelo aumento da expectativa de vida e pela diminuição da taxa de natalidade (Simões, 2016). Especificamente em relação ao crescimento da população idosa, o IBGE (2018) informou que em 2060 o percentual da população com 65 anos ou mais chegará a 25,5% (58,2 milhões de adultos idosos), enquanto em 2018 essa proporção era de 9,2% (19,2 milhões).

Nesse cenário, chama particular atenção o aumento na incidência de indivíduos que podem apresentar quadros de declínio cognitivo, em especial a doença de Alzheimer. De acordo com dados da Organização Mundial da Saúde (WHO, 2019), estima-se que por volta de 55 milhões de pessoas no mundo apresentem quadro de demência, com 60% destes indivíduos pertencentes a países de baixa e média renda.

No envelhecimento, mudanças nas funções cognitivas não necessariamente implicam perda da funcionalidade ou da autonomia. A capacidade individual de adaptação e/ou de compensação frente a essas mudanças depende da interação de fatores genéticos e ambientais ao longo da vida. Em relação à comunicação oral e escrita, observa-se que, apesar da diminuição da acuidade visual e/ou auditiva, da velocidade de processamento de informações e da capacidade de memória operacional, não há perdas significativas em relação à comunicação. Isso ocorre, em parte, porque a linguagem, em seus aspectos fonológicos, lexicais, semânticos e morfossintáticos, é uma das funções cognitivas que mais se mantém preservada no envelhecimento típico. Assim, embora não seja incomum que, com a idade, se observem uma maior lentidão na comunicação, uma fala mais marcada por disfluências e hesitações, maior dificuldade na recuperação de palavras no léxico mental, as capacidades linguísticas, de modo geral, não sofrem comprometimento que afeta a dinâmica da vida social, mesmo no caso dos idosos mais velhos. É necessário, contudo, observar aspectos associados à variação individual, a qual é fortemente influenciada por fatores como nível socioeconômico, estilo de vida, escolaridade, hábitos de leitura e escrita, entre outros. Tais fatores podem impactar o nível de reserva cognitiva dos idosos, vindo a reduzir as chances de desenvolvimento ou postergar o aparecimento de quadros neurológicos, desde o comprometimento cognitivo leve (CCL) até casos mais graves, como o da doença de Alzheimer. Quando tratamos de realidades marcadas pela desigualdade social e de renda, como é o caso do Brasil, é crucial considerar-se a diversidade populacional e o impacto desse grande número de fatores nos estudos sobre processamento linguístico conduzidos com idosos. Isto torna-se relevante também para que se possam distinguir padrões esperados decorrentes desta variabilidade dos que representam distúrbios da linguagem.

O objetivo deste capítulo é discutir o impacto das diferenças individuais na linguagem no envelhecimento típico. Começaremos por apresentar um quadro geral da linguagem no envelhecimento típico, com uma caracterização dos processos de produção e compreensão da linguagem; em seguida, abordaremos fatores de natureza individual que têm se mostrado relevantes nos estudos sobre linguagem, tomando por referência estudos conduzidos nos cenários nacional e internacional, e trataremos do conceito de reserva cognitiva, buscando sinalizar como a linguagem constitui, ela própria, um fator importante para a preservação de funções cognitivas no geral. Finalizaremos trazendo considerações sobre desafios metodológicos e perspectivas futuras frente aos achados sobre reserva cognitiva.

11.1 O QUE MUDA NA LINGUAGEM NO ENVELHECIMENTO?

As mudanças na linguagem precisam ser avaliadas em relação às mudanças gerais na cognição e às adaptações feitas por adultos mais velhos para manutenção e/ou alcance de ganhos funcionais na comunicação. Assim, o envelhecimento cognitivo deve ser entendido como um processo de mudanças em que ocorrem perdas e ganhos, como nas demais fases do desenvolvimento (Heckhausen; Dixon; Baltes, 1989; Baltes, 2006)

Conforme apontado na introdução, a linguagem é uma das funções que mais se mantém estável ao longo da vida. Não obstante, é importante observar que há diferenças em relação aos componentes linguísticos; nem todos apresentam-se igualmente preservados, como veremos a seguir. Além disso, o desempenho linguístico pode variar em função dos contextos em que a linguagem está sendo empregada, a natureza da atividade – se de produção ou de compreensão da linguagem, e também da modalidade – língua falada/sinalizada[38] e língua escrita. Em contextos de pesquisa ou de testes fonoaudiológicos ou neuropsicológicos, costumam-se isolar os elementos sob análise e a possibilidade de uso de conhecimento estratégico é reduzida. O tipo de tarefa experimental/tipo de teste (com medidas off-line ou on-line) também influencia o desempenho linguístico. Já em situações cotidianas, em que não há isolamento de fatores, um conjunto de pistas pode ser mobilizado e estratégias compensatórias podem vir a ser empregadas, como por exemplo, a utilização de pistas lexicais ou contextuais, de conhecimento de mundo etc. em tarefas de compreensão de fala ou de escrita. Somam-se a essa discussão os fatores individuais que certamente têm um papel modulador e que precisam ser considerados na investigação da linguagem em idosos, como desenvolvido neste texto. A seguir, apresentam-se, de forma sintética, as principais mudanças cognitivas e linguísticas observadas no envelhecimento.

11.1.1 Mudanças cognitivas no envelhecimento

Os conceitos de inteligência cristalizada e de inteligência fluida têm sido empregados na caracterização das mudanças que ocorrem no envelhecimento. O primeiro conceito abarca habilidades e conhecimentos consolidados, praticados intensamente ao longo da vida e que se mantêm estáveis ou tendem a melhorar no envelhecimento (Harada et al., 2013). O vocabulário e o conhecimento geral, de mundo, estão nessa categoria e sua estabilidade é o que subjaz à ideia de que a linguagem não sofre mudanças no envelhecimento típico. Já a inteligência fluida consiste em um conjunto de habilidades determinadas em grande parte ao nascimento e que se referem às formas como os indivíduos processam e aprendem informações novas, resolvem problemas e interagem com o ambiente. Esses processos compreendem a velocidade de processamento mental e habilidades psicomotoras, além do que se insere sob o "guarda-chuva" das funções executivas, que abrangem processos como a capacidade de inibição de respostas automáticas e controle de interferências (controle inibitório); a manutenção temporária e atualização de informações processadas on-line (incluindo a memória de trabalho) e a alternância entre tarefas e flexibilidade mental (Miyake et al., 2000; Friedman; Miyake, 2017). Estes domínios apresentam um pico na terceira década de vida e declinam a partir daí (Salthouse, 2019; Harada et al., 2013). Por serem necessários em várias habilidades cognitivas complexas, podem explicar em grande parte os escores mais baixos em alguns tipos de tarefas cognitivas, incluindo as linguísticas. As mudanças cognitivas no envelhecimento podem ser avaliadas mais especificamente por função cognitiva, frequentemente sendo encontradas dissociações, ou seja, a mesma função pode estar preservada em alguns de seus subdomínios e diminuída em outros (Verissimo et al., 2022; para uma revisão vide Harada et al., 2013). Muitas vezes, o foco das pesquisas são os aspectos que declinam, especialmente pelo interesse em se diagnosticar precocemente doenças que afetam o sistema nervoso central no envelhecimento. No entanto, a caracterização dos ganhos e dos fatores que se mantêm estáveis tem ganhado espaço, visando desconstruir estereótipos e valorizando aspectos relacionados à prevenção (Shafto; Tyler, 2014; Dennis; Hess, 2016; Kavé; Goral, 2017).

11.1.2 Mudanças linguísticas no envelhecimento

Esta seção apresentará uma caracterização da linguagem em diferentes níveis (léxico-semânticos, sintáticos e discursivos) no envelhecimento típico.

11.1.2.1 ASPECTOS SEMÂNTICOS, LEXICAIS, FONOLÓGICOS E ORTOGRÁFICOS

A compreensão de palavras (seja na modalidade auditiva ou na leitura) encontra-se preservada no envelhecimento típico, embora a diminuição da capacidade auditiva possa resultar em dificuldades quando as palavras são apresentadas fora de contexto ou em situações de ruído ou de alta velocidade (Mansur; Radanovic, 2004; Shafto; Tyler, 2014). Essa preservação contrasta com o que se observa em algumas doenças neurodegenerativas, como a afasia progressiva primária e a doença de Alzheimer (especialmente na fase moderada), em que há dificuldade progressiva para compreender palavras e erros semânticos na produção oral e escrita.

Em relação à produção, há evidências de declínio para acessar palavras específicas e de queixas cognitivas em relação a este aspecto entre adultos mais velhos (Burke; Shafto, 2004; Shafto; Tyler, 2014). Tornam-se comuns as situações de palavra na ponta-da-língua, em que, apesar de saber exatamente o que quer dizer, a pessoa não acessa, ou acessa de forma incompleta, a palavra alvo. Em geral, esses conflitos são solucionados quando se possibilita um pouco mais de tempo para recuperação, o que demonstra que, dependendo da tarefa utilizada, essas dificuldades podem ser mais ou menos evidentes (vide discussão sobre inteligência cristalizada e fluida na seção 11.1.1).

Em baterias neuropsicológicas ou testes de rastreio cognitivo, tradicionalmente são utilizadas tarefas que requerem a nomeação de itens isolados e de fluência verbal, que demandam a evocação de palavras pertencentes a uma determinada categoria semântica (ex. animais, frutas) e/ou organizadas por algum critério formal (ex. começadas por uma determinada letra), com restrição de tempo, em geral um a dois minutos. Nesses tipos de tarefas, idosos podem apresentar escores mais baixos do que jovens (Kavé et al., 2010; Kavé; Knafo-Noam, 2015), o que motiva estudos para compreender a natureza dessas dificuldades. Uma das explicações tem por base a Hipótese do Déficit de Transmissão (Burke; Shafto, 2004), segundo a qual a nomeação e o acesso rápido às palavras dependem de conexões entre representações semânticas, lexicais, fonológicas, sendo que a ativação das últimas estaria diminuída no envelhecimento. As representações semânticas têm redes mais complexas e são menos vulneráveis aos efeitos do envelhecimento (Ansado et al., 2013; Diaz et al., 2019). Já o acesso a representações fonológicas tem sido consistentemente apontado como um tipo de declínio associado à idade (Diaz et al., 2019; Shafto; Tyler, 2014). A produção de palavras isoladas, comparada com o discurso ou fala encadeada, gera mais dificuldades, uma vez que requer uma correspondência exata entre o nível semântico e o fonológico. Por outro lado, a recuperação de palavras em contexto é mais flexível, permitindo a substituição do alvo por outras palavras em situações de falhas de ativação. Alguns trabalhos inclusive apontam melhorias associadas à idade na fala encadeada, como abordaremos na subseção sobre mudanças discursivas.

Apesar de haver um número menor de estudos sobre a escrita, observa-se nessa modalidade um fenômeno de dissociação similar ao que ocorre na fala – no caso, entre aspectos semânticos e ortográficos ("palavras na ponta da caneta"), o que está de acordo com a Hipótese do Déficit de Transmissão (Burke; Shafto, 2004). MacKay e Abrams (1998) estudaram aspectos ortográficos (escrita de palavras irregulares) em jovens, idosos e idosos muito-idosos e verificaram alterações no acesso ortográfico, comparáveis ao que ocorre no déficit de acesso fonológico observado na produção oral. Os autores também verificaram que idosos mais velhos estavam conscientes de seu declínio na habilidade de escrever. Em outro estudo, Mackay et al. (1999) observaram que idosos não tinham dificuldades no reconhecimento da ortografia correta de palavras irregulares, reforçando a hipótese de problemas de acesso e não de perda do conhecimento ortográfico. No Brasil, alguns trabalhos mostraram erros de regularização em indivíduos com alta escolaridade (como escrever "tijela" em vez de "tigela"), replicando esses achados (Carthery et al., 2005). Apesar de não ser considerada uma língua transparente em relação à ortografia, o Português é bastante regular para escrita, ou seja, grande parte das palavras pode ser escrita corretamente com a aplicação de regras de conversão fonema-grafema[39]. Por isso, dificuldades de acesso à ortografia são menos evidentes e têm menor impacto nas atividades cotidianas. É importante observar que o envelhecimento não é o único fator associado às falhas de acesso ortográfico, havendo influência do perfil linguístico em relação às habilidades ortográficas ao longo da vida. Assim, o baixo desempenho ortográfico na idade adulta resultaria em mais vulnerabilidade desses aspectos no envelhecimento (Margolin; Abrams, 2007).

11.1.2.2 ASPECTOS SINTÁTICOS

Comparativamente a habilidades léxico-semânticas, habilidades sintáticas apresentam aparentemente menor nível de comprometimento com a idade, sugerindo que nem todos os recursos de processamento linguístico são afetados na mesma extensão no envelhecimento típico (Hardy; Segaert; Wheeldon, 2020). Alguns autores apontam que, enquanto algumas habilidades linguísticas são afetadas em função de mudanças cognitivas associadas à idade, outras apresentar-se-iam preservadas devido à adoção de estratégias de compensação (Peelle, 2019). Nesse sentido, importa, como veremos a seguir, distinguir o uso da linguagem em situações de vida diária e os resultados de pesquisas experimentais, com a seleção de estruturas sintáticas específicas, em condições controladas, em que se pode buscar restringir o emprego de tais estratégias (por exemplo, quando não há, nas sentenças testadas, pistas semânticas/pragmáticas que possam ser utilizadas) ou quando o emprego de pistas pode levar a respostas incorretas em relação às condições de teste.

Em relação à produção da linguagem, estudos evidenciam que, em comparação com jovens adultos, idosos produzem um menor número de estruturas complexas e de construções com múltiplos encaixamentos. Também costumam omitir complementos, pronomes relativos, artigos e marcadores possessivos; apresentam incorreções no uso de flexões no passado, incongruências na concordância; e cometem falhas no uso de verbos auxiliares modais (Burke; Shafto, 2008).

O desempenho dos idosos também difere do de jovens adultos em tarefas de produção controlada. Kemper, Herman e Lian (2003), em tarefa de produção de sentenças, descobriram que os adultos mais velhos demoraram mais tempo, cometeram mais erros e produziram frases menos complexas do que adultos jovens; observaram também dificuldades de produção dos idosos quando era ampliado o número de palavras que deveriam usar para compor suas frases. Resultado similar foi obtido por Kemper, Herman e Liu (2004), em tarefa na qual o participante deveria produzir sentenças completas empregando fragmentos de sentença que diferiam em termos de complexidade sintática (ex. oração matriz para completar com uma subordinada e o contrário). Resultados obtidos nesse tipo de tarefa sugerem que limitações de processamento da memória de trabalho afetam a produção dos idosos, com impacto no tamanho, complexidade e conteúdo das sentenças elaboradas.

No que tange à compreensão, alguns trabalhos apontam que habilidades sintáticas estariam preservadas na compreensão (Shafto; Tyler, 2014). Há, contudo, resultados divergentes em função do tipo de tarefa usada para avaliar processamento sintático em idosos – tarefas que avaliam o processamento off-line e on-line (Burke; Shafto, 2008).

Grande parte das pesquisas que busca verificar efeito de idade na compreensão avalia desempenho de idosos no processamento de sentenças com estruturas sintáticas complexas, como passivas, orações relativas, interrogativas, clivadas, além de análise de estruturas com ambiguidade. O processamento dessas sentenças mobiliza, além de conhecimento sintático, recursos cognitivos associados à memória de trabalho e ao controle inibitório, entre outros. Estudos têm apontado que os idosos, mais do que adultos jovens, tendem a fazer uso de heurísticas para processar estruturas complexas (Dede, 2015; Sung et al., 2020; Lopukhina et al., 2021). Ao invés de processamento algorítmico, nestes casos ocorreria um processamento superficial, baseado em conhecimento de mundo e pistas lexicais – o chamado processamento *good-enough* (Christianson et al., 2006). Ocorre que o uso de estratégias heurísticas, se, por um lado, pode reduzir a carga de processamento, por outro pode levar a uma interpretação incorreta da frase. Isso ocorre em especial em situações experimentais, quando o que é dito não coincide com o conhecimento de mundo. Vejamos um exemplo: Passivas são estruturas complexas que se caracterizam pelo movimento do objeto lógico (o complemento do verbo) para uma posição de sujeito nessa estrutura, diferentemente das ativas, o papel temático do sujeito é de paciente da ação verbal. Quando a passiva é irreversível como em "A minha casa foi projetada pelo meu pai.", mesmo sem computar as relações sintáticas, é possível responder sem dificuldade à pergunta sobre quem projetou a casa, visto que só há um candidato possível – "meu pai". A dificuldade reside nas passivas reversíveis, em que, potencialmente, qualquer um dos sintagmas determinantes (DPs) da sentença poderia assumir o papel de agente ou de paciente da ação verbal. Nas reversíveis, o que indica o papel temático é a posição estrutural. Assim, numa frase como "João foi empurrado pelo Pedro", é necessário implementar operações gramaticais/ sintáticas para identificar o agente e o paciente. Ou seja, numa sentença como essa não há pistas que possam ser aplicadas. Já na sentença "A cobra foi mordida pelo menino", ao se perguntar quem mordeu quem, há uma tendência a responder "o menino". Esse tipo de resposta aparece tanto na fala de jovens quanto na de idosos;

no entanto, o que se tem verificado é que, ao longo da vida, há um incremento no emprego de heurísticas.[40]

Há também autores que propõem que os idosos fazem uso de estratégias de risco no processamento linguístico (*risky processing strategies*). A ideia é que a compreensão dos idosos poderia ser guiada por previsões sobre a ocorrência de palavras numa sentença, previsões essas feitas com base em pistas probabilísticas ancoradas em seu conhecimento linguístico. Resultados de experimentos de escuta automonitorada com relativas conduzido por Dede (2015), com jovens adultos e idosos (n = 28 por grupo), indicam que, quando essas expectativas não são confirmadas, observa-se uma maior quebra no processamento no caso de idosos do que de jovens adultos.

Em contextos experimentais, os idosos podem ter algum tipo de dificuldade até mesmo com estruturas sintáticas simples do tipo *I cook*. Poulisse, Wheeldon e Segaert (2019) investigaram compreensão sintática por meio de tarefas de julgamento sintático, com sentenças apresentadas de modo auditivo. As autoras compararam desempenho de idosos e de jovens adultos na detecção de erros de concordância envolvendo tanto sentenças com verbos reais (*I cooks*) como pseudo-verbos (*I spuffs*). Foram verificadas a velocidade e a acurácia na detecção dos erros. Os resultados obtidos apontaram para (i) diferenças de desempenho entre adultos idosos (sem comprometimento cognitivo) em comparação a adultos jovens, tanto em termos de acurácia (idosos com menor taxa de acerto) quanto no que tange a tempo de resposta (idosos foram mais lentos); (ii) os resultados dos idosos relativos à acurácia foram piores para frases com verbos reais (erravam mais *I cooks* do que *I spuffs*), enquanto os tempos de resposta foram maiores para frases com pseudo-verbos; (c) um alto grau de variação individual relacionado à idade, o que pode ser explicado em parte por diferenças na memória de trabalho e velocidade de processamento. Segundo as autoras, a análise dos tempos de resposta para pseudo-verbos sugere que o desempenho dos idosos é pior na ausência de informação semântico-lexical. Em síntese, o que essas pesquisas em conjunto sugerem é que o idoso neurotípico parece empregar estratégias compensatórias na compreensão, com a semântica/pragmática tendo um papel importante no processamento de sentenças no envelhecimento. Assim, fora do ambiente experimental, é muito provável que dificuldades no processamento sintático passem despercebidas. Resultados experimentais podem sinalizar, não obstante, para algum tipo de dificuldade particular, que pode ou não resultar em um quadro futuro de declínio cognitivo. Cabe, ainda, lembrar que é necessário ampliar esses estudos para populações mais diversas, com diferenças em termos de escolaridade, hábitos de leitura e escrita etc., no sentido de buscar mapear com mais precisão o papel das heurísticas no processamento linguístico do idoso.

11.1.2.3 ASPECTOS DISCURSIVOS

O discurso é um nível complexo da linguagem que demanda, além do recrutamento dos níveis léxico-semânticos e sintáticos, acima discutidos, o contexto interlocutório, que pressupõe um tempo, um espaço e agentes (interlocutores). É uma forma naturalística de emprego da linguagem conectada, utilizada para a execução das funções diárias ao longo da vida, sendo crucial no âmbito da vida funcional em sociedade. O estudo do discurso fornece pistas importantes para a compreensão da interação entre discurso e funções cognitivas, como atenção, funções executivas e diferentes tipos de memórias (Salles; Brandão, 2013).

O discurso pode ser estudado, tanto para efeitos de pesquisa quanto de avaliação diagnóstica, em diferentes perspectivas: na produção ou na compreensão, na escrita ou na oralidade. Há um número maior de pesquisas e de teorias voltadas ao nível da compreensão do que da produção, possivelmente porque o primeiro permite um maior controle experimental, assim como há um maior número de pesquisas no nível da produção oral em detrimento da produção escrita.

Em termos de *produção*, um dos aspectos mais referidos é o da verbosidade fora de tópico (VFT), que se caracteriza pela fala aumentada e por mudanças repentinas de tópico, o que determina um discurso menos coerente, mais repetitivo e com informações inadequadas (Brandão, 2006), verificado em diferentes situações discursivas, não apenas nas relacionadas a temas de natureza pessoal. Segundo Brandão (2006), a VFT pode ser explicada pela hipótese do déficit de inibição ou pela hipótese da mudança pragmática. A primeira hipótese postula que alguns adultos idosos típicos apresentam um declínio específico no controle inibitório, que é uma das funções executivas e está relacionado ao lobo frontal do cérebro. Como aponta Brandão (2006), os críticos a esta corrente defendem que a hipótese da inibição possa confundir inibição medida em tarefas cognitivas com inibição no discurso. A segunda hipótese, a da mudança pragmática, postula que é a intenção comunicativa que determina a qualidade e o estilo do discurso do adulto idoso (Brandão, 2006) e que a mudança estaria no contexto social e na identidade do falante (Stine-Morrow, 2007). Os autores afiliados a esta corrente apontam que a verbosidade não aparece em descrições e que a qualidade de narrativas de idosos é superior à de narrativas de jovens (Burke, 1997). Outrossim, postulam que a lembrança do passado é mais comum entre idosos do que entre jovens, que os idosos têm uma tendência natural a se tornarem "contadores de histórias" e que suas histórias costumam ser interessantes e originais, prendendo a atenção do interlocutor (Pretti, 1991). Os idosos tendem a incluir mais avaliações subjetivas[41] do que os adultos jovens, mais elaborações pessoais, além de demonstrar menor fidelidade literal à história de base. Essas características podem estar atreladas ao fato de os idosos se apoiarem mais em informações armazenadas na memória episódica do que adultos jovens, devido a uma redução na capacidade de processamento da memória de trabalho.

A *compreensão discursiva* parece estar mais preservada em adultos idosos do que a produção discursiva (Mac Kay; Abrams; Pedroza, 1999). A compreensão ficaria mais comprometida em casos de alta demanda processual, devido à demanda de componentes executivos da memória de trabalho. Nesses casos, os idosos teriam maior dificuldade em criar uma representação coerente do discurso em tarefas mais complexas de reconto, por exemplo, quando precisam buscar na memória de trabalho as relações semânticas entre a tarefa e o contexto (Paul, 1996), ou quando precisam coordenar atividades simultâneas – atividades linguísticas complexas, armazenamento temporário de informações e supervisão das atividades (Kemtes; Kemper, 1999).

Tanto a produção quanto a compreensão textual podem se dar a partir de um *input,* o qual pode ser linguístico (por exemplo, solicitação de uma produção a partir de um tema) ou visual (por exemplo, no caso de sequência de figuras como base), que permite a criação de uma representação semântica mental do texto, à qual Kintch e Van Dijk (1978) e Kintch (1998) denominam texto-base, isto é, um conjunto de proposições que encerram o significado de um texto. O processo de criação do texto-base ocorre paralelamente à ativação na memória de um *modelo de situação* (Van Dijk, 2010). Assim, o contexto da produção pode ter um impacto na performance. Especificamente, na produção de fala conectada parece haver maior facilitação do acesso lexical do que na produção de fala a partir de palavras isoladas, como mostram os estudos de Dennis e Hess (2016) e de Kavé e Goral (2017). Em suma, estes estudos demonstraram o efeito facilitador do contexto e o uso de estratégias relacionadas ao conhecimento do vocabulário que são acionadas pelo idoso no discurso conectado e que são mais difíceis de serem acessadas em tarefas de palavras isoladas.

Quando tratamos da compreensão ou da produção discursiva no envelhecimento (assim como em outras faixas etárias), é importante levar em conta aspectos sociodemográficos e culturais, a fim de evitar interpretações equivocadas. O efeito da escolaridade e da idade na produção discursiva oral foi verificado, por exemplo, por Ardila e Rosselli (1996). Empregando a prancha do Roubo do Biscoito (*Cookie Theft,* Goodglass; Kaplan; Baresi, 2001) como estímulo para a produção de narrativas, os autores identificaram um aumento do número de palavras nos participantes mais escolarizados e uma redução relacionada ao aumento da idade. Do mesmo modo, Juncos-Rabadán (1996) analisou o efeito da idade e da escolaridade na produção de narrativas orais baseadas numa sequência de figuras do Teste de Afasia Bilíngue (*Bilingual Aphasia Test*) (Paradis, 1987). Os participantes com escolaridade mais alta, tanto jovens quanto idosos, produziram histórias com melhores estruturas, qualidade, coesão e com menos descrições, ao passo que os participantes idosos produziram histórias menos coesas e com estruturas e qualidade reduzidas em relação aos mais jovens.

Dentro do escopo da compreensão do discurso, incluem-se os estudos sobre leitura. As alterações percebidas na leitura no envelhecimento parecem estar menos atreladas a fatores linguísticos do que ao ato correlato de ler. Por exemplo, observa-se uma gradual diminuição da velocidade da leitura com o avanço da idade, o que pode ser resultado da redução da capacidade de memória de trabalho e do controle executivo (Gordon et al., 2016). Essa demora ao ler pode impactar no nível de compreensão leitora, o que, no entanto, pode ser compensado pela mobilização de estratégias de leitura e do conhecimento léxico-semântico acumulado. O conhecimento semântico, parte da inteligência cristalizada, é fundamental para a compreensão leitora, assim como as estratégias de leitura, que mobilizam processos de metacognição e de monitoramento da compreensão (Abrams; Farrell, 2010). Para uma reflexão sobre relações entre leitura, memória, cognição e cultura, ver capítulo 3 "A literacia no desenvolvimento da memória de curto prazo", dos professores Rosângela Gabriel, Régine Kolinsky e José Morais.

A discussão das características da linguagem no envelhecimento em seus níveis léxico-semântico, sintático e discursivo demonstrou o desafio que a complexidade que cada nível impõe para a proposição de teorias e modelos e para a interpretação dos resultados. A seguir, trataremos mais a fundo do impacto das diferenças individuais na linguagem do idoso, a partir do conceito de reservas cognitivas.

11.2 QUAL A RELAÇÃO ENTRE RESERVAS COGNITIVAS E VARIABILIDADE INDIVIDUAL?

O conceito de reserva cognitiva[42] surgiu para dar conta da dissociação entre o grau de declínio cerebral e a manifestação clínica desse declínio (Stern, 2021). Mais especificamente, nem sempre se evidencia o declínio cognitivo esperado quando se percebe um dano cerebral. Ou seja, existe uma variabilidade na maneira como indivíduos reagem cognitivamente frente a um dano cerebral. Surge assim o conceito de reserva cognitiva (Stern, 2009, 2021), definida como a adaptabilidade de processos cognitivos que ajuda a explicar a variabilidade no grau de susceptibilidade das habilidades cognitivas ou do funcionamento diário ao efeito de patologias associadas ao envelhecimento ou de um insulto cerebral (como um AVE (acidente vascular encefálico), TCE (traumatismo crânio-encefálico) ou tumor cerebral). Assim, este conceito revela um processo ativo responsável por auxiliar certos indivíduos a lidar com patologias cerebrais antes de as habilidades cognitivas serem afetadas.

Quais seriam esses fatores "protetivos", ativos, que dão uma vantagem a alguns adultos idosos em relação a outros na manutenção ou aprimoramento da cognição e que lhes permitem postergar ou evitar o surgimento de declínios cognitivos associados ao envelhecimento típico ou amenizá-los em quadros clínicos diversos? Alguns deles são a socialização, o grau de engajamento cognitivo da ocupação, a saúde física e emocional geral (incluindo o controle da depressão e da ansiedade), medidas de QI, dentre outros. Neste capítulo, destacamos três deles: a escolaridade, os hábitos de leitura e de escrita e o bilinguismo.

A **escolaridade** tem sido apontada como fator influente na manutenção da qualidade de vida no envelhecimento. Níveis mais altos de escolaridade estão associados a uma redução no nível de demência. Segundo alguns estudos, a capacidade cognitiva geral associada à educação aumenta até atingir um platô no final da adolescência e há poucos ganhos adicionais com a educação após a idade de 20 anos (ver referências em Livingston et al., 2020). Assim, enquanto em países de alta renda, em que há maior investimento em educação, a escolaridade representa um fator de risco (potencialmente modificável) de 8% para desenvolvimento de quadro de demências (Livingston et al., 2017), em países de baixa e média renda, esse percentual é mais alto, chegando a 10.9% na América Latina (Mukadam et al., 2019) e a 21% no Brasil (Oliveira et al., 2019), país em que os idosos representam 30% da população analfabeta (FGV, 2020) e apenas 5,83% da população acima de 65 anos declarou ter estudado 11 anos ou mais. Entretanto, convém destacar que o tempo de escolaridade não é garantia de uma aprendizagem satisfatória ou do domínio da linguagem em oportunidades diversas, pois fatores como a qualidade do ensino devem ser levados em consideração.

O **hábito de ler e de escrever** ao longo da vida estimula as funções cerebrais ligadas à linguagem e a outros domínios da cognição, como os diferentes tipos de memória, a atenção e as funções executivas, que incluem o planejamento, o monitoramento e o controle inibitório. A compreensão leitora contribui para dar autonomia ao indivíduo na vida diária, facilitando seu convívio social (Bérubé; Laurence, 2021). Ler e escrever são atividades que também podem levar o indivíduo a desacelerar seu ritmo, a se concentrar, o que proporciona bem-estar. No caso da leitura de obras ficcionais, o indivíduo pode usufruir de novas experiências, o que, por sua vez, mobiliza sentimentos e desenvolve a empatia, além de reduzir a sensação de isolamento e de solidão. Estudos apontam uma redução nos níveis de estresse (Rizollo et al., 2009) e da depressão (Wilson et al., 2013) a partir da leitura.

Além dos benefícios de ordem emocional e afetiva, observaram-se efeitos protetivos da leitura para as funções cognitivas no envelhecimento. Sörman e colaboradores (2018) verificaram o impacto positivo da leitura na cognição, ao analisar dados de hábitos de leitura, memória episódica e fluência verbal junto a 1.157 adultos a partir de 55 anos. Os pesquisadores acompanharam os participantes ao longo de 15 anos em seis momentos de coleta. Nesse estudo, escores mais altos de memória episódica e de fluência verbal correlacionaram-se aos hábitos de leitura. Em direção similar, temos o estudo longitudinal de Chang e colegas (2021), que acompanhou 1.962 idosos com 64 anos ou mais em três momentos ao longo de 14 anos. Os resultados indicaram que a leitura frequente estava associada ao menor risco de declínio cognitivo em adultos idosos em todos os níveis educacionais investigados, a longo prazo.

Estudos com população brasileira também trazem evidências para a influência de hábitos de leitura e escrita como importantes recursos de reserva cognitiva. Pawlowski et al. (2012), em um estudo com uma amostra de 489 participantes, com idades entre 21 e 80 anos e educação formal variando entre 2 e 23 anos, verificaram que a prática regular de leitura e de escrita pode ter um papel compensatório em relação a um nível educacional baixo no desempenho de tarefas cognitivas, independentemente de sexo e de idade. No estudo, os participantes foram avaliados com a Bateria Brasileira Neuropsicológica Breve Neupsilin (Fonseca et al., 2009) e preencheram uma escala de avaliação de frequência semanal de leitura de diferentes tipos de texto (revistas, jornais, livros e outros materiais) e de escrita de textos (mensagens de textos, cartas etc.). Um resultado que chama a atenção é a semelhança de desempenho em algumas tarefas entre o grupo menos escolarizado com alta frequência de hábitos de leitura e escrita e o grupo altamente educado, mas com baixa frequência de leitura e escrita. Sobre esse resultado os pesquisadores conjecturam que tempo de instrução formal não necessariamente reflete qualidade de educação, e argumentam que é recomendável que sejam incorporadas medidas associadas à habilidade de leitura que possibilitem estimar diferenças na qualidade da educação formal. Como ilustração, verificou-se num estudo realizado em São Paulo que alguns instrumentos, como o Teste de Alfabetização Funcional na Área da Saúde, podem identificar as dificuldades de compreensão leitora no contexto de cuidados de saúde. O estudo verificou que 50% dos idosos da amostra tiveram dificuldades importantes para compreender textos contendo instruções para administração de medicamentos, procedimentos para exames clínicos, entre outros (Carthery-Goulart et al., 2009).

Branco et al. (2014) investigaram o papel preditivo da educação e da frequência de hábitos de leitura e escrita em relação a funções executivas (flexibilidade cognitiva, inibição e habilidades de planejamento) em um grupo de idosos saudáveis (n=57), com idade entre 60 e 75 anos, com 2 a 23 anos de educação formal. De acordo com os autores, a combinação de escolaridade e hábitos de leitura e escrita teve um impacto mais significativo na flexibilidade cognitiva, no escopo da avaliação de funções executivas. Esses achados apontam para a importância de frequência de hábitos de leitura e escrita ser levada em consideração, em combinação com a variável educação, quando funções cognitivas mais complexas são consideradas.

O estudo de Malcorra e colegas (2022) com 118 adultos brasileiros com idade entre 51 e 82 anos trouxe evidências de que o hábito de leitura e de escrita, seguido do grau de escolaridade, reduz o impacto da idade na produção oral de narrativas em adultos idosos, como demonstrado na qualidade da conectividade da fala medida por grafos.

O impacto do **bilinguismo** sobre aspectos cognitivos e emocionais ou afetivos dos adultos idosos pode ser avaliado em duas perspectivas. Uma delas analisa a relação entre bilinguismo/multilinguismo e cognição a partir de variáveis como idade de aquisição (se precoce ou tardia), o tipo de exposição (formal ou em imersão) e a quantidade, a frequência e a recenticidade de exposição e de uso. Todos estes fatores podem influenciar aspectos como a fluência, o acesso lexical e a proficiência na(s) língua(s) alvo. Outra faceta de estudos, mais recente, diz respeito ao possível papel da aprendizagem ou da estimulação de uma língua adicional como treino cognitivo. Em qualquer uma das perspectivas, vale ressaltar que dominar uma língua adicional (mesmo que não de forma altamente proficiente) ou aprendê-la mobiliza processos cognitivos complexos, incluindo memórias, funções executivas e atenção sustentada, para mencionar alguns (Kliesch et al., 2018). Em termos cerebrais, observa-se que os circuitos envolvidos na aprendizagem de línguas são alguns dos mais afetados no envelhecimento cognitivo (Antoniou et al., 2013). Assim sendo, o esforço necessário para aprender uma língua e/ou empregar duas ou mais línguas numa certa quantidade e frequência de uso no dia a dia pode ampliar as reservas cognitivas. Sobre estudos recentes, envolvendo população bilíngue, com uso de grafos para investigação do desenvolvimento cognitivo e psicolinguístico dessa população, ver capítulo 12 "A diversidade da experiência bilíngue: análise de grafos", de Janaína Weissheimer, Ingrid Finger e Natália Bezerra Mota.

Estudos publicados com populações de diversos países, incluindo o Brasil, têm apontado para o efeito positivo do bilinguismo e/ou da aprendizagem de uma língua adicional na cognição em diferentes faixas etária, desde crianças (Gonçalves et al., 2020) até idosos (Singleton; Pfenninger, 2018). O bilinguismo parece promover um adiamento em 4 ou 5 anos no início do surgimento de sintomas clínicos de demência (Bialystok et al., 2007). Essa vantagem bilíngue estaria associada a incremento de circuitos cerebrais, com impacto em termos de reserva tanto cognitiva quanto cerebral (Costumero et al., 2020). Por exemplo, o estudo de Luchesi et al.

(2021) avaliou a prevalência de fatores de risco para demência em 300 indivíduos acima de 45 anos, cadastrados na Atenção Primária à Saúde (APS). A pesquisa indicou que o monolinguismo foi o fator de risco mais prevalente para demência. Especificamente, os fatores de maior prevalência foram a inatividade física (60,3%), sintomas depressivos (56,7%) e hipertensão (56,7%); dentre os demais fatores, destacaram-se o monolinguismo (98,0%), o déficit visual (84,7%) e o consumo irregular de frutas (60,4%) e de verduras ou legumes (53,5%).

O impacto do bilinguismo como fator protetivo contra o início dos quadros de demência ainda carece de mais investigação, pois há achados divergentes em trabalhos recentes (compare Mukadam et al., 2017; Bialystok, 2017). Diversas variáveis podem confundir ou moderar os efeitos do bilinguismo sobre a cognição, como a quantidade e qualidade da educação, os hábitos de leitura e de escrita e padrões socioeconômicos e culturais, em especial em países onde estas questões são muito heterogêneas, como é o caso do Brasil, em que o aumento da escolaridade é uma meta primária a ser alcançada. Apesar das vantagens cognitivas associadas ao bilinguismo, reconhecem-se impactos sobre o processamento da linguagem, especialmente em relação ao acesso lexical que mostra-se mais lento em bilíngues devido à coativação e competição das representações lexicais. Os estudos são incipientes em relação a como o bilinguismo pode exercer proteção em quadros neurodegenerativos que afetam a rede de linguagem. Nesse sentido, por exemplo, em relação à idade de início dos sintomas de afasia progressiva primária, não foram observados benefícios do bilinguismo em quadros que afetam o processamento semântico e sintático (Alladi et al., 2017), mas houve efeito protetivo em quadros que afetam o processamento fonológico (de Leon et al., 2020).

Também não são conclusivos os resultados de pesquisas sobre os benefícios para a cognição e para a circuitaria cerebral do aprendizado de uma língua adicional na vida adulta idosa. Para estudos sobre esse tópico, ver Bubbico e colegas (2018), Wong e colaboradores (2019) e Pfenninger e Polz (2018), este último apontando para ganhos sócio-afetivos devido ao engajamento em programas de aprendizagem de línguas, além dos já esperados ganhos cognitivos.

11.3 CONSIDERAÇÕES FINAIS

No presente capítulo, destacamos a heterogeneidade do processamento linguístico no envelhecimento e os principais fatores associados ao conceito de reserva cognitiva. Ao analisar a literatura especializada, deve-se estar atento para os objetivos das situações experimentais e dos instrumentos utilizados para avaliação da linguagem do idoso, já que há desenhos que maximizam a detecção do declínio cognitivo e outros que identificam os fatores preservados ou aprimorados em função da experiência, bem como a caracterização de contextos facilitadores versus desafiadores para o processamento linguístico. Além disso, o tipo de delineamento do estudo também pode trazer vieses. Alguns estudos transversais ignoram as mudanças das características da coorte ao longo do tempo, como cultura, estilo de vida e educação, muitas vezes superestimando-se o declínio cognitivo no envelhecimento típico. Já os estudos longitudinais podem ser afetados pelo viés de permanência, em que aqueles indivíduos mais saudáveis, mais instruídos, economicamente mais privilegiados e que têm as pontuações mais altas em testes cognitivos no início do estudo são os que têm maior probabilidade de engajamento e permanência nos estudos; ou ainda pelo viés dos efeitos de prática nas avaliações, a qual pode mascarar o declínio por meio da aprendizagem das tarefas (Harada et al., 2013). Em conjunto, esses vieses metodológicos limitam a generalização dos achados para a população geral e evidenciam a necessidade de se replicarem os estudos e de se adotarem procedimentos mais ecológicos de avaliação.

Finalmente, cabe ainda uma reflexão: 1) se é verdadeiro pensarmos que podemos melhorar nossas reservas cognitivas, as quais podem nos ajudar a lidar com o declínio cognitivo e o surgimento ou a severidade (pelo menos nos estágios iniciais) de quadros de demência como na doença de Alzheimer, e 2) se associarmos a isso o fato de que países com baixa escolaridade e baixo desenvolvimento socioeconômico têm uma população mais suscetível a desenvolver quadros demenciais, podemos considerar que tipo de intervenção teria potencial de contribuir tanto para prevenir como para remediar tais quadros. Entre os tipos de treino/estimulação cognitiva que vêm sendo propostos (Smart et al., 2017), treinos linguístico-cognitivos apresentam-se como uma alternativa promissora. Nesse tipo de treino, é possível estimular funções cognitivas a partir de atividades linguísticas envolvendo diferentes módulos/componentes da linguagem (léxico, sintaxe, discurso). Para essas atividades, são selecionados elementos/estruturas linguísticas cujo processamento requer, além da ativação de conhecimento linguístico (e também de outras bases de conhecimento), a mobilização de funções cognitivas. Assim, ao mesmo tempo em que os participantes são expostos a estruturas linguísticas complexas – com atividades envolvendo determinadas construções menos frequentes, introdução de novos itens de vocabulário e diferentes contextos discursivos – exercitam memória de trabalho, semântica e episódica, além de funções executivas como controle executivo e flexibilidade cognitiva. O Programa AtivAmente/PalvrAtiva, concebido pelas autoras deste capítulo, envolvendo três instituições distintas – PUCRS, UFABC, PUC-Rio – , é um exemplo deste tipo de proposta, com o diferencial de ter sido conduzido de forma remota, o que possibilitou a adesão e engajamento de adultos idosos de diferentes regiões do país (Hübner et al., em preparação). No cenário brasileiro, com imensas desigualdades sociais, baixa cultura do hábito de leitura, com analfabetismo (incluindo o funcional) e baixa escolaridade, intervenções que promovam o treino linguístico-cognitivo podem ter potencial de mitigar o impacto desses fatores na cognição da nossa população adulta idosa.

BIBLIOGRAFIA

ABRAMS, Lise; FARRELL, Meagan T. "Language Processing in Normal Aging". In: *The Handbook of Psycholinguistic and Cognitive Processes, Perspectives in Communication Disorders.* London: Routledge. 07 Sep. 2010.

ALLADI, Suvarna et al. "Bilingualism delays the onset of behavioral but not aphasic forms of frontotemporal dementia". *Neuropsychologia.* n. 99, 2017, pp. 207-12.

ANSADO, Jennyfer et al. "The adaptive aging brain: evidence from the preservation of communication abilities with age". *European Journal of Neuroscience.* v. 37, n. 12, 2013, pp. 1887-95.

ANTONIOU, Mark; GUNASEKERA, Geshri M.; WONG, Patrick CM. "Foreign language training as cognitive therapy for age-related cognitive decline: a hypothesis for future research". *Neuroscience & Biobehavioral Reviews*, v. 37, n. 10, 2013 pp. 2689-98.

ARDILA, Alfredo; ROSSELLI, Monica. "Spontaneous Language Production and Aging: Sex and Educational Effects." *International Journal of Neuroscience*, v. 87, n. 1-2, 1996, pp. 71-8.

BALTES, Paul B.; LINDENBERGER, Ulman; STAUDINGER, Ursula M. "Life span theory in developmental psychology". In: DAMON W.; LERNER, R.M. (eds) *Handbook of child psychology*: v. 1: Theoretical Models of Human Development. New York: Wiley, 2006

BÉRUBÉ, Dominique; LAURENCE, Sophie. "Reading Comprehension Abilities in the Anglophone Aging Population with Post-Secondary Education". *Diversity of Research in Health Journal / Revue de la Diversité de la Recherche en Santé,* v. 4, December / Décembre 2021.

BIALYSTOK, Ellen; CRAIK, Fergus I. M.; FREEDMAN, Morris." Bilingualism as a protection against the onset of symptoms of dementia". *Neuropsychology*, v. 45, n. 2, 2007, pp. 459-64.

BIALYSTOK, Ellen. "The bilingual adaptation: How minds accommodate experience". *Psychological bulletin,* v. 143, n. 3, 2017, pp. 233-62.

BRANCO, Laura D. et al. "Verbal and visuospatial executive functions in healthy elderly: The impact of education and frequency of reading and writing". *Dementia & Neuropsychologia*, v. 8, 2014, pp. 155-61.

BRANDÃO, Lenisa. Produção da linguagem e envelhecimento. *Cognição e envelhecimento.* Porto Alegre: Artmed, 2006.

BUBBICO, Giovanna et al. "Effects of second language learning on the plastic aging brain: functional connectivity, cognitive decline, and reorganization". *Frontiers in Neuroscience,* v. 13, 2019, p. 423.

BURKE, Deborah M.; SHAFTO, Meredith A. Language and aging. In: CRAIK, F. I. M.; SALTHOUSE, T. A. (eds.). *The Handbook of Aging and Cognition.* New York, NY: Psychology Press, 2008, pp. 373-443.

BURKE, Deborah M.; SHAFTO, Meredith A. "Aging and Language Production." *Current directions in psychological science,* v. 13, n. 1, 2004, pp. 21-24.

_____. "Language, aging, and inhibitory deficits: Evaluation of a theory". *Journal of Gerontology:* Psychological Sciences, v. 52B, n. 6, 1997, pp. 254-64.

CARTHERY, Maria Teresa et al. "Spelling tasks and Alzheimer's disease staging". *European Journal of Neurology.* v. 12, n. 11, 2005, pp. 907-11.

CARTHERY-GOULART, Maria Teresa et al. "Performance of a Brazilian population on the test of functional health literacy in adults". *Revista de Saúde Pública*, v. 43, n. 4, 2009 Aug, pp.631-8.

CHANG, Yu-Hun; WU, I-Chien; HSIUNG, Chao A. "Reading activity prevents long-term decline in cognitive function in older people: Evidence from a 14-year longitudinal study". *International Psychogeriatrics*, v. 33, n. 1, 2021, pp. 63-74.

CHRISTIANSON, Kiel et al. "Younger and Older Adults' "Good-Enough" Interpretations of Garden-Path Sentences". *Discourse processes*, v. 42, n. 2, 2006, pp. 205-38.

COSTUMERO, Victor et al. "A cross-sectional and longitudinal study on the protective effect of bilingualism against dementia using brain atrophy and cognitive measures". *Alzheimer's Research & Therapy*, v. 12, n. 1, 2020 Jan 10, p. 11.

CRAIK, Fergus I. M.; BIALYSTOK, Ellen; FREEDMAN, Morris. "Delaying the onset of Alzheimer disease: Bilingualism as a form of cognitive reserve". *Neurology*, v. 75, n. 19, 2010, pp. 1726-9.

DEDE, Gayle. "Effects of animacy on processing relative clauses in older and younger adults". *The Quarterly Journal of Experimental Psychology*, v. 68, n. 3, 2015, pp. 487-98.

DIAZ, Michele T et al. "Age-related differences in the neural bases of phonological and semantic processes in the context of task-irrelevant information." *Cognitive, affective & behavioral neuroscience*, v. 19, n. 4, 2019, pp. 829-44.

DENNIS, Paul A.; HESS, Thomas M. "Aging-related gains and losses associated with word production in connected speech." *Neuropsychology, development, and cognition. Section B, Aging, neuropsychology and cognition*, v. 23, n. 6, 2016, pp. 638-50.

DE LEON, Jessica et al. "Effects of bilingualism on age at onset in two clinical Alzheimer's disease variants." *Alzheimer's & dementia*: the journal of the Alzheimer's Association, v. 16, n. 12, 2020, pp. 1704-13.

FERRARI, Larissa. R.; RODRIGUES, Erica. dos S.; MOGRABI, Daniel. C. "Garden-path sentences and executive functions in normal aging". *ExLing 2019*: Proceedings of 10th International Conference of Experimental Linguistics, September 2019, Lisbon, Portugal, pp.93-96. Disponível em: <https://exlingsociety.com/images/Proceedings/ExLing_2019/10_0023_000385.pdf>

FGV SOCIAL/CPS. Panorama dos Idosos Brasileiros – Quem são? Onde estão? O que fazem? Como chegar até eles? 2020 -Disponível em: <https://www.cps.fgv.br/social/4/evolucaoBRATOTHIBcodpanorama/visualizacao/tudo>. Acesso em: 20 abr. 2022.

FONSECA, Rochele P.; Salles, Jerusa F.; Parente, Maria Alice M. P. *NEUPSILIN:* Instrumento de Avaliação Neuropsicológica Breve. São Paulo: Vetor, 2009.

FRIEDMAN, Naomi P.; MIYAKE, Akira. "Unity and diversity of executive functions: Individual differences as a window on cognitive structure." *Cortex*, v. 86, 2017, pp. 186-204.

GONÇALVES, Talita. S. et al. "Literacy, metalinguistic, and executive functions processing in bilingual children speakers of similar typology languages in a border area". *Bilingualism-Language and Cognition*, v. 1, 2021, pp. 1-9.

GOODGLASS, Harold; KAPLAN, Edith; BARRESI, Barbara. *BDAE-3:* Boston Diagnostic Aphasia Examination – Third Edition. 3rd ed. Austin, TX: Pro-Ed, 2001.

GORDON, Peter C.; LOWDER, Matthew W.; HOEDEMAKER, Renske S. Reading in normally aging adults. In: WRIGHT, H.H. (org.) *Cognition, language and aging.* Amsterdam: John Benjamins Publishing Company, 2016.

HARADA, Caroline N. et al. "Normal cognitive aging". *Clinics in geriatric medicine*, v. 29, n.4, 2013, pp. 737-52.

HARDY, Sophie M.; SEGAERT, Katrien.; WHEELDON, Linda. "Healthy Aging and Sentence Production: Disrupted Lexical Access in the Context of Intact Syntactic Planning." *Frontiers in Psychology*, v. 11, 2020, article 257.

HECKHAUSEN, Jutta; DIXON, Roger; BALTES, Paul. "Gains and Losses in Development Throughout Adulthood as Perceived by Different Adult Age Groups". *Developmental Psychology*, v. 25, 1989, pp. 109-21.

HÜBNER, Lilian C.; CARTHERY-GOULART, Maria Teresa; RODRIGUES, Erica dos S. Teletraining and telerehabilitation of discourse production: methodological and theoretical approaches. In: Spoken discourse impairments in the neurogenic populations – A state-of-the art, contemporary approach. Anthony Pak-Hin Kong (ed.), Springer: Global Springer Clinical Medicine Book Program (em preparação)

IBGE. *Projeção da População 2018*: número de habitantes do país veve parar de crescer em 2047. Disponível em: <https://agenciadenoticias.ibge.gov.br/agencia-sala-de-imprensa/2013-agencia-de-noticias/releases/21837-projecao-da-populacao-2018-numero-de-habitantes-do-pais-deve-parar-de-crescer-em-2047>. Acesso em: 20 abr. 2020.

JUNCOS-RABADÁN, Onésimo. "Narrative Speech in the Elderly: Effects of Age and Education on Telling Stories." *International Journal of Behavioral Development*, v. 19, n. 3, 1996, pp. 669-85.

KAVÉ, Gitit; GORAL, Mira. "Do age-related word retrieval difficulties appear (or disappear) in connected speech?." *Neuropsychology, development, and cognition. Section B, Aging, neuropsychology and cognition*, v. 24, n. 5, 2017, pp. 508-27.

KAVÉ, Gitit; KNAFO-NOAM, Ariel. "Lifespan development of phonemic and semantic fluency: Universal increase, differential decrease." *Journal of clinical and experimental neuropsychology*, v. 37, n. 7, 2015, pp. 751-63.

_____ et al. "The rise and fall of word retrieval across the lifespan." *Psychology and aging*, v. 25, n. 3, 2010, pp. 719-24.

KEMPER, Susan. "Life-span Changes in Syntactic Complexity". *Journal of Gerontology*, v. 42, n. 3, 1987, pp. 323-8.

_____; HERMAN, Ruth; LIAN, Cindy. "Age differences in sentence production". *The Journals of Gerontology Series B: Psychological Sciences and Social Sciences*, v. 58, n. 5, 2003, pp. 260-8.

_____; _____; LIU, Chiung-Ju. "Sentence production by younger and older adults in controlled contexts". *Journals of Gerontology*: Psychological Sciences, v. 58B, 2004, pp.220-4.

KEMTES, Karen A.; KEMPER, Susan. "Aging and Resolution of Quantifier Scope Effects". *Journal of Gerontology*: Psychological Sciences, v. 54B, n. 6, 1999, pp. 350-60.

KINTSCH, Walter; VAN DIJK, Teun A. "Toward a model of text comprehension and production". *Psychological Review*, v. 85, 1978, pp. 363-94.

_____. *Comprehension: A paradigm for cognition.* Cambridge University Press, 1998.

KLIESCH, Maria et al. Research on Second Language Acquisition in Old Adulthood: what we have and what we need. In: GABRYŚ-BARKER, Danuta (ed.). *Third Age Learners of Foreign Languages.* Bristol: Multilingual Matters, 2018. pp. 48-75.

KREBS, Julia et al." Age of sign language acquisition has lifelong effect on syntactic preferences in sign language users". *International Journal of Behavioral Development*, v. 45, n. 5, 2021, pp. 397-408.

LIVINGSTON, Gill. et al. "Dementia prevention, intervention, and care". *Lancet*, 390 (10113), 2017, pp.2673-734.

_____ et al. "Dementia prevention, intervention, and care: 2020 report of the Lancet Commission". *Lancet*, 396 (10248), 2020, pp. 413-46.

LOPUKHINA, Anastasiya et al. "Reliance on semantic and structural heuristics in sentence comprehension across the lifespan". *Quarterly Journal of Experimental Psychology*, 2021 (On-line ahead of print.)

LUCHESI, Bruna M. et al. "Prevalence of risk factors for dementia in middle- and older- aged people registered in Primary Health Care". *Dementia & Neuropsychologia* [on-line]. v. 15, n. 02, 2021, pp. 239-47.

MACKAY, Donald G.; ABRAMS, Lise. "Age-linked declines in retrieving orthographic knowledge: empirical, practical, and theoretical implications." *Psychology and aging*, v. 13, n.4, 1998, pp. 647-62.

_____ et al. "Aging on the input versus output side: theoretical implications of age-linked asymmetries between detecting versus retrieving orthographic information." *Psychology and aging* v. 14, n. 1, 1999, pp. 3-17.

MALCORRA, B. L. C. et al. "Reading and writing habits compensate for aging effects in speech connectedness", njp *Science of Learning*, v. 7, n. 13, 2022.

MANSUR, Leticia L.; RADANOVIC, Marcia. *Neurolinguística.* Princípios para a prática clínica. São Paulo: EI – Edições Inteligentes, 2004.

MARGOLIN, Sara J.; ABRAMS, Lise. "Individual differences in young and older adults' spelling: do good spellers age better than poor spellers?." *Neuropsychology, development, and cognition. Section B, Aging, neuropsychology and cognition*, v. 14, n. 5, 2007, pp. 529-44.

MAYBERRY, Rachel I.; EICHEN, Ellen B." The long-lasting advantage of learning sign language in childhood: Another look at the critical period for language acquisition", *Journal of Memory and Language*, v. 30, Issue 4, 1991, pp. 486-512.

MIYAKE, Akira et al. "The unity and diversity of executive functions and their contributions to complex "Frontal Lobe" tasks: a latent variable analysis." *Cognitive psychology,* v. 41, n.1, 2000, pp: 49-100.

MUKADAM, Naaheed et al. "The Relationship of Bilingualism Compared to Monolingualism to the Risk of Cognitive Decline or Dementia: A Systematic Review and Meta-Analysis." *Journal of Alzheimer's disease,* v. 58, n. 1, 2017, pp. 45-54.

_____ et al. "Population attributable fractions for risk factors for dementia in low-income and middle-income countries: an analysis using cross-sectional survey data". *Lancet Glob Health*, v. 7, n. 5, 2019, pp. 596-603.

OLIVEIRA, Deborah et al. "Reducing the number of people with dementia through primary prevention in Mozambique, Brazil, and Portugal: an analysis of population-based data". *Journal of Alzheimer's Disease*, v. 70, n. s1, 2019, pp. S283-S291.

PAAP, Kenneth R. et al. "Bilingual advantages in inhibition or selective attention: More challenges". *Frontiers in Psychology*, v. 9, 2018, p. 1409.

PARADIS, Michel.*The Assessment of Bilingual Aphasia*. Hillsdale, NJ: Erlbaum, 1987.

PAUL, Stephen T. "Search for semantic inhibition failure during sentence comprehension by younger and older adults". *Psychology and Aging*, v. 11, n. 1, 1996, pp. 10-20.

PAWLOWSKI, Josiane et al. "The influence of reading and writing habits associated with education on the neuropsychological performance of Brazilian adults". *Reading and Writing*, v. 25, 2012, pp.2275-89.

PEELLE, Jonathan E. Language and aging. In: ZUBICARAY, G. I. de; SCHILLER, N. O. (eds). *The Oxford Handbook of Neurolinguistics*. Oxford: Oxford University Press, 2019, pp. 295-316.

PFENNINGER, Simone E.; POLZ, Sabrina. "Foreign Language Learning in the Third Age: a pilot feasibility study on cognitive, socio-affective and linguistic drivers and benefits in relation to previous bilingualism of the learner". *Journal of the European Second Language Association,* v. 2, n. 1, 2018, pp. 1-13.

_____ et al. "Not so individual after all: An ecological approach to age as an individual difference variable in a classroom". *Studies in Second Language Learning and Teaching,* v. 7, n. 1, 2017, pp. 19-46.

POULISSE, Charlotte.; WHEELDON, Linda; SEGAERT, Katrien. "Evidence against preserved syntactic comprehension in healthy aging". *Journal of Experimental Psychology*: Learning, Memory, and Cognition, v. 45, n. 12, 2019, pp. 2290-308.

PRETTI, Dino. *A Linguagem dos Idosos:* um estudo da análise da conversação. São Paulo: Contexto, 1991.

RIZZOLO, Denise et al. "Stress Management Strategies for Students: The Immediate Effects of Yoga, Humor, and Reading on Stress". *Journal of College Teaching and Learning,* v. 6, n. 8, January 2009, pp. 79-88.

RUFFMAN, Ted et al. "Verbosity and emotion recognition in older adults". *Psychological Aging*, v. 25, n. 2, 2010, pp. 492-7.

SALLES, Jerusa. F.; BRANDÃO, Lenisa. Linguagem e comunicação. In: Leandro F. Malloy-Diniz, Daniel Fuentes, Ramon M. Cosenza (org.) *Neuropsicologia do envelhecimento*: uma abordagem multidimensional. Porto Alegre: Artmed, 2013.

SALTHOUSE, Timothy A. "Trajectories of normal cognitive aging." *Psychology and aging,* v. 34, n. 1, 2019, pp. 17-24.

SHAFTO, Meredith A.; TYLER, Lorraine K. "Language in the aging brain: the network dynamics of cognitive decline and preservation." *Science,* v. 346, issue 6209, 2014, pp.583-7.

SINGLETON, David; PFENNINGER, Simone E." L2 acquisition in childhood, adulthood and old age: Misreported and under-researched dimensions of the age factor". *Journal of Second Language Studies,* v. 1, n. 2, 2018, pp. 254-75.

SIMÕES, Celso Cardoso da Silva. Impactos da queda da fecundidade na estrutura etária e implicações nas políticas públicas. In: *Relações entre as alterações históricas na dinâmica demográfica brasileira e os impactos decorrentes do processo de envelhecimento da população.* Coordenação de População e Indicadores Sociais. Rio de Janeiro: IBGE, 2016.

SMART, Colette M. et al. "Non-pharmacologic interventions for older adults with subjective cognitive decline: systematic review, meta-analysis, and preliminary recommendations". *Neuropsycholy. Review*, v. 27, 2017, pp. 245-57.

SÖRMAN, Daniel; LJUNGBERG, Jessica; RÖNNLUND, Michael." Reading Habits Among Older Adults in Relation to Level and 15-Year Changes in Verbal Fluency and Episodic Recall". *Frontiers in Psychology*, 2018.

STERN, Yaakov. "Cognitive reserve". *Neuropsychologia*, v. 47, n. 10, 2009, pp. 2015-28.

_____. "How Can Cognitive Reserve Promote Cognitive and Neurobehavioral Health?" *Archives Clinical Neuropsycholy*, v. 36, n. 7, 2021 Oct 13, pp. 1291-5.

STINE-MORROW, Elizabeth A. L. "The dumbledore hypothesis of cognitive aging". *Current Directions in Psychological Science*, v. 16, n. 6, 2007, pp. 295-9.

SUNG, Jee E. et al. "Syntactic complexity as a linguistic marker to differentiate mild cognitive impairment from normal aging". *Journal of Speech, Language*, and Hearing Research, v. 63, n. 5, 2020, pp. 1416-29.

VAN DIJK, Teun A. *Cognição:* discurso e interação. 3. ed. São Paulo: Contexto, 2010.

VERÍSSIMO, João et al. "Evidence that ageing yields improvements as well as declines across attention and executive functions." *Nature human behaviour*, v. 6, n. 1, 2022, pp. 97-110.

WILSON, Robert S. et al." Life-span cognitive activity, neuropathologic burden, and cognitive aging". *Neurology*, v. 81, n. 4, July 2013, pp. 314-21.

WORLD HEALTH ORGANIZATION. *Dementia.* 2019. Disponível em: <https://www.who.int/news-room/fact-sheets/detail/dementia>. Acesso em: 17 abr. 2022.

WONG, Patrick C. M. et al. "Language training leads to global cognitive improvement in older adults: a preliminary study". *Journal of Speech, Language, and Hearing Research*, v. 62, n. 7, 2019, pp. 2411-24.

12. A diversidade da experiência bilíngue: análise de grafos

Janaina Weissheimer, Ingrid Finger e Natália Bezerra Mota

Estimativas recentes apontam que os bilíngues constituem a maioria da população mundial (Bialystok et al., 2012; García; Cepeda, 2016; Grosjean, 2019; Eurobarometer 386). Entretanto, até muito recentemente, a maior parte das pesquisas em Psicolinguística no mundo envolviam exclusivamente participantes monolíngues e, mais especificamente, falantes de inglês como língua materna, sem sequer considerar a possibilidade de esses indivíduos serem usuários de mais de uma língua e de essa característica tão fundamental dos participantes enviesar os resultados obtidos (Kroll et al., 2012). Ainda hoje muitos consideram os bilíngues como uma população "especial" e "complexa de se estudar" e que, por ser tão diferente da "norma", não merece ser levada em consideração nos estudos sobre a linguagem em geral, tampouco sobre os mecanismos cognitivos e neurobiológicos que subjazem sua aquisição, processamento e uso.

Entretanto, para que possamos compreender como se dá o processamento da linguagem, não podemos desconsiderar o importante papel desempenhado pelo bilinguismo como uma janela para o estudo da cognição humana (Kroll et al., 2014; Costa, 2020). Mais recentemente, tem havido um aumento significativo de pesquisas que reconhecem que o bilinguismo não é uma circunstância problemática ou excepcional, e que, além de caracterizar a maior parte da população mundial, as pesquisas em bilinguismo podem revelar aspectos únicos de processos cognitivos e linguísticos que não são possíveis de serem observados através de pesquisas conduzidas com indivíduos monolíngues (Kroll et al., 2012).

Apesar da recente consideração de que o bilinguismo é um fenômeno que merece ser investigado, a maior parte dos estudos publicados nos periódicos mais importantes no mundo envolvem populações que vivem no hemisfério norte, principalmente, nos Estados Unidos, Canadá e países europeus, que possuem contextos de bilinguismo muito distintos dos nossos no Brasil. Além disso, as tarefas linguísticas empregadas não necessariamente podem ser facilmente adaptadas à realidade do bilinguismo brasileiro.

Além disso, vários pesquisadores têm chamado a atenção para a necessidade de maior interlocução entre as diversas áreas da Linguística e com diferentes campos do conhecimento a fim de aprimorar nossa compreensão do funcionamento da linguagem no caso de usuários de mais de uma língua (Finger et al., 2016). Além disso, alguns têm defendido a busca de métodos inovadores de investigação do bilinguismo considerando a complexidade do fenômeno, a fim de avaliar e caracterizar de forma mais precisa o uso das línguas no caso de participantes bilíngues em diferentes contextos comunicativos bem como os efeitos a médio e longo prazo de experiências diversas no processamento linguístico e também na estrutura e funcionamento do cérebro (ver Tiv et al., 2020).

No Brasil, mais especificamente, embora não existam estatísticas oficiais, o país possui uma enorme diversidade linguística, com cerca de 330 línguas utilizadas diariamente (274 línguas indígenas, segundo Censo IBGE, 2010) e 56 línguas de imigração (Altenhöfen, 2013), além da Língua Brasileira de Sinais (Libras), reconhecida desde 2002. Somado a isso, nos últimos anos houve também um enorme aumento no número de escolas que oferecem currículos ou programas bilíngues desde a educação infantil, envolvendo prioritariamente português e inglês, uma língua considerada de prestígio no país (Marcelino, 2009). Por isso, pesquisas com bilíngues no contexto brasileiro, envolvendo populações indígenas, fronteiriças, migrantes, surdas, bilíngues escolares, entre outras, são fundamentais e urgentes para se traçar um panorama representativo do bilinguismo no país e apoiar políticas públicas e educacionais mais justas.

Para contribuir com essa discussão, neste capítulo apresentamos resultados de estudos com participantes oriundos de diferentes contextos bilíngues – tradutores experientes e novatos, adultos aprendizes de L2 e crianças inseridas em um contexto de educação bilíngue – que fazem uso de uma ferramenta inovadora de análise linguística chamada *SpeechGraphs* (Mota et al., 2012, 2014) na investigação do processamento cognitivo em indivíduos bilíngues. Esperamos, através deste capítulo, contribuir para chamar a atenção a respeito da importância de se levar em consideração, nos estudos na Psicolinguística, a riqueza da diversidade da experiência linguística do Brasil e a importância de ampliarmos a interlocução com outras áreas de pesquisa em linguagem.

12.1 A DIVERSIDADE BILÍNGUE EM PERSPECTIVA

Nas diversas áreas da Linguística, o bilinguismo tem sido tradicionalmente investigado a partir da comparação do desempenho entre falantes monolíngues e bilíngues, assumindo o monolinguismo como norma e o bilinguismo como um desvio ou, na melhor das hipóteses, como uma extensão dessa norma, sem levar em consideração a riqueza da enorme diversidade e dinamicidade que caracteriza a experiência linguística de indivíduos bilíngues. A suposição que está por trás dessa prática é de que todas as pessoas, independentemente de serem monolíngues ou bilíngues, possuem experiências linguísticas semelhantes em ambientes altamente homogêneos (Tiv et al., 2020; Beatty-Martínez; Titone, 2021).

Nos estudos da Psicolinguística do Bilinguismo (Grosjean; Li, 2013; Finger, 2015), entretanto, tem havido uma compreensão cada vez maior de que não somente o bilinguismo é um fenômeno extremamente complexo, mas que os bilíngues adquirem e usam suas línguas de formas distintas e particulares, com propósitos diferentes (Grosjean, 1998; Zimmer et al., 2008) e que não podemos simplesmente comparar bilíngues e monolíngues como se se tratasse de uma variável binária (Luk; Bialystok, 2013; de Bruin, 2019; Beatty-Martínez; Titone, 2021). Isso torna a pesquisa em bilinguismo ainda mais rica, desafiadora e, acima de tudo, fascinante.

Essa mudança de paradigma tem dado espaço a um crescimento no número de pesquisas que considera o relevante papel das diferenças individuais que caracterizam a experiência bilíngue e que consequentemente exploram essa enorme variabilidade resultante dos diversos contextos de aprendizagem e uso de línguas (de Bruin, 2019; Tiv et al., 2020; Beatty-Martínez; Titone, 2021; Kroll et al., 2021). Nesse sentido, um grande esforço tem sido concentrado na busca de formas inovadoras de investigação dos aspectos da experiência bilíngue que afetam o processamento linguístico e cognitivo das línguas do bilíngue, a partir da consideração da enorme riqueza e variabilidade que caracteriza a experiência bilíngue. Essa é justamente a proposta do presente capítulo.

12.2 DIFERENÇAS INDIVIDUAIS E ANÁLISE DE GRAFOS – PASSADO, PRESENTE E FUTURO

Estudos pioneiros deram início à utilização da ferramenta *SpeechGraphs* para analisar relatos de fala há cerca de uma década (Mota et al., 2012; 2014). No princípio, relatos oníricos foram utilizados para investigar transtornos do pensamento na psicose. Cientes dos vários sintomas clínicos percebidos, como trajetórias aberrantes de fala (denominados na Psicopatologia com termos como "fragmentação do discurso", "descarrilhamento da fala", até "salada de palavras"), os autores perceberam que muita informação estava não apenas no significado das narrativas, mas na forma da narrativa, ou na trajetória de palavras usadas para narrar um evento. Então, a ideia seria traduzir para um modelo matemático o que um profissional de saúde mental faz ao escutar uma narrativa: avaliar se essa trajetória estaria de acordo com o que se espera para esse indivíduo. Dessa maneira, representa-se essa narrativa como um grafo, que seria uma representação matemática das relações entre elementos definidos; nesse caso, os elementos (ou nós) seriam as palavras isoladas da narrativa, e suas relações se dariam pela sucessão consecutiva como aparecem naturalmente numa narrativa. Em outras palavras, cada palavra diferente é representada por um nó e sempre que essa palavra se sucede a uma outra palavra essa relação se representa por uma aresta direcionada (ou uma seta), fechando-se ciclos sempre que se repetirem palavras já mencionadas na narrativa. Dessa maneira, foi possível extrair uma série de medidas de recorrências curtas e longas (conectividade) para caracterizar a estrutura global desses grafos de palavras.

Os dados evidenciaram o poder preditivo dos grafos na avaliação e no diagnóstico complementar de pacientes não neurotípicos. Os resultados demonstraram que alterações na conectividade do pensamento manifestas na fala de pacientes psicóticos podem ser objetivamente medidas a partir dos atributos de grafos, desenvolvidos para capturar diferenças individuais no fluxo normal e disfuncional do pensamento, tais como conectividade e recorrência, produzindo uma distinção muito precisa entre os grupos. A análise atingiu 93% de sensibilidade e especificidade em comparação aos 62,5% das escalas psiquiátricas padrão (Mota et al., 2012).

Nos últimos anos, a análise de grafos tem trazido contribuições relevantes nos campos da neurociência (Mota et al., 2020; Malcorra et al., 2021) e da educação (Mota et al., 2016; 2019; Luz, 2018; Leandro, 2020; Lemke, 2021). Mota e seus colaboradores têm realizado uma série de experimentos baseados em análise de grafos, a fim de detectar déficits cognitivos em pacientes clínicos como também mapear o desenvolvimento cognitivo em indivíduos típicos. Em linhas gerais, encontram-se quedas de conectividade global associadas a prejuízos cognitivos, enquanto no desenvolvimento típico encontram-se um desenvolvimento em paralelo da conectividade global dessa fala, associada a uma redução abrupta de recorrências curtas (Mota et al., 2012, 2014, 2016, 2017, 2018, 2020).

Em populações clínicas, Bertola et al. (2014) teve como objetivo avaliar diferenças entre três grupos de idosos: controle com desenvolvimento típico, déficit cognitivo leve e diagnóstico de Doença de Alzheimer (DA). Os sujeitos realizaram um teste de fluência verbal semântica, listando oralmente uma sequência de animais, que foi posteriormente representada como grafos de fala. A produção de uma sequência de animais não repetidos foi tomada como um desempenho satisfatório no teste e resultaria em uma rede linear. O grupo controle teve o desempenho esperado, gerando grafos menos densos, com um maior número de nós e arestas, maior diâmetro e caminho médio mais curto. Na análise, entretanto, as comparações entre os grupos clínicos indicaram variações em todas as medidas dos grafos, que em última análise mostraram uma modificação contínua de comprometimento cognitivo leve para Doença de Alzheimer. Ainda envolvendo pacientes com diagnóstico de DA, Malcorra et al. (2021) investigou se a conectividade de fala poderia diferenciar adultos com diagnóstico de DA e idosos cognitivamente saudáveis. Nesse estudo foi aplicado um protocolo mais naturalístico, gerando narrativas a partir da descrição de uma imagem apresentada aos participantes. Idosos com diagnóstico de DA produziram narrativas menos conectadas do que idosos cognitivamente saudáveis e a conectividade de fala foi associada à memória semântica na DA e à memória episódica em idosos controle. Em ambos os estudos, a análise de grafos mostrou poder de classificação na combinação com outras medidas clínicas.

No campo da educação, a análise de grafos também tem sido aplicada na investigação de uma gama de diferenças individuais. Com uma abordagem naturalística e longitudinal, Mota et al. (2016) investigaram a relação entre memória, desenvolvimento cognitivo e desempenho escolar de 76 crianças de escolas públicas do nordeste do Brasil. A justificativa para esse estudo foi de que, se a conectividade dos grafos na fala diminui em sujeitos com déficit cognitivo, como detectado nos estudos de Mota et al. (2012, 2014) e Bertola (2014), então um aumento na conectividade poderia ser indicativo de desenvolvimento cognitivo em crianças saudáveis, à medida que avançam em sua trajetória educacional. Para testar essa hipótese, o desempenho escolar das crianças foi avaliado por meio de um teste padronizado de leitura e matemática e a avaliação cognitiva se deu em termos de memória episódica, Teoria da Mente e quociente de inteligência (QI). A memória episódica foi avaliada por meio de relatos verbais: uma memória antiga, uma memória recente (descrição de imagens de conteúdo emocional originais para os participantes) e um sonho. Na análise, os resultados ajustados para QI e Teoria da Mente mostraram que as crianças cujos relatos de memória recente geraram grafos com mais nós (que denota um vocabulário maior), maior conectividade e menos repetições foram as que obtiveram maior pontuação nas avaliações cognitivas e escolar, demonstrando assim o poder preditivo da análise de grafos.

Nessa mesma linha, Luz (2018) empregou a análise de grafos para investigar padrões de conectividade em textos escritos em crianças e adolescentes de 8 a 16 anos. Primeiro, um total de 181 crianças foram agrupadas como leitores bons, ruins e disléxicos. Em seguida, eles realizaram uma tarefa de escrita e uma tarefa de compreensão de leitura. A tarefa de escrita exigia que as crianças produzissem uma história baseada em uma sequência de quadrinhos, sem restrições de tempo ou duração. Na tarefa de compreensão leitora, as crianças foram expostas a três textos que deveriam ler silenciosamente. As crianças responderam perguntas pós-leitura para medir a compreensão e a fluência de leitura foi calculada pelo tempo de leitura (palavras por minuto). Adicionalmente, a autora comparou parâmetros de grafos dos textos produzidos pelas crianças. Os resultados estatísticos evidenciaram que os atributos do grafo separaram leitores bons, ruins e disléxicos, revelando padrões de conectividade, medidos por número de nós e arestas, conectividade e densidade nos textos escritos pelas crianças. A partir dos resultados, Luz (2018) defende que a teoria dos grafos pode vir a representar uma importante alternativa metodológica tanto na avaliação da fluência de leitura em crianças como no diagnóstico de dislexia e de outros transtornos de leitura.

Mota et al. (2019) investigaram, mais uma vez, longitudinalmente, a relação entre a conectividade de fala, memória e leitura em alunos do segundo e terceiro anos de escolas públicas no norte do país. A coleta de dados incluiu o uso de imagens afetivas para solicitar relatos verbais de memória de curto prazo, o Teste de Matrizes Progressivas de Raven e uma medida de QI não verbal. A fluência de leitura foi medida por meio da Tarefa de Palavras e Pseudopalavras (Salles, 2005) e a memória de trabalho e de curto prazo foi avaliada por meio do *Automated Working Memory Assessment* (AWMA). Os resultados indicaram uma correlação significativa entre a conectividade de fala e a memória verbal de curto prazo na terceira série, mas não na segunda série. Os pesquisadores argumentam que o desenvolvimento da memória de curto prazo verbal é o que permite a produção de um relato oral bem conectado, pois à medida que a criança vai aumentando sua capacidade de armazenar temporariamente informações verbais, mais essas informações podem aparecer conectadas em uma história.

Como podemos perceber, o *SpeechGraphs* tem sido uma parte extremamente importante na interdisciplinaridade das aplicações da Teoria de Grafos, já que este software possibilita a análise do papel dos atributos e da Morfologia dos grafos em áreas tão aparentemente distantes da Matemática e da Física, quanto a Educação, a Sociologia, a Linguística e a Psicologia. No futuro das pesquisas com grafos, vemos, por exemplo, a associação dessa análise a técnicas de neuroimagem como, por exemplo, a relatada em Li et al. (2021), que investigou o desempenho de tarefas linguísticas através de um estudo com ressonância magnética por imagem funcional (fMRI), caracterizando as redes de conectividade bilíngue usando métricas de análise de grafos. Entendemos também que, cada vez mais, caracterizações mais detalhadas dos contextos de uso das línguas dos bilíngues no dia-a-dia possíveis através do emprego de questionários que consideram variáveis como entropia, serão incorporados a modelos de análise de grafos (para um exemplo, ver Tiv et al., 2020).

A seguir, focaremos nos estudos que empregaram a ferramenta *SpeechGraphs* no âmbito do bilinguismo, conduzidos pelas autoras deste capítulo e diversos colaboradores no Brasil e no exterior, em três contextos bilíngues distintos. A seguir, traçaremos pontos de convergência e divergência entre esses estudos no que tange o seu legado com vistas a contribuir com futuros desenhos metodológicos e propostas teóricas.

12.3 A DIVERSIDADE BILÍNGUE PELA ÓTICA DA ANÁLISE DE GRAFOS – TRÊS CONTEXTOS

Pesquisas recentes em bilinguismo têm procurado métodos inovadores para avaliar e caracterizar como os indivíduos processam e usam diferentes línguas (Tiv et. al., 2020). Nesse contexto, a Análise de Grafos tem se apresentado como uma técnica bastante eficaz para explicar a natureza das diferenças individuais e suas associações com outras variáveis. Apresentamos, a seguir, os resultados de cinco estudos conduzidos em diferentes contextos bilíngues – com adultos aprendizes de inglês como L2 no Brasil, com universitários aprendizes de chinês e espanhol nos Estados Unidos, com tradutores experientes e novatos no Brasil e com crianças inseridas em duas escolas bilíngues distintas também no Brasil, uma localizada no sul e outra no norte do país – envolvendo a Análise de Grafos realizada através da ferramenta *SpeechGraphs*.

12.3.1 Adultos aprendizes de L2 – relacionando fluência à conectividade de fala

Leandro (2020) foi um estudo pioneiro ao mostrar uma associação entre medidas de proficiência oral em L2 e a conectividade da fala no caso de bilíngues português-inglês, utilizando atributos de grafos. Em seu estudo, a análise de grafos (conectividade longa e repetições curtas) explicou com sucesso a fluência no *continuum* entre um nível pré-intermediário e um nível avançado de proficiência de fala em L2. Em geral, quanto mais fluentes os falantes do estudo eram, em termos de número de palavras produzidas por minuto, mais conectada mostrou ser sua fala e mais repetições de curto alcance eles produziam (figura 1).

Figura 1: Diferenças em conectividade de fala entre aprendizes iniciantes e falantes avançados de L2

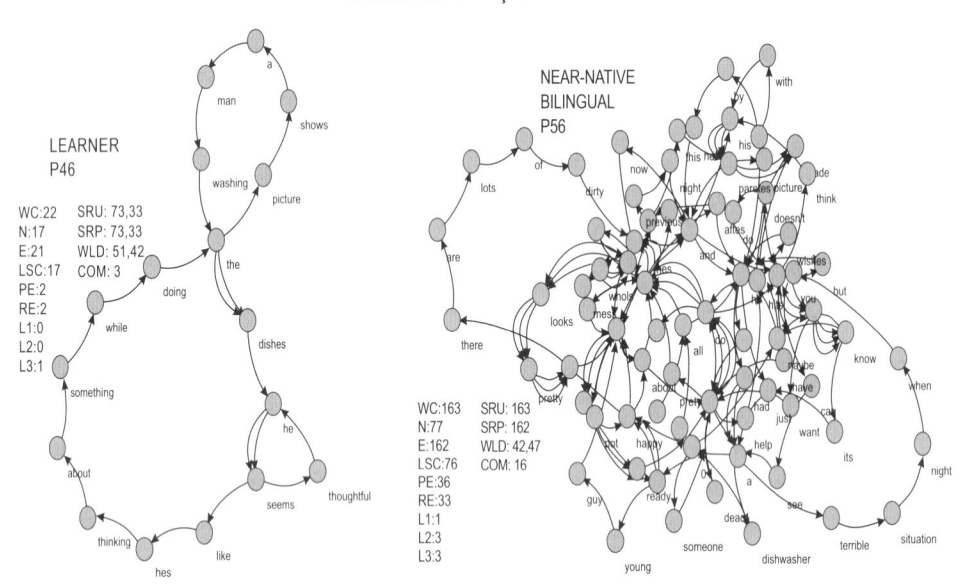

Fonte: Diêgo Cesar Leandro.

A correlação positiva entre a conectividade da fala e a fluência verbal dos participantes parece bastante intuitiva, uma vez que falantes que atingem um maior grau de automatização na L2 parecem gastar menos tempo nas buscas lexicais e sintáticas, resultando em uma fala mais fluente e mais conectada. No entanto, o fato de aprendizes mais fluentes realizarem mais repetições curtas pareceu um tanto contraintuitivo para o pesquisador. Era de se esperar que falantes fluentes se repetissem menos e utilizassem um repertório lexical mais diversificado. Na verdade, essa relação negativa entre fluência e densidade lexical já havia sido apontada por Weissheimer e Mota (2011), em um estudo no qual indivíduos mais fluentes tiveram uma produção oral, em geral, lexicalmente menos densa, contendo menos itens lexicais de menor frequência e mais repetições lexicais de itens de maior frequência na L2, em comparação com falantes menos fluentes. Tanto Leandro (2020) quanto Weissheimer e Mota (2011) interpretaram esses resultados como evidência de efeitos *trade-off*, ou seja, quando há uma competição de objetivos na produção oral (acurácia gramatical, fluência, complexidade sintática etc.), em face a recursos atencionais limitados, os falantes avançados parecem utilizar-se da repetição curta como um recurso comunicativo para garantir a primazia da fluência na sua produção oral.

Apesar da relevância do estudo conduzido por Leandro (2020), uma lacuna deixada por ele foi o fato de não investigar a relação entre conectividade e fluência na L1 dos falantes, no caso, o português. Com o intuito de preencher essa lacuna, investigando a fluência oral do adulto bilíngue tanto na sua L1 quanto na sua L2, Botezatu et al. (submetido) analisou a interação entre fluência e conectividade de fala nas duas línguas dos seus participantes bilíngues, no caso, inglês-espanhol e inglês-chinês. As autoras partiram do pressuposto de que a experiência linguística molda o amadurecimento gradual da produção da fala, tanto na L1 quanto na L2. Para investigar se a análise da estrutura do grafo poderia revelar diferenças entre a produção de fala em L2 e L1 em aprendizes universitários de L2, o estudo avaliou a relação entre a conectividade da fala e a produção oral dos aprendizes na sua L1 e L2. Setenta e nove estudantes universitários americanos, que eram falantes nativos de inglês e iniciantes em L2-espanhol ou L2-chinês, participaram do estudo. Foram utilizadas três tarefas: fluência semântica, fluência fonêmica e descrição de figura. As medidas foram operacionalizadas como o número de palavras por minuto no caso das tarefas de fluência semântica e fonêmica. A análise dos grafos foi realizada para a tarefa de descrição de imagens utilizando a ferramenta computacional *SpeechGraphs*. Os resultados revelaram correlações positivas significativas entre conectividade (LCC, maior componente conectado em um grafo) na tarefa de descrição de figuras e medidas de produção de fala (número de acertos por minuto) nas tarefas de fluência fonêmica e semântica, sendo que essas correlações foram significativas apenas para a L2 dos participantes – espanhol e chinês.

As autoras de Botezatu et al. (submetido) discutem esses resultados como indicação de que a conectividade de fala pode ser um marcador de diferenças individuais nos estágios iniciais do desenvolvimento oral da L2, quando a capacidade de produzir uma narrativa bem conectada tende a depender de um repertório lexical que está ainda em desenvolvimento. Tais achados são consistentes com o padrão relatado nos estágios iniciais da alfabetização em L1, onde o aumento de recorrências mais longas também foi associado ao desenvolvimento da alfabetização (Mota et al., 2016; 2018). Em outras palavras, a conectividade na fala de L1 de um adulto parece ser bem estruturada e, portanto, é menos explicada pela variabilidade no léxico mental da L1 dos indivíduos. O quadro é diferente, segundo as pesquisadoras, no caso da L2 em desenvolvimento, quando a variabilidade na capacidade de os indivíduos produzirem uma narrativa está ligada ao tamanho e à velocidade com que eles podem acessar seu repertório lexical, portanto, intimamente dependente da proficiência em L2. Por fim, as autoras recomendam que estudos futuros explorem ainda mais as interações entre a estrutura do grafo e a proficiência na produção de segunda língua, incluindo bilíngues com maior nível de proficiência na L2 e considerando o papel de mecanismos cognitivos nesse processo.

12.3.2 Tradutores experientes e novatos – efeitos da experiência tradutória na conectividade

O estudo conduzido por Kahn (2021) teve como objetivo investigar em que medida a experiência tradutória afeta a conectividade do pensamento em textos escritos e orais produzidos por tradutores português-inglês, estudantes de tradução e bilíngues não tradutores. O estudo partiu da premissa de que, ao olharmos para a experiência bilíngue, é importante notar que existem várias experiências bilíngues diferentes e, além disso, cada experiência bilíngue é provavelmente única, pois mesmo indivíduos que vivem nos mesmos contextos são obrigados a realizar diferentes atividades e interagir com diferentes pessoas em algum momento. Nesse sentido, a experiência tradutória pode ser considerada diferente da maioria das experiências bilíngues, porque os tradutores precisam trabalhar com ambas as línguas no mesmo contexto e ao mesmo tempo, o que se caracteriza como uma experiência de alta demanda cognitiva e linguística.

No estudo, foram coletados dados de três grupos de bilíngues: tradutores profissionais ($n=28$), tradutores em formação ($n=7$) e bilíngues não tradutores ($n=29$). Os três grupos foram comparados a partir de duas tarefas linguísticas que envolveram diferentes modalidades (tarefa de produção escrita e tarefa de produção oral) e línguas (português e inglês). Para a conectividade em textos escritos, era esperado que os textos dos tradutores apresentassem níveis mais altos de conectividade, tanto em português como em inglês, do que os textos produzidos por tradutores em formação e por bilíngues, e que tradutores em formação também apresentassem maiores níveis do que bilíngues. Para textos orais, eram esperadas as mesmas diferenças na comparação dos três grupos, tanto em português como em inglês.

Os resultados, ao contrário do previsto, mostraram que os três grupos – tradutores, tradutores em formação e bilíngues – tiveram desempenho semelhante tanto nas tarefas escritas como nas orais (figura 2), indicando que a experiência tradutória parece não ter impactado a conectividade de fala e escrita dos participantes dos grupos de tradutores e estudantes de tradução de forma distinta na comparação com bilíngues não tradutores. Uma explicação alternativa para esse resultado é a de que o atributo de conectividade selecionado para a análise possivelmente não tenha sido sensível o suficiente para captar, no caso dos bilíngues do estudo, de que forma a experiência tradutória pode afetar essa variável e distinguir entre os três grupos em questão.

Figura 2: Diferenças não significativas entre os atributos de conectividade de bilíngues, tradutores e estudantes de tradução.

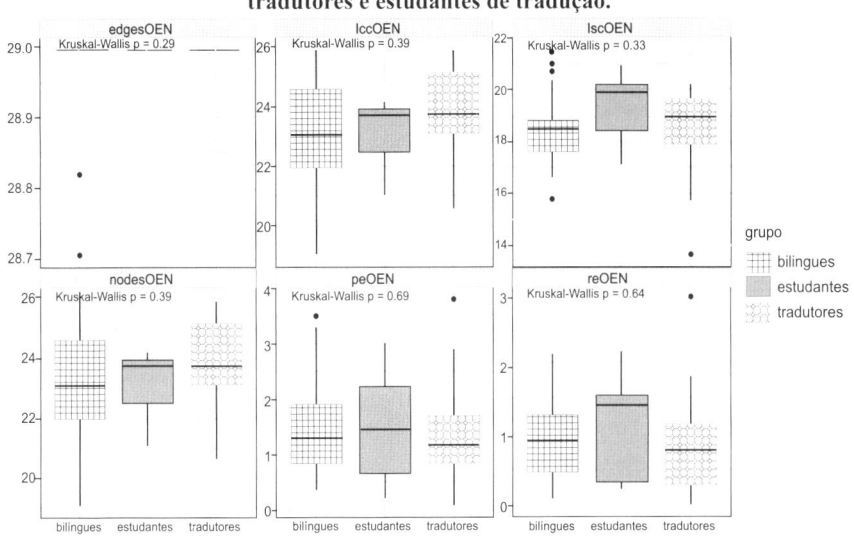

Fonte: Kahn (2021).

Mesmo que as hipóteses iniciais não tenham sido confirmadas, o estudo de Kahn (2021) contribui para problematizar a importância de se considerar de forma mais criteriosa a qualidade e a quantidade da experiência bilíngue nas pesquisas, ao chamar a atenção para os diversos contextos específicos de uso de língua em bilíngues. Em última análise, a autora sugere que pesquisas futuras persistam em tal objetivo, aplicando critérios mais rígidos na seleção de participantes, além de outras técnicas de análise de grafos e de atributos mais sensíveis. Ainda assim, a partir dos resultados obtidos, a autora contribui para discussões teóricas sobre a necessidade de caracterização mais precisa dos tipos de experiência bilíngue e, mais especificamente, sobre experiência tradutória, além de ter implicações pedagógicas, já que a pesquisa pode fornecer informações que sirvam para aprimorar as estratégias de formação de tradutores.

12.3.3 Biliteracia e conectividade nas duas línguas

Nos últimos anos, tem havido um aumento expressivo no número de crianças matriculadas em escolas brasileiras que oferecem currículos bilíngues ou programas bilíngues, envolvendo inglês e português, desde o início dos anos letivos. No entanto, percebe-se uma importante lacuna de estudos que investiguem o processamento linguístico e cognitivo nesses contextos, além de métodos de ensino que sejam apropriados à realidade brasileira de educação bilíngue. Nesse sentido, torna-se imperativo entender melhor o desenvolvimento da leitura e da escrita de crianças bilíngues a fim de aprimorarmos propostas pedagógicas eficazes que apoiem seu crescimento como leitores e escritores.

Um estudo importante na investigação da interação entre fatores linguísticos e cognitivos na biliteracia é o de Lemke e colaboradores (2021), que objetivou comparar os níveis de complexidade sintática e conectividade do pensamento na produção escrita em português e em inglês. As autoras previram que ambas as variáveis se correlacionariam nas duas línguas, evidenciando efeitos positivos da biliteracia precoce. Sessenta crianças (idade média = 10,7) matriculadas na quinta e sexta séries de uma escola bilíngue da região metropolitana de Porto Alegre, triadas quanto à proficiência, constituíram a coorte do estudo. A língua da comunidade das crianças é o português, mas elas tinham sido expostas ao inglês na escola por 10 horas por semana por, pelo menos, 5 anos. Na pesquisa, as crianças criaram duas narrativas a partir de sequências de cinco imagens, sendo uma em inglês e outra em português. A análise da complexidade sintática envolveu a avaliação de *T-Units* (Hunt, 1965) e a conectividade do pensamento na escrita foi medida por meio da análise de trajetórias de grafos realizada com a ferramenta computacional *SpeechGraphs* (Mota et al., 2014).

Os resultados de Lemke et al. (2021) indicaram uma correlação positiva nos níveis de complexidade sintática e nos atributos de conectividade de pensamento nas duas línguas, demonstrando que, à medida que as crianças avançam no desenvolvimento de estratégias de escrita mais complexas em português, elas progridem em sua produção escrita em inglês na mesma medida, confirmando as previsões iniciais (figura 3). Segundo as autoras, esses dados reforçam a importância de os professores avaliarem a produção escrita dos alunos em suas duas línguas a partir de uma perspectiva bilíngue e de uma concepção de que as línguas que compõem o repertório linguístico do indivíduo bilíngue estão em constante coativação. Lemke et al. (2021) foi o primeiro estudo de que temos conhecimento a adotar a análise de grafos na investigação do desenvolvimento da escrita em crianças bilíngues. No entanto, a análise contou exclusivamente com dados da produção escrita das crianças. Para ampliar esta discussão, o estudo de Weissheimer e Costa (no prelo) considerou também dados da produção oral de crianças na mesma faixa etária.

Figura 3: Conectividade na produção escrita em L1 e L2 (LSC= rho 0.55, p-value = 2.775e-05)

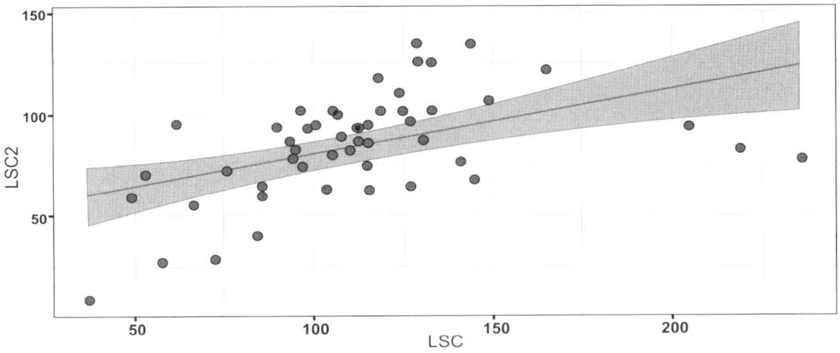

Fonte: Cristiane Ely Lemke (Lemke, C.E.).

Weissheimer e Costa (no prelo) teve como objetivo investigar os efeitos da biliteracia simultânea nos níveis de conectividade de fala e fluência da leitura em português e inglês em um grupo de crianças matriculadas em uma escola bilíngue no nordeste do Brasil. Investigou-se também se a variabilidade nos escores de leitura na L2 das crianças poderia ser melhor explicada pela medida de proficiência ou pela medida de conectividade obtida a partir das narrativas orais das crianças. Participaram do estudo 31 crianças (com 10 anos de idade), que tiveram carga horária de aula de 100% em inglês até os 4 anos, 25% em português e 75% em inglês a partir de 5 anos e exposição de 50% na L1 e 50% na L2 do ensino fundamental em diante, incluindo o período de alfabetização simultânea nas duas línguas. As crianças criaram uma narrativa oral a partir da mesma sequência de imagens utilizada em Lemke et al. (2021), uma em inglês e outra em português, em ordem contrabalanceada. A conectividade da fala foi medida pela ferramenta computacional *SpeechGraphs* e o atributo de conectividade considerado foi o LSC (maior conjunto de nós direta ou indiretamente ligados por caminhos recíprocos). Adicionalmente, foram coletadas medidas de fluência de leitura na L1 e L2 e medidas de proficiência através do teste de leitura e vocabulário (*Reading Vocabulary*) do *Cambridge Young Learners* (YLE), nível *Flyers* (Cambridge Assessment, 2018).

Os resultados em Weissheimer e Costa (no prelo) corroboram os de Lemke et al. (2021) que, semelhantemente, indicaram uma correlação positiva nos níveis de conectividade de pensamento nas duas línguas para os dados de produção escrita de crianças de mesma faixa etária, também em um contexto de educação bilíngue e tendo sido expostas à biliteracia precoce. Além disso, os dados obtidos nesse estudo também evidenciam o mesmo padrão para o desenvolvimento paralelo da conectividade na produção oral associados à fluência leitora das crianças bilíngues nas duas línguas. Ademais, mostram que tanto a conectividade quanto a proficiência em L2 das crianças explicam de forma integrada a variabilidade dos seus escores de leitura em L2, apontando para o *SpeechGraphs* como uma ferramenta promissora para se compreender a biliteracia precoce.

Juntos, os estudos de Lemke et al. (2021), Weissheimer e Costa (no prelo) argumentam a favor da análise computacional da linguagem como uma técnica de avaliação de baixo custo, factível e ecológica, e que pode ajudar a fornecer informações importantes sobre o desenvolvimento de habilidades de produção oral e escrita de segunda língua em crianças bilíngues. Defendemos aqui que os achados gerados por tais análises, por sua vez, podem ser usados para conceber melhores estratégias de intervenção pedagógica no futuro.

12.4 CONSIDERAÇÕES FINAIS

A discussão teórica aqui proposta e a sistematização dos achados de estudos conduzidos em contextos bilíngues distintos nos permitem concluir três pontos importantes. Primeiramente, percebemos que a interação de atributos de grafos com as medidas padrão de proficiência oral, como, por exemplo, a fluência, encontrada nos estudos de Leandro (2020) e Botezatu et al. (submetido), não traz por si só um achado inédito. Em outras palavras, sabemos que a medida de fluência verbal já vem há tempo sendo utilizada como marcador de proficiência na L1 e L2 e o fato de ela se relacionar diretamente com a conectividade da fala e da escrita não representa em si uma novidade. O ponto original, nesse caso, está, a nosso ver, na possibilidade de atrelar a inovação de métodos computacionais, com alto grau de precisão e rigor, a medidas de análise tradicionalmente empregadas nos estudos da Psicolinguística, abrindo, assim, novos caminhos de investigação e possibilidade de análise de dados de amostras mais numerosas e diversificadas.

Uma segunda conclusão importante diz respeito à diferença que os estudos apresentados aqui revelam em termos de uma maior ou menor sensibilidade da técnica de análise de grafos para explicar a relação entre a conectividade e as demais variáveis linguísticas e cognitivas quando se considera níveis distintos de proficiência na L2. Como vimos, em níveis mais iniciantes de proficiência bilíngue (como no estudo de Botezatu et al. (submetido), por exemplo), a análise de grafos com a ferramenta *SpeechGraphs* foi eficaz em distinguir entre os grupos. Já no caso de estudos com falantes bilíngues de nível avançado de proficiência e/ou com uma ampla e rica experiência bilíngue (como no caso do estudo de Kahn (2021)), a técnica de análise de grafos com a ferramenta *SpeechGraphs* não obteve o mesmo sucesso na classificação dos grupos. Esta questão salienta a diversidade nas populações e experiências bilíngues e atenta para a necessidade de se pensar criteriosamente nas ferramentas de análise, levando-se em conta essa diversidade.

Um terceiro e último ponto que fica evidente é a necessidade de um maior esforço para que a técnica de análise de grafos possa, em uma última instância, informar teorias psicolinguísticas. O campo das neurociências, há algum tempo, tem proposto a conceptualização do cérebro como um conectoma, ou seja, uma rede interconectada de regiões e circuitarias, que são afetadas por experiências linguísticas e culturais (Betzel et al., 2016; Grady; Luk; Craik; Bialystok, 2015; Dehaene, 2020). Para dar conta dessa complexidade, há a necessidade de olhares multidisciplinares e de técnicas complementares.

De fato, a partir do que foi discutido, percebe-se que não há mais espaço para uma visão conservadora de bilinguismo, que concebe tal fenômeno como uma mera extensão de uma experiência matriz monolíngue. Tal visão defasada geralmente descreve indivíduos bilíngues como quem compartilha de experiências similares, em ambientes altamente homogêneos (Tiv et al., 2020; Beatty-Martínez; Titone, 2021). Sob essa perspectiva, as diferenças individuais soam mais como ruído e o esforço parece ser maior no sentido de controlá-las do que reconhecê-las. Considerando a literatura atual discutida no começo do capítulo e as recentes pesquisas aqui apresentadas, entretanto, tal concepção dá lugar à uma visão mais abrangente, que considera as especificidades e a riqueza que caracteriza a experiência bilíngue e que incorpora de alguma forma essa enorme variabilidade que resulta dos diversos contextos de aprendizagem e uso de línguas no caso de indivíduos bilíngues (de Bruin, 2019; Tiv et al., 2020; Beatty-Martínez; Titone, 2021; Kroll et al., 2021).

Por fim, para além de questões teóricas, avanços em técnicas estatísticas e de análise computacional da linguagem têm permitido uma abordagem mais refinada das diferenças individuais entre bilíngues, possibilitando amplo avanço em questões metodológicas e teóricas acerca da marca que o bilinguismo deixa na linguagem, no cérebro e na mente.

BIBLIOGRAFIA

ALTENHÖFEN, C. V. Bases para uma política linguística das línguas minoritárias no Brasil. In: NICOLAIDES, C. et al. (orgs.) *Política e políticas linguísticas*. Campinas: Pontes editores, 2013, pp. 93-116.

BEATTY-MARTÍNEZ, A. L.; TITONE, D.A. The quest for signals in noise: leveraging experiential variation to identify bilingual phenotypes. *Languages,* v. 6, n. 4, 2021 p. 168. DOI: 10.3390/languages6040168

BETZEL R. F.; et al. Generative models of the human connectome. *Neuroimage*, v. 124, 2016, pp. 1054-64. DOI: 10.1016/j.neuroimage.2015.09.041 [PubMed: 26427642].

BIALYSTOK, E.; CRAIK, F. I. M.; LUK, G. Bilingualism: consequences for mind and brain. *Trends in Cognitive Sciences,* v.16, n.4, 2012, pp. 240-50. DOI: 10.1016/j.tics.2012.03.001

BOTEZATU, R. et al. Graph structure analysis of speech production among second language learners of Spanish and Chinese. *Frontiers in Communication* (submitted).

CAMBRIDGE ENGLISH LANGUAGE ASSESSMENT. Cambridge English First for Schools: Handbook for teachers, 2018. http://www.cambridgeenglish.org. (Accessed on 30 June 2020).

COSTA, Albert. *The bilingual brain:* And what it tells us about the science of language, translated by John W Schwieter, London: Allen Lane, 2020.

DE BRUIN, A. Not all bilinguals are the same: a call for more detailed assessments and descriptions of bilingual experiences. *Behavioral Sciences*, v. 9, n. 3, 2019, p. 33.

DEHAENE, S. *How we learn:* Why brains learn better that any machine...for now. New York: Penguin Random House, 2020.

EUROPEAN COMMISSION, BRUSSELS: Special Eurobarometer 386: Europeans and their Languages, 2012. Disponível em: <https://europa.eu/eurobarometer/surveys/detail/1049>.

FINGER, I. Psicolinguística do Bilinguismo. In: REBELLO, L.S.; FLORES, V.N. (orgs.) *Caminho das Letras*: Uma experiência de integração. 1. ed., Porto Alegre: Editora do Instituto de Letras, 2015, v. 1, pp. 47-60.

FINGER, I. et al. Diálogos em multilinguismo: uma discussão sobre as pesquisas realizadas no LABICO/UFRGS. *Letrônica*, v. 9, 2016, pp. 97-113.

GARCÍA, A. M.; CEPEDA, S. S. *Mente bilingue*: Abordajes psicolinguísticos y cognitivistas (1st ed.). Córdoba: Comunic-Arte, 2016.

GRADY C.L. et al. Brain network activity in monolingual and bilingual older adults. *Neuropsychologia,* v. 66, 2015, pp. 170-81. DOI: 10.1016/j.neuropsychologia.2014.10.042 [PubMed: 25445783]

GROSJEAN, F. *Studying bilinguals:* methodological and conceptual issues. Mental control of the bilingual lexico-semantic system. Bilingualism: Language and Cognition. Cambridge, MA: Cambridge University Press, 1998, pp. 131-49.

_____. *A journey in languages and cultures:* The life of a bicultural bilingual. New York, NY: Oxford University Press, 2019. DOI: 10.1093/oso/9780198754947.001.0001

_____; LI, P. *The psycholinguistics of bilingualism.* Oxford: Wiley-Blackwell, 2013, pp. 50-69.

HUNT, K. *Grammatical structures written at three grade levels.* NCTE Research Report, 3. Champaign, IL, USA: NCTE, 1965. Disponível em: <https://files.eric.ed.gov/fulltext/ED113735. pdf>. Acesso em: 17 jul. 2020.

KAHN, H. S. *The role of translation experience in syntactic complexity and thought organization in the written production of English-Portuguese translators,* 2021. (Dissertação de Mestrado). Universidade Federal do Rio Grande do Sul.

KROLL, J. F. et al. Juggling two languages in one mind: What bilinguals tell us about language processing and its consequences for cognition. In: ROSS, B. (ed.) *The Psychology of Learning and Motivation*, v. 56. San Diego: Academic Press; 2012. pp. 229-62.

_____; BOBB, S. C.; HOSHINO, N. Two languages in mind: Bilingualism as a tool to investigate language, cognition, and the brain. *Current directions in psychological science*, v. 23, n. 3, 2014, pp. 159-63. DOI: 10.1177/0963721414528511

_____; TABORI, A. T.; NAVARRO-TORRES, C. A. Capturing the variation in language experience to understand language processing and learning. *Language, Interaction, and Acquisition,* v. 12, 2021, pp. 82-109.

LEANDRO, D. C. *Pre-task planning, working memory capacity and l2 speech production: an exploratory study using graph analysis,* 2020. (Tese de Doutorado) Universidade Federal do Rio Grande do Norte.

LEMKE, C. E. et al. The effects of early biliteracy on thought organisation and syntactic complexity in written production by 11-year-old children. *Language Teaching Research Quarterly*, v. 26, 2021, pp. 1-17.

LI, Q.; et al. Monolingual and bilingual language networks in healthy subjects using functional MRI and graph theory. *Science Report*, v. 11, 2021, p. 10568. DOI: 10.1038/s41598-021-90151-4.

LUK, G.; BIALYSTOK, E. Bilingualism is not a categorical variable: Interaction between language proficiency and usage. *Journal of Cognitive Psychology*. v. 25, 2013, pp. 605-21.

LUZ, J.P D. *Análise de grafos aplicada a produções textuais de alunos do ensino fundamental e seu potencial preditivo da dislexia do desenvolvimento,* 2018. Dissertação (Mestrado em Letras). Pontifícia Universidade Católica do Rio Grande do Sul. http://tede2.pucrs.br/tede2/handle/tede/8158.

MALCORRA, B.L.C. et al. Low Speech Connectedness in Alzheimer's Disease is Associated with Poorer Semantic Memory Performance. *Journal of Alzheimer's Disease,* v. 82, 2021, pp. 905-12. DOI: 10.3233/JAD-210134.

MARCELINO, M. Bilinguismo no Brasil: significado e expectativas. *Revista Intercâmbio*, v. 19, 2009, pp. 1-22.

MOTA, N. B. et al. Speech graphs provide a quantitative measure of thought disorder in psychosis. *PLoS One,* v. 7, n. 4, 2012, e34928. DOI: 10.1371/journal.pone.0034928

_____ et al. Graph analysis of dream reports is especially informative about psychosis. *Scientific Reports*, v. 4, 2014, p. 3691. DOI: 10.1038/srep03691

_____ A naturalistic assessment of the organization of children's memories predicts cognitive functioning and reading ability. *Mind, Brain and Education (Print),* v. 10, n. 3, 2016, pp.184-95. DOI: 10.1111/mbe.12122.

_____; COPELLI, M.; RIBEIRO, S. Thought disorder measured as random speech structure classifies negative symptoms and schizophrenia diagnosis 6 months in advance. *Npj schizophrenia,* v. 3, n. 18, 2017.

_____ et al. The maturation of speech structure in psychosis is resistant to formal education. *Npj schizophrenia,* v. 4, n. 25, 2018.

_____ et al. Verbal Short-Term Memory underlies typical development of thought organization measured as speech connectedness. *Mind, Brain and Education,* v. 14, n. 1, 2019, pp. 51-60. DOI: 10.1111/mbe.12208

_____ et al. Dreaming during the covid-19 pandemic: computational assessment of dream reports reveals mental suffering related to fear of contagion. *Plos one,* v. 15, 2020, e0242903.

RIBEIRO, A. H. et al. Granger causality among graphs and application to functional brain connectivity in Autism Spectrum Disorder. *Entropy,* v. 23, 2021, p. 1204.

TIV, M. et al. Using Network Science to map what Montréal bilinguals talk about across languages and communicative contexts. *Journal of Neurolinguistics,* v. 56, 2020. DOI: 10.1016/j.jneuroling.2020.100913.

WEISSHEIMER, J.; MOTA, M. B. Working Memory Capacity and Lexical Density in L2 Speech Production. *Organon* (UFRGS), v. 51, 2011, pp. 267-90.

_____; COSTA, A. C. O. Biliteracia simultânea na educação bilíngue: efeitos na conectividade da fala e na fluência da leitura de crianças do 5º ano. In: FINGER, I.; ALVES, U.; BRENTANO, L.S. (orgs.) *Literacia e Alfabetização:* Da teoria à prática (no prelo).

ZIMMER, M.; FINGER, I.; SCHERER, L. Do bilinguismo ao multilinguismo: intersecções entre a psicolinguística e a neurolinguística. *ReVEL*, v. 6, n. 11, 2008.

13. Eletrofisiologia da decomposição morfológica em Karajá

Juliana Novo Gomes, Daniela Cid de Garcia, Marcus Maia e Aniela Improta França

O conhecimento que se tem hoje sobre o reconhecimento de palavras e sobre o impacto da Morfologia no acesso lexical foi construído sobretudo tendo como base línguas europeias, que possuem em sua maioria uma estrutura sintética e fusional (Milin, 2017). O próprio conceito de palavra como uma unidade da língua se desenvolveu considerando sua saliência nessas línguas. Sendo assim, ampliar o espectro tipológico pode contribuir para uma consolidação do entendimento sobre como se dá o processamento de palavras na mente.

Este estudo fez parte de um trabalho de campo com falantes Karajá, em uma experiência pioneira utilizando protocolos experimentais da psicolinguística em campo, fora do ambiente controlado de laboratório[43]. Examinamos a natureza de efeitos morfológicos nos estágios iniciais e tardios do reconhecimento visual de palavras, a partir da coleta e análise de ERP/EEG em uma tarefa de decisão lexical com falantes de Karajá (Língua do tronco linguístico Macro-Jê, com falantes na região central do Brasil). O objetivo foi identificar um estágio de decomposição em morfemas, levando-se em consideração a complexidade morfológica e o tamanho das palavras. Comparamos palavras morfologicamente complexas (*rihonymyhyre*, 3 camadas morfológicas) e palavras simples (*telukumakari*) de mesmo tamanho.

Esses tipos de estudo são relevantes porque, enquanto a concatenação morfológica tem sido vastamente e prioritariamente estudada em línguas sintéticas e fusionais, como as indo-europeias, as palavras complexas morfologicamente raramente são estudadas através da perspectiva da diversidade linguística de línguas analíticas e/ou aglutinativas. As línguas aglutinativas tendem a ter um grande inventário de palavras morfologicamente complexas, pois sua morfologia autoriza a formação de palavras através da aglutinação de vários morfemas claramente diferenciáveis. Em oposição à fusão de morfemas, a morfologia mais regular e transparente das línguas aglutinativas é, portanto, uma oportunidade de investigar a concatenação morfológica, pois cada morfema representa apenas um significado gramatical e as fronteiras entre esses morfemas são facilmente demarcadas.

A língua Karajá, autodenominada *iny rybè* pelo povo originário Karajá ou *Iny* "gente", é falada na região da Ilha do Bananal (TO) e adjacências por cerca de 4 mil pessoas distribuídas em aproximadamente 20 aldeias, em extensa região do Brasil Central (Latitude: – 11_ 190 60.0000 S; Longitude: – 50_ 240 59.9900 W). O *iny rybè* é geralmente a primeira língua adquirida pelas crianças na maioria das aldeias e foi classificada como vulnerável, mas não ameaçada no Atlas de Línguas do Mundo em Perigo da UNESCO (http://www.unesco.org/languages-atlas/index.php).

Davis (1968) classifica a língua Karajá como pertencente ao tronco linguístico Macro-Jê, conjunto de línguas faladas exclusivamente no Brasil. Maia (1998) classifica o Karajá entre as línguas do tipo 24 (cf. Greenberg, 1966: 109), que apresentam os padrões SOV/Po/GN/NA, como, por exemplo o Basco. Nesse tipo, o padrão básico de ordem de constituintes é Sujeito-Objeto-Verbo, as adposições são posposicionais, o Genitivo precede o Nome e o Adjetivo é posposto ao Nome. No exemplo (1), ilustra-se o tipo com uma frase em que todos esses padrões ocorrem em Karajá:

(1)   tori iny-ò aõna sõemy riwahinyra krysa hawa-ki
       não indígena Karajá-para coisa muita deu Xavante aldeia-em
       "O não índígena deu muitas coisas aos Karajá na aldeia dos Xavante."

Maia (1998) também analisa a língua como sendo de tipologia aglutinativa, pela possibilidade de expressar as categorias morfológicas através de "elementos distintos prontamente identificáveis" (cf. Lehmann, 1973: 47) em oposição ao tipo flexional, em que pode haver fusão das categorias morfológicas com a raiz, e ao tipo isolante em que há raízes monossilábicas sem morfologia flexional. Em Karajá, os constituintes morfológicos dos vocábulos, principalmente os verbais, são facilmente isoláveis, reunindo-se raízes e morfemas, sem fusão ou modificações de forma. Por isso a língua pode ser classificada como do tipo aglutinativo. Ao contrário do que ocorre em português, língua flexiva ou fusional, em que, em uma forma verbal como mordi, o sufixo -i carrega os significados de primeira pessoa, número singular, pretérito, aspecto perfectivo, modo indicativo, voz ativa, em Karajá a forma verbal equivalente a mordi, riròra é composta pelos seguintes morfemas:

(2)   r-i-rò-ra
       3A-VT-morder-PASSADO
       "mordi"

Observe-se que o morfema *r-* inicial indica a terceira pessoa dos verbos ativos, o morfema *-i-* que o segue indica a vogal temática da classe a que o verbo pertence, a raiz *-rò-* carrega o significado de *morder* e, finalmente, o sufixo *-ra* indica tempo passado. Por possuir uma morfologia aglutinativa, a língua Karajá disponibilizaria, segundo nossa premissa de trabalho, um material importante para testar hipóteses acerca do processamento de palavras complexas.

13.1 O PAPEL DA MORFOLOGIA NO RECONHECIMENTO VISUAL DE PALAVRAS

Possivelmente devido à saliência intuitiva da unidade *palavra* nas línguas que majoritariamente foram objeto de estudos sobre reconhecimento lexical, considerou-se, em algum momento, que palavras poderiam ser reconhecidas diretamente. Nessa hipótese, leitores ativariam o sentido da palavra a partir do reconhecimento de sua forma, sem recorrer a unidades menores. Atualmente já existe consenso para o fato de que o reconhecimento de palavras se dá de forma hierárquica a partir de unidades menores, envolvendo desde a ativação de elementos não linguísticos, como traços visuais presentes nas letras, até representações mais abstratas, como sílabas, fonemas, morfemas. Alguns desses fatores são de particular interesse para se compreender o processamento da linguagem.

Evidências com experimentos de *priming* (em que duas palavras são apresentadas em sequência para medir efeitos de pré-ativação) mostraram que é mais rápido reconhecer uma palavra quando ela é antecedida por outra palavra semelhante (França et al., 2008; Gomes; França, 2015). No entanto, como as palavras são semelhantes pela ortografia, pela Fonologia e pela Morfologia, mas também por outros fatores, como contorno gráfico e sentido, essa facilitação não era evidência suficiente para se afirmar que palavras são reconhecidas em termos de seus elementos constituintes. Sendo assim, muitos estudos em ciência cognitiva focaram-se em verificar quais níveis de representação linguística estariam em jogo na tarefa de reconhecer uma palavra, utilizando diferentes paradigmas experimentais (Taft; Forster, 1975; Stockal; Marantz, 2006; Taft; Ardasinski, 2006; Longtin; Segui; Hallé, 2003; Rastle et al., 2000; Rastle, Davis, New, 2004).

Os resultados provenientes de décadas dedicadas ao estudo do reconhecimento lexical nos mostram que o processo de associar uma forma a um sentido ocorre em diferentes estágios. Isso explica resultados divergentes dependendo do paradigma experimental empregado e do tempo de apresentação dos estímulos nesses experimentos. Por exemplo, em estudos de *priming*, dependendo do tempo disponibilizado para a leitura da primeira palavra (*prime*), os efeitos encontrados na segunda palavra (*target*) são diferentes. Quanto mais tempo disponível, mais efeitos de associação semântica são observados. Em experimentos de *priming* encoberto, por outro lado, em que o *prime* é apresentado por poucos milissegundos, os resultados não são modulados por efeitos semânticos (Rastle et al., 2004; Garcia et al. 2012). Há, curiosamente, uma facilitação condicionada por formas idênticas a morfemas na língua (raízes e afixos), mas sem que o significado desses morfemas seja acessado.

Com o refinamento das técnicas experimentais, foi possível acessar esses efeitos com mais granularidade. Os potenciais cerebrais relacionados a eventos (ERP) têm sido muito importantes para inferir o curso temporal do processamento perceptivo e cognitivo (Carreiras et al., 2014; Dien, 2009; Grainger; Holcomb, 2009), especialmente aqueles relacionados ao processamento linguístico (Gomes; França, 2015, 2021; Soto et al., 2015). A interpretação funcional da ativação cerebral depende crucialmente da informação de tempo. Pela mesma razão, o tempo tem implicações importantes nos estudos sobre o processamento visual da palavra e o acesso lexical.

Um dos tipos de ERPs mais conhecidos, e o tipo estudado neste artigo, é o potencial evocado, que pode ser uma deflexão positiva ou negativa. A inferência sobre o processamento pode ser relativamente direta, quando os componentes são classificados quase exclusivamente pelas condições de estímulo que levam a esse componente. Nesse caso, atrasos e distorções na onda (ERP) são interpretados como atrasos e distorções de processamento. Além disso, os potenciais cerebrais também são classificados por sua morfologia – sua latência e forma. A importância da latência na definição de alguns componentes é frequentemente refletida na nomenclatura dos componentes, como, por exemplo, o potencial evocado conhecido como N100 visual (pico em torno de 80-100 ms) reflete o processamento visual das palavras e é sensível a recursos visuais do estímulo de baixo nível, como a frequência e o comprimento da sequência de letras (Dikker; Rabagliati; Pylkkänen, 2009; Tarkiainen et al., 2002). Ao longo da sequência de processamento de um estímulo visual, o N170 (Soto et al., 2015; Maurer, 2008) é uma deflexão negativa que ocorre em torno de 170 ms depois que um objeto de uma categoria familiar, como faces, aparece visualmente. É descrito como sendo um marcador temporal crítico para a extração de informações de objetos familiares visualmente observados (Martín-Loeches, 2007; Maurer; Zevin; McCandliss, 2008; Tanaka; Curran, 2001). No entanto, a latência do N170 pode ser influenciada por vários fatores. Por exemplo, a direcionalidade das faces: faces invertidas para baixo evocam um N170 que é atrasado em cerca de 10 ms, comparado ao evocado por faces na posição correta (Rossion et al., 1999). Outro fator são os intervalos inter-estímulos (SOA[44]) – SOA curto pode atrasar um potencial, enquanto um SOA curto pode ter efeitos sobre a morfologia da onda para além de atrasos na latência. De maneira geral, entende-se que os picos podem ser atrasados no tempo (ou seja, com latências mais longas) e ligeiramente diferentes na forma como reflexo de processos mentais diferentes. Essa interpretação é consistente com a percepção de que a sucessão de eventos em diferentes níveis de processamento tem um custo para o processamento em si.

Estudos de ERP mostram evidências de que o reconhecimento de palavras se inicia em torno de 100 ms após a apresentação do estímulo visual (Sereno et al., 1998; Dufau et al., 2008). Sereno et al. (1998) encontraram efeitos de lexicalidade (palavras *vs* pseudopalavras e sequências consonantais) em torno de 100 ms; efeitos de frequência (alta *versus* baixa) em torno de 132 ms e efeitos de regularidade (regular *versus* irregular) em torno de 200 ms após apresentação do estímulo.

Apesar de ser tradicionalmente associado ao reconhecimento de faces, o N170 mais recentemente tem sido estudado como um marcador neurológico em resposta a palavras escritas quando comparado a estímulos de controle de baixo nível, como sequências de símbolos, símbolos alfanuméricos, figuras e pontos (Hasko et al., 2013). As amplitudes relativamente maiores para sequências de letras, portanto, marcam uma sensibilidade à escrita. No entanto, diferentemente do N170 ativado pelo reconhecimento facial – bilateral ou lateralizado à direita, a sensibilidade do N170 em resposta a estímulos do tipo escrito é lateralizada à esquerda (Soto et al., 2018). Além disso, o N170 em resposta a palavras (lateralizado à esquerda) parece ser sensível a diferentes níveis de proficiência na leitura, acompanhando assim o desenvolvimento da percepção visual relacionada à escrita (alfabetização): nos primeiros estágios de aquisição da escrita, os estímulos de palavras ainda são muito salientes e, portanto, percebidos e processados de maneira diferente de outros tipos de estímulos visuais. À medida em que os leitores se tornam mais fluentes, a eficiência e a automatização do processo rendem amplitudes relativamente menos pronunciadas para os estímulos de palavras, pois envolve menos esforço cognitivo. Não apenas as amplitudes do N170 mudam com o desenvolvimento do leitor, mas as respostas também se tornam mais rápidas, com latências em torno de ~210 ms em alunos da segunda série do ensino fundamental e em torno de ~170 ms para adultos (Sánchez-Vincitore et al., 2018). As mudanças nas latências refletem o aumento da velocidade no processamento do grafema à medida em que ele se consolida nas redes neurais.

Outra metodologia capaz de combinar resolução temporal de milissegundos com precisão espacial relativamente boa na investigação sobre o reconhecimento de palavras visuais é a magnetoencefalografia (MEG). Os componentes M100 e o M170 encontrados em resposta a estímulos visuais não são específicos a palavras, mas são ativados por qualquer imagem complexa. Correspondentemente, no EEG, a tipicidade ortográfica também parece modular a atividade em torno de 100 ms (Hauk et al., 2006).

De fato, estudos investigando diversos fenômenos cognitivos comparando os métodos neurofisiológicos e de imagem reportam resultados que indicam uma simetria cronológica e localizacional entre o EEG e o MEG (e também fMRI) apesar dos alcances e limites específicos de cada técnica (Lueschow et al., 2015; Chen et al., 2013; Hauk, 2004).

Assim como no EEG, no MEG, por volta de 150-200 ms após a apresentação visual de uma palavra, há uma resposta evocada conhecida como M170 (o equivalente do N170 – ERP), localizada na chamada área visual de forma de palavra (*visual word form area* ou VWFA) no giro fusiforme esquerdo (McCandliss; Cohen; Dehaene, 2003; Monahan; Fiorentino; Poeppel, 2008). A resposta M170 parece também ser sensível a várias propriedades de frequência do estímulo. Por exemplo, Solomyak & Marantz (2010) sugeriram que a probabilidade de encontrar uma palavra inteira dada a raiz (a probabilidade de transição) modula o M170. Em um estudo subsequente, Lewis, Solomyak e Marantz (2011) investigaram o efeito em palavras pseudo afixadas (por exemplo, *corner*, cuja forma pode ser segmentada em *corn-* e *-er*, ambos morfemas existentes na língua). Os resultados sugerem que a probabilidade de transição de palavras pseudo-afixadas também modula a resposta M170. Em resumo, em trabalhos com o MEG investigando o processamento de palavras (Zweig; Pylkkanen, 2009; Lewis; Solomyak; Marantz, 2011), o M170 é considerado um índice cerebral do estágio inicial de decomposição morfológica visual, independentemente da natureza da complexidade morfológica das palavras, seja regular ou irregular, derivada ou flexionada (Fruchter; Marantz, 2015).

Na sequência dos processos cognitivos, estudos neurofisiológicos com EEG e MEG sugerem que o estágio de processamento semântico no nível das palavras ocorre mais tarde, em torno de 400 ms após a apresentação da palavra. No EEG, o pico negativo observado e conhecido como N400 mostra-se sensível a manipulações que na literatura são referidas como semânticas. No contexto sentencial, uma palavra semanticamente anômala (por exemplo, a palavra *nuvem* na frase *O homem assou a nuvem*) ativa um pico de amplitude N400 maior que uma palavra semanticamente coerente (como, *bolo* na frase *O homem fez o bolo*) (Kutas et al., 1980). O efeito N400 também tem sido amplamente observado em contexto de *priming* de palavras – ao ler palavras soltas antes de outras palavras idênticas, semanticamente relacionadas ou não relacionadas (Gomes; França, 2015). Estudos mais detalhados sobre a anatomia e regiões envolvidas no N400 sugerem fortemente que esse potencial reflete o acesso lexical e, portanto, que o N400 não pode ser atribuído apenas a processos pós-acesso, como de integração de palavras em uma frase (Lau; Phillips; Poeppel, 2008). Dessa maneira, o N400 é o resultado de um processo – de acesso e integração. Análogo ao N400, no MEG, o componente M350, com pico entre 300 e 400 ms após o início da apresentação do estímulo, é considerado uma medida dependente para o acesso lexical, já que é sensível à frequência e à repetição (para uma revisão ver: Dronkers et al., 2004; Hickok; Poeppel, 2007; Lau et al., 2008).

Os efeitos de frequência também são observados em torno de 400 ms (Dambacher et al., 2006; Barber et al., 2004). Palavras mais frequentes têm N400s de menor amplitude e efeitos de frequência modulam efeitos de previsibilidade neste período de tempo. É importante notar que os efeitos de frequência das sílabas são encontrados em uma janela de tempo anterior, começando em torno de 150 ms (Barber et al., 2004). Assim, a frequência desempenha um papel importante tanto nos estágios iniciais quanto nos posteriores do processamento visual de palavras.

13.2 RECONHECIMENTO VISUAL DE PALAVRAS EM KARAJÁ – O EXPERIMENTO

O objetivo do experimento foi investigar o papel da Morfologia nos estágios mais iniciais do reconhecimento lexical em Karajá. Comparamos palavras morfologicamente complexas (*rihonymyhyre*, 3 camadas morfológicas) e palavras simples (*telukumakari*) de mesmo tamanho. Usamos o componente N170 como medida de decomposição morfológica pré-semântica (Lewis et al., 2011).

13.2.1 Participantes

Participaram do experimento 27 falantes nativos de Karajá das aldeias Hãwalò e Btoiry, 12 homens, todos destros, com idade entre 17 e 35 anos e pelo menos cursando o penúltimo ano do ensino médio.

13.2.2 Materiais e métodos

Comparamos formas verbais complexas variando o número de camadas morfológicas (3, 4 e 5 afixos), controlando seu tamanho pelo número médio de letras (6-7, 8-9 e 10-12), contrastando-as com formas nominais com tamanhos igualmente variáveis (entre 6-7, 8-9 e 10-12 caracteres, em média), mas com uma única camada morfológica, nos três tamanhos. Analisamos um conjunto desses dados a seguir.

(3) r-i-wi-ny-ra
     3ª-VT-fazer-VB- PASSADO
     "fez"

Enquanto em (2) tínhamos um vocábulo verbal de seis letras com 3 sílabas, constituído por 4 morfemas, no dado em (3), tem-se uma forma verbal constituída por oito letras em 4 sílabas, contendo 5 morfemas, a saber, o morfema *r-* de 3 pessoa dos verbos ativos, a vogal temática *-i-* , a raiz acategorial *-wi-* , o categorizador verbal *-ny-* e o sufixo de passado *-re*.

(4) r-i-wi-ny-myhy-re
    3ª-VT-fazer-VB- ASP- PRES GEN
    "faz"

Em (4), temos uma forma verbal de doze letras em seis sílabas e também seis morfemas. Os sufixos *myhy* (aspecto) e *-re* constituem em combinação o presente genérico, na língua. A seguir, em (5), (6) e (7), exemplificamos nomes indecomponíveis de três, quatro e seis sílabas, formadas respectivamente por 6, 8/9 letras e 10-12 letras

(5) Kurina – nome próprio de pessoa (seis letras)
(6) Ijeseberi – nome próprio de pessoa (nove letras)
(7) Debelukaru – nome próprio de pessoa (dez letras)

Em contraste com os nomes acima, nomes como os exemplificados em (8), (9) e (10), seriam considerados *não palavras* na língua Karajá:

(8) Vàlina
(9) Tlysibeno
(10) Mraxunikot

Essas não palavras ou logatomas foram inventadas e testadas em colaboração com consultores nativos da língua que as rejeitaram como itens possíveis de serem palavras em *iny rybè*. A palavra em (8) inicia por consoante fricativa labiodental que não é instanciada na língua. O som [v] costuma ser pronunciado como o *glide* bilabial [w] em palavras originárias do português, como *cavalo*, que é pronunciada e escrita em Karajá como *kawaru*. O dado em (9) apresenta um encontro consonantal na primeira sílaba, o que não ocorre em nenhuma sílaba do Karajá, que tem estrutura silábica muito consistente do tipo V e CV. Grupos consonânticos são evitados pela inserção de um *schwa* [ə], ortografado como à. Finalmente, o dado em (10) é rejeitado tanto pelo *consonantal cluster* que, como vimos, não ocorre na fonotática da língua, quanto pela letra *t*, na coda da sílaba final, o que também é inexistente em Karajá.

Nossas variáveis independentes foram tamanho e complexidade morfológica, gerando as condições 1) Simples Pequena, 2) Complexa Pequena, 3) Simples Média, 4) Complexa Média, 5) Simples Grande, 6) Complexa Grande. Utilizamos 20 estímulos para cada condição, totalizando 120 palavras experimentais e 240 distratoras. Incluímos, ainda, 120 não palavras para justificar a tarefa de decisão lexical. Em Karajá, as formas verbais são necessariamente constituídas pela aglutinação de morfemas, como vimos no exemplo (2), em que ocorrem 4 morfemas em palavra de seis letras. Por outro lado, formas nominais em Karajá não são complexas morfologicamente, já que não há nessa língua formação de palavras por derivação. Por esse motivo, a condição morfologicamente complexa foi constituída por verbos e a condição morfologicamente simples foi constituída por nomes.

Entretemos a seguinte expectativa: Considerando o N170 como uma medida dependente para decomposição morfológica baseada na forma visual de palavras, previmos uma diferença entre as condições morfológica (*verbo*) e não morfológica (*nome*) nessa janela, refletindo esses processos iniciais. Sendo assim, a condição morfologicamente complexa deve ter atividade aumentada no N170 quando comparada com a condição simples. A sequência experimental foi a seguinte: uma cruz de fixação aparecia no centro da tela por 700 ms e era substituída por uma tela em branco (380 ms). Em seguida, a palavra experimental era apresentada por 200 ms e era seguida por outra tela em branco (400 ms). Por último, a tela de julgamento lexical era apresentada até que o participante fizesse a escolha entre *palavra* ou *não palavra*. Um *time-out* de 1500 ms foi programado. Entre as sequências experimentais, uma tela em branco aparecia por 700 ms. A tarefa experimental (*de decisão lexical*) era feita através do aperto de um de dois botões no teclado do computador (C ou M). Os botões foram balanceados para corresponder à resposta SIM ou NÃO entre cada versão do experimento, para que os efeitos de lateralidade fossem neutralizados.

13.2.3 Procedimento

Todos os participantes foram instruídos e assinaram o Termo de Consentimento Livre e Esclarecido (TCLE) antes de começarem os procedimentos e testes. O procedimento começava pela colocação da touca de eletrodos. Sessenta e quatro eletrodos ativos eram acoplados a touca (ActiCAP/Brain Products), seguindo a configuração 10-20 extendida (ver figura 1), com eletrodos de referência e lobos auriculares (AFz e auriculares Tp9 e Tp11). A impedância foi mantida em < 20 kOhms. A colocação dos eletrodos foi concentrada sobre as regiões cerebrais de interesse ROIs (figura 1), de acordo com a literatura: efeitos do N170 são encontrados em sítios temporo-occipitais na área do giro fusiforme (Eberhard-Moscicka et al., 2016) e efeitos de N400, em sítios centro-parietais (Lau; Phillips; Poeppel, 2008).

Figura 1: Distribuição de 64 eletrodos (EEG ActiChamp Brain Products) de acordo com o sistema estendido 10-20 de colocação de eletrodos. Em destaque estão as áreas de interesse (ROI) em regiões comumente associadas ao processamento de palavras ou linguagem para o N170 (P1, PZ, P2, PO3, POZ e PO4 e, N400 (C1, CZ, C2, CP1, CPZ, CP2).

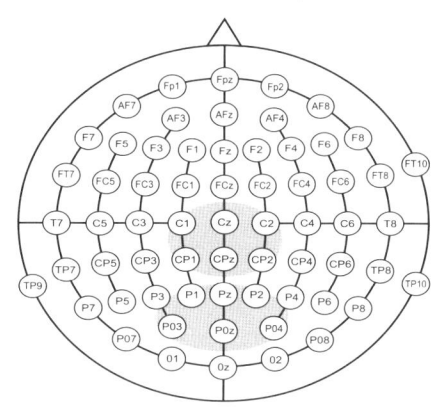

Fonte: elaboração dos autores

Após a preparação com os eletrodos, a tarefa experimental (*decisão lexical*) era explicada e os participantes faziam um breve treinamento antes de iniciar o experimento. Os estímulos visuais eram apresentados pelo software E-prime enquanto o EEG era continuamente gravado. As respostas dos participantes eram registradas pressionando os botões correspondentes (C ou M) e a barra de espaço. Dada a natureza da tarefa de decisão lexical, todas as respostas foram gravadas e os tempos de reação (RTs) foram analisados para as respostas corretas e incorretas.

A preparação do participante e a sessão experimental levavam cerca de 70 minutos no total.

13.2.4 EEG gravação e preprocessamento

Para a gravação do EEG, foi utilizado o equipamento ActiCHamp (*Brain Products*), que digitaliza os sinais de EEG e captura os *triggers* (enviados pelo E-prime) sincronizados aos estímulos (*time-locked stimuli*). O EEG foi adquirido a partir de 64 (58 escalpos) eletrodos (taxa de amostragem, 1000 Hz; passa-banda, 0,01-499 Hz; referência, Cz; *ground*, AFz; impedância < 20 kOhms). Os dados foram posteriormente digitalizados a uma frequência de amostragem de 500 Hz por um conversor analógico-digital de 24 bits com 8 dB/oct e, filtrados com passa-baixa (*high-cut*) de 30 Hz e passa-alta (*low-cut*) de 0,01 Hz, re-referenciados à média dos lóbulos auriculares e segmentados em épocas de 800 ms com *baseline* pré-estímulo de 200 ms. Foi aplicada uma *correção de baseline* de 200 ms (-200 a 0 ms) e os segmentos que continham artefatos oculares, musculares e outros foram removidos após inspeção visual/semi-automática.

13.2.5 Análises EEG

Para examinar os processos de reconhecimento visual de palavras, analisamos a seguinte janela temporal: 50 ms a 200 ms (N170), que foi submetida à seguinte análise: (a) voltagem global (uma medida de atividade sobre todos os eletrodos) foi calculada colapsando as médias sobre as condições para identificar períodos de pico de atividade; (b) as amplitudes médias foram calculadas na janela definida em torno do pico N170; e (c) média para a região de interesse (ROIs) em regiões comumente associadas ao processamento de palavras (ver figura 2); e (d) submetidos a análises de variância (ANOVAs). Os níveis de significância foram corrigidos por Huynh–Feldt para violações de esfericidade, mas graus de liberdade não ajustados são relatados.

Todas as análises de EEG foram conduzidas no ambiente do software Analyzer (Brain Products). O sinal de EEG contínuo foi inspecionado e os segmentos afetados por artefatos foram eliminados. Seis amostras de participantes foram eliminadas. Esta é uma perda relativamente pequena, considerando que o trabalho em campo não permite as mesmas condições de coleta que um ambiente controlado de laboratório. Trabalhos com crianças e adolescentes, por exemplo, reportam perda em torno de 50% dos dados devido a problemas durante a coleta (Maurer, 2005).

Com base na literatura sobre N170, focamos nossa análise em eletrodos em duas principais da região temporo-occipital (P1, PZ, P2, PO3, POZ e PO4). As análises estatísticas – ANOVAs foram feitas em R (versão 4.2.0). Outliers de Z<3,00 foram eliminados dos conjuntos de dados; devido a esse corte, mais uma amostra foi retirada dos conjuntos de dados de EEG.

13.3 RESULTADOS

13.3.1 Dados comportamentais

Para examinar os RTs e os efeitos em todas as condições, uma ANOVA de medidas repetidas 2×3 (TipodePalavra (2) x Complexidade (3)) foi realizada nos RTs médios. Houve um efeito principal da complexidade refletindo RTs mais rápidos para palavras simples (*nome*) do que palavras complexas (*verbo*) $F(1,22)$ p=0.04 (figura 3).

Figura 2: Média de Tempo de Resposta (RTs) por condição em milissegundos (ms): Complexa (P, M e G) *versus* Simples (P, M e G).

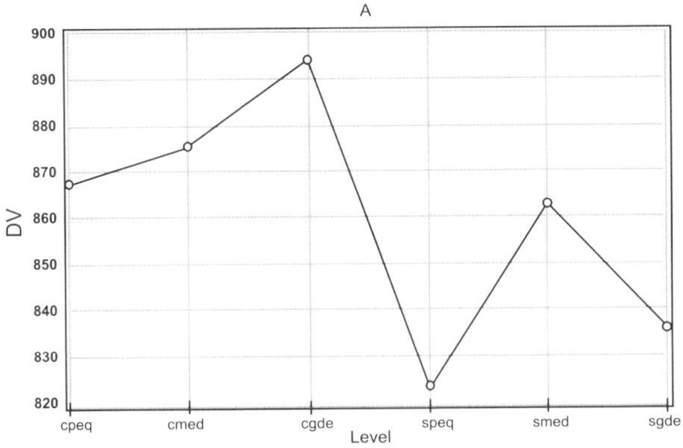

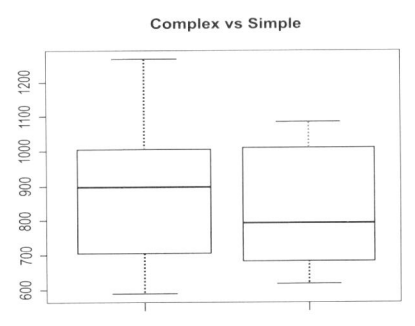

Fonte: elaboração dos autores

O efeito de complexidade morfológica foi confirmado por um efeito principal do número de afixos (complexidade – P, M e G), F(1, 22)=38,6 P<0,001. Análises de comparação *pairwise* indicaram que todas as comparações foram significativas, exceto [Simples_M]vs[Complexa_M] F(22)=0.77 p< 0.4283 (ver figuras 3-5).

Em nosso estudo, encontramos RTs mais rápidos para palavras simples (*nomes*) do que para palavras complexas (*verbos*) em todas as condições. Esse efeito foi maior na comparação entre [Simples_G]vs[ComplexaG] F(22)=4.49 p< 0.0002.

Figura 3: Comparação entre as médias dos Tempos de Resposta (RTs) em milissegundos (ms) entre as condições: Complexa (P), na esquerda, e Simples (P), na direita. Comparação significante estatisticamente: [Simples_P]vs[Complexa_P] F(22)=3.90 p< 0.0001. As barras de erro refletem os desvios padrão.

Fonte: elaboração dos autores

Figura 4: Comparação entre as médias dos Tempos de Resposta (RTs) em milissegundos (ms) entre as condições: Complexa (M), na esquerda, e Simples (M), na direita. Comparação não significante estatisticamente: [Simples_M]vs[ComplexaM] F(22)=0.77 p< 0.4283. As barras de erro refletem os desvios padrão.

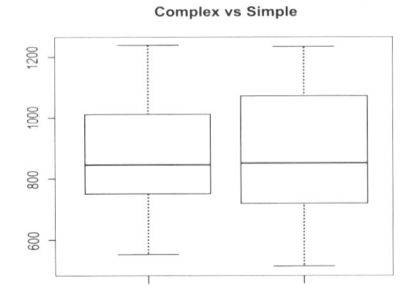

Fonte: elaboração dos autores

Figura 5: Comparação entre as médias dos Tempos de Resposta (RTs) em milissegundos (ms) entre as condições: Complexa (G), na esquerda, e Simples (G), na direita. Comparação significante estatisticamente: [Simples_G]vs[ComplexaG] F(22)=4.49 p< 0.0002. As barras de erro refletem os desvios padrão.

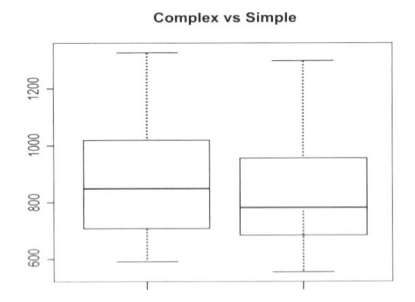

Fonte: elaboração dos autores

Esses dados não fornecem, no entanto, evidências de que essas diferenças temporais sejam relacionadas à operações cognitivas anatomicamente distintas durante o processamento visual da palavra ou o acesso lexical. Evidências mais diretas sobre os mecanismos cerebrais envolvidos na ativação espaço-temporal de regiões corticais durante o processamento lexical podem ser fornecidas pelos dados neurofisiológicos (ERPs). Examinamos na próxima seção a magnitude e a topografia desses efeitos.

13.3.2 ERPs/EEG

Cinco janelas de tempo definidas em torno das voltagens máximas nos primeiros 600 ms (0-50 ms, 50–200 ms – N170, 200–320 ms, 320-420 ms e 420-520 ms – N400) foram submetidas à Anovas de Condição(6) x Região(5) x Hemisfério(2) e, se necessário, novas ANOVAs em pares de condições foram conduzidas.

A análise da primeira janela de tempo (0-50 ms) não revelou efeitos estatisticamente significativos para as condições. Na janela de tempo do N170 (50-200 ms), a Anova revelou efeito principal de condição, $F(1,19) = 153$ $p<0.000001$, refletindo maiores voltagens de polaridade negativa em muitos eletrodos posteriores, temporais e occipitais entre as condições com maior complexidade morfológica (*verbos*) e as condições com menor complexidade morfológica (*nomes*). Ainda na janela do N170 (50-200 ms), a Anova revelou efeito principal de Complexidade (Affix), $F(2,38) = 7.89$ $p<0.001365$, refletindo diferentes voltagens de polaridade negativa entre os três níveis de complexidade morfológica (número de afixos: P, M e G).

Tabela 1: Anova: Condição (2) x Complexidade (3) nas Janelas Temporais

Condition	$F(1,19) = 153$ $p<0.000001$ SS=3336.04 MSe=21.77
Affix	$F(2,38) = 7.89$ $p<0.001365$ SS=853.00 MSe=54.08
Greenhouse-Geisser	{0.6689} $p<0.0054782$
Huynh-Feldt	{0.701} $p<0.0047868$
Condition*Affix	$F(2,38) = 6.63$ $p<0.003392$ SS=2633.91 MSe=198.66
Sphericity correction for interactions	413.667308: 2055.030162: 7549.26447990748: 232.247240
Eta Condition = Eta Affix = Eta Condition*Affix =	0.245545 0.076824 0.204431

Fonte: elaboração dos autores

Nossas análises na janela de tempo do N170 (50-200 ms) estão de acordo com as expectativas (decomposição morfo-ortográfica). Reportamos a seguir os resultados.

13.3.2.1 N170

Prevíamos diferenças entre as condições morfológica (*verbo*) e não morfológica (*nome*) na janela do N170, refletindo a sensibilidade do N170 (assim como do M170 – Fruchter e Marantz, 2015) a processos iniciais de decomposição morfológica visual. Comparamos Palavra simples (*nome*) e Palavra complexa (*verbo*) com três tamanhos diferentes nas ROI do N170 – Região Occipto-temporal.

(1) Palavra simples (*nome*) e Palavra complexa (*verbo*) com dois afixos (P)

Anova não mostrou efeito significativo entre [Simples_P]vs[Complexa_P] [Simples_P]vs[Complexa_P] $t(19)=0.15$ $p< 0.8826$, indicando que não há diferenças de amplitude na janela do N170 para esta comparação. Conforme podemos observar na figura 6, os ERPs no nível das palavras pequenas têm morfologia bastante semelhante.

Figura 6: Comparação entre Palavra simples com tamanho pequeno (linha preta) e Palavra complexa com tamanho pequeno (linha tracejada cinza), ROI-Occipto-temporal. Análise do efeito N170: não observa-se um efeito de N170 significativo na comparação entre a condição Palavra complexa com tamanho pequeno (linha) e a condição Palavra simples com tamanho pequeno (linha preta).

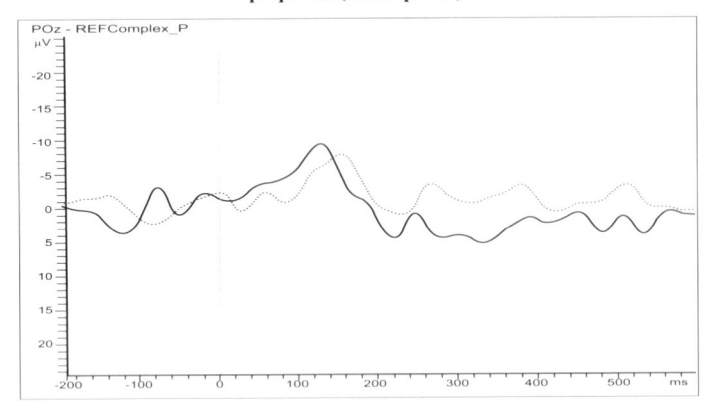

Fonte: elaboração dos autores

(2) Palavra simples (*nome*) e Palavra complexa (*verbo*) com três afixos (M)

Anova mostrou efeito significativo entre [Simples_M]vs[Complexa_M] $t(19)=8.56$ $p < 0.0001$, indicando que há diferenças de amplitude na janela do N170. Conforme podemos observar na figura 7, há maior amplitude no ERP para palavras complexas (*verbo*) médias x palavras simples (*nome*) de mesmo tamanho.

Figura 7: Comparação entre Palavra simples com tamanho médio (linha preta) e Palavra complexa com tamanho médio (linha tracejada cinza), ROI-Occipto-temporal. Análise do efeito N170: observa-se um efeito de N170 significativo na condição Palavra complexa com tamanho médio (linha tracejada cinza) em comparação com a condição Palavra simples com tamanho médio (linha preta).

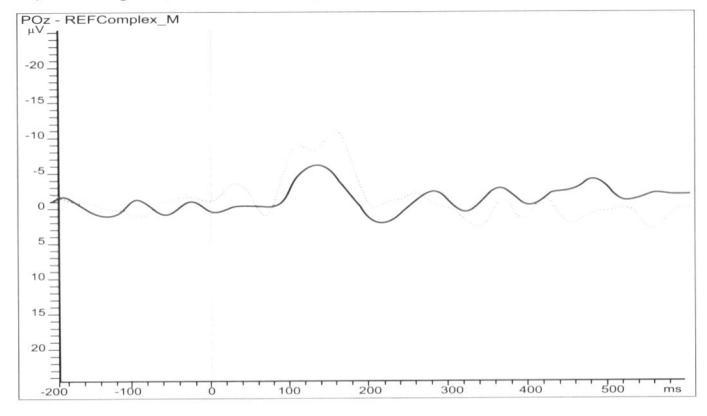

Fonte: elaboração dos autores

(3) Palavra simples (*nome*) e Palavra complexa (*verbo*) com quatro afixos (G)

Anova mostrou efeito significativo entre [Simples_G]vs[Complexa_G] t(19)=5.47 p< 0.0001, indicando que há diferenças de amplitude na janela do N170. Conforme podemos observar na figura 8, há maior amplitude no ERP para palavras complexas (*verbo*) grande x palavras simples (*nome*) de mesmo tamanho.

Figura 8: Comparação entre Palavra simples com tamanho grande (linha preta) e Palavra complexa com tamanho grande (linha tracejada cinza), ROI-Occipto-temporal. Análise do efeito N170: observa-se um efeito de N170 significativo na condição Palavra complexa com tamanho grande (linha tracejada cinza) em comparação com a condição Palavra simples com tamanho grande (linha preta).

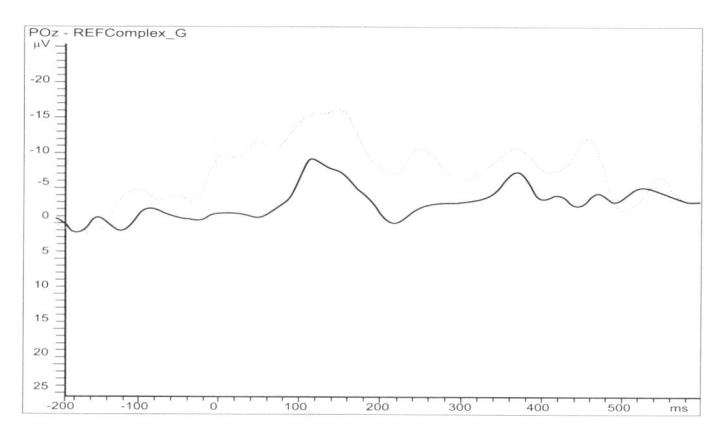

Fonte: elaboração dos autores

13.4 CONSIDERAÇÕES FINAIS

Este estudo investigou a decomposição inicial de palavras no reconhecimento lexical em Karajá, uma língua aglutinativa. Estudos sobre o reconhecimento visual e acesso lexical de palavras mostram que certos componentes do EEG são sensíveis às características ortográficas, morfológicas e semânticas em diferentes janelas de tempo: as regiões occipitais processam características ortográficas em ~ 100 ms, as regiões temporais inferiores decompõem as propriedades morfológicas em ~ 150 ms e as regiões temporais superiores contribuem para o acesso lexical (de toda a forma da palavra) em ~300 ms (Lewis et al., 2011; Simon et al., 2012; Solomyak; Marantz, 2009; Solomyak; Marantz, 2010). Essas evidências parecem consolidar duas medidas dependentes relacionadas aos processos decomposicionais e de acesso lexical: o N170/M170 e o N400/M350, em EEG e MEG respectivamente. Utilizamos o N170 como medida dependente, pois o objetivo foi buscar a decomposição morfológica reportada em estudos com outras línguas.

Comparamos palavras morfologicamente complexas (*verbos*) com palavras simples (*nomes*), variando a quantidade de camadas morfológicas e o tamanho. A investigação de categorias gramaticais diferentes (*verbo* para a condição Complexa e *nome* para a condição Simples) traz luz para as possibilidades e os limites de replicação de estudos canônicos em línguas não europeias. Em Karajá, não há complexidade derivacional para que se possam comparar nomes monomorfêmicos com nomes multimorfêmicos. A Morfologia Karajá está predominantemente na forma verbal. Por outro lado, também não é possível controlar verbos em termos de complexidade morfológica, já que, por se tratar de uma língua aglutinativa, mais computação morfológica corresponde também a um aumento do tamanho da palavra. A diferença categorial (*verbo* x *nome*), de qualquer forma, pareceu não impactar os resultados nos estágios mais iniciais do reconhecimento lexical (N170). Se a categoria das palavras é estabelecida na concatenação entre *raiz* e *morfema categorizador*, quando ocorre a associação entre *forma* e *sentido* e quando se dá o acesso lexical, é possível que os custos de processamento associados à diferença categorial não se instanciem nesta fase anterior de processamento. Afinal o N170 parece ser sensível à decomposição morfo-ortográfica apenas.

Os resultados comportamentais apontaram para um maior custo de processamento para palavras morfologicamente complexas, indicado pelos maiores tempos (RTs) na tarefa de decisão lexical. Como a decisão lexical é uma medida off-line, que ocorre após o processamento da palavra, ela reflete efeitos de todos os estágios envolvidos na tarefa de reconhecer a palavra: decomposição do estímulo em morfemas constituintes, acesso à *raiz* e composição do significado. Assim, era esperado que houvesse maior custo para reconhecer palavras complexas do que palavras simples. Para analisarmos esse processamento com maior granularidade, utilizamos o ERP N170.

Os resultados para o N170 revelaram maior atividade neste componente para a condição com média e grande (3-4 afixos), o que está de acordo com a literatura sobre decomposição. No entanto, não houve diferença significativa para a condição com dois afixos. A ausência de diferença entre palavras pequenas talvez possa ser explicada pela menor saliência gráfica entre elas – havendo necessidade de novos testes para verificar melhor esse resultado.

Nosso estudo e pesquisas anteriores (Gomes et al., 1997; Anderson, Holcomb, 1995) fornecem evidências off-line e on-line para diferenças no curso temporal do processamento de informações ortográficas e de acesso lexical. Além disso, nosso estudo mostra padrões distintos de ativação topográfica no N170 para estímulos visuais de categorias diferentes (verbos *versus* nomes), implicando a presença de regiões anatomicamente distintas para tais processos.

BIBLIOGRAFIA

ANDERSON, J. E.; HOLCOMB, P. J. Auditory and visual semantic priming using different stimulus onset asynchronies: An event-related brain potential study. *Psychophysiology,* v. 32, n. 2, 1995, pp. 177-90.

BARBER, H.; VERGARA, M.; CARREIRAS, M. Syllable-frequency effects in visual word recognition: evidence from ERPs. *NeuroReport,* v. 15, n. 3, 2004, pp. 545-8

CARREIRAS, M.et al. The what, when, where, and how of visual word recognition. *Trends in Cognitive Sciences,* v. 18, n. 2, 2014, pp. 90-8.

CHEN, Y. et al. Task modulation of brain responses in visual word recognition as studied using EEG/MEG and fMRI. *Frontiers in Human Neuroscience,* v. 7, 2013, p. 376.

CORNELISSEN, P. et al. Cortical effects of shifting letter position in letter strings of varying length. *Journal of Cognitive Neuroscience,* v. 15, n. 5, 2003, pp. 731-46.

DAMBACHER, M.et al. Frequency and predictability effects on event-related potentials during reading. *Brain Research,* v. 1084, n. 1, 2006, pp. 89-103

DAVIS, I. Some Macro-Jê relationships. *International Journal of American Linguistics,* v. 34, n. 1, 1968.

DE GARCIA, D. C.; MAIA, M. A. R.; FRANÇA, A. I. The time course of word recognition: evidence from Brazilian Portuguese, *ReVEL,* v. 10, n. 18, 2012.

DIEN, J. Foreword to the special issue "Before the N400: Early Latency Language ERPs". *Biological Psychology,* v. 80, n. 1, 2009, pp. 1-3.

DIKKER, S.; RABAGLIATI, H.; PYLKKÄNEN, L. Sensitivity to syntax in visual cortex. *Cognition,* v. 110, n. 3, 2009, pp. 293-321.

DRONKERS, N. F. et al. Lesion analysis of the brain areas involved in language comprehension. *Cognition,* v. 92, n. 1-2, 2004, pp. 145-77.

DUFAU, S.; GRAINGER, J.; HOLCOMB, P. J. An ERP investigation of location invariance in masked repetition priming. *Cognitive, Affective, & Behavioral Neuroscience,* v. 8, n. 2, 2008, pp. 222-8.

EBERHARD-MOSCICKA, A. K. et al. Temporal dynamics of early visual word processing–early versus late N1 sensitivity in children and adults. *Neuropsychologia,* v. 91, 2016, pp. 509-18.

FRANÇA, A. I. et al. A neurofisiologia do acesso lexical: palavras em português. *Veredas-Revista de Estudos Linguísticos,* v. 12, n. 2, 2008.

FRUCHTER, J.; MARANTZ, A. Decomposition, lookup, and recombination: MEG evidence for the full decomposition model of complex visual word recognition. *Brain and Language,* v. 143, 2015, pp. 81-96.

GARCIA, D. C.; MAIA, M.; FRANCA, A. I. The time course of word recognition: evidence from Brazilian Portuguese. *Revista Virtual de Estudos da Linguagem*, v. 10, 2012, p. 169.

GOMES, H. et al. Lexical processing of visually and auditorily presented nouns and verbs: evidence from reaction time and N400 priming data. *Cognitive Brain Research,* v. 6, n. 2, 1997, pp. 121-34.

GOMES, J. N.; FRANÇA, A. I. A técnica de ERP: investigando a assimetria sujeito-objeto na interface sintaxe-semântica com EEG. *Letras de Hoje,* v. 50, n. 3, 2015, pp. 360-70.

_____. Processing it-cleft sentences in Brazilian Portuguese: an ERP study of leftward-moved constituents in role-reversed sentences. *Revista Linguíftica,* v. 16, n. Esp., 2021, pp. 495-520.

_____ et al. Prosody as a recursive embedding tool in production and perception of karajá: an acoustic and neuropsycholinguistic investigation. *Journal of Speech Sciences,* v. 5, n. 2, 2016, pp. 101-23.

GRAINGER, J.; HOLCOMB, P. J. Watching the word go by: On the time-course of component processes in visual word recognition. *Language and linguistics compass,* v. 3, n. 1, 2009, pp. 128-56.

GREENBERG, J. H. "Some universals of grammar with particular reference to the order of meaningful elements". In: GREENBERG, J. H. (ed) *Universals of Language*. Cambridge, Mass. The MIT Press, 1966, pp. 58-90.

HASKO, S. et al. The time course of reading processes in children with and without dyslexia: an ERP study. *Frontiers in Human Neuroscience,* v. 7, 2013, p. 570.

HAUK, O. Keep it simple: a case for using classical minimum norm estimation in the analysis of EEG and MEG data. *Neuroimage,* v. 21, n. 4, 2004, pp.1612-21.

_____; PULVERMÜLLER, F. Neurophysiological distinction of action words in the fronto-central cortex. *Human Brain Mapping,* v. 21, n. 3, 2004, pp. 191-201.

_____ et al. The time course of visual word recognition as revealed by linear regression analysis of ERP data. *Neuroimage,* v. 30, n. 4, 2006, pp. 1383-400.

HICKOK, G.; POEPPEL, D. The cortical organization of speech processing. *Nature Reviews Neuroscience,* v. 8, n. 5, 2007, pp. 393-402.

KIM, A.; LAI, V. Rapid interactions between lexical semantic and word form analysis during word recognition in context: Evidence from ERPs. *Journal of Cognitive Neuroscience,* v. 24, n. 5, 2012, pp. 1104-12.

KUTAS, M.; HILLYARD, S. A. Reading senseless sentences: Brain potentials reflect semantic incongruity. *Science,* v. 207, n. 4427, 1980, pp. 203-5.

_____; VAN PETTEN, C. K.; KLUENDER, R. Psycholinguistics electrified II (1994–2005). In: Handbook of psycholinguistics. *Academic Press,* 2006, pp. 659-724.

_____ et al. *Handbook of psycholinguistics.* M. Traxler & M. Gernsbacher (eds.), 2006, pp. 659-724.

LAU, E. F.; PHILLIPS, C.; POEPPEL, D. A cortical network for semantics:(de) constructing the N400. *Nature Reviews Neuroscience,* v. 9, n. 12, 2008, pp. 920-33.

LEHMANN, W. P. A structural principle of language and its implications. *Language,* v. 49, n. 1, 1973, pp. 47-66.

LEWIS, G.; SOLOMYAK, O.; MARANTZ, A. The neural basis of obligatory decomposition of suffixed words. *Brain and language,* v. 118, n. 3, 2011, pp. 118-27.

LONGTIN, C. M.; SEGUI, J.; HALLÉ, P. A. Morphological priming without morphological relationship. *Language and Cognitive Processes,* v. 18, n. 3, 2003, pp. 313-34.

LUESCHOW, A. et al. The 170 ms response to faces as measured by MEG (M170) is consistently altered in congenital prosopagnosia. *PloS one, v.* 10, n. 9, 2015, e0137624.

MAESS, B. et al. Localizing the distributed language network responsible for the N400 measured by MEG during auditory sentence processing. *Brain Research,* v. 1096, n. 1, 2006, pp. 163-72.

MAIA, M. *Aspectos Tipológicos da Língua Javaé. Lincom Studies in Native American Linguistics 11.* München: Lincom-Europa, 1998 p. 90. ISBN 3 89586 237 1

MARIOL, M. etr al. The speed of orthographic processing during lexical decision: electrophysiological evidence for independent coding of letter identity and letter position in visual word recognition. *Journal of Cognitive Neuroscience,* v. 20, n. 7, 2008, pp. 1283-99.

MARTÍN-LOECHES, M. The gate for reading: Reflections on the recognition potential. *Brain Research Reviews,* v. 53, n. 1, 2007, pp. 89-97.

MAURER, U.; BRANDEIS, D.; MCCANDLISS, B. D. Fast, visual specialization for reading in English revealed by the topography of the N170 ERP response. *Behavioral and Brain Functions,* v. 1, n. 1, 2005, pp. 1-12.

_____; ROSSION, B.; MCCANDLISS, B. D. Category specificity in early perception: face and word n170 responses differ in both lateralization and habituation properties. *Frontiers in Human Neuroscience,* v. 2, 2008, p. 18.

_____; ZEVIN, J. D.; MCCANDLISS, B. D. Left-lateralized N170 effects of visual expertise in reading: evidence from Japanese syllabic and logographic scripts. *Journal of Cognitive Neuroscience,* v. 20, n. 10, 2008, pp. 1878-91.

MCCANDLISS, B. D.; COHEN, L.; DEHAENE, S. The visual word form area: expertise for reading in the fusiform gyrus. *Trends in Cognitive Sciences,* v. 7, n. 7, 2003, pp. 293-9.

MILIN, Petar; SMOLKA, Eva; FELDMAN, Laurie Beth. Models of Lexical Access and Morphological Processing. *Wiley Online Library,* 2017. DOI: 10.1002/9781118829516.ch11.

MONAHAN, P. J.; FIORENTINO, R.; POEPPEL, D. Masked repetition priming using magnetoencephalography. *Brain and Language,* v. 106, n. 1, 2008, pp. 65-71.

PYLKKÄNEN, L.; STRINGFELLOW, A.; MARANTZ, A. Neuromagnetic evidence for the timing of lexical activation: An MEG component sensitive to phonotactic probability but not to neighborhood density. *Brain and Language,* v. 81, n. 1-3, 2002, pp. 666-78.

RASTLE, K.; DAVIS, M. H.; NEW, B. The broth in my brother's brothel: Morpho-orthographic segmentation in visual word recognition. *Psychonomic Bulletin & Review, v.* 11, n. 6, 2004, pp. 1090-8.

_____ et al. Morphological and semantic effects in visual word recognition: A time-course study. *Language and cognitive processes,* v. 15, n. 4-5, 2000, pp. 507-37.

ROSSION, B. et al. Spatio-temporal localization of the face inversion effect: an event-related potentials study. *Biological psychology,* v. 50, n. 3, 1999, pp. 173-89.

SERENO, S. C.; RAYNER, K.; POSNER, M. I. Establishing a time-line of word recognition: evidence from eye movements and event-related potentials. *NeuroReport,* v. 9, n. 10, 1998, pp. 2195-200.

SIMON, D. A.; LEWIS, G.; MARANTZ, A. Disambiguating form and lexical frequency effects in MEG responses using homonyms. *Language and Cognitive Processes,* v. 27, n. 2, 2012, pp. 275-87.

SOLOMYAK, O.; MARANTZ, A. Lexical access in early stages of visual word processing: A single-trial correlational MEG study of heteronym recognition. *Brain and language,* v. 108, n. 3, 2009, pp. 191-6.

SOTO, M. et al. Neurophysiology of grapheme decoding: The N170 as A Predictive and Descriptive Tool. *Revista da ABRALIN,* v. 17, n. 1, 30 mar. 2019, pp. 402-33.

STOCKALL, L.; Marantz, A. A single route, full decomposition model of morphological complexity: MEG evidence. The mental lexicon, v. 1, n. 1, 2006, pp. 85-123.

TAFT, M.; ARDASINSKI, S. Obligatory decomposition in reading prefixed words. *The Mental Lexicon,* v. 1, n. 2, 2006, pp 183-99.

_____; FORSTER, K. I. Lexical storage and retrieval of prefixed words. *Journal of Verbal Learning and Verbal Behavior,* v. 14, n. 6, 1975, pp. 638-47.

TANAKA, J. W.; CURRAN, T. A neural basis for expert object recognition. *Psychological Science,* v. 12, n. 1, 2001, pp. 43-7.

TARKIAINEN, A.; CORNELISSEN, P. L.; SALMELIN, R. Dynamics of visual feature analysis and object-level processing in face versus letter-string perception. *Brain,* v. 125, n. 5, 2002, pp. 1125-36.

ZWEIG, E.; PYLKKÄNEN, L. A visual M170 effect of morphological complexity. *Language and Cognitive Processes,* v. 24, n. 3, 2009, pp. 412-39.

14. Os estudos da interface sintaxe-prosódia na Psicolinguística

Aline Alves Fonseca e Andressa Oliveira da Silva

Neste capítulo, apresentamos um breve histórico dos estudos na interface prosódia-sintaxe, no campo do Processamento de Frases, subárea da Psicolinguística. Do ponto de vista teórico, partiremos dos estudos seminais de Lehiste (1973, 1976) e Nespor e Vogel (1986), passando por hipóteses balizadoras, como a Hipótese da Prosódia Implícita (Fodor, 2002) e a Hipótese do Falante Racional (Carlson; Clifton; Frazier, 2001), e vamos analisar como o papel da prosódia na resolução de ambiguidades tem sido estudado e utilizado como evidência em diferentes modelos de processamento da linguagem, como a Teoria *Garden-Path* (Frazier, 1979), a hipótese *Good Enough* (Ferreira et al., 2002) e os Modelos de Processamento Baseados em Restrições (Bader, 1998).

Do ponto de vista empírico, apresentaremos as principais técnicas experimentais dos estudos da interface sintaxe-prosódia, desde as técnicas off-line mais simples, mas não menos eficientes, como questionários auditivos, até técnicas on-line mais sofisticadas, desenvolvidas com o avanço das ciências da computação, como a técnica de rastreamento ocular. Vamos explorar como questões prosódicas, como a marcação de foco contrastivo, podem influenciar na resolução de ambiguidades em diferentes estruturas sintáticas, a partir de atividades experimentais aplicadas com falantes nativos de Português Brasileiro. Para isso, conduzimos uma atividade experimental de rastreamento ocular conhecida na literatura da área como Paradigma do Mundo Visual (*Visual World Paradigm*, Tanenhaus; Trueswell, 2006) com sentenças que apresentam ambiguidade de aposição de adjuntos adverbiais, como em "*O amigo de Paulo revelou que a Marcela fumou na varanda do sobrado*". Nesse tipo de sentença, o adjunto adverbial pode ser aposto ao verbo da primeira oração ("*O amigo de Paulo revelou alguma coisa na varanda do sobrado.*"), ou ao verbo da segunda oração ("*A Marcela fumou na varanda do sobrado.*"). Os itens experimentais possuíam elementos focalizados prosodicamente em diferentes partes da estrutura, ora o verbo da primeira oração ("revelou") ora o verbo da segunda oração ("fumou"). A tarefa foi aplicada a estudantes universitários e tinha por objetivo mensurar os níveis de atenção dados aos elementos focalizados prosodicamente e verificar a influência das pistas prosódicas na interpretação de estruturas sintaticamente ambíguas. Os resultados encontrados no Português Brasileiro (PB), até o momento, corroboram resultados de pesquisas em outras línguas e indicam que a prosódia pode exercer maior ou menor influência em diferentes estruturas sintáticas, mas é inegável o seu papel no Processamento de Frases.

14.1 BREVE HISTÓRICO DOS ESTUDOS NA INTERFACE SINTAXE-PROSÓDIA

A Psicolinguística é uma área de conhecimento interdisciplinar desde sua origem. Segundo Blumenthal (1987), a origem da Psicolinguística remonta ao final do século XIX, na Alemanha, principalmente com o surgimento da Psicologia Experimental. Linguistas considerados "rebeldes" na época deixaram de lado o estudo da linguagem em seus aspectos cultural e estético para explorar questões empíricas e quantitativas. Essa primeira corrente da Psicolinguística foi influenciada em grande medida pelos estudos de psicólogos e estudiosos dos processos cognitivos e comportamentais como Wilhelm Wundt e Johann Herbart. No século XX, a própria evolução da Linguística como ciência, com o surgimento das correntes Estruturalista e Behaviorista, influenciam o modo de pensar e as investigações empíricas em torno dos sistemas mentais da linguagem, até que, na década de 1960, influenciados pela corrente Gerativista, um grupo de pesquisadores passa a se intitular "psicolinguistas" e encontram nos conceitos da Teoria Gerativa, de Noam Chomsky, como os conceitos de Gramática Universal, de competência e desempenho, de recursividade e de criatividade e nas estruturas sintáticas como unidades de análise, o alicerce para o estudo dos processos mentais da linguagem.

A partir daí, surgem grandes teorias de processamento como a seminal Teoria da Complexidade Derivacional de Bever (1970), a Teoria dos sete princípios do *parsing* de Kimball (1973) e a Teoria da Máquina de Salsichas de Frazier e Fodor (1978). Estas teorias culminam no primeiro grande Modelo de Processamento, conhecido na Psicolinguística como Teoria *Garden-Path* (TGP), proposta por Frazier (1979). Segundo a TGP, nosso processador mental, o *parser*, é modular, serial e de primazia sintática. Isso quer dizer, resumidamente, que o *parser*: (i) organiza as propriedades gramaticais da linguagem em módulos, como os módulos sintático, semântico, morfológico e fonológico; (ii) processa uma sentença de forma linear e considerando apenas uma possibilidade de estrutura/interpretação por vez. Caso a análise inicial do processador falhe e o *parser* se "perca" no labirinto da sentença, é necessário iniciar o processo de reanálise da estrutura, considerando outras possibilidades de concatenação dos itens lexicais e outra interpretação; e (iii) inicia o processamento tomando como ponto de partida apenas informações de nível sintático.

Um dos grandes objetos de investigação da área de processamento de frases, desde seus primórdios na Psicolinguística, é a ambiguidade. O estudo de sentenças ambíguas permite que o pesquisador observe o comportamento do processador através de respostas não conscientes e da interpretação, com contagem ou não de tempo de reação. Os trabalhos de Lehiste (1973) e Lehiste, Olive e Streeter (1976) foram pioneiros na investigação da relação entre marcas prosódicas e a interpretação de estruturas ambíguas. Lehiste (1973) selecionou 15 sentenças que foram citadas por vários linguistas da época como exemplos de estruturas com ambiguidades sintáticas, como em *"The old men and women stayed at home"*. Nesta frase do Inglês, há duas associações para o adjetivo *"old"* e, consequentemente, duas interpretações possíveis para a sentença. A primeira é de que "os homens e as mulheres velhos ficaram em casa" – [*the old men and women*]..., e a segunda é de que "os homens velhos e as mulheres ficaram em casa" – [[*the old men*] [*and women*]]... As frases foram gravadas por quatro falantes que foram expostos aos possíveis significados das frases. As frases foram então gravadas duas vezes com três repetições para cada sentença. Em cada uma das gravações, os falantes fizeram um esforço consciente para transmitir cada um dos significados das sentenças. O teste de escuta, contendo todas as três produções de cada frase por cada falante, foi aplicado a 30 sujeitos cuja tarefa era identificar o significado pretendido pelos falantes. Os resultados do teste de escuta indicaram que 10 das 15 sentenças ambíguas tiveram suas interpretações confiavelmente identificadas pelos ouvintes. Na análise acústica das sentenças que foram corretamente desambiguadas pela prosódia, Lehiste (1973) encontrou uma combinação de pistas prosódicas que foram usadas pelos falantes para marcar as possíveis interpretações para as sentenças, como alongamento das palavras em posição de fronteiras sintáticas, pausas e mudanças na entonação. Talvez o achado mais importante do estudo de Lehiste (1973) para o processamento de frases tenha sido que, em geral, as sentenças que tiveram suas diferentes interpretações identificadas com as pistas prosódicas foram aquelas em que a diferença de significado estava associada a diferença na estrutura de superfície da frase. As sentenças que não foram desambiguadas apresentavam a mesma estrutura de superfície (mesma constituição em sintagmas), embora os constituintes mantivessem relações lógicas diferentes entre si. Um exemplo de sentença em que não foi possível identificar as possíveis interpretações pela prosódia é *"Visiting relatives can be a nuisance"*, que pode ser interpretada como "Visitar parentes pode ser um incômodo" ou "(Receber) a visita de parentes pode ser um incômodo". Nesta frase, uma fronteira de sintagma ocorre após "*relatives*" para ambas as leituras da frase, mas as relações lógicas subjacentes entre as palavras "*visiting*" e "*relatives*" diferem nos dois casos. No estudo de 1976, Lehiste e colegas escolheram 10 frases da amostra de sentenças ambíguas do experimento anterior, sendo 3 sentenças nas quais a ambiguidade não gerava diferenças na constituição dos sintagmas, e 7 sentenças em que as diferentes interpretações geravam diferenças na estrutura de superfície. Com a ajuda de um programa computacional de síntese de fala, os pesquisadores isolaram a pista prosódica duracional (alongamento de palavras) nas posições de fronteiras de sintagmas e refizeram o teste de escuta com novos ouvintes. Mais uma vez, foi constatado que a pista prosódica de alongamento não é capaz de direcionar a interpretação de sentenças que possuem a mesma constituição sintática, mas que essa pista isoladamente é capaz de marcar diferentes posições de fronteiras sintáticas nas frases em que há diferenças nas estruturas de superfície, levando os ouvintes a identificar a interpretação pretendida para a frase. Os trabalhos de Lehiste realizados na década de 1970 marcam o início dos estudos na interface sintaxe-prosódia.

Na década de 1980, os estudos sobre a relação entre a prosódia e a sintaxe ganham força. Podemos citar como exemplo, o importante trabalho de Nespor e Vogel (1986) que propõem a Teoria dos Constituintes Prosódicos em que a nossa representação mental da fala é dividida em pedaços (*chunks*) hierarquicamente organizados, do nível mais baixo para o mais alto: sílaba – pé métrico – palavra prosódica – grupo clítico – sintagma fonológico – sintagma entoacional – enunciado fonológico. Cada pedaço constitui um domínio em que há aplicações de regras fonológicas e processos fonéticos específicos. Os constituintes prosódicos usam informações fonológicas e não fonológicas na definição de cada domínio, por exemplo, os domínios da palavra prosódica e do grupo clítico usam informações morfossintáticas em sua constituição, os domínios do sintagma fonológico e do sintagma entoacional usam noções sintáticas em sua formação, já o domínio do enunciado fonológico usa informações semânticas. No entanto, os constituintes prosódicos construídos a partir de informações morfológicas e sintáticas não serão obrigatoriamente isomórficos com esses outros componentes gramaticais. Os componentes prosódicos e morfossintáticos diferem-se não somente na maneira como a cadeia da fala é dividida, mas também na profundidade da estrutura hierárquica. Enquanto as regras de construção da hierarquia sintática são recursivas por natureza e de profundidade, em princípio, infinita, a hierarquia prosódica não é recursiva e têm profundidade finita.

No capítulo 9 de Nespor e Vogel (1986), as autoras apresentam uma série de estruturas sintaticamente ambíguas que são passíveis de serem interpretadas em seus diferentes sentidos a partir da estrutura prosódica. As autoras afirmam que os constituintes prosódicos, principalmente aqueles acima do nível da palavra prosódica, são capazes de direcionar a concatenação sintática, durante o processamento, em diferentes formações de sintagmas e, então, resolver a ambiguidade estrutural da sentença. Para exemplificar, vejamos a sentença em italiano "*Quando Giorgio chiama suo fratello* è *sempre nervoso*". Nessa sentença, uma fronteira de sintagma entoacional (vamos usar a sigla IP, de *Intonational Phrase*) é capaz de desfazer a ambiguidade e estabelecer qual o sentido da frase. Na primeira opção, temos [*Quando Giorgio]IP [chiama]IP [suo fratello* è *sempre nervoso]IP* que pode ser interpretada como: "Quando Giorgio chama, seu irmão está sempre nervoso"; e na segunda opção, temos *[Quando Giorgio]IP [chiama suo fratello]IP [*è *sempre nervoso]IP* que pode ser lida como "Quando Giorgio chama seu irmão, (ele) está sempre nervoso. Nesse exemplo, as fronteiras de IP entre o primeiro verbo e o DP e entre o DP e o segundo verbo modificam as relações entre os constituintes sintáticos, alterando assim a interpretação da sentença.

A proposta de uma gramática fonológica em que os níveis da hierarquia prosódica estão definidos de forma universal entre as línguas e constituem o ambiente para a realização dos processos fonológicos estimulou os estudos sobre o papel da prosódia no processamento de frases.[45] As pesquisas que se desenvolveram a partir daí geraram importantes hipóteses sobre o papel da prosódia na compreensão e no processamento, como a Hipótese do Falante Racional, de Carlson et al. (2001), que diz: "Os falantes são conscientes na execução prosódica e empregam a entonação de maneira consistente com a intenção da mensagem e, os ouvintes interpretam a entonação assumindo que o falante não fez tal escolha prosódica sem razão."

Em seu trabalho de 2002, intitulado "*Psycholinguistics cannot escape Prosody*", Fodor argumenta que os psicolinguistas envolvidos nas pesquisas em processamento de frases devem considerar o material prosódico do *input* linguístico em suas análises. Nas palavras da autora:

> Não se trata de casos em que algumas pessoas estudam a prosódia no processamento de frases, enquanto que outras podem continuar a excluí-la a fim de considerar o 'puro' processamento sintático/ semântico. Até mesmo na leitura a prosódia está presente. Mesmo na leitura silenciosa, e também quando a pontuação de marcação prosódica está ausente. A prosódia é projetada mentalmente pelos leitores na cadeia, escrita ou impressa, de palavras. E – o que é crucial – então é tratada como se fosse parte do input, podendo, portanto, afetar a resolução da ambiguidade sintática do mesmo modo que a prosódia explícita o faz na fala. (cf. Maia; Finger, 2005: 93)

Estudos como os de Carlson e colegas (2001), Fodor (2002) e outros que foram realizados entre os anos 1990 e 2000 trouxeram evidências empíricas que apoiavam o questionamento de algumas premissas da Teoria *Garden-Path*, principalmente a primazia sintática do processador mental. Muitos estudos demonstraram que a prosódia pode ser acessada rapidamente, na primeira análise, e pode direcionar a interpretação sintática de uma sentença estruturalmente ambígua. Surgiram, então, os Modelos de Processamento Baseados em Restrições (Mcrae; Matsuki, 2013) que admitem que múltiplas fontes de informação (ou "restrições") são usadas para compreender frases e resolver ambiguidades nos momentos iniciais do processamento. Essas restrições podem incluir vieses sintáticos gerais, informações sintáticas lexicalmente específicas, significado de palavras, restrições de seleção de verbos, conhecimento de eventos comuns, vieses pragmáticos contextuais, entonação e prosódia da fala e outros tipos de informações obtidas dentro das sentenças ou entre as sentenças de um contexto, seja linguístico ou não.

Seguindo, ainda, as evidências experimentais, mas criticando a abrangência quase irrestrita dos modelos baseados em restrições, Ferreira, Bailey e Ferraro (2002) propuseram a abordagem *Good Enough,* considerando que a intepretação equivocada de sentenças ambíguas poderia persistir mesmo após uma reanálise sintática. Isso seria devido ao fato de que o processamento sintático, em alguns casos, acontece apenas até que se obtenha uma interpretação que o *parser* acredite estar completa e ser satisfatória, ou seja, 'boa o suficiente', daí o nome "*Good Enough*". O modelo *Good Enough* se baseia em duas premissas: i) estruturas sintáticas construídas pelo *parser* são 'frágeis' e, por isso, precisam de reforço para se manterem acessíveis; ii) o processador sintático precisa lidar com esquemas previamente construídos pelo *parser*, que podem interferir no processamento adequado das sentenças – como nos casos de sentenças estruturalmente ambíguas, em que a reanálise sintática, após uma estruturação sintática prévia incorreta, torna a sentença mais difícil de ser processada (Ferreira et al., 2002). No modelo *Good Enough,* as informações salientes, sejam elas prosódicas, semânticas, pragmáticas ou mesmo sintáticas, são usadas nos momentos iniciais do processamento e levam os falantes da língua a interpretações precipitadas que, em alguns casos, geram equívocos e a necessidade de reanálise.

A história e a evolução dos estudos na interface sintaxe-prosódia, que passou por atividades experimentais simples, como os testes de escuta e questionários auditivos da década de 1970, até chegar a propostas teóricas complexas e completas, como a Teoria dos Constituintes Prosódicos, e influenciar a proposição de novos modelos de processamento, pode ser tomada como evidência do papel crucial da prosódia no processamento de frases. Obviamente, não são todos os tipos de ambiguidade que podem ser resolvidos pela prosódia, mas quando a prosódia está presente e traz pistas consistentes sobre a estrutura e as intenções do falante, ela não pode ser ignorada como uma fonte necessária de informação linguística para o processamento.

14.2 TÉCNICAS EXPERIMENTAIS DA INTERFACE SINTAXE-PROSÓDIA

Muitos dos estudos em Psicolinguística que investigam o processamento prosódico de frases recorrem a métodos experimentais para investigar os fenômenos linguísticos, e a teorias de modelos de processamento para explicar os resultados encontrados nesses experimentos (Speer; Blodgett, 2006). Os pesquisadores podem utilizar métodos com medidas on-line e/ou off-line para investigar como o *parser* acessa e usa diferentes tipos de informações linguísticas para processar sentenças (Kaiser, 2013). Nos estudos com abordagem off-line, a reação do participante a um estímulo escrito ou falado é capturada após a integração dos níveis fonológico, morfológico, lexical, sintático e semântico, ou seja, o processamento da frase já ocorreu. Um tipo de experimento off-line muito utilizado nos estudos em interface sintaxe-prosódia são os questionários auditivos e testes de percepção. Já nos estudos com abordagem on-line, a reação do participante é medida no momento em que o processamento da frase está ocorrendo, isto é, a integração dos níveis gramaticais ainda está acontecendo (Leitão, 2013). Alguns exemplos de experimentos muito utilizados nas pesquisas em interface sintaxe-prosódia são a escuta automonitorada (*self-paced listening*), o *cross-modal naming* e o paradigma do mundo visual. Os experimentos com medida off-line costumam avaliar a interpretação final atribuída a uma sentença ou a aceitabilidade de uma sentença. Os experimentos do tipo on-line, em sua maioria, aferem o curso temporal do processamento de frases, geralmente medido em milissegundos (ms). A medida temporal é tomada como evidência da facilidade ou dificuldade em processar uma sentença ou uma parte dela. É importante ainda destacar que um mesmo experimento pode combinar medidas off-line e on-line ao mesmo tempo (Kaiser, 2013).

Os questionários auditivos são uma ferramenta importante para avaliar a interpretação final atribuída a sentenças com ambiguidade. Experimentos com questionários costumam ser do tipo *forced-choice task*, isto é, apresenta-se ao participante uma pergunta de compreensão sobre a frase ouvida (Ex. *O que aconteceu...?*) e duas paráfrases com as possíveis interpretações. A tarefa do participante é escolher entre as duas opções aquela que julgar ser a melhor interpretação para a frase ouvida. É muito comum incluir perguntas de compreensão também em experimentos on-line, sendo assim possível que o pesquisador avalie a resolução temporal da frase ambígua e a sua interpretação final, e também mantenha o participante atento ao experimento.

Um experimento on-line muito utilizado na psicolinguística, por ser um método relativamente fácil de implementar e analisar, é a escuta automonitorada (Kaiser, 2013). Essa técnica resultou de uma adaptação, feita por Ferreira e colegas (1996), da versão com estímulos escritos, a leitura automonitorada (Rayner; Clifton, 2002). Nesse tipo de experimento, o pesquisador controla a quantidade de material linguístico que o participante pode ouvir (palavra por palavra, sintagmas ou trechos de sentenças). Para ouvir cada parte da sentença, o participante deve apertar um botão. O software no qual a tarefa é apresentada controla o tempo gasto para ouvir cada segmento. Por exemplo, se um pesquisador quiser comparar o processamento de uma sentença ambígua em relação a sua versão não ambígua, a parte ambígua estará em um único segmento. O pesquisador analisa o tempo de reação (TR) gasto para escutar esse segmento ambíguo e o compara com um segmento na mesma posição na versão não ambígua. Dessa forma, será possível analisar se houve custos temporais para o *parser* processar sentenças ambíguas em comparação com sentenças sem ambiguidade. A técnica se mostra vantajosa por poder indicar quando o ouvinte experiencia alguma dificuldade de compreensão. Por outro lado, uma das críticas feitas por Rayner & Clifton (2002) diz respeito à falta de naturalidade ocasionada pela segmentação do áudio.

Uma outra técnica on-line utilizada na interface sintaxe-prosódia é o *cross-modal naming* (Tyler; Marslen-Wilson, 1977; Marslen-Wilson et al., 1992). Nesse tipo de experimento, o participante é exposto a um estímulo auditivo seguido de um estímulo escrito, daí o nome *cross-modal*. Na tarefa, os informantes ouvem o trecho inicial de uma sentença e, em seguida, visualizam uma palavra-alvo. Neste momento, eles devem dizer em voz alta, o mais rapidamente possível, a palavra-alvo e completar o restante da frase ouvida com esta palavra, de modo que a frase faça sentido. O tempo gasto pelos participantes para dizer a palavra-alvo reflete a facilidade ou a dificuldade de integração do estímulo auditivo com o estímulo escrito em uma mesma sentença.

Com o constante desenvolvimento de tecnologias, novos equipamentos começaram a ser utilizados em pesquisas psicolinguísticas, sendo um deles o *eye-tracker*. Este equipamento permite investigar o processamento da linguagem, escrita e oral, em tempo real por meio do rastreamento dos movimentos oculares. Em comparação com outras técnicas experimentais disponíveis, a técnica de rastreamento ocular é uma forma on-line relativamente natural de se investigar fenômenos linguísticos. No Brasil, a técnica só começou a ser incorporada às pesquisas psicolinguísticas no final dos anos 2000, especialmente com o estudo pioneiro de Maia (2008). Inicialmente, os estudos psicolinguísticos se concentraram em investigar o processamento linguístico na leitura e, nas últimas duas décadas, os pesquisadores começaram a estudar também o processamento da linguagem oral em adultos e crianças (Tanenhaus; Trueswell, 2006). O método mais utilizado na psicolinguística para investigar o processamento oral em *eye-tracker* é o Paradigma do Mundo Visual (*Visual World Paradigm*), desenvolvido por Tanenhaus e colegas (1995). Em experimentos com essa técnica, são apresentados simultaneamente aos participantes estímulos auditivos – que podem ser sentenças com instruções ou descrições – e cenas visuais, enquanto os seus movimentos oculares são monitorados. O estímulo auditivo geralmente está relacionado a um ou mais objetos na cena e a questão a ser investigada é quando e por quanto tempo os participantes olham para esses objetos. Ao manipular a relação entre o estímulo visual e o input linguístico, os pesquisadores podem testar as teorias de modelos de processamento sobre a maneira como os ouvintes acessam informações durante o processamento (Berends et al., 2016).

14.3 RASTREAMENTO OCULAR NA INTERFACE SINTAXE-PROSÓDIA EM PORTUGUÊS BRASILEIRO

Para demonstrar como se dão as pesquisas experimentais na interface sintaxe-prosódia, vamos apresentar um estudo realizado com a técnica de Paradigma do Mundo Visual, usando o rastreamento ocular, que tinha por objetivo avaliar a sensibilidade dos ouvintes do Português Brasileiro a pistas prosódicas de focalização e como estas mesmas pistas poderiam influenciar na resolução da interpretação de estruturas sintáticas ambíguas. Investigamos a influência de pistas prosódicas de acento tonal (Ladd, 1996) e de fronteira de sintagma entoacional, nos termos de Nespor e Vogel (1986), na escolha de aposição de adjuntos adverbiais ambíguos. A ambiguidade de aposição acontece quando um elemento da sentença, geralmente um adjetivo, um adjunto ou um sintagma preposicionado, pode se ligar a diferentes partes da sentença, gerando divisões em sintagmas distintos. Na estrutura sintática explorada neste estudo, temos um adjunto adverbial em posição de final de frase que pode fazer referência ao primeiro verbo da oração, o que chamamos de aposição alta ou não local; ou ao segundo verbo da oração, que corresponde à aposição baixa ou local do adjunto. Vejamos um exemplo de um conjunto experimental com a indicação das condições prosódicas testadas:

(1)   Conjunto experimental do teste de Paradigma do Mundo Visual[46]
      a. *Condição V1 – Acento tonal no primeiro verbo*
         O tio do Marcos ESCUTOU que a Priscila cantou no banheiro da suíte.

b. *Condição V2 – Acento tonal no segundo verbo*
O tio do Marcos escutou que a Priscila CANTOU no banheiro da suíte.
c. *Condição V1IP – Acento tonal no primeiro verbo + fronteira de IP*
O tio do Marcos ESCUTOU que a Priscila cantou #no banheiro da suíte.
d. *Condição V2IP – Acento tonal no segundo verbo + fronteira de IP*
O tio do Marcos escutou que a Priscila CANTOU #no banheiro da suíte.

As condições experimentais V1 e V1IP favorecem a aposição não local do adjunto, ou seja, a interpretação associada ao primeiro verbo ("escutou"). Já as condições V2 e V2IP favorecem a aposição local do adjunto, associada ao segundo verbo ("cantou"). Na tarefa experimental, os participantes ouviam as frases de teste enquanto viam, na tela do computador, duas imagens que representavam as duas possíveis interpretações do adjunto (a aposição ao V1 e a aposição ao V2), como nos exemplos a seguir:

Figura 1: Exemplo de imagens associadas às interpretações do adjunto adverbial usadas no teste de Paradigma do Mundo Visual.

a. Interpretação de aposição ao V1   b. Interpretação de aposição ao V2

Fonte: arquivo das autoras

Quando os participantes ouviam as sentenças nas condições prosódicas V1 e V1IP, a imagem da figura 1a foi considerada a imagem alvo (*Target*) e a imagem da figura 1b foi considerada como controle (*Control*). Na escuta das condições prosódicas V2 e V2IP, a imagem da figura 1b foi considerada o alvo (*Target*) e a imagem da figura 1a foi considerada o controle (*Control*). O teste foi composto por 24 conjuntos experimentais de áudio e imagens que foram balanceados em 4 listas aplicadas a 28 participantes (7 participantes por lista), todos estudantes universitários da Universidade Federal do Rio de Janeiro (UFRJ). O teste foi realizado no Laboratório de Psicolinguística Experimental (Lapex/UFRJ) com o aparelho de rastreamento ocular Eyelink 1000.

Em testes de Paradigma do Mundo Visual, as regiões de interesse estão relacionadas com o estímulo auditivo e com as imagens alvo e controle que são apresentadas na tela para o participante. Em nosso teste, medimos as fixações e as proporções de olhares para as duas imagens em três momentos do estímulo auditivo: durante a audição do primeiro verbo (região 1), durante a audição do segundo verbo (região 2) e durante a audição do adjunto adverbial (região 3).

O foco prosódico foi marcado no primeiro verbo (V1), nas condições V1 e V1IP, e no segundo verbo (V2), nas condições V2 e V2IP, pelas pistas acústicas de alongamento e aumento da Frequência Fundamental (F0). Na tabela 1 a seguir é possível observar que os verbos 1 e 2, quando focalizados, apresentam valores mais altos de F0 e de duração (linhas 1 e 3) do que quando não focalizados (linhas 2 e 4).

Tabela 1: Valores médios e desvios padrão de frequência fundamental e duração dos verbos V1 e V2 nas situações de focalização e não focalização.

Verbo	Foco	F0 Média (Hz)	Desvio Padrão F0 (Hz)	Duração Média (ms)	Desvio Padrão Duração (ms)
V1	Focalizado	398.3	30.5	453.6	69.75
V1	Não focalizado	292.6	16.9	291.1	45.1
V2	Focalizado	373.6	46.0	532.6	55.1
V2	Não focalizado	197.2	12.0	261.3	43.9

Fonte: arquivo das autoras

Os valores de F0 e de duração dos verbos V1 e V2, quando focalizados e não focalizados, foram testados em Modelos de Regressão Linear e apresentaram diferenças estatísticas significativas.

Com as medições das proporções de olhares nas imagens alvo na escuta dos verbos V1 (região 1) e V2 (região 2) foi possível constatar que os ouvintes participantes do estudo percebem a diferença acústica entre as versões focalizadas e não focalizadas dos verbos. Na figura 2, temos um mapa de calor (*heatmap*) que demonstra os pontos de maior fixação dos olhares do participante durante a escuta do V1 focalizado.

Figura 2: Exemplo de mapa de calor (*heatmap*) das fixações de olhares durante a escuta da região 1 nas condições de focalização do V1.

EyeLink Fixation Map (Duration Based) for IP: "Região 1".
Trial Data "S1V2: Trial:60" Trials=1, Fixations:5. Max:594.39 msec.

Fonte: arquivo das autoras

Podemos observar que a imagem que está relacionada com o V1 ("O tio do Marcos escutou..."), que foi considerada a imagem alvo para a região 1, recebeu mais fixações do que a imagem referente ao V2 ("...que a Priscila cantou..."), que era a imagem controle, quando o participante ouviu o V1 focalizado.

Já na figura 3, temos o mesmo mapa de calor, mas agora com a concentração de fixação do olhar na imagem 2, que era a imagem alvo da região 2, no momento em que os participantes ouviram o V2 focalizado.

Figura 3: Exemplo de mapa de calor (*heatmap*) das fixações de olhares durante a escuta da região 2 nas condições de focalização do V2.

EyeLink Fixation Map (Duration Based) for IP: "Região 2".
Trial Data "S4V3: Trial:49" Trials=1, Fixations:4. Max:533.62 msec.

Fonte: arquivo das autoras

As diferenças de proporção de fixação do olhar por tempo na escuta dos verbos 1 e 2 (regiões 1 e 2) nas imagens alvo demonstram que os ouvintes participantes deste estudo perceberam as diferenças acústicas na escuta dos verbos focalizados e não focalizados e olharam por mais tempo para as imagens alvo quando os verbos estavam focalizados. Todas as diferenças de tempo de fixação do olhar entre as imagens alvo e controle, nas regiões 1 e 2, foram testadas em Modelos de Regressão

Linear e apresentaram diferenças estatisticamente significativas entre as condições focalizadas e não focalizadas.

A região 3 do teste correspondia a escuta da parte final da sentença, ou seja, o adjunto adverbial ambíguo ("... no banheiro da suíte."). Nesta porção do áudio, não havia nenhuma diferença acústica entre os itens. As diferenças, como demonstramos anteriormente, estavam apenas nos verbos V1 e V2 (tabela 1) e na presença ou ausência de uma fronteira prosódica com pausa entre o V2 e o adjunto (exemplos 1c e 1d). As fixações do olhar nas imagens durante a escuta da região 3 nos dão informações importantes sobre as possíveis preferências de interpretação do adjunto adverbial, mas estas preferências só serão confirmadas na resposta à pergunta realizada no final da escuta de cada item experimental, que é a parte off-line da tarefa experimental e que será descrita a seguir. Vejamos na figura 4 mais um exemplo de mapa de calor. Nesta figura, temos uma maior concentração de olhares na imagem referente à interpretação de aposição ao V1 durante a escuta do adjunto adverbial nas condições em que o V1 havia sido focalizado.

Figura 4: Exemplo de mapa de calor (*heatmap*) das fixações de olhares durante a escuta da região 3 nas condições de focalização do V1.

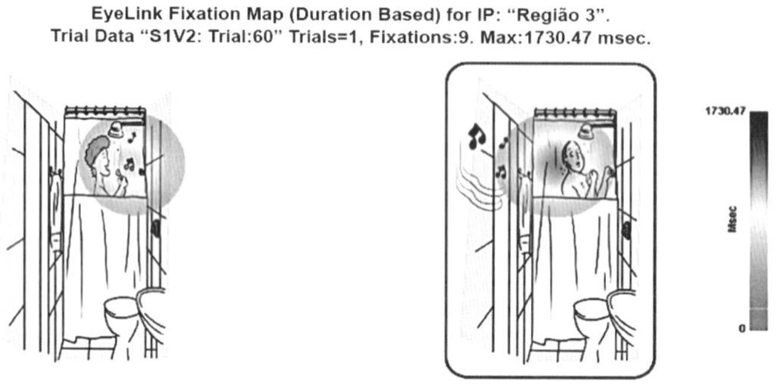

EyeLink Fixation Map (Duration Based) for IP: "Região 3".
Trial Data "S1V2: Trial:60" Trials=1, Fixations:9. Max:1730.47 msec.

Fonte: arquivo das autoras

A maior fixação de olhares na imagem referente a aposição ao V1 durante a escuta do adjunto adverbial nas condições em que o participante previamente ouviu o verbo 1 focalizado indica que a focalização "realçou" o sentido do primeiro verbo na mente do ouvinte e fez com que ele olhasse por mais tempo para a imagem que estava relacionada com aquele verbo.

O mesmo aconteceu nas condições em que o verbo 2 foi focalizado. Na figura 5, podemos observar que a imagem referente à interpretação da aposição do adjunto ao V2 recebeu mais fixações do olhar durante a escuta do adjunto adverbial (região 3) nas condições em que o participante ouviu o V2 focalizado previamente.

Figura 5: Exemplo de mapa de calor (*heatmap*) das fixações de olhares durante a escuta da região 3 nas condições de focalização do V2.

EyeLink Fixation Map (Duration Based) for IP: "Região 3".
Trial Data "S8V1: Trial:48" Trials=1, Fixations:16. Max:4582.46 msec.

 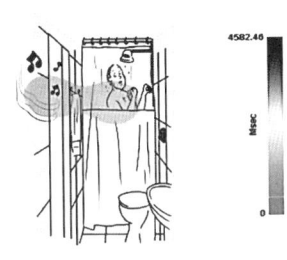

Fonte: arquivo das autoras

As diferenças de tempo de fixação do olhar durante a escuta do adjunto adverbial (região 3) nas condições em que os verbos 1 e 2 eram focalizados e não focalizados foram testadas em Modelos de Regressão Linear e foram consideradas estatisticamente significativas. Estes resultados indicam que os participantes são sensíveis às pistas prosódicas e que a informação acústica presente nas frases foi capaz de influenciar os padrões de observação das imagens do experimento que estavam relacionadas com as possíveis interpretações da ambiguidade de aposição do adjunto.

Outro forte indício da influência da prosódia na resolução desta ambiguidade é o resultado da parte off-line da tarefa experimental, que consistiu em responder a uma pergunta de compreensão após a escuta de cada item experimental. Após a escuta de cada estímulo auditivo, os participantes liam e respondiam a uma pergunta de interpretação como em (2):

(2) O que aconteceu no banheiro da suíte?
    a)   O tio de Marcos escutou algo.   b) A Priscila cantou uma música.

Em um teste de leitura e compreensão padrão, sem pistas prosódicas ou contextuais, a escolha de interpretação preferida para frases com adjuntos adverbiais ambíguos é a aposição local do adjunto, ou seja, a associação do adjunto ao verbo 2. Isso se dá por princípios de economia da língua e por questões de memória que vão priorizar as associações dos elementos linguísticos mais próximos. No entanto, no experimento que realizamos, em que pistas prosódicas de focalização chamavam a atenção do ouvinte para os verbos, identificamos um aumento estatisticamente significativo na escolha da interpretação final associada à aposição não local do adjunto, ou seja, associada ao verbo 1 (opção 2a), quando os participantes ouviam as frases nas condições experimentais em que o verbo 1 estava focalizado (V1IP e V1). O gráfico 1 a seguir mostra a probabilidade estatística de escolha da aposição alta (não local) do adjunto nas diferentes condições prosódicas dos itens experimentais.

Gráfico 1: Efeitos da probabilidade de escolha da aposição alta por condição experimental.

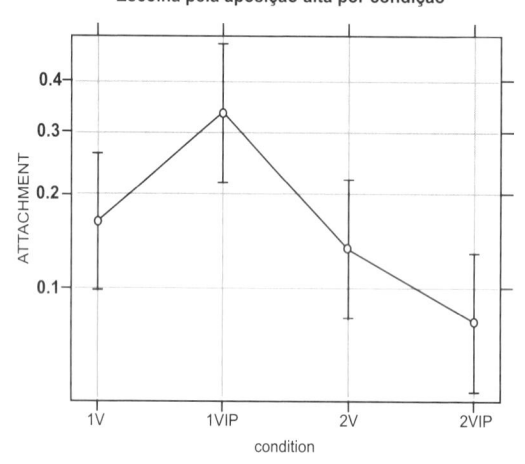

Fonte: arquivo das autoras

Os resultados encontrados com as medidas de rastreamento ocular que apresentamos no teste de Paradigma de Mundo Visual e com as escolhas de interpretação final dos adjuntos adverbiais na tarefa off-line do experimento são fortes evidências da influência da prosódia na resolução de ambiguidades sintáticas. Os ouvintes participantes do estudo mostraram-se sensíveis a pistas prosódicas, como o aumento da F0 e o alongamento, e fizeram uso da informação contida nessas pistas sonoras já nos momentos iniciais do processamento. Tais resultados são compatíveis com os resultados encontrados em outras línguas nos estudos da interface sintaxe-prosódia, e podem e devem ser considerados como evidências empíricas da importância da prosódia, como uma informação linguística de acesso rápido, nos Modelos de Processamento de Frases da Psicolinguística.

BIBLIOGRAFIA

BADER, M. Prosodic influences on reading syntactically ambiguous sentences. In: FODOR, J.; FERREIRA, F. (eds.) *Reanalysis in sentence processing.* Dordrecht: Kluwer, 1998. pp. 1-46.

BERENDS, S. M.; BROUWER, S. M.; and SPRENGER, S. A. Eye-tracking and the visual world paradigm. In: SCHMID, M. S. et al. (Authors). *Designing Research on Bilingual Development:* Behavioral and Neurolinguistic Experiments. Switzerland: Springer International Publishing, 2016, pp. 55-78.

BEVER, T. G. The cognitive basis for linguistic structures. In: HAYES, J. R. (ed.). *Cognition and the development of language*. NY: John Wiley and Sons, 1970. pp. 279-360.

BLUMENTHAL, A. L. The Emergence of Psycholinguistics. *Synthese*, v. 72, 1987, pp. 313-23.

CARLSON, K.; CLIFTON, C. Jr.; FRAZIER, L. Prosodic boundaries in adjunct attachment. *Journal of Memory and Language*, v. 45. 2001. pp. 58-81.

FERREIRA, F. et al. Effects of lexical frequency and syntactic complexity in spoken-language comprehension: Evidence from the auditory moving-window technique. *Journal of Experimental Psychology: Learning, Memory, and Cognition*, v. 22, n. 2, 1996, pp. 324-35.

_____; FERRARO, V.; BAILEY, K. G. D. Good-enough representations in language comprehension. *Current Directions in Psychological Science* v. 11, 2002, pp.11-15.

FRAZIER, L. *On comprehending sentences*: syntactic parsing strategies. PhD dissertation. Connecticut: University of Massachusetts, 1979.

_____; FODOR, J. D. The sausage machine: A new two-stage parsing model. *Cognition*, v. 6, 1978, pp. 291-325.

FODOR, J. D. Psycholinguistics cannot escape prosody. Trabalho apresentado em Speech Prosody 2002, Aix-en-Provence, France, April 11-13. Publicado em formato eletrônico em http://www.lpl.univ-aix.fr/sp2002/pdf/fodor.pdf. e traduzido como A psicolinguística não pode escapar da prosódia. In: MAIA, M.; FINGER, I. *Processamento da Linguagem*. Pelotas: Educat, 2005, pp. 91-110.

JIANG, N. *Conducting Reaction Time Research in Second Language Studies*. New York: Routledge Taylor and Francis, 2012.

KAISER, E. Experimental paradigms in psycholinguistics. In: PODESVA, R. J.; SHARMA, D. *Research Methods in Linguistics*. Cambridge: Cambridge University Press, 2013. pp. 135-68.

KIMBALL, J. Seven principles of surface structure parsing in natural language. *Psychology*, v. 21, 1973, pp. 60-99.

LADD, R. *Intonational Phonology*. Cambridge University Press, 1996.

LEHISTE, I. Phonetic disambiguation of syntactic ambiguity. *Glossa*, v. 7, 1973, pp. 107-22.

LEHISTE, I.; OLIVE, J. P.; STREETER, L. A. Role of duration in disambiguating syntactically ambiguous sentences, *The Journal of the Acoustical Society of America*, v. 60, 1976, pp. 1199-202.

LEITÃO, M. M. Psicolinguística experimental. In: MARTELOTTA, M. E. (org.). *Manual de linguística*. São Paulo: Contexto, 2013. pp. 217-34.

MAIA, M. A. R. Processos *bottom-up* e *top-down* no rastreamento ocular de imagens. *Veredas* (UFJF), v. 2, 2008, pp. 8-23.

MARSLEN-WILSON, M. D. et al. Prosodic effects in minimal attachment. *Quarterly Journal of Experimental Psychology*, v. 45A, 1992, pp. 73-87.

MCRAE, K.; MATSUKI, K. Constraint-based models of sentence processing. In: R. P. G. van GOMPEL (ed.). *Sentence processing (Current issues in the psychology of language)*. New York, NY, US: Psychology Press, 2013. pp. 51-77.

NESPOR, M.; VOGEL, I. *Prosodic phonology*. Dordrech-Holland/Riverton-USA: Foris Publications, 1986.

RAYNER, K.; CLIFTON, C., Jr. Language processing. In: MEDIN, D. (volume editor) Stevens. *Handbook of Experimental Psychology*: Memory and Cognitive Processes. Third Edition: v. 2. New York: John Wiley and Sons, Inc. Copyright John Wiley & Sons, Inc. 2002, pp. 261-316.

SELKIRK, E. O. *Phonology and syntax: the relation between sound and structure*. Cambridge: MIT Press, 1984.

SPEER, S.; BLODGETT, A. Prosody. In: TRAXLER, M. J.; GERNSBACHER, M. A. (eds.). *Handbook of Psycholinguistics*. 2nd Edition. New York: Elsevier Press, 2006. pp. 505-37.

TANENHAUS, M. K. et al. Integration of visual and linguistic information in spoken language comprehension. *Science*, v. 268, 1995, pp. 1632-4.

TANENHAUS, M. K.; TRUESWELL, J. C. Eye Movements and Spoken Language Comprehension. In: TRAXLER, M. J.; GERNSBACHER, M. A. (eds.). *Handbook of Psycholinguistics*. 2nd Edition. New York: Elsevier Press, 2006. pp. 863-900.

TYLER, L. K.; MARSLEN-WILSON, W. D. The on-line effects of semantic context on syntactic processing. *Journal of Verbal Learning and Verbal Behavior*, v. 16, 1977, pp. 683-92.

GLOSSÁRIO DE TERMOS BÁSICOS

Acento de intensidade nas palavras mais frequentes na leitura

Parte-se do princípio da economia, na comunicação linguística: zero ou ausência também valem, desde que opostos à presença de um signo no mesmo contexto, concepção que remonta a Saussure, coerente com a teoria de valor de sua proposta, ao definir o fonema como unidade opositiva, relativa e negativa e, também, quando afirma que o nada também vale. A regra de ouro da atribuição do acento de intensidade, quando se lê, no português, ao padrão vocabular escrito é: as palavras paroxítonas terminadas pelas letras 'a', 'e', 'o', seguidas ou não de 's', ou que terminam por 'em', 'ens', 'am', graças ao gênio de Gonçalves Viana, ao aplicar o princípio da economia, são isentas de portarem acento gráfico, por serem as mais frequentes do português (excluem-se, obviamente, as outras palavras muito frequentes, os vocábulos átonos, de natureza puramente gramatical, por serem destituídos de sílaba de intensidade maior). Exs.: 'casa', 'nomes', 'livro', 'jovem', 'homens', todo o presente do indicativo, salvo as formas oxítonas, como a segunda pessoa do plural ou os monossílabos tônicos (ver capítulo "Psicolinguística e Neurociência: alfabetização para incluir o Nordeste").

Aprendizagem Linguística Ativa

Metodologia proposta originalmente por Pilati (2017) em que conceitos advindos da Linguística Gerativa vinculam-se aos princípios das ciências cognitivas relacionados à aprendizagem, trazendo novas perspectivas para o ensino de gramática. A metodologia é guiada por três princípios fundamentais: i) valorização do conhecimento prévio do estudante, incluindo os saberes linguísticos inatos derivados da Faculdade da Linguagem; ii) busca pelo desenvolvimento do conhecimento profundo sobre a organização dos sistemas linguísticos e sobre o uso das línguas naturais a partir de experiências linguísticas em que os fenômenos gramaticais são compreendidos de forma sistematizada e manipulados por meio de recursos visuais, coloridos, lúdicos; e iii) incentivo à aprendizagem ativa e estímulo à consciência metacognitiva, por meio de atividades que vinculam conceitos gramaticais a processos de expressão do pensamento nas práticas orais, de leitura e de escrita, buscando o desenvolvimento do pensamento autônomo, crítico e criativo (ver capítulo "Educação em língua materna, Teoria Gerativa e Psicolinguística").

Cognição Social

A expressão "cognição social" recobre aspectos que viabilizam e são moldados pela experiência social. O termo envolve um conjunto de conhecimentos e habilidades tais como percepção de emoções, resolução de problemas sociais e consciência do *self*. Esses conhecimentos e aptidões sociais são fundamentais para o estabelecimento de relacionamentos interpessoais e contribuem crucialmente para que os indivíduos se reconheçam como tais e interajam de forma efetiva nos ambientes sociais. Estudos sobre a cognição social investigam a percepção e o processamento de objetos sociais tais como pessoas e grupos, bem como eventos incluindo esses objetos. As línguas naturais têm um papel fundamental tanto para dar início quanto na manutenção dos relacionamentos sociais. Embora seja difícil identificar processo sociais que não envolvam linguagem verbal em alguma medida, esta parece ser particularmente relevante no desenvolvimento de crenças individuais sobre relações de causalidade (i.e. atribuição), na percepção de outros indivíduos e na formação de estereótipos (ver capítulo "Processamento da variação e variação no processamento").

Consciência sociolinguística

A nossa fala carrega dois tipos de informação: a informação linguística (o que está sendo dito) e a informação indexical (quem e onde está dizendo). O processamento dessas informações linguísticas e indexicais é integrado mobilizando a consciência linguística. Todos os falantes de uma língua desenvolvem consciência sobre ela, em diferentes níveis: a) estrutura e gramática (isso é português, isso não é português); b) aspectos pragmáticos, como os ajustes entre falante e audiência e suas intenções comunicativas, como a língua pode ser deliberadamente manipulada para efeitos persuasivos; c) aspectos sociais de uma língua (falante jovem vs. idoso, mais ou menos escolarizado, morador da capital vs. interior) e o reconhecimento de como padrões sociais e discursivos são mutuamente constitutivos, e como os falantes estão amplamente imersos e condicionados por estes padrões linguísticos da comunidade, a consciência sociolinguística. Os níveis de consciência sociolinguística representam conhecimento mais ou menos implícito versus explícito da variação (ver capítulo "NORM, WEIRD e a generalização para o Português Brasileiro").

Correferência

É uma construção sintática em que duas ou mais expressões em uma mesma frase ou texto estão vinculadas a um mesmo referente. Na gramática gerativa, é estudada pela Teoria da Ligação formulada inicialmente por Noam Chomsky nos anos 1980 e posteriormente revisada nos anos 1990. A correferência é uma estratégia textual-discursiva de coesão e coerência. Pode ser estabelecida por pronomes, nomes repetidos, categorias vazias, hiperônimos, hipônimos etc. Quando o referente aparece em uma posição anterior ao elemento correferencial, chamamos o fenômeno de anáfora, e quando o referente aparece depois do elemento correferencial, trata-se de uma catáfora. Além disso, quando o referente está explícito no texto, trata-se de uma anáfora de superfície e quando está implícito, podendo ser recuperado dentro da situação comunicativa, chamamos de anáfora profunda. Tem crescido o número de trabalhos na área que consideram a memória um fator revelador neste tipo de dependência sintática. Geralmente é investigada por métodos que envolvem aferição do tempo de leitura do elemento correferencial (o pronome, na maioria dos casos), como a leitura automonitorada (self-paced reading) e o rastreamento ocular (eye-tracking) (ver capítulo "Diferenças entre homens e mulheres no processamento linguístico").

Diversidade em Psicolinguística

O foco dos estudos em Psicolinguística e em Psicologia Cognitiva, de modo geral, tem sido demasiadamente restrito a participantes de sociedades ditas W.E.I.R.D. (*Western, educated, industrialized, rich, democratic*), que chegam a representar até 80% dos estudos publicados, mas constituem apenas 12% da população mundial. (cf. Heinrich et al., 2010; Rad et al., 2018). Grande parte dos estudos são realizados com alunos universitários, avaliando-se que os resultados obtidos possam não ser efetivamente representativos das propriedades cognitivas da espécie humana, podendo-se estar cometendo, portanto, Erros do Tipo I e do Tipo II (cf. Maia, 2021). Além da diversidade necessária nos grupos de participantes nos testes psicolinguísticos, os fatores tomados como variantes independentes nos estudos nem sempre incluem apropriadamente, de fato, etnicidade, graus de escolaridade, letramento, bilinguismo ou multilinguismo, sexo biológico, identidade de gênero, além de diferenças etárias, diatópicas, diastráticas, diafásicas e diamésicas, adequadamente caracterizadas e controladas. Scliar-Cabral (2002) aponta também a grande diversidade de novos canais virtuais no mundo globalizado a serem melhor investigados em sua natureza e efeitos psicolinguísticos.

Diversidade bilíngue

Bilinguismo é o termo utilizado para denominar a coexistência de pelo menos duas línguas no repertório mental de um indivíduo. O bilinguismo no Brasil apresenta um cenário rico e diversificado, envolvendo populações indígenas, fronteiriças, migrantes, surdas e escolares. Essa diversidade que caracteriza a experiência bilíngue deve ser considerada ao desenvolver-se desenhos experimentais com o intuito de explicitar diferenças e semelhanças no desenvolvimento cognitivo e psicolinguístico dessas populações. A análise computacional da linguagem é uma das ferramentas que tem se mostrado promissora no estudo de populações bilíngues, por considerar a heterogeneidade da fala e da escrita que resulta da riqueza da experiência linguística desses indivíduos (ver capítulo "A diversidade da experiência bilíngue: análise de grafos").

Educação epilinguística e metalinguística

Na educação linguística, distinguem-se atividades com aderência indutiva inicial à exploração lúdica de dados, de atividades que partem dedutivamente de categorias analíticas mais abrangentes. Segundo Garcia & Sisla (2020), o conceito de atividade epilinguística foi proposto pelo linguista francês Antoine Culioli a partir da Teoria das Operações Predicativas e Enunciativas. O linguista Carlos Franchi, em artigo de 2002 e, principalmente, em seu livro de 2006, *Mas o que é mesmo Gramática*, propõe que essas atividades epilinguísticas mereceriam ser mais exploradas na educação linguística, em que costumam predominar as atividades metalinguísticas. Segundo Franchi: "...chamamos de atividade epilinguística a essa prática que opera sobre a própria linguagem, compara as expressões, transforma-as, experimenta novos modos de construção canônicos ou não, brinca com a linguagem, investe as formas linguísticas de novas significações (Franchi, 2006: 97). Maia (2022) propõe atividades de reflexão epilinguística microestrutural como ponto de partida para considerações metalinguísticas macroestruturais, utilizando dados sobre construções declarativas, de foco e de tópico na língua Karajá (https://lefufrj.wordpress.com/2022/02/01/focalizando-e-topicalizando-na-lingua-karaja-brincando-epilinguisticamente/).

Estereótipos e Processamento Linguístico

Estereótipos podem ser definidos como um conjunto de características compartilhadas em determinados grupos sociais que levam a uma simplificação da categorização do mundo, apagando, em muitos casos, as diferenças individuais, ou seja, estereótipos de certa forma cumprem uma função cognitiva relacionada à percepção e à organização mental do mundo. Entretanto, como os estereótipos são simplificações com base em conhecimentos generalizados, muitas vezes, podem gerar preconceito. Estudos sobre o processamento linguístico podem ajudar a descobrir o quanto características estereotipadas que são explicitadas de alguma forma nas línguas, como por exemplo em relação a gênero, etnia, classe social, padrão de beleza, podem influenciar no processamento de uma palavra, de uma sentença ou de um texto. Será que os estereótipos são tão arraigados na sociedade que podem atuar nos processos cognitivos automáticos, como no processamento da linguagem? Será que os estereótipos podem atuar no processamento linguístico de maneira diferente em grupos sociais diferentes? Essas perguntas são algumas das questões relevantes nos estudos da interface entre Estereótipos e Processamento Linguístico (ver capítulo "Avaliação de estereótipos de gênero em Português Brasileiro e Português Europeu").

Interface sintaxe-prosódia

Os primeiros estudos na interface sintaxe-prosódia datam das décadas de 1960 e 1970, principalmente com os trabalhos seminais de Fodor e Bever (1965), Garret, Bever e Fodor (1966) e Lehiste (1973). A interface sintaxe-prosódia explora a relação entre a estrutura sintática e o componente sonoro da língua em estágios posteriores ao reconhecimento inicial da cadeia sonora no processamento. Tanto a prosódia quanto a sintaxe organizam os seus constituintes de forma hierárquica. A estrutura prosódica de uma sentença é parcialmente determinada pela estrutura sintática, mas não há um isomorfismo obrigatório entre os constituintes sintáticos e os constituintes prosódicos (Nespor e Vogel, 1986). No processamento de frases, a prosódia com suas pistas de picos de pitch, alongamentos silábicos e pausas, entre outras, pode guiar a concatenação sintática e guiar os ouvintes na interpretação de estruturas com ou sem ambiguidades sintáticas. A interface sintaxe-prosódia tem sido estudada, principalmente, na tentativa de determinar o curso do processamento, e questões relativas à modularidade e à serialidade dos modelos de processamento de frases a partir de evidências empíricas (ver capítulo "Os estudos da interface sintaxe-prosódia na Psicolinguística").

Interfaces entre Educação em língua materna, Teoria Gerativa e Psicolinguística

A hipótese da Faculdade de Linguagem, proposta por Noam Chomsky (1965), alterou paradigmas de pesquisas acerca das propriedades das línguas naturais na linguística e em outras áreas do conhecimento, como a psicologia, a biologia e a neurociência. De acordo com essa hipótese as línguas humanas são parte do dote genético e se organizam na mente/cérebro dos falantes. As línguas passaram a ser vistas, assim, não apenas como elementos culturais e sociais, mas como o resultado de interações entre esses elementos e os fatores biológicos inerentes à linguagem. Mais de cinquenta anos depois, as ciências cognitivas continuam a se dedicar ao estudo da linguagem como parte de um sistema cognitivo altamente complexo, trazendo contribuições fundamentais para o entendimento sobre a organização dos componentes desse sistema e das relações que estabelecem entre si. Neste cenário de muitas e importantes evidências científicas a Psicolinguística figura como um campo promissor de interface da Teoria Gerativa e a educação em língua materna na medida em que, apoiada em pressupostos científicos, dirige esforços contínuos para a mitigação de problemas de leitura e escrita que prejudicam a emancipação de milhares de indivíduos no mundo (ver capítulo "Educação em língua materna, Teoria Gerativa e Psicolinguística").

Literacia e Letramento

Ambos os termos buscam caracterizar o processo de inserção dos indivíduos no mundo da escrita ou na denominada "cultura letrada". Enquanto "literacia" é mais utilizado em Portugal, no Brasil, desde a década de 1980, tem sido adotado o termo "letramento". Embora ambos os possam assumir sentidos próximos e, por vezes, sejam utilizados como sinônimos em determinados contextos, o conceito de "literacia" frequentemente salienta a dimensão cognitiva das habilidades de leitura e escrita, enquanto "letramento" costuma colocar em destaque o conjunto de práticas sociais envolvidas na utilização da escrita nas mais diversas situações. Outro termo naturalmente relacionado é o de "alfabetização" que, segundo alguns autores, diria respeito à aquisição do sistema alfabético, isto é, envolveria basicamente habilidades de decodificação. Tais distinções não estão, contudo, isentas de controvérsia já que as dimensões social e cognitiva estão presentes e em constante interação em todos os casos mencionados. Vale ressaltar que a escolha pelo uso de um ou outro termo é válida e se justifica pela intenção dos estudiosos de focalizar em um ou outro aspecto embora, na prática, os mesmos sejam dificilmente dissociáveis (ver capítulo "Processamento da variação e variação no processamento").

Literacia e alfabetismo funcional

Literacia é um conceito psicolinguístico relacionado à capacidade humana de ler textos escritos em diferentes gêneros textuais de maneira automatizada e fluente, de modo a extrair deles informações relevantes para a produção de significados que alimentam diversas outras operações cognitivas de ordem superior, como a integração do que se lê com o universo enciclopédico do leitor e a tomada de decisão no mundo sociocultural com relação ao conteúdo do que se lê. É também o processo dinâmico de aquisição das habilidades cognitivas necessárias para uma capacidade leitora fluente e eficiente. O conceito está relacionado à noção de alfabetismo funcional, uma vez que indivíduos funcionalmente alfabetizados não apenas dominam as convenções de um determinado sistema ortográfico, com as suas relações entre unidades gráficas e fonético-fonológicas, mas também e sobretudo atingiram a plena literacia. Por contraste, analfabetos funcionais são indivíduos que, apesar de terem sido submetidos a anos de treinamento em leitura e dominarem aspectos das convenções ortográficas de uma língua, não desenvolveram essa habilidade suficientemente bem e, assim, não manifestam bons níveis de literacia. Como consequência, analfabetos funcionais encontram muitas dificuldades em produzir significado com o que leem, além de enfrentarem graves limitações na capacidade de desencadear computações cognitivas superiores, por norma ativadas durante a leitura nos indivíduos plenamente letrados (ver capítulo "(Re)pensando as habilidades leitoras dos universitários brasileiros").

Modelos cognitivos de escrita

Caracterização do conjunto de representações e operações mentais e de tipos de conhecimentos mobilizados durante o processo de composição de textos escritos. Ancorados na metodologia de protocolos verbais (think-aloud protocols), os primeiros modelos de base cognitiva, surgidos na década de 1980, provocaram uma ruptura com abordagens tradicionais, que postulam uma sequência ordenada e fixa de etapas de escrita (planejamento, produção e revisão), e introduziram uma visão dinâmica desse processo, em que se considera o papel do contexto da tarefa, de sistemas de memória e de aspectos motivacionais/afetivos no funcionamento e monitoramento dos subprocessos de escrita. Observa-se uma mudança de foco de investigação – do produto final para o processo-, com implicações para o entendimento do conceito de expertise em escrita e explicitação de macro-estágios envolvidos no desenvolvimento de habilidades redacionais. Com o avanço de recursos tecnológicos no final dos anos 90, em especial de programas que realizam a gravação de eventos de teclado e de mouse e registro de pausas, os keyloggers, uma visão granular, e mais informada, dos subprocessos de escrita pode ser construída, em especial dos processos de estruturação linguística e de revisão textual, com impacto importante para pesquisas de caráter translacional na interface entre Psicolinguística e Educação. (ver capítulo "Por uma abordagem processual no ensino da escrita").

Psicolinguística Educacional

Conforme revisado em Maia (2018), o termo Psicolinguística Educacional teria sido utilizado originalmente em Carton & Castiglione (1976), texto seminal em que os autores discutem as relações entre a Psicolinguística e a Educação, questionando sobre a responsabilidade dos psicolinguistas em contribuírem para que os alunos possam vir a desenvolver com autonomia o potencial inato de suas mentes, ao invés de se deixarem moldar docilmente pelos sistemas educacionais. Avaliam os autores, inicialmente, que o campo que passam a denominar de Psicolinguística Educacional poderia ser melhor entendido pela analogia entre a Botânica e a Horticultura. Se, na primeira, estudam-se, fundamentalmente, os processos gerais que governam os fenômenos no mundo vegetal, na segunda, aplicam-se diferentes critérios, separando-se, por exemplo o que seria desejável do que seria indesejável. Haveria um propósito ou intencionalidade, que procuraria garantir que as sementes horticulturais exibam melhores índices de germinação e florescimento do que aquelas deixadas ao acaso. Os autores anteveem, então, uma agenda pioneira para a Psicolinguística Educacional que, segundo avaliam, teria muito a oferecer à educação da primeira infância, ao ensino de segunda língua, ao aprimoramento intelectual dos alunos e, mais especificamente, ao desenvolvimento da capacidade de leitura, que poderia ser impactada pelos estudos experimentais de processamento, que ofereceriam *insights* importantes sobre a leitura.

Rastreamento Ocular Educacional

Uso epilinguístico e metalinguístico da técnica de rastreamento ocular na leitura de textos e na visualização de imagens para desenvolver a capacidade de formação científica, na educação. Um de seus usos pioneiros é o método EMME (Eye Movement Modelling Example), proposto em Mason, Pluchino & Tornatora (2015), em que exemplos de inspeção visual de textos e grafismos foram mostrados a alunos de sétima série de escola italiana, obtendo-se melhores indicadores na leitura e no processamento integrativo dos materiais em relação a grupo controle. Maia (2019; 2022) discute o rastreamento ocular educacional em atividades de leitura de períodos, na educação básica e superior (graduação e pós-graduação), examinando-se em oficinas e aulas dados de leitura prototípicos qualitativos, na forma de mapas de fixação e de calor, discutindo-se construções com tópicos frasais (*gist*), em períodos coordenativos e subordinativos, recursivas, além de construções gramaticais ou agramaticais, contendo anomalias sintáticas e semânticas, ilhas sintáticas, construções interrogativas, de tópico, foco, com categorias vazias.

Sexo dos falantes

Tipicamente considerada uma variável independente na Sociolinguística. A primeira correlação entre variação linguística e sexo dos falantes foi encontrada por Fisher em 1968. O autor observou que a pronúncia velar do sufixo -ing do inglês, considerada de maior prestígio, era mais frequente na fala das mulheres. Outros estudos realizados em português brasileiro analisando outros fenômenos linguísticos corroboraram esta mesma tese – as mulheres são mais sensíveis à norma (cf. Mollica; Paiva; Pinto, 1989; Scherre, 1996). De forma similar, em um estudo de eletroencefalografia, Osterhout et al. (1997) observou que as mulheres detectavam mais facilmente violações gramaticais de gênero na língua, ou que pelo menos reagiam mais fortemente a essas violações. Além disso, na Psicolinguística, foi observado que homens tendem a ranquear como mais masculinos os substantivos com gênero de estereótipo, enquanto as mulheres tendem a ranqueá-los como mais femininos (Kennison; Trofe, 2003). Isto pode significar que as pessoas codificam e organizam as informações de acordo com o papel que o seu sexo desempenha na sociedade. No entanto, pode-se dizer que são poucos os estudos que controlam esta variável na Psicolinguística e na Neurociência da Linguagem (ver capítulo "Diferenças entre homens e mulheres no processamento linguístico").

Variabilidade da linguagem no envelhecimento

As funções cognitivas se modificam no envelhecimento típico devido à interação entre fatores genéticos e ambientais, mesmo na ausência de doenças neurodegenerativas. Desta forma, a linguagem do adulto idoso tem características típicas, mas também variabilidade individual em relação a diferenças no conhecimento de vocabulário, na complexidade da produção e na eficácia da compreensão, oral e escrita, no nível da sentença e do discurso. Adaptações em função de mudanças nas capacidades sensoriais e em outros processos cognitivos e as estratégias empregadas para a comunicação também podem levar a perfis distintos. Essa variabilidade parece estar diretamente relacionada ao grau de exposição a e/ou de interação com fatores sociais. Dentre estes fatores, destacam-se o nível socioeconômico, a escolaridade, o grau de literacia, os hábitos de leitura e escrita, o consumo de bens culturais, o contato com mídias digitais, o tipo de ocupação, aspectos que estão atrelados ao conceito de reserva cognitiva, que representa a capacidade de o indivíduo lidar com as alterações na na cognição associadas ao envelhecimento. Indivíduos com mais reserva cognitiva recrutam circuitos alternativos do cérebro e utilizam mecanismos de processamento mais eficientes. Atividades de treino e de estimulação linguístico-cognitiva podem contribuir para ampliação de reserva cognitiva (ver capítulo "A linguagem no envelhecimento e o conceito de reserva cognitiva").

BIBLIOGRAFIA

HENRICH, J.; HEINE, S. J.; NORENZAYAN, A. The WEIRDest people in the world? *Behavioral and Brain Sciences*, v. 33, n. 2-3, 2010, pp. 61-83.

MAIA, Marcus. "Non-WEIRD experimental field work as bricolage: a discourse on methods in the investigation of deixis and coreference in the Karajá language of Central Brazil." *Journal of Cultural Cognitive Science*, v. 5, 2021.

_____. Eye tracking sentences in language education. *Diacrítica*, v. 36, 2022, pp. 6-36.

MORAIS, José; KOLINSKY, Régine. "Seeing thought: a cultural cognitive tool." *Journal of Cultural Cognitive Science*, 2020, pp. 1-48.

RAD, M. S.; MARTINGANO, A. J.; GINGES, J. Toward a psychology of Homo sapiens: Making psychological science more representative of the human population. *Proceedings of the National Academy of Sciences of the United States of America*, v, 115, n. 45, 2018, pp. 11401-5.

SCLIAR-CABRAL, Leonor. The psycholinguistic approach to unity and diversity. *Ilha do Desterro* (UFSC), Florianópolis, v. 43, 2002, pp. 101-9.

NOTAS

1 A utilização da ferramenta está atualmente circunscrita aos estudos do Projeto *Assessing participants' actions and time in performing acceptability judgment tasks through a dedicated web-based application* e de seus colaboradores, não estando ainda disponível na web. Convidamos os interessados a entrar em contato com a autora para outros detalhes (mclgomes@elach.uminho.pt).

2 O uso da ferramenta por investigadores colaboradores do projeto foi autorizado pela Comissão de Ética para a investigação em Ciências Sociais e Humanas da Universidade do Minho (CEICSH 078/2021), em conformidade com os procedimentos padrão para uso da ferramenta e os critérios de confidencialidade.

3 Foram excluídas as observações no tempo maiores que dois DP acima da média, que totalizaram 20 observações (3,47% do tal de observações). Mas é interessante notar que não existiam outliers nos alunos que erraram as questões de fatos, porém uma variabilidade muito maior entre eles foi observada, perceptível pela distância interquartil (diferença entre o terceiro e o primeiro quartis).

4 Foram excluídas as observações no tempo maiores que dois DP acima da média, que totalizaram 14 observações (2,43% do total de observações).

5 As considerações feitas neste texto sobre a importância do olhar processual para a escrita e sobre a necessidade de subsidiar a prática docente com evidências científicas estão em consonância com os capítulos deste livro que apresentam contribuições da Linguística e da Psicolinguística para a educação básica e para o ensino superior, capítulo 1 "Educação em língua materna, Teoria Gerativa e Psicoliguística" e capítulos 3 "A literacia no desenvolvimento da memória de curto prazo", 4 "Interface entre Psicolinguística e Neurociência: alfabetização para incluir o Nordeste", 5 "(Re)pensando as habilidades leitoras dos universitários brasileiros e 6 "A leiturabilidade no ensino fundamental e no superior".

6 "the writer uses these processes as if they were tools in a tool kit to be applied in any order the job demands."

7 https://www.inputlog.net/overview/

8 Além do registro de eventos do teclado, o programa também captura ações de mouse e dados obtidos a partir de programas de reconhecimento de voz.

9 *General Analysis* – análise do arquivo de log com o conteúdo de cada ação realizada durante a atividade de escrita, com indicação da posição de caracteres, registros temporais das ações, o tempo de pausa para cada evento de entrada (letra, clique de mouse, troca de programa etc.); *Linear analysis* – representação do texto em desenvolvimento, passo a passo, em ordem cronológica, incluindo pausas; *S-Notation* – representação que indica, num tipo particular de notação, a ordem em que revisões foram realizadas no texto.

10 Para uma visão detalhada dos módulos e dos tipos de análise do Inputlog, ver http://www.inputlog.net/overview/ e também Rodrigues (2019).

11 Para uma síntese, ver resenha de Rondon e Tomitch, publicada em 2022. Interessados em uma visão abrangente dos modelos de memória podem consultar Gabriel, Morais e Kolinsky (2016).

12 Tradução dos autores do seguinte extrato: *The distinction between short-term memory and working memory is one that depends on the definition that one accepts. Nevertheless, the substantive question is why some tests of memory over the short term serve as some of the best correlates of cognitive aptitudes, whereas others do not.* (Cowan, 2008: 335).

13 Neste capítulo, não discutiremos as línguas de sinais (ou signos), que têm natureza espacial.

14 No Brasil, o ponto de corte é 31 de março do ano de ingresso: as crianças que completarem seis anos até essa data devem ser matriculadas no primeiro ano do ensino fundamental, sendo que o ano letivo inicia em fevereiro ou março, dependendo da região do país.

15 Neste capítulo, grafamos o nome de Vigotski conforme a edição de 2020 da editora Martins Fontes.

16 O presente capítulo foi baseado na tese "Psicolinguística e educação: repensando as habilidades de leitura dos estudantes brasileiros do Ensino Superior", defendida em 2021 por Joana Angélica de Souza, disponível em https://gepexlab.wordpress.com.

17 Adotamos o termo "literacia" em consonância com a concepção de Morais (2013, p. 4), como sendo o "conjunto das habilidades da leitura e da escrita (identificação das palavras escritas, conhecimento da ortografia das palavras, aplicação aos textos dos processos linguísticos e cognitivos de compreensão)".

18 *In Psycholinguistics, gist has been defined as "the residue of linguistic input that remains as time passes".* (Maia, 2022: 6).

19 Nosso interesse reside exclusivamente no comportamento do leitor diante do material de leitura, de forma que não serão objeto de nosso estudo outros aspectos envolvidos na atividade de leitura como: formação do leitor; análise crítica ou literária.

20 O Projeto 'Leiturabilidade sob a perspectiva da Psicolinguística Educacional' foi submetido à Plataforma Brasil por envolver pesquisa com seres humanos. Na UERJ, foi examinado pelo Comitê de Ética em Pesquisa (COEP – 5282) e aprovado com o número do parecer 4.814.835 em junho de 2021.

21 O experimento não pode ser realizado pelo celular.

22 Ao fazermos uma pré-análise dos dados sem equiparar o número de participantes encontramos mais resultados significativos. Ao procedermos a equiparação do número de participantes, a amostra diminuiu e, com isso, não tivemos possibilidade para detectar resultados mais significativos.

23 Em 2011, após a distribuição feita pelo MEC do livro didático *Por uma vida melhor*, produzido pela Ação Educativa e escolhido pelo PNLD, destinado a alunos da Educação de Jovens e Adultos, muitos veículos das mais variadas mídias disseminaram informações imprecisas e descontextualizadas, baseados em frases isoladas retiradas do capítulo "Escrever é diferente de falar", voltado para apresentar ao estudante as diferenças entre a norma culta e as variantes com que estes estudantes conviviam até chegar à escola. O caso repercutiu não só na mídia, como em várias discussões e publicações acadêmicas na área da Linguística, mas sem o mesmo impacto e abrangência.

24 Understanding Human Genetic Variation. In: National Institutes of Health; Biological Sciences Curriculum Study. Bethesda (MD): NIH (US), 2007. https://www.ncbi.nlm.nih.gov/books/NBK20363/

25 Língua da família Maku falada em território localizado entre os rios Negro e Japurá no Brasil.

26 Por exemplo, embora a presença de sujeitos pronominais nulos seja cada vez menos frequente no português brasileiro, crianças que costumam ter contato com contos de fadas "poderão ter no seu conhecimento periférico sujeitos nulos correspondentes a pronome vivos ou fósseis (∅estarei às suas ordens / ∅sois minha rainha)" (Kato, 2005:136).

27 Povo nativo americano localizado no atual estado de Washington.

28 O termo "variável" se refere ao local ou aspecto da gramática em que ocorre a variação, enquanto que as "variantes" são as formas individuais por meio das quais essa variação se manifesta.

29 Para Labov (1972), o vernáculo constitui a primeira forma de linguagem verbal a ser adquirida, plenamente aprendida e empregada entre falantes de um mesmo grupo.

30 No inglês foram comparadas três condições:
(1) Concordância padrão
Plural: *After eating, the turtles don't walk very fast.* [Depois de comer, as tartarugas não caminham muito rápido].
Singular: *After eating, the turtle doesn't walk very fast.* [Depois de comer, a tartaruga não caminha muito rápido].
(2) Concordância não padrão (he/she don't);
After eating, the turtle don't walk very fast.
(3) Concordância denominada "incomum" pela autora (uma opção não reconhecida como variação presente no inglês americano (they doesn't).
After eating, the turtles doesn't walk very fast.

31 O P600 é um dos componentes dos potenciais relacionados a eventos e corresponde a uma onda positiva cujo pico é registrado aproximadamente 600 milissegundos (ms) após o início da apresentação do estímulo. Tradicionalmente, esse componente tem sido associado a processos sintáticos e morfossintáticos.

32 N400 é outro dos componentes do ERP, uma onda negativa com pico por volta de 400 ms após o início do estímulo, associada a processos semânticos, conceptuais e lexicais.

33 Nossa amigável recepcionista deparou-se consigo mesmo no centro das atenções" (tradução nossa).

34 https://farm.pcibex.net/

35 Os trabalhos estão registrados em forma de vídeo no Youtube do Canal oficial da Olimpíada Brasileira de Linguística [OBLing] nos seguintes links: Quando o estereótipo influencia a interpretação – Rolezinho Linguístico [ELO 2021] e Ian imaginou Juliana jogando videogame. Quem estava jogando? – Rolezinho Linguístico [ELO 2021].

36 Os alunos responsáveis pelos estudos foram: Augusto Creppe, Clarissa Myamoto, Cléo FIqueiroa e Fernando César (Grupo Mufufu) e Gabriela Frajtag, Juliano Dantas Portela, Larissa Netto Otsuka, Manuela Naigeborin e Vinicius Marques Hora (Grupo Kusoka), ambos os grupos orientados pelos Professores Dr. Márcio Martins Leitão (UFPB) e Dra. Juliana Novo Gomes (UMinho).

37 Os dados estão disponíveis para consulta no Repositório de Dados da Universidade do Minho (https://datarepositorium.uminho.pt/).

38 Este capítulo não abordará especificamente as questões atinentes a usuários idosos de línguas de sinais ou a idosos bilíngues bimodais. O leitor pode referir a obras como Krebs et al., 2020 ou Mayberry e Eichen, 1991.

39 Ver capítulo 4, "Psicolinguística e Neurociência: alfabetização para incluir o Nordeste", sobre alfabetização da professora Leonor Scliar-Cabral.

[40] Assim como nas passivas, os idosos também parecem lançar mão de processos heurísticos no processamento de frases ambíguas. Quando o conteúdo da frase ambígua é plausível, o conhecimento de mundo parece se sobrepor e os idosos não conseguem implementar processos de reanálise (Ferrari; Rodrigues; Mograbi, 2019).

[41] A ideia de que o idoso produziria um discurso com feição mais emocional que o do adulto jovem é sustentada pela teoria da seletividade socioemocional, segundo a qual o envelhecer parece influenciar a seleção de metas sociais, no sentido de priorizarem-se as metas relacionadas às emoções, na busca pelo sentido da vida e da identidade emocional. No entanto, a teoria foi rebatida por alguns estudos, como o de Ruffman e colegas (2010), que atrelam a verbosidade fora do tópico (com inclusão de aspectos emocionais) a um declínio cognitivo.

[42] Stern (2021) discute três conceitos importantes e inter-relacionados nos estudos sobre as alterações que ocorrem em nível cognitivo e cerebral ao longo da vida e em especial no envelhecimento. Trata-se dos conceitos de reserva cognitiva (desenvolvido neste capítulo), reserva cerebral e manutenção cerebral.

[43] Projeto desenvolvido pelo Laboratório LER sob a supervisão do Professor Marcus Maia e, que integrou pesquisadores dos laboratórios Lapex e Acesin da Universidade Federal do Rio de Janeiro e, Ling Lab da Universidade do Minho em Portugal.

[44] Stimulus onset asynchrony

[45] Enquanto Nespor e Vogel trabalhavam na proposição da Teoria dos Constituintes Prosódicos na Europa, Elizabeth Selkirk, nos Estados Unidos, trabalhava em uma estrutura de domínios prosódicos semelhante. Para muitos estudos norte-americanos, o trabalho de Selkirk (1984 e outros) é a referência para a descrição da hierarquia dos constituintes prosódicos.

[46] Os verbos em caixa alta representam a focalização prosódica e o símbolo # representa a fronteira prosódica de sintagma entoacional.

OS AUTORES

Aline Alves Fonseca é doutora em Estudos Linguísticos pela Universidade Federal de Minas Gerais (UFMG) com estágio sanduíche na Universidade de Lisboa. Realizou estágio de Pós-doutorado na Morehead State University – EUA (2018) e na Universidade Federal do Rio de Janeiro (2019). Atualmente é professora adjunta da Universidade Federal de Juiz de Fora.

Ana Carolina de Castro é licenciada em Letras-Português pela Universidade de Brasília e realiza mestrado no Programa de Pós-Graduação em Linguística (PPGL/UnB) desde 2020. Atualmente é professora efetiva de língua portuguesa na Secretaria de Estado de Educação do Distrito Federal (Seedf)]

Andressa Oliveira da Silva é doutora em Linguística pela Universidade Federal de Juiz de Fora (2021). Realizou estágio de doutorado sanduíche na University of Pennsylvania, no departamento de Psicologia (2019-2020). Atualmente é professora do departamento de Letras, Linguística e Educação (DELL) da Universidade do Estado de Minas Gerais.

Aniela Improta França concluiu o doutorado em Linguística pela Universidade Federal do Rio de Janeiro em 2002, tendo estagiado no Cognitive Neuroscience of Language Lab da Universidade de Maryland, USA, no Instituto de Neurologia da UFRJ e no Ambulatório de AVCda UFF. É ProfessoraTitular do Departamento de Linguística da UFRJ.

Bárbara Furtado Farias atualmente é acadêmica do sexto período do curso de Licenciatura em Letras Espanhol na Universidade Federal do Acre (UFAC), Campus Floresta em Cruzeiro do Sul. Membro do Laboratório de Psicolinguística da Amazônia (Lapam).

Cristina Flores é professora associada com agregação da escola de Letras, Artes e Ciências Humanas da Universidade do Minho. Licenciada em ensino de Português e Alemão (1999), Mestre em estudos Luso-Alemães (2004), doutorou-se em Ciências da Linguagem, Ramo Linguística Alemã, pela Uminho.

Daniela Cid de Garcia é professora adjunta de inglês no Departamento de Anglo-germânicas da Faculdade de Letras, na Universidade Federal do Rio de Janeiro (UFRJ) e do Programa de Pós Graduação em Linguística (UFRJ). Coordena o Laboratório de Psicolinguística Experimental (Lapex),

Débora Galvão é atualmente acadêmica do oitavo período do curso de Licenciatura Plena em Pedagogia pela Universidade Federal do Acre (UFAC), Campus Floresta em Cruzeiro do Sul. Membro do Laboratório de Psicolinguística da Amazônia (Lapam).

Eduardo Kenedy possui doutorado e mestrado em Linguística pela Universidade Federal do Rio de Janeiro. É licenciado em Letras pela Universidade Federal Fluminense (UFF). Desde 2009, é professor de Linguística na UFF, é bolsista de produtividade em pesquisa do CNPq e membro da Rede Nacional de Ciência para a Educação.

Eloisa Pilati é professora associada do Departamento de Linguística e Língua Portuguesa do Instituto de Letras da Universidade de Brasília (UnB). Formou-se em Letras – Português pela UnB em 1998. Pela mesma universidade obteve os títulos de mestre e de doutora em linguística com estudos sobre a Teoria Gerativa. Em 2015 realizou Pós-doutorado no MIT.

Erica Rodrigues é doutora em Letras pela Pontifícia Universidade Católica do Rio de Janeiro/PUC-Rio (2006). É professora adjunta do Departamento de Letras da PUC-Rio com atuação nos cursos de Graduação em Letras e no programa de Pós-Graduação em Estudos da Linguagem e membr do Laboratório de Psicolinguística e Aquisição da Linguagem (Lapal) e a do Grupo Interdisciplinar de Neurociência e Cognição (INCog), ambos na PUC-Rio.

Ingrid Finger é professora no departamento de Línguas Modernas da UFRGS, com vínculo permanente no Programa de Pós-Graduação em Letras. É coordenadora do Labico – Laboratório de Bilinguismo e Cognição desde 2006. Possui doutorado em Letras pela PUCRS (2000), tendo realizado Estágio de doutorado Sanduíche na City University of New York e estágio sênior no Exterior no Brain and Language Lab, da Georgetown University e no Bilingualism, Mind and Brain Lab, da University of California, Irvine,

Janaina Weissheimer é professora associada no departamento de Línguas Estrangeiras Modernas da UFRN, membro permanente do programa de pósGraduação em Estudos da Linguagem e colaboradora do AprendiLab (Laboratório de Aprendizagem e Leitura) do Instituto do Cérebro da UFRN. Possui doutorado em Letras Inglês pela UFSC e realizou estágio pós-doutoral em Neurociências no Kutas Cognitive Electrophysiology Lab na University of California San Diego UCSD (2014-2015).

Jessica Barcellos é pedagoga pela Universidade Estadual do Rio de Janeiro/UERJ (2013) e doutora em Letras pela Pontifícia Universidade Católica do Rio de Janeiro/ PUC-Rio (2021). É professora do Colégio Pedro II. Leciona em turmas dos anos iniciais do ensino fundamental e possui experiência em orientação pedagógica.

Joana Angélica de Souza é recém-doutora em estudos de Linguagem pela Universidade Federal Fluminense – UFF (2021), havendo defendido a tese "Psicolinguística e Educação: repensando as habilidades de leitura dos estudantes brasileiros do ensino superior".

José Morais é professor Emérito e pesquisador da Unité de Recherche en Neurosciences Cognitives (Unescog), Center for research in cognition and neurosciences (CRCN), Université Libre de Bruxelles, Bélgica.

Juliana Novo Gomes é investigadora associada da escola de Letras, Artes e Ciências Humanas da Universidade do Minho (FCT-Ceecind) e membro do Ling Lab (Cehum/UMinho). É doutora em Linguística com ênfase em Neurociência da Linguagem pela Universidade Federal do Rio de Janeiro (2014) com estágio doutoral na área de Neurociência da Linguagem no Cognitive Neuroscience of Language Laboratory na University of Colorado in Boulder, US (2011-2014).

Kátia Abreu é doutora em Linguística pela Universidade Federal do Rio de Janeiro – UFRJ (2009). Atualmente é professora adjunta de Linguística do Departamento de Letras, do Programa de Pós-graduação em Letras e Linguística (PPLIN) da Faculdade de Formação de Professores da UERJ e do Mestrado Profissional em Letras (Profletras) da UERJ.

Leonor Scliar-Cabral é doutora em Linguística (USP,1976). Estágio de pósdoutorado em Processamento Acústico (Université de Montréal, 1980) e Laboratório de Psicologia Experimental (Université Libre de Bruxelles, 1984). Atualmente é professora colaboradora do PPGLing, UFSC, professora Emerita e titular (apos.).

Lilian Cristine Hübner é doutora em Letras pela Universidade Federal de Santa Catarina (2007). É professora adjunta do Curso de Letras da PUCRS com atuação nos cursos de Graduação em Letras Português e Inglês e no Programa de Pós-Graduação em Letras (PPGL) com ênfase em Linguística. Integra a equipe de Coordenação do PPGL. Realizou estágios pós-doutorais na Université de Montréal (Canadá) (2009) e na Université Pierre et Marie Curie (Sorbonne, Paris VI) (2017).

Lorrane Medeiros é doutora e mestre em Linguística pelo Programa de Pósgraduação em Linguística da Faculdade de Letras da UFRJ, na linha de pesquisa Linguagem, Mente Cérebro. Foi Pesquisadora visitante no Language Processing and Language Development Lab da University of Pennsylvania (EUA), durante o estágio de doutorado sanduíche.

Márcio Martins Leitão é mestre e doutor em Linguística pela Universidade Federal do Rio de Janeiro (2005) e possui Pós-doutorado em Psicolinguística pela Universidade de Lisboa (2015). Atualmente é professor associado da Universidade Federal da Paraíba (UFPB), coordena o Laprol – Laboratório de Processamento Linguístico e é bolsista de Produtividade em Pesquisa, nível 1D (CNPq).

Marcus Maia é doutor em Linguística pela University of Southern California – USC, (1994). Realizou estágio de pós-doutorado na área de Processamento da Linguagem como pesquisador visitante na City University of New York – Cuny (2003-2004). Atualmente é professor titular de Linguística do Departamento de Linguística e do Programa de Pós-graduação em Linguística da Faculdade de Letras da UFRJ. É bolsista de Produtividade em Pesquisa, nível 1B (CNPq).

Maria do Carmo Lourenço-Gomes é mestre (2003) e doutora em Linguística (2008) pela Universidade Federal do Rio de Janeiro e licenciada em Fonoaudiologia (1995) pela Universidade Católica de Petrópolis, com especialização em Distúrbios da Comunicação Humana (1999) pela Unifesp. Desde 2009 é pesquisadora em Portugal, primeiro no Centro de Linguística da Universidade de Lisboa (Clul) e atualmente no Centro de Estudos Humanísticos da Universidade do Minho (Cehum).

Maria Teresa Carthery-Goulart possui graduação em Fonoaudiologia pela Faculdade de Medicina da Universidade de São Paulo, Mestrado em Psicologia, na área de Neurociências e Comportamento pelo Instituto de Psicologia da Universidade de São Paulo e Doutorado em Ciências, área de Neurologia pela Faculdade de Medicina da Universidade de São Paulo. Foi pesquisadora visitante do Medical Research Council – Cognition and Brain Sciences Unit, Cambridge, Reino Unido. É professora associada da Universidade Federal do ABC.

Mercedes Marcilese é doutora e mestre em Letras na área de concentração em Estudos da Linguagem pela PUC-Rio e realizou estágio pós-doutoral júnior no Laboratório de Psicolinguística e Aquisição da Linguagem (Lapal) na mesma instituição. Licenciada e Bacharel em Letras pela Universidade Nacional del Litoral, Santa Fe – Argentina. Atualmente, é professora associada do Departamento de Letras da Faculdade de Letras da Universidade Federal de Juiz de Fora (UFJF-MG).

Michele Alves atualmente é professora adjunta de Linguística/ Língua Portuguesa na Universidade Federal do Acre (UFAC), Campus Floresta em Cruzeiro do Sul. Fundadora e coordenadora do Laboratório de Psicolinguística da Amazônia (Lapam). Doutora e mestre em Linguística pela UFRJ na linha Linguagem, Mente e Cérebro. Foi pesquisadora visitante Fulbright no laboratório de Ciência da Linguagem da Universidade de Maryland (EUA) durante o estágio de doutorado sanduíche.

Natália Bezerra Mota é psiquiatra, neurocientista e atualmente professora do Departamento de psiquiatria e medicina legal da UFRJ e do Programa de Pós Graduação em Saúde Mental (Propsam) do Instituto de Psiquiatria (Ipub), UFRJ. Possui mestrado, doutorado e pós-doutorado em neurociências pelo Instituto do Cérebro UFRN e Depto de Física UFPE, foi pioneira no campo da psiquiatria computacional desenvolvendo algoritmos matemáticos para identificação de sinais de sofrimento mental em relatos orais de memória.

Raquel Meister Ko. **Freitag** é doutora em Linguística pela Universidade Federal de Santa Catarina (2007). É professora do Departamento de Letras Vernáculas da Universidade Federal de Sergipe, atuando nos programas de pós-graduação em Letras e em Psicologia (acadêmico) e Profletras (profissional). Foi vice-presidente da Associação Brasileira de Linguística (Abralin) no biênio 2019-2021, e vice-presidente do Grupo de Estudos Linguísticos e Literários do Nordeste (Gelne) nos biênios 2018-2020 e 2020-2022.

Régine Kolinsky é Diretora de Pesquisa do Fonds de la Recherche ScientifiqueFNRS, Bélgica. Diretora da Unité de Recherche en Neurosciences Cognitives (Unescog), Center for Research in Cognition and Neurosciences (CRCN), Université Libre de Bruxelles, Bélgica.

Rodrigo Lopes é atualmente estudante do sexto período do curso de graduação de Licenciatura em Letras Inglês na Universidade Federal do Acre (UFAC), campus Floresta em Cruzeiro do Sul. Membro do Laboratório de Psicolinguística da Amazônia (Lapam).

Rosângela Gabriel é docente pesquisadora do Programa de Pós-Graduação em Letras, da Universidade de Santa Cruz do Sul. Bolsista Produtividade em Pesquisa do CNPq (desde 2015) e Pesquisadora Gaúcha Fapergs (desde 2014). Doutora em Letras/Linguística (2001) pela Pontifícia Universidade Católica do Rio Grande do Sul, realizou Estágio Doutoral (sanduíche) na Universidade de Oxford, Inglaterra (1999-2000) e Pós-Doutorado na Universidade Livre de Bruxelas, Bélgica (2015- 2016).

Thais Gomes dos Santos é atualmente discente do sexto período do curso de Licenciatura em Letras Inglês na Universidade Federal do Acre (UFAC), Campus Floresta em Cruzeiro do Sul. Membro do Laboratório de Psicolinguística da Amazônia (Lapam).

Victor Lima é estudante de graduação do curso de Ciência da Computação da Universidade Federal Fluminense (UFF), possui formação técnica de ensino médio em Informática pelo Centro Federal de Educação Tecnológica Celso Suckow da Fonseca (Cefet-RJ), onde atuou como bolsista PIBIC-EM em projeto de desenvolvimento de software didático para o ensino de Química.

GRÁFICA PAYM
Tel. [11] 4392-3344
paym@graficapaym.com.br